MEDIA MARKETING
미디어 마케팅

윤홍근 지음

한울
아카데미

이 책은 삼성언론재단의 지원금을 받아 저술·출판되었습니다.

이 도서의 국립중앙도서관 출판시도서목록(CIP)은 e-CIP홈페이지(http://www.nl.go.kr/ecip)에
서 이용하실 수 있습니다. (CIP제어번호 : CIP2009002398)

현재 우리나라는 KBS, MBC, SBS 등 지상파 방송의 독과점체제 아래에서 330여 개의 방송사가 경쟁하는 치열한 방송경쟁구조를 보이고 있다. 2000년 대를 넘어서면서 위성방송과 DMB, IPTV 등 유료방송시장이 점차 영역을 넓히자 방송은 이제 공공재가 아닌 사유재로서 시청자의 개인 욕구 충족이나 시청자 만족도에 초점을 맞추고 있다.

여기에 한미 자유무역협정(FTA) 타결 이후 외국의 미디어기업이 한국의 위성방송과 케이블TV시장에 관심을 가지기 시작했으며, 지상파 방송3사도 자신의 콘텐츠를 팔 수 있는 영역을 좀 더 확대하기 위해 케이블은 물론 위성방송, DMB, IPTV시장까지 진출했다. 이에 따라 현재 지상파 3사를 비롯해 케이블채널사업자, 위성방송사업자들이 경쟁을 펼치면서 한국 방송시장의 규모(2008년 기준)도 10조 원대로 비약적으로 성장했다.

그러나 일부 방송사들은 시장지배력을 앞세워 근시안적 경영과 무사안일의 방만한 운영으로 시청자들의 필요와 욕구를 충족시켜주지 못해 이른바 '마케팅 근시(Marketing Myopia)'에 빠지는 우(遇)를 범하고 있다. 케이블TV 채널의 경우 지상파TV와 동일한 시장에서 직접적인 경쟁관계에 있으나 자사의 사업범위를 방송업에 한정시키는 근시안적 안목으로 사업을 수행해왔고, 지상파 방송사들은 DMB사업에 진출하면서 DMB를 지상파의 재전송 창구에 불과한 보조매체로 활용했으며, 케이블과 위성방송도 자신들의 창구 확대를 위한 수단으로 이용하고 있다.

글로벌 경제위기 속에서도 지상파TV는 시장독과점의 지위를 누리면서 여전히 시청자의 욕구에 부응하지 못하고 방만한 경영과 자신들의 영역 안에서 만족하는 수준에 그치고 있다. 그동안 한류(韓流)를 기치로 아시아권에서 드라마와 음악 등의 콘텐츠로 영역을 확장해나갔지만 재탕만 반복하고 몇몇 성공적인 드라마의 영향력이 사라지면서 한류의 영향도 약간 시들해졌다. 방송사들이 현실에 안주하면서 무사안일하게 콘텐츠를 제작하여 한류 붐을 가능하게 했던 문화콘텐츠의 경쟁력을 떨어뜨리고 있다. 더욱이 한미 자유무역협정의 타결과 뉴미디어의 확산, 한국방송광고공사(Korea Broadcasting Advertising Corporation: KOBACO)체제의 붕괴, 미디어 관련법 통과는 기존의 방송사들에 하나의 위협과 도전요소가 되고 있고, 앞으로 방송환경이 변화할수록 미디어 마케팅의 필요성은 더욱 중요해질 것이다.

단순히 말하면 '미디어 마케팅(Media Marketing)'은 방송사가 경쟁방송사를 시청률이나 광고수주율에서 이겨서 소비자를 확보하고, 최대의 이익을 달성하고자 하는 활동을 의미한다. 방송과 영화, 게임처럼 보이지 않는 상품을 대상으로 한 방송시장에서도 생존의 논리가 작용하면서 경쟁우위를 위한 전략을 마련하는 수단으로 '미디어 마케팅'의 도입이 절실하게 되었다.

이 책은 이러한 업계와 학계의 인식에 부응하여, 미디어 마케팅의 개념을 쉽고 체계적으로 정리함으로써 독자들이 미디어 마케팅을 이해하는 데 도움을 주고자 집필되었다. 나아가 기존처럼 이론 중심의 마케팅 교과서가 아니라 방송 관련 종사자들이 이 책의 내용을 실무적으로 응용할 수 있도록 했다. 따라서 이 책은 미디어 담당 전문가들이나 대학에서 신문방송학과 경영학, 문화콘텐츠학을 전공하는 학생들에게 미디어산업의 전반을 이해할 수 있는 기본서나 지침서로서 큰 도움을 줄 수 있을 것이다.

특히 이 책을 쓰면서 다음과 같은 점에 중점을 두었다.

첫째, 이 책의 내용이 미디어 현장에서 활용될 수 있도록 이론보다는 실무에 초점을 맞춰서 서술했다. 본 저자는 방송사에서 16년 동안 기자생활과 PD, 일반 행정 등 다양한 경험을 했다. 모바일 매체에 대한 관심이 높아 DMB사업계획서도 작성해보았으며, TV 파트에서 뉴스와 연예정보 프로그램 프로듀서로서 다년간의 내공도 다져왔다. 방송사에서 일하면서 나름대로 다양한 경험을 통해서 얻은 실무지식과 노하우를 이 책에 집약하려고 노력했다.

둘째, 저자는 미디어 마케팅의 개념이나 이론, 기법들을 소개하는 것을 넘어서 전략적 시사점과 실무적 활용방안을 제시했다 가급적 케이블TV나 위성방송, DMB 파트에서 일하는 현업 인력에게 도움이 될 수 있는 방향에서 이론과 실무를 조화롭게 구성하려는 데 초점을 맞췄다.

셋째, 한국적 미디어 마케팅의 토대를 마련하기 위해서 외국방송보다는 우리나라 방송 사례를 중심으로 설명했다. 특히 위성방송과 DMB, IPTV 등 뉴미디어 등장에 따른 미디어시장의 재편과 변화를 포함시키는 데 주력했다. 여러분도 아시다시피 우리나라는 IT강국으로서 DMB나 IPTV의 경우 전 세계적으로 선두를 달리고 있으며, 시장의 테스트 베드로서 시장성공이나 실패를 측정하는 리트머스 시험지 같은 역할을 하고 있다.

이 책은 모두 10장으로 구성되어 있다. 1장에서는 미디어 마케팅의 개념과 중요성, 발전과정을 집중적으로 소개하고 있다. 2장은 미디어 마케팅 패러다임의 변화, 미디어산업을 둘러싼 거시환경과 미시환경을 분석했다. 3장은 마케팅의 기본 툴인 4P전략에서 출발하여 4C로의 전환, 7P로의 확대(product, price, place, promotion, people, physical evidence, process)를 통해 분석방법을 제시하고 있다. 4장에서는 마케팅 전략의 핵심인 'STP전략', 즉 시장세분화(segmentation), 목표시장의 선정(targeting), 포지셔닝(positioning)을 중심으로 주요 전략을 개괄적으로 다루었다. 그리고 5장은 콘텐츠 기획 및 제작에 대해서, 6장은 미디어기업들의 성격과 특성을 반영한 채널 브랜드 관리에 대해서, 7장은 콘텐츠의 가격관리에 대해서, 8장은 콘텐츠 유통관리에 대해서 살펴보고, 9장에서는 온·오프라인을 중심으로 한 프로모션 관리에 대해서 서술했다. 마지막 10장에서는 미디어산업의 과제와 전망에 대해서 알아보는 미디어 마케팅의 발전방안에 대해서 다루었다.

저자는 대학원에서 마케팅과 신문방송학, 문화콘텐츠학을 전공하면서 새삼 학제적인 연구가 얼마나 중요한지 느꼈다. 그렇다 보니 평소에도 학제적인 연구에 관심을 많이 두었으며, 서로 다른 학문이 만나 미디어산업을 얼마나 효과적으로 설명할 수 있는가를 고민해왔다.

이 책을 쓰면서 미디어와 마케팅, 콘텐츠의 개념을 결합시킨 '미디어 마케팅'을 도출하는 데 어려움이 있었고, 저자의 이론적 내공 부족으로 미디어 사이의 보완이나 경쟁관계를 명확하게 분석해내지 못하는 오류를 범하기도 했다.

저자의 이런 부족한 면은 앞으로 신세대 학문을 주도할 문화콘텐츠학을 전공하는 분들의 몫으로 돌리려고 한다. 앞으로 저자가 학문적인 공력(?)을 쌓은 뒤에 미디어 마케팅이 실무적으로 각광을 받고 대학교재로 사용될 수 있을 때면 2~3년 주기로 내용을 보강해서 출간하고 싶다.

끝으로 이 책이 나오기까지 많은 사람들의 도움이 있었다. 그들의 도움이 아니었으면 아마도 이 책의 완성도를 높이지 못한 채 졸고가 되었을 것이다. 먼저 저자를 마케팅과 신문방송학, 문화콘텐츠학으로 이끌어주신 고려대학교 경영대학 채서일 교수님을 비롯해 전북대학교 신문방송학과 지도교수인 김승수 교수님, 박사논문을 꼼꼼히 지도해주신 한국외대 신문방송학과 김유경 교수님께 고마움을 표시하고 싶다. 또한 집필에 도움이 되는 자료를 제공해준 MBC, 온미디어(OCN), 스카이라이프, KT, SKT, TU미디어, USB 관계자 여러분들께 고마움을 전한다.

그리고 이 책이 나올 수 있도록 항상 기도해주신 아버지와 어머니께 애정 어린 감사의 마음을 전하고 싶다. 끝으로 부족한 저자를 도와주신 모든 분들께 고마운 마음을 전하고, 한국외대 문화콘텐츠학과 교수님들과 후배 여러분들께 감사의 마음을 표시하고 싶다.

2009년 7월
CBS 보도국에서 윤흥근

차례

MEDIA MARKETING

제1장 미디어 마케팅의 개념과 중요성

1. 미디어 마케팅의 개념 정의

방송마케팅을 정의하는 데 앞서 방송의 개념을 알아보고, 이를 토대로 마케팅 개념을 방송과 결합시켜 방송마케팅 개념을 살펴보기로 한다. 방송은 영어로 'Broadcasting', 한자로 '放送'으로 쓰는 것에서 알 수 있듯이 어원상 '널리 보낸다'는 뜻을 가지고 있다. 라디오방송이나 TV프로그램에 참여하거나 전달하는 것 등의 의미를 포함하기도 한다.

우리나라 「방송법」 '제2조 제1항'에서는 방송을 "방송 프로그램을 기획·편성 또는 제작하고 이를 공중(시청자)에게 전기통신설비에 의하여 송신하는 것"으로 지상파 방송·종합유선방송·위성방송 등을 말한다고 규정한다.

이를 종합해보면, 오늘날 방송이란 "일정한 체계를 갖추어 제작하는 시청각적 메시지를 유선 또는 무선의 방법으로 수신장치를 갖춘 다수 또는 공적인 개인에게 수신케 하는 행위 및 그 과정"이라 할 수 있다.

최근 위성방송과 IPTV(Internet Protocol Television), DMB(Digital Multimedia Broadcasting)의 출현으로 방송이 문화상품을 생산하고 판매하는 하나의 산업으로 인식되면서 영리적 특성을 강하게 갖게 되었다. 또한 방송의 디지털화(digitalization)는 기술상의 변화뿐 아니라 방송의 개념과 존재방식, 서비스 영역, 수용자 관계, 미디어산업의 전반적 구조에 이르기까지 포괄적인 영역에서 발생하고 있는 근본적이고 혁신적인 변화를 의미하고 있다. 이러한 방송미디어의 존재양식의 변화는 곧 방송 패러다임의 변화를 의미한다. 기존 지상파 TV 위주의 매스 미디어 환경에서 소외되었던 '개인'이 중요한 가치로 부상하고, 정보의 생산과 가공, 전달, 소비 측면에서 비로소 개인이 의미 있는 주체로 떠오르게 되었다. 디지털화에 따른 포괄적 의미의 '방송미디어' 개념도 퍼스널캐스팅(personalcasting)의 개념으로 변화했으며, 이제는 캐스팅(casting)이 아닌 캐칭(catching)의 개념으로 변화, 확대될 것으로 보인다. 즉, DMB나 IPTV와 같은 방송·통신 융합형 서비스의 경우 시공간의 이동성과 개인의 선택성이 크게 강화되면서 기존의 방송에 적용되었던 공익성보다는 사유성(상업성)이

더 강조되고 있다.

한 시장 내에 제품의 종류가 수십 개가 되자(방송국이 수백 개 생겨나자) 소비자는 여러 개의 제품 중 자기 입맛에 맞는 것을 골라서 구매할 수 있게 되었다. 9시에 KBS뉴스를 볼 것인지 경쟁사인 MBC뉴스를 볼 것인지 선택의 여지가 생긴 것이다. 방송국의 입장에서도 경쟁회사가 생기자 자신의 회사 제품을 팔기 위해 다양한 마케팅활동을 할 수밖에 없게 되었다. 이에 따라 개별 방송사들도 마케팅 개념의 중요성을 인식하고 '미디어 마케팅'을 적극적으로 도입하고 있다. 2000년 이후 지상파 방송사들은 '채널 브랜드' 개념을 적극 도입하여 시청자에게 만족도가 높은 채널이라는 이미지를 높이기 위해서 비즈니스 관점을 가지고 접근하기 시작했다. 또한 유료 채널인 케이블TV와 위성방송은 방송 프로모션을 위해서 각종 온라인 및 오프라인 프로모션을 진행하여 채널 브랜드력을 제고하고 있다. 이들 방송사는 통합적 마케팅 커뮤니케이션 전략을 효과적으로 수립하기 위해서 OAP팀과 비주얼팀을 두고 다양한 프로모션 전략을 통해 강력한 브랜드 파워를 만들고 있다.

더욱이 지상파TV와 케이블TV 등 수백 개의 채널이 미디어시장에서 경쟁하자 시청자는 시장을 통해 자신이 원하는 것을 만족시키려고 하고, 방송사는 경쟁회사를 이겨서 최대의 이익을 달성하려 한다. 이를 위해 방송사가 벌이는 모든 활동을 '마케팅'이라고 한다. 마케팅 개념을 단순히 정리하면, 시장에서의 교환을 통하여 인간의 필요와 욕구를 만족시키는 데 목표를 둔 인간의 활동을 의미한다. 좀 더 포괄적인 정의는 미국마케팅협회(American Marketing Association: AMA)가 1985년 발표한 다음 정의에서 살펴볼 수 있다.

마케팅이란 개인 및 조직의 목표를 충족시키기 위한 교환을 창출하기 위해 아이디어, 상품, 서비스를 정립하는 활동과 가격을 설정하는 활동 및 촉진활동과 유통활동을 계획하고 집행하는 과정이다.

이렇듯 다양한 마케팅의 개념을 방송에 적용시킨 '미디어 마케팅'도 아직까지 정확한 개념이 정립되지 않은 상태다. 단지 몇몇 신문방송학 교수들이 방송마케팅의 개념을 다음과 같이 설명하고 있다.

이관열(1995)은 방송사가 수용자나 광고주의 관심을 유발시키기 위하여 각종 광고나 안내방송 등 다양한 방법을 통해 자사의 상품가치를 높이려는 노력을 방송마케팅이라고 정의했다.

김재범과 한균태(1995)는 방송사도 일반 제조회사들과 마찬가지로 시장에 상품을 팔기 위한 마케팅활동을 하는데, 상품(방송 프로그램과 광고)을 생산하고 분배하며 이를 팔기 위해 시청자에게 마케팅과 판촉활동, 판매전략을 개발하는 과정을 방송마케팅이라고 설명했다. 이때 방송사는 수용자 시장과 광고주 시장을 대상으로 마케팅활동을 전개한다.

이 밖에 최양수(1996)는 극단적으로 방송사가 수용자를 위한 방송 프로그램을 생산하는 기업이 아니라 시청자에게 접근하는 수단을 광고주에게 판매하는 기업으로 정의하고, 이런 방송사의 활동을 방송마케팅이라고 표현했다.

마케팅이 소비자의 욕구에 초점에 맞추어 고객만족을 통한 이윤추구를 목표로 하는 것처럼 방송마케팅도 콘텐츠나 서비스의 교환과정을 통해 수용자의 필요와 욕구를 충족시키도록 유도하는 과정으로 설명할 수 있다. 즉, 방송마케팅이 수용자의 욕구에 초점을 맞추어 '오락과 정보' 등 다양한 방송 서비스를 제공하여 고객만족을 통한 이윤추구를 목표로 하는 것이라고 볼 수 있다.

산업화시대의 마케팅 개념이 '고객을 사냥하는 것'이라면 정보화시대의 마케팅 개념은 '사업 파트너로서 고객과의 관계를 가꾸어가는 것'으로 새롭게 정의할 수 있다. 이제 고객(수용자)이 충분한 정보를 통해 새로운 능력과 권한을 가지게 된 만큼 마케터들은 고객과 파트너 간의 관계를 창조하고 유지해나가는 데 주력해야 한다. 그렇게 때문에 마케터들은 수용자와의 만족스러운 신뢰관계를 형성해나가는 고객관계관리(Customer Relationship Management: CRM)에 신경을 쓰게 된다. '고객 획득'에서 '고객 유지'로, 거래기간에서 보면 '단기 고객'에서 '평생 고객'으로 무게중심이 이동하고 있다(서용구, 2006).

　미디어 마케팅도 미디어상품, 미디어기업(방송사), 시청자(수용자)라는 요소로 구성되기 때문에 이들 가운데 어디에 초점을 두느냐에 따라 구분이 달라질 수 있고, 현실적으로 고급문화보다 대중문화를 지향하는 영리기관에 초점을 맞춰 경영 내지 마케팅 개념을 채용하고 있다. 협의의 개념에서 미디어 마케팅은 오락과 정보의 요소가 미디어를 통해서 상품의 부가가치 형성에 커다란 역할을 하는 과정으로 이해할 수 있다. 그리고 광의의 개념에서 미디어 마케팅은 미디어 분야에서 창작되거나 상품화되어 유통되는 모든 단계의 산업이나 이윤 추구를 목적으로 미디어가 상품화되고 생산되어 시장에서 거래되는 과정을 포괄적으로 포함한다. 즉, 미디어 마케팅은 미디어와 관련된 일체의 서비스를 이용하여 이를 필요로 하는 미디어 수용자나 미디어기업에게 보다 효과적·효율적으로 제공하는 활동이라 할 수 있다. 이러한 점에서 미디어 마케팅은 수용자(소비자)에게 콘텐츠 상품이나 서비스를 직접 제공할 뿐 아니라 미디어 이외의 산업에 속한 기업들에게 제품이나 서비스의 촉진을 위해 콘텐츠 상품을 활용할 수 있도록 하는 양면성을 지닐 수 있다.

　최근 들어 미디어산업이 엔터테인먼트와 결합하면서 경제성을 가진 복합적 산업으로 발전하고 있다. 이런 이유 때문에 엔터테인먼트산업을 분석한 엔터테인먼트 마케팅이 각광을 받고 있다. 엔터테인먼트산업은 공연과 전시, 이벤트, 관광, 테마파크, 방송미디어, 영화, 게임, 음악, 애니메이션, 만화, 출판, 캐릭터, 모바일 콘텐츠, 광고 등 사람에게 즐거움과 감동을 주는 포괄적인 사업을 의미한다. 미디어산업은 이런 엔터테인먼트산업의 한 분야로서 기존의 지상파TV와 케이블TV, 위성방송, 라디오, 신문은 물론 상호작용성이 강한 인터넷, 모바일 콘텐츠(DMB, 와이브로), IPTV까지 포함한다.

　이제 미디어 마케팅은 다양한 매체의 발달과 일반인들의 매체에 대한 관심 증대에 힘입어 새로운 마케팅 분야로 자리 잡고 있다. 콘텐츠를 프로모션하여 판매수단으로 활용하려는 기업의 측면에서 본다면 방송 프로그램 후원이나 협찬, PPL(product placement), 스폰서, 캐릭터, 온·오프라인 프로모션 등은 마케팅 목적을 달성할 수 있는 좋은 방법이 된다.

미디어 마케팅과 일반 마케팅은 소비자가 원하는 콘텐츠(제품)나 서비스를 제공하여 교환의 가치를 극대화하고자 한다는 점에서 동일한 개념을 가지고 있다. 하지만 미디어 마케팅은 미디어가 지닌 특성, 즉 경험재, 비배제성, 비경합성, 사회성(공익성) 등을 고려할 때 직·간접적인 파급효과가 크다는 점에서 일반 마케팅과는 차이가 있다.

미디어 마케팅은 콘텐츠 교환이라는 과정을 통해 미디어 소비자의 욕구를 충족시킬 수 있도록 계획된 모든 활동을 말한다. 미디어 마케팅은 미디어 마케팅 자체와 미디어를 이용한 마케팅 등 두 가지 유형으로 구분할 수 있다.

- 미디어 마케팅(the marketing of media): 오락과 정보를 포함하는 콘텐츠 상품 자체에 대한 마케팅으로 미디어의 활성화를 위해 마케팅활동을 전개하는 것을 의미한다. 미디어기업들은 소비자 확보와 콘텐츠 상품의 부가가치 형성 및 판촉활동에 초점을 맞춰서 마케팅활동을 전개한다.
- 미디어를 이용한 마케팅(the marketing though media): 촉진 또는 판매수단으로, 미디어를 활용하려는 기업이 방송 프로그램 후원이나 협찬, PPL, 스폰서, 캐릭터, 온·오프라인 프로모션 등을 마케팅활동을 위한 하나의 수단으로 사용하는 것을 말한다. 마케팅 목적을 달성할 수 있는 좋은 방법으로서 이윤 추구를 목적으로 미디어가 상품화되고 생산되어 시장에서 유통되는 과정을 포괄적으로 포함한다.

따라서 미디어 마케팅을 정의하면, 엔터테인먼트 마케팅의 한 분야로서 미디어기관이 수용자(시청자)들의 재미(즐거움)와 감동을 충족시키기 위한 교환이 일어날 수 있도록 프로그램(콘텐츠), 서비스 및 아이디어를 설계하고 공급하는 과정이라고 할 수 있다. 이런 미디어 마케팅은 스포츠 마케팅, 호텔 마케팅, 관광 마케팅, 병원 마케팅, 금융 마케팅, 패션 마케팅, 비영리조직 마케팅, 서비스 마케팅과 같이 미디어산업분야를 대상으로 한 특수 마케팅의 한 분야로 볼 수 있다.

2. 미디어 마케팅의 적용범위

미디어 마케팅의 범위는 일반적으로 마케팅활동의 산업범위(매체별 활동)나 활동대상, 마케팅활동 참여자의 유형에 따라서 나눌 수 있다(안광호·김상용·김주영, 2001: 11).

1) 마케팅활동의 산업범위

미디어산업은 콘텐츠를 기반으로 하는 산업으로서 문화적 요소가 포함될 경우 문화콘텐츠산업으로, 재미나 오락 등의 요소가 가미되면 엔터테인먼트산업으로, 넓게는 문화산업으로 확장되고 있다. 즉, 콘텐츠산업, 엔터테인먼트산업, 문화산업, 영상산업, 레저산업 등도 미디어산업과 비슷한 의미를 가지고 있다. 이러한 용어는 서로 혼동해서 사용되는 경우가 많지만 굳이 분류를 한다면 미디어산업은 즐기기 위한 수단으로 매체(미디어)를 필요로 하는 활동과 관련된 산업이라고 할 수 있으며 미디어의 의존 정도가 높다.

보겔(2003)은 엔터테인먼트산업을 크게 미디어 의존형 엔터테인먼트와 체험형 엔터테인먼트로 구분했다. 그는 소비자가 엔터테인먼트 상품이나 서비스를 어떤 방식으로 체험하는가에 따라 달라진다고 주장하면서, 현장에서 직·간접적으로 참여하여 체험하는 경우는 체험형 엔터테인먼트로 사행산업(슬롯머신, 카지노)과 스포츠, 공연예술, 유원지 및 테마파크 등이 이에 해당된다고 설명했다. 또한 미디어 의존형 엔터테인먼트는 소비자가 간접적으로 매체의 힘을 빌려서 활동하는 경우로 영화, 음악사업, 지상파 방송, 케이블방송, 인터넷, 출판, 장난감과 게임 등으로 분류할 수 있다. 특히 이들 미디어

<표 1-1> 보겔의 엔터테인먼트산업 분류 사례

구분	분야	구체적 사업 내용
미디어 의존형 엔터테인먼트	영화	제작, 배급, 상영, 마케팅, 홈비디오 등
	음악사업	작곡, 음반제작과 마케팅, 저작권 등
	지상파 방송	프로그램 제작과 보급 등
	케이블방송	방송망 운영사업, 유료TV(PPV서비스) 등
	인터넷	인터넷광고, 서비스 이용료, 온라인매출 등
	출판	도서, 정기간행물, 멀티미디어 등
	장난감과 게임	장난감 제조판매, 컴퓨터게임, 동전게임 등
체험형 엔터테인먼트	사행산업	슬롯머신, 카지노 경영 등
	스포츠	방송중계권 등
	공연예술	상업연극, 오페라, 오케스트라, 댄스 등
	유원지, 테마파크	테마파크 운영

의존형 엔터테인먼트는 1994년 인터넷이 대중화되고 디지털, IT기술이 급성장하는 국면을 맞아 더 많은 소비자와 더 많은 시간대에 만날 수 있는 기술혁신을 이루어 이동형 TV와 모바일 매체로 발전하면서 비약적인 성장을 해왔다. 더욱이 미디어 의존형과 체험형 엔터테인먼트산업뿐 아니라 두 분야 간에 서로 다양하게 융합하여 새롭게 생기는 분야를 특정한 기준을 갖고 분류하기는 점점 더 어려워지고 있다.

엔터테인먼트산업은 재미·오락 등을 추구하는 산업으로, 엔터테인먼트적인 요소가 없는 분야는 이 산업에서 제외된다. 문화콘텐츠산업과 비교하면 테마파크, 도박 등은 엔터테인먼트산업에 속하지만, 재미가 아닌 정보를 제공하는 콘텐츠는 엔터테인먼트에 속하지 않는다. 한편 미디어산업은 문화산업과 관련된 산업으로 정의되지만 실제는 엔터테인먼트산업과 큰 차이가 없이 동일한 의미로 사용된다. 미디어산업은 영상 콘텐츠인 영화, 드라마, 뮤직비디오, 게임, 모바일, 인터넷, 음악, 출판물 등을 말한다.

미국에서는 엔터테인먼트산업을 보통 '미디어 & 엔터테인먼트산업'으로 명명한다. 프라이스워터하우스 쿠퍼스(Pricewaterhouse Coopers: PwC)에 따르

<그림 1-1> 산업의 범위

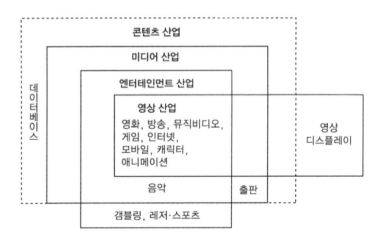

면 '미디어 & 엔터테인먼트산업'은 영화, 방송, 음악, 인터넷 관련 콘텐츠, 인쇄출판, 테마파크, 스포츠, 도박 등을 포함한다. 세계적인 산업동향 분석기관인 프라이스워터하우스 쿠퍼스는 매년 '세계 엔터테인먼트와 미디어 전망'을 발표한다. 이 자료의 분석대상 중에서 테마파크와 스포츠, 도박 등 일부 분야를 제외하면 미디어산업(media industry)의 범주로 볼 수 있다.

우리나라의 미디어산업에는 일반적으로 영화, 방송, 음악, 캐릭터, 게임, 모바일 콘텐츠, 애니메이션, 인쇄출판, DMB와 IPTV(뉴미디어) 등이 포함되어 있다. 한태인(2000)은 방송서비스부문 통계에서 영화와 오락, 미디어 등이 포함된 통합분류체계가 필요하다며 영화, 방송 및 공연 관련 산업, 뉴스 제공업, 광고업 등을 포괄하는 방송서비스의 분류체계를 제시하기도 했다. 따라서 미디어산업은 영화, 방송 프로그램, 게임, 음악, 인터넷 등의 제작, 유통, 소비와 관련된 모든 산업으로 정의될 수 있다.

미디어산업도 유통되는 형태에 따라 통신방송형, 극장형, 휴대형 등 세 가지 유형이 존재한다(고정민, 2007a: 4). 통신방송형은 콘텐츠가 통신망이나 방송망이라는 유통채널을 통해 전송되는 것을 말하는데, 여기에는 인터넷,

<표 1-2> 유통에 따른 콘텐츠 유형

통신방송형	극장형	휴대형
인터넷 콘텐츠	영화	출판
모바일 콘텐츠	공연	게임패키지
뉴미디어		음반
지상파		
케이블방송		
위성방송		

통신서비스, 방송서비스 등이 있다. 극장형은 극장이나 공연장 등의 넓은 공간에서 콘텐츠가 상영 또는 공연되는 형태로, 영화와 공연산업이 여기에 속한다. 휴대형은 들고 다닐 수 있는 콘텐츠로서 CD와 같은 음반 산업, 게임 패키지와 같은 비디오게임산업, 서적과 같은 출판산업 등이 여기에 속한다.

미디어산업은 이런 엔터테인먼트산업의 한 분야로서 기존의 지상파TV와 케이블TV, 위성방송, 라디오, 음반, 신문, 출판물 및 잡지, 영화, 비디오게임, 인터넷, 모바일 콘텐츠(DMB, 와이브로)까지 포함하고 있다. 따라서 미디어 마케팅은 즐기기 위한 수단으로서 매체(미디어)에 의존 정도가 높은 방송을 비롯한 음악, 신문, 영화, 신문, 출판물, 게임 등의 장르에 적용된다고 할 수 있다. 그러나 이런 마케팅활동의 범위 분류는 장르별이나 산업별로 나눠진 분절적인 시각에서 벗어나지 못하는 한계를 드러내고 있다.

2) 마케팅활동 대상에 따른 구분

마케팅활동 대상으로 분류할 경우 소비재와 산업재 등의 유형제품과 서비스와 같은 무형제품으로 분류할 수 있다. 미디어 마케팅은 미디어를 매개체로 인간의 즐거움이나 재미를 추구하는 활동이기 때문에 개인적인 소비활동에 초점을 맞춘 소비재 마케팅으로 분류할 수 있고, 무형의 상품인 콘텐츠(프로그램)를 대상으로 하기 때문에 서비스 마케팅에 가깝다.

- 소비재 마케팅(consumer goods marketing)

  개인적인 소비를 위하여 제품을 구매하는 개인과 가정을 대상으로 하는 마케팅을 말한다.

- 산업재 마케팅(industrial goods marketing)

  다른 제품의 생산을 목적으로 제품을 구매하는 기업들을 대상으로 하는 마케팅을 말한다.

- 서비스 마케팅(service marketing)

  무형의 서비스를 구매하는 고객을 대상으로 하는 마케팅을 말한다. 미디어상품은 생산의 주체인 방송사가 프로그램을 만들어내어 수용자에게 전송하고, 그 대가로 광고주에게 광고를 판매하여 수익을 창출한다. 이 같은 구조에서 미디어 마케팅은 무형의 상품(정보나 오락콘텐츠)을 만들어내는 서비스 마케팅에 해당된다고 볼 수 있다.

최근 경제의 서비스화 경향 중에서 형태가 없는 상품과 서비스의 위치가 높아지고 있다. 가장 밀접한 서비스로는 미용실이나 드라이클리닝, 택시 등을 예로 들 수 있다. 이들 상품처럼 미디어상품도 형태가 없다는 특성을 갖고 있다. 상품의 품질의 좋고 나쁨을 확인할 수 없다. 상품의 품질에 대한 평가는 문화적 콘텍스트(가치관이나 유행)에 의해 좌우된다고 볼 수 있다. 따라서 소비자로서는 '서비스를 받기 전에 그 편익을 잘 이해할 수 없다(지각 리스크)', '서비스를 받아도 정말 좋을지 의심하기 쉽다(인지적 불협화)'라는 상태에 빠지기 쉬운 것이다.

때문에 품질의 이해를 돕기 위해서 커뮤니케이션을 어떻게 진행할지가 중요한 마케팅 과제가 된다. 예를 들어 알기 쉬운 네이밍이나 효능의 수치화, 캐릭터 등 시각적 툴의 정비, 학습체험기회의 설정 등이 유형상품을 판매할 때보다 더욱 필요한 것이다. 또한, 콘텐츠를 사용하기 전에 시장예측이나 평가를 내기기 어렵기 때문에 입소문과 전문가의 추천이 효과적이다.

3) 마케팅활동 참여유형에 따른 구분

마케팅 범위는 마케팅활동의 참여자가 영리조직이냐 비영리조직이냐에 따라 영리기관의 마케팅(profit marketing)과 비영리마케팅(non-profit marketing)으로 구분된다. 미디어상품 중 방송상품은 비배제성과 비경합성 속성을 지녀 공공재적인 특성을 갖기 때문에 비영리마케팅 쪽에 더 가깝다. TV 프로그램은 10명이 보든 100명이 보든 자원의 고갈이 일어나지 않고 불특정 다수에게 동일하게 제공된다는 특성을 지니고 있기 때문이다.

그러나 최근에는 케이블, 위성, DMB, IPTV 등 유료방송서비스가 활성화되면서 비배제성이 완화된 사유재 성격이 두드러지고 있다. 이에 따라 미디어상품 중 유료방송이나 영화, 게임, 신문, 출판물 등은 영리추구를 목적으로 하는 영리기관의 마케팅이 적용된다.

① 영리기관의 마케팅

영리기관의 마케팅은 우리가 바로 연상할 수 있는 현대 기업들의 마케팅이라 할 수 있다. 이 영리기관의 마케팅은 주체의 목표가 이윤 추구에 있다. 미디어기업들도 대중매체를 기반으로 다양한 콘텐츠를 소비자들에게 제공하면서 이윤을 추구하는 것을 목표로 하고 있다. 미국을 비롯한 세계 각국에서 대중문화의 산업화를 통해 문화의 보급과 경제적 부가가치 창출의 긍정적 효과가 부각되자 미디어산업에 대한 관심이 높아졌고, 전반적으로 미디어산업에 대해 호의적인 입장으로 변화했다. 특히 대중매체를 기반으로 하는 미디어산업의 발달은 다양한 콘텐츠 상품을 값싸고 풍부하게 공급함으로써 일반 대중들이 다양한 문화에 쉽게 접근할 수 있는 기회를 제공한다. 결국 콘텐츠를 생산하고 유통시키는 미디어기업 입장에서는 문화의 산업화와 대중화라는 측면에서 영리기관의 마케팅활동에 집중할 수밖에 없다.

② 비영리기관의 마케팅

영리추구를 목적으로 하지 않는 비영리기관에서도 마케팅이 필요하다. 이 경우 마케팅활동의 주체는 이윤극대화보다는 자체 조직의 목적달성을 지향한다. 이러한 비영리기관으로는 정부, 공공단체, 교회, 학교, 기타 지역사회단체 등이 포함된다. 예를 들어 미디어기업 중 지상파 방송사(예를 들어 KBS)가 시청자들을 위해 방송의 보편적 서비스나 공익적 프로그램 제공을 통하여 공공성을 제고한다면 비영리기관의 마케팅활동으로 볼 수 있다.

미디어 마케팅에서 공공성이 강조되는 공영방송이나 공익을 목적으로 하는 방송(KTV, 아리랑방송)들은 공공재의 성격을 띠고 있어 비영리기관의 마케팅이라고 할 수 있다.

하지만 최근 케이블TV와 위성방송 등 상업방송의 출현으로 미디어기업들은 이윤극대화를 목표로 수용자를 확보하기 위해서 영리기관의 마케팅활동을 철저히 전개하고 있다. 케이블TV의 경우 특정 장르를 세분화시켜 전문화된 편성을 하면서 목표집단(타깃)이 분명한 방송을 하고, 유료매체인 광고와 수신료에 의존하고 있다. 특히, 홈쇼핑 채널이나 영화채널의 경우 TV를 통한 상품판매나 VOD나 PPV(Pay Per View)서비스의 유료화를 통해서 상업적인 마케팅활동에 주력하고 있다. 위성DMB나 IPTV 등의 새로운 매체들도 가입자 위주의 마케팅활동을 전개하면서 자신들의 사업영역을 넓혀나가고 있다. 따라서 미디어 마케팅은 공공재를 강조하는 비영리기관의 마케팅활동이라기보다는 사유재의 성격이 강한 영리기관의 마케팅활동에 집중하고 있다.

3. 미디어상품(서비스)의 특징

1) 미디어상품의 유형

미디어기업들이 소비자에게 제시하는 상품은 무형재(서비스)인 콘텐츠로 볼 수 있다. 우선 필립 코틀러(Philip Kotler)의 제품 3단계 설에 기초하여 미디어상품의 개념을 핵심제품, 유형제품, 확장제품의 3가지 차원으로 나눌 수 있다(아라이 노리코 외, 2009).

<그림 1-2>와 같이 상품은 3차원으로 구분하여 설명할 수 있다. 가장 기본적인 차원인 핵심제품(core product)과 핵심적 개념이 형상화되어 있는 실제제품(actual product), 그리고 핵심제품과 실제제품에 추가적으로 고객의 이점을 제공해주는 것으로 포함하는 확장제품(augmented product)의 차원으로 구분할 수 있다.

먼저 핵심제품은 소비자가 구매할 때 궁극적으로 얻고자 하는 핵심적인 이익이나 혜택을 의미한다. 콘텐츠 상품에 있어서 핵심제품은 저작작업을 의미하며 세 가지 타입이 노동이 섞여 있는 결과물로 보인다. 세 가지 타입의 노동은 작가의 원고집필, 작곡자의 작곡처럼 원작자에 저작작업과 연기자, 감독, 지휘자 등 표현자에 의한 예능 서비스, 그리고 CG제작, 촬영 등 편집자에 의한 기능 서비스를 포함하고 있다.

이러한 작업이나 서비스의 결과물은 소위 '라이브' 이외는 디지털 데이터로서 오리지널 원판화되는 것이 보통이다. 물론 원판은 물적 가치는 없지만 그 내용이야말로 가치가 있다. 그리고 여기서 지적소유권이 발생한다. 일반 소비자에게 지적소유권이 이전되지 않고 원판을 열람·이용하는 방법으로서 복제나 전달서비스가 존재하는 것이 된다.

실제제품은 핵심제품의 개념이 형상화되어 구체적인 모습으로 만들어진 서비스를 말한다. 실생활의 감각이라면 핵심제품이 작품, 실제제품이 상품이라고 구분될지도 모른다. 콘텐츠 상품에서는 이 단계에서 패키지형(유형상품)

<그림 1-2> 콘텐츠 상품의 유형

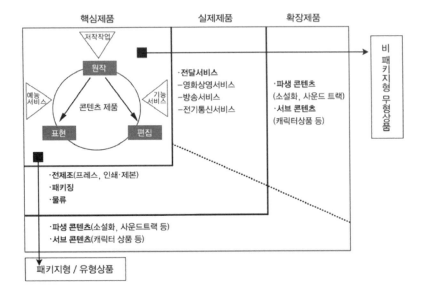

과 비패키지형(무형상품)의 두 가지 형태가 존재한다. 전자의 경우에는 복제의 제조, 패키징, 물류라고 하는 부가가치가 추가되어 소비자에게 전해진다. 후자는 영화관에서 상영, TV와 라디오 등의 방송, 인터넷 등 전기통신 서비스를 통한 송신에 의해서 무형의 상태로 소비자에게 전달된다. 연극 등의 라이브 이벤트에 관해서도 극장이라는 '장(場)'을 제공하는 서비스가 실제제품이라 할 수 있다.

그리고 확장제품은 두 가지 차원이 구체적으로 구매되기 위해 지원되는 서비스이다. 콘텐츠의 경우 파생 콘텐츠(노벨라이즈, 사운드트랙 등)와 서브 콘텐츠(캐릭터 상품 등)라는 2차상품으로 나뉜다. 이것들은 확장제품이라는 평가는 받지만 현재의 콘텐츠 비즈니스에 관해서는 2차이용을 전제로 원소스 멀티유스(One-Source Multi-Use: OSMU)로 조직화된다. 즉, 디지털화에 따라 콘텐츠가 여러 가지 형태로 전환이 가능하게 되었다. 미디어기업들은 소비자가 좋아하는 확장제품을 상품개발 단계부터 계획을 세워 소비자의 관심을 유도할 수 있는 부가가치를 만드는 제품을 개발해야 할 것이다.

2) 미디어상품의 특성

(1) 비경합성과 비배제성

방송 프로그램과 프로그램을 전송하는 전파는 모두 공공재이다. 공공재는 상품의 특성상 효율적인 자원배분을 위하여 공공기관에 의하여 공급되는 재화와 서비스를 말한다. 방송을 비롯한 국방과 법률, 치안, 공원, 고속도로 등이 공공재에 해당된다. 공공재는 사유재와 달리 비경합성과 비배제성의 특성을 가진다.

비경합성이란 한 개인의 소비가 타인의 소비를 저해하지 않는 경우를 말한다. 예를 들어 드라마 <꽃보다 남자>를 내가 본다고 해서 다른 사람이 볼 수 없는 것은 아니기 때문에 비경합성의 공공재이다.

비배제성은 일단 어느 공공재가 한 개인이나 집단에게 공급되었을 경우 그 혜택을 타인이나 다른 집단으로부터 배제시킬 수 없음을 뜻한다. 즉, KBS나 MBC 등 지상파 방송은 난시청지역이 아닌 지역의 모든 시청자가 함께 볼 수 있기 때문에 비배제성 공공재에 해당된다.

프로그램이 방송된다면 방송 그 자체는 적어도 가시청지역 내에서 공공재이고, 만약 시청자가 비화처리되었다면 디코드를 소유한 사람들에게는 공공재이다. 한 사람이 방송신호를 수신하더라도 다른 사람이 수신하는 신호의 양은 줄어들지 않는다.

그러나 기술의 발전은 텔레비전 공급의 기본성격을 바꿨다(킹 샌클만, 2001: 57). 왜냐하면 텔레비전은 항상 공공재의 전형적인 본보기였고, 정책입안자들은 그것을 다른 상품이나 서비스와 다르게 다루어왔기 때문이다. 공급자, 채널, 전송과 재원 마련의 방법 등의 증가는 방송이 더 이상 공공재가 아니고, 다른 미디어상품과 같은 사유재가 되었다는 것을 의미했다. 이런 의미에서 케이블TV와 위성방송과 같은 기술적 발전은 방송상품의 공공재적 성격을 약화시키고 방송이 서서히 시장체제로 나가는 것을 도왔다. 케이블TV와 위성방송은 가입료와 시청료를 지불하지 않으면 시청할 수 없는 새로운 미디어의 형태이다. 이처럼 케이블TV는 돈을 내지 않은 시청자를 철저히 배제시킨 사유재적 방송형태를 띠고 있다.

방송 프로그램은 이와 같이 공공재적 성격과 사유재적 성격 이외에도 다음과 같은 특성이 있다.

(2) 경험재

콘텐츠 상품은 소비가 이루어지기 전에는 상품의 효용이 알려지지 않는 경험재(experience goods)의 속성을 강하게 갖는다. 우리는 자동차나 가전제품을 사기 전에 이미 상품의 기능과 특성에 대한 정보를 비교적 정확하게 아는 것이 가능하지만, 영화나 드라마, 가수의 앨범의 효용은 직접 보거나 듣기 전에는 드러나지 않는다.

이처럼 미디어상품의 가치는 물질적인 것으로부터 만들어지지 않는다. 프로그램의 가치는 정보나 오락콘텐츠이다. 프로그램은 수용자가 시청을 통해서 볼 수는 있지만, 물체처럼 만질 수는 없다. 따라서 그 가치를 파악하거나 평가하는 것이 어렵다. 방송사가 만들어내어 광고주에게 판매하는 시청자의 주목도 비물질적이다. 미디어기업들은 콘텐츠나 시청자의 주목으로부터 가치를 창출한다. 이 같은 문제점을 해결하기 위해서 기업들은 실체적인 단서(프로그램명이나 로고)를 강조하고, 구전 커뮤니케이션을 자극하며 강력한 이미지를 창출하려 한다.

경험재적 속성을 강하게 갖는 상품의 소비에서 정보는 매우 중요하다. 효용이 알려지지 않은 콘텐츠상품의 소비에서 직접적인 소비행위가 발생하기 전에 특정 상품에 대한 사전적인 정보를 갖게 되면 소비의 불확실성을 훨씬 낮출 수 있기 때문이다.

특정 영화가 재미있다고 소문이 나면 관객의 숫자는 기하급수적으로 늘어날 것이다. 즉 콘텐츠 상품의 소비에는 앞서 소비한 소비자가 그 이후 특정

상품을 소비하는 소비자에게 긍정적, 혹은 부정적인 효과를 미치게 된다.

이러한 콘텐츠 상품의 소비에서 사전적인 정보가 결정적인 역할을 한다는 점은 예외적인 시장행위를 발생시킨다. 1회적인 콘텐츠 상품을 생산하는 것은 도박과 비슷하다. 콘텐츠 상품 역시 실제로 시장에 나가기 전에는 성공과 실패의 확률을 짐작하기 어려워진다. 이와 같은 상황에서 만일 관련 정보를 다수의 사람에게 배포시킬 수 있는 수단이 존재할 경우 그 가치는 대단히 높게 인식될 수밖에 없다.

대표적인 예가 대중매체이다. 영화나 음반제작자가 TV 연예프로그램에 내용을 홍보할 수 있다면 그것은 경험재 소비의 불확실성을 줄일 수 있는 대단히 매력적인 수단이 된다.

경험재적 속성을 갖는 콘텐츠 상품의 소비의 불확실성을 줄이는 또 다른 수단으로는 상품을 소비하기 전에 소비자가 알 수 있는 믿을 만한 정보를 상품내용 속에 포함시키는 방법이 있다. 대표적인 경우가 '스타 시스템'이다. 널리 알려진 배우나 감독, 제작자를 고용하여 특정 콘텐츠 상품을 제작했을 때 그 자체로 소비의 불확실성을 매우 낮출 수 있다.

(3) 시간 소비재

영화관람이나 소설을 읽는 데는 시간이 필요하다. 미디어상품인 콘텐츠재는 소비에 일정한 시간이 필요로 하는 상품, 즉 시간을 소비하는 상품이다(아라이 노리코 외, 2009). 예를 들어, 상영시간이 90분인 영화라면 소비에는 물론 90분이 걸린다. 음악도 마찬가지이다. 시간을 들여 CD를 듣는다. 또한 콘서트에서 시간을 이용하여 음악을 듣는다. 결국 시간을 사용하여 콘텐츠를 체험하는 체험 소비인 것이다.

또한 영화관이나 콘서트홀에서는 같은 콘텐츠를 동시에 다수의 소비자들이 체험하는 것이 가능하다. 여기서 고려해야 할 점은 같은 장소에서 같은 시각으로 같은 콘텐츠를 소비하지만 물리적으로 같은 시간이어도 콘텐츠에 대해 느끼는 심리적인 시간은 다르다는 것이다. "자주 열중해서 눈 깜짝할

시간이었다"라고 말하지만 이런 경우의 90분은 영화가 지루해서 도중에 포기해버렸다는 시간의 90분과 심리적 시간의 길이는 전혀 다를 것이다.

결국 콘텐츠의 경우 심리적 시간의 장단은 그 대상으로의 몰입감 차이에 의해 발생한다고 할 수 있다. 콘텐츠 소비는 세계관을 소비하는 것이다. 콘텐츠로의 몰입감이 작품형 콘텐츠 소비에 도움이 된다. "무의식중에 그 세계에 흡수되어버렸다"라는 깊은 몰입감은 현실세계의 의식을 콘텐츠의 세계관으로 옮기는 상태이다. 현실세계로의 의식이 콘텐츠 세계로의 의식으로 바뀌는 것이 몰입감이라고 할 수 있다. 즉, 콘텐츠 소비는 현실로부터 콘텐츠가 제시한 세계로의 시간으로 전환하는 것이다. 소설을 읽고 영화를 보는 것이 몰입감에 의해 가상의 세계로 빠져드는 것으로 볼 수 있다.

(4) 원소스 멀티유스

원소스 멀티유스는 미디어산업에서 '창구효과(window effect, 윈도효과)'라고 하는데 하나의 문화상품이 미디어산업의 일개 영역에서 창조된 후 부분적인 기술적 변화를 거쳐 미디어산업 영역 내부, 혹은 다른 산업의 상품으로서 활용이 지속되면서 그 가치가 증대되는 효과를 가리킨다. 이 같은 현상은 대부분의 문화상품(영화, 음반, 도서)이 초기에는 많은 제작비용이 들지만 일단 생산되면 이를 재생산하는 경우에 한계비용이 거의 0에 가깝기 때문에 나타나게 된다.

원소스 멀티유스는 쉽게 말하면 하나의 원소스를 서로 다른 장르로 다단계 유통시켜 시너지 효과를 극대화하고자 하는 전략이다.

하나의 원천 콘텐츠가 게임, 만화, 영화, 캐릭터, 소설, 음반 등의 여러 가지 2차 문화상품으로 파급되어 원소스의 흥행이 2차 상품의 수익으로까지 이어지는 문화상품만이 가지는 연쇄적인 마케팅 효과를 거두게 된다. 하지만 원소스의 흥행 여부에 따라 파생상품의 흥행이 결정되기도 하는 단점을 갖고 있다.

영화산업에서 창구(window, 윈도)는 극장 → DVD → 케이블/위성 → 지상파 TV 등 순차적으로 배급되는 영화콘텐츠의 유통과정을 의미한다. 각각의 창구로 넘어가는 기간을 홀드백(holdback: 부가판권 유예기간)이라고 하는데 일반적으로 극장 상영에서 지상파 TV 방영까지 보통 3년 정도의 기간이 소요되며 이러한 과정을 거쳐 이윤을 극대화하고 있다. 홀드백을 두는 이유는 영화가 다른 수익과정으로 진출할 때 일정한 공백 기간을 주어서 만족할 만한 수익을 얻는 시간을 보장해주기 위해서이다.

우리나라 영화의 창구화도 극장 → 비디오/DVD → 유료 케이블, 위성 → 지상파 → 무료 케이블 채널 순으로 이루어져 왔다. 2000년 이후에는 인터넷과 VOD 창구, DMB와 IPTV 등에서도 영화콘텐츠가 일부 유통되고 있다. 새로운 미디어가 등장하면서 창구의 순서에 변화가 나타나고 홀드백 기간도 짧아지는 등 창구체제가 크게 변화하고 있다. 따라서 여기에서 비디오와 DVD를 2차 창구라고 했으나 실제로는 VOD, 인터넷 유통 등이 등장하면서 창구가 밀려 3차, 4차 창구로 변화하고 있다. 하지만 디지털기술의 발달과 DVD라는 새로운 창구가 생겨나면서 홀드백 기간이 점차 짧아지며, 일부 영화는 DVD 발매나 영화 개봉과 동시에 온라인 서비스를 제공하는 추세이다.

(5) 고관여 상품

관여는 소비자가 구매과정에 깊이 개입하는 정도를 말한다. 관여수준은 구매행동과정에 영향을 미치므로 소비자 행동분석에서 중요시 되고 있다.

공연이나 영화와 같은 상품은 소비자가 원하는 서비스를 얻기 위해 경쟁 상품과 효용, 가격, 품질 등을 비교해가며 정보를 탐색하는 등 구매노력을 들인 뒤에 구매를 한다. 이처럼 미디어상품은 대부분 가끔씩 구매하고 아주 높은 자아표현적 제품특성을 갖고 있기 때문에 오랜 기간 동안 생각하며 다양한 정보를 수집하는 '고관여 상품'으로 간주할 수 있다.

고가의 공연상품은 전문상품으로 분류할 수 있는데, <오페라의 유령>과 같은 공연상품은 대체할 만한 서비스가 존재하지 않으며 브랜드 충성도가 매우 높다. 이런 상품은 소비자들이 인식하는 위험이 매우 크고, 구매 노력을 많이 들이며, 고객이 관여하는 정도가 매우 높다. 대표적인 예로 특정하게 좋아하는 가수의 콘서트 관람이나 서울 재즈 페스티벌 등을 들 수 있다.

이런 관점에서 소비자는 오페라와 영화, 뮤지컬 등이 창출하는 감각, 느낌, 이미지와 감정 등을 위해 제품을 경험적으로 소비한다. 경험적 소비에 관한 연구는 1982년 허쉬먼과 홀브룩 등에 의해 활발히 연구되었다. 허쉬먼과 홀브룩은 「쾌락적 소비」라는 논문에서 제품소비는 효용의 소비로 규정하고, 문화상품의 소비는 쾌락적 가치를 추구하는 소비성향이 강하고, 문화상품들의 구매과정은 고관여 상품을 구매하는 패턴을 보인다고 설명하고 있다 (Hirschman and Holbrook, 1982: 92~101).

앞에서 언급한 클래식 음악회, 연극, 영화, 콘서트 공연 등은 비용을 지불하고 관람하는 쾌락가치를 추구하는 상품이다. 반면, 지상파 방송처럼 방송 채널의 경우 구매행위라고 할 수 있는 채널 선택 또는 전환 등은 소비자들의 재정적인 부담을 야기하지 않는 특성을 갖고 있다. 이렇기 때문에 특정 채널에 대한 충성도 높은 시청자들도 여타 채널을 자주 옮겨 다니는 행동을 보이는 것이다. 이러한 현상은 마니아층을 보유하기 힘든 성격의 지상파 채널 간에는 더욱 두드러지게 나타날 수 있다(심성욱 외, 2008). 이로 인해 텔레비전 채널은 충성도가 다른 미디어 제품에 비하여 크게 중요하지 않은 '저관여형 매체'로서 인식할 수 있다. 즉 시청자들이 선호하는 프로그램을 선택하며 자주 재핑(zapping)[1]하는 습관 때문에 방송 채널도 상황관여와 적용되는 동시에 어떤 프로그램이나 채널에 대한 선호도가 작용할 경우 지속관여도 영향을 받는 등 지속관여와 상황관여가 결합한다고 볼 수 있다(양윤, 2008). 일반적으로 소비자의 관여유형은 상황관여와 지속관여로 구분할 수 있다. 상황관여는 특정한 상황에 관련되며 짧은 기간 동안에 나타나는 관여유형이고, 지속관여는 제품에 변함없이 지속적으로 높은 수준의 관심을 보이는 관여유형을 말한다.

---

1) 리모컨으로 텔레비전 채널을 이리저리 변환하는 것을 말한다.

(6) 고위험 - 고수익 상품

미디어산업은 제작비가 많이 소모되는 영화, 뮤지컬, 드라마, 애니메이션 등으로 대표되는 공연영상콘텐츠 산업으로서 대표적인 고위험 - 고수익(high risk, high return)제품이다. 흥행에 성공하면 높은 투자수익을 얻을 수 있지만 흥행에 실패하면 투자원금마저 회수하기 어렵다. 왜냐하면 콘텐츠 상품은 일반적인 재화와 비교하여 상대적으로 표준화되기 어려워 수요가 매우 불확실하고, 특정 콘텐츠 상품을 공급하는 생산자는 매우 높은 불확실성에 직면할 수밖에 없기 때문이다.

다분히 1회적인 콘텐츠 상품을 생산하는 경우 생산자가 직면하는 리스크는 크다. 영화나 음반산업이 대표적인 경우라고 할 수 있다. 영화산업에서 내재한 리스크는 산업 내 각 참여자들 모두에게 내재하고 있고, 그 위험은 사전 제작 또는 촬영단계에서 촬영 중단 가능성, 완성된 작품이 상영되지 못할 가능성, 흥행 실패 가능성 등 다양하다.

영화를 포함한 미디어산업과 관련된 다양한 리스크 중에서 가장 크면서도 중요한 것은 투자리스크와 흥행리스크라고 할 수 있다. 대부분 콘텐츠는 총비용에서 제작비와 같은 초기 투자비용의 비중이 매우 크다. 하지만 어떤 작품이 흥행에서 관객확보에 실패할 경우 이 제작비용이 매몰비용(sunk cost)[2]이 된다. 매몰비용은 설비 투자비 등과는 달리 그 사업에 실패함으로써 제품의 가치가 제로에 가깝게 되는 비용이다. 쉽게 말해 매몰비용은 드라마, 음반, 영화의 흥행에 상관없이 투입해야하는 비용을 말한다. 영화의 경우 배우 개런티 등 제작비는 영화의 흥행에 상관없이 미리 지불해야 하는 매몰비용이다. 반면 흥행에 성공할 경우, 한계비용은 거의 제로(필름 프린트 비용부담)에 가깝게 고정되는 반면 한계수익은 비례적으로 증가하여 대규모 수익을

---

2) 가요의 경우 가수, 작사가, 작곡가에게 보상을 미리 지불하는 것이 아니라 녹음 등 기술적인 비용만을 지불하여 이때 기술비용만이 매몰비용이 된다. 스포츠분야에서는 사전에 계약한 스타들의 연봉만이 매몰비용이 되는 것이다.

얻을 수 있다.

(7) 규모의 경제

미디어산업의 또 다른 특징은 규모의 경제가 매우 강력하게 작용한다는 점이다. 규모의 경제(economics of scales)란 산출량이 증가하면 단위당 평균비용이 감소하는 현상을 의미한다. 콘텐츠 상품의 복제적 성격으로 인하여 콘텐츠 상품의 생산에서는 초판비용(first copy)에 대부분의 생산비가 투입되고 재판부터는 단지 복제비용(replication cost)만이 추가되어 한계비용이 거의 발생하지 않는다.

일단 미디어상품은 제작을 위한 매몰비용이 투입된 뒤 추가되는 비용이 거의 없다. 왜냐하면 영화, 드라마, 음반 등 문화상품은 추가로 복사하는 데 필요한 비용이 미미한 소위 한계비용이 0에 가깝기 때문이다. 즉, 음반 하나를 추가로 복제하는 데 필요한 비용은 원가인 CD나 카세트테이프, 레이저디스크 등 다양한 형태로 창구의 확대는 음반성공을 위해서는 필수적인 요건이다. 초기 투자비용인 매몰비용만 회수하면 추가로 팔려는 판매량은 모두 이익이라고 할 수 있다. 또 다른 요건의 하나는 규모의 경제로 음반을 한 장이라도 더 복사하는 것이 순이익을 올릴 수 있다(허행량, 2002: 211).

콘텐츠 상품 생산에서 작용하는 규모의 경제는 문화산업의 시장구조를 구축하는 가장 중요한 요인이다. 규모의 경제가 발생하는 상황에서 자연적인 독점상황이 발생할 가능성이 높아진다. 실제로 할리우드의 영화가 세계를 지배하는 경우는 자국 시장에서 이미 초판비용을 건진 미국의 콘텐츠 상품이 갖는 강력한 비교우위의 결과이다. 영화와 같은 콘텐츠 상품이 인기가 많거나 좋은 평을 받고 있다면 사람들은 그것을 소비할 강한 욕구를 갖게 된다. 사람들은 자신이 유행에 뒤처지지 않으려면 인기 있는 콘텐츠 상품을 이용하고 싶어 하고, 이에 따라 특정 콘텐츠 상품을 사용하는 사람이 많아져 가치가 증가하게 된다.

영화와 마찬가지로 방송 프로그램은 규모의 경제와 비슷한 '범위의 경제'

를 추구한다. 즉, 디즈니와 같은 영화제작자는 의류업자나 패스트푸드 레스토랑과 함께 상품을 개발하는 것처럼 텔레비전 프로그램의 제작자도 부대사업을 할 수 있다. 드라마 <대장금>은 프로그램에 담긴 아이디어를 서적이나 캐릭터 상품, 의류상품, 관광상품으로 활용한 사례를 볼 수 있다.

3) 속성에 따른 방송서비스 분류

러브록(Lovelock)은 그의 2차원적 분류체계에서 서비스 행위의 성격과 고객과의 관계유형, 서비스 제공방식 등에 따른 분류를 중심으로 방송서비스의 특징을 살펴보았다(이유재, 2001: 44~50).

(1) 서비스 행위의 성격에 따른 분류

이 체계는 서비스 행위가 유형적인가 무형적인가, 또 서비스의 직접적인 대상이 사람인가 사물인가에 따라 서비스를 분류한다. 예를 들어 교육방송의 경우 사람이 직접 참석하지 않아도 TV(방송대학 강의)나 라디오를 통해 교육서비스를 받을 수 있다. 나아가 쌍방향 커뮤니케이션(인터넷)을 이용하면 학생과 교수가 멀리서도 서로 의사소통을 할 수 있다. 또한 서비스 자체를 제품화할 수도 있는데 강의를 책, 비디오테이프 등으로 만들어 판매하는 경우도 있다.

(2) 서비스 조직과 고객과의 관계유형에 따른 분류

서비스 조직과 고객이 공식적인 관계가 없는 경우 계속적 성격의 서비스 상품은 흔히 공공재라 부르는 라디오방송과 경찰, 무료 공공도로에서 발생한다. 이들은 지속적으로 이용가능하며 보통 광고수입과 세금으로 충당되어 무료로 제공된다.

(3) 서비스 제공방식에 따른 분류

서비스 제공 시스템을 이해하기 위해서는 두 가지 이슈를 살펴볼 필요가 있다.

첫째는 제공방법으로, 고객과 서비스기업 간 상호작용의 성격이다. 서비스를 받기 위해서 고객이 서비스기업으로 가야 하는지, 서비스기업이 고객에게 가야 하는지, 거래를 우편이나 텔레커뮤니케이션으로 떨어져 있는 상태에서 할 수 있는지에 대해 살펴보아야 한다.

둘째는 서비스 지점을 한 군데로 할 수 있는지 아니면 다양한 장소에 여러 개 두어야 하는지의 문제이다. 고객이 특정 지점에 있는 서비스기업으로 가야 하는 경우 서비스를 받는 편리함은 아마 가장 낮을 것이다. 반면 여러 지점에서 서비스를 제공하게 되면 고객은 이용하기 편리하나 기업으로서는 품질을 통제해야 하는 문제가 생긴다. 예를 들어 지역 TV방송(지역민방)의 경우 세분화된 각 지역(단일입지)에서 수용자들과 떨어져서 거래하고, 케이블 TV SO도 지역서비스 제공을 통해 지역문화를 선도할 수 있다. 즉, SO는 지역매체로서 지역채널을 활용하여 주민들에게 각종 정보를 전달함으로써 지역행사, 공공문제, 교육문제에 이르기까지 다양한 서비스를 할 수 있다. 이에 반해 KBS와 MBC와 같은 방송네트워크는 우리나라 전 지역을 상대로 방송을 전송하기 때문에 복수 입지에서 수용자와 떨어져서 방송서비스를 거래한다고 이해할 수 있다. 지상파DMB도 각 권역별로 방송을 하기 때문에 복수 입지에서 시청자에게 지상파 프로그램을 직접 또는 재가공한 형태로 서비스를 하고 있다.

4) 방송매체별 서비스 분류

방송매체를 통해 제공되는 서비스는 크게 기본서비스, 유료서비스, 부가서비스로 구분할 수 있다. 전통적인 의미의 방송·통신매체가 지니고 있던 서비스의 성격이 기본서비스를 통해 드러나고 방송 상품 제공 시 무임승차자를

<표 1-3> 방송매체별 서비스 종류

	지상파 디지털방송	케이블방송	위성방송
기본서비스	HDTV방송을 통한 고화질 무료방송	기본채널, 확장형 채널을 통한 방송서비스	기본채널, 확장형 채널을 통한 방송서비스
유료서비스	SDTV 여유채널을 통한 한시적 유료방송	PPV, Premium채널 등의 유료방송	PPV, Premium채널 등의 유료방송
부가서비스	별도의 주파수 대역을 통해 TV 양방향 서비스 (데이터 방송)	전화, 인터넷, 화상회의 등의 양방향 서비스와 같은 다양한 부가서비스(VOD, T-커머스, 데이터방송, Voip)	양방향TV 전화나 케이블망 등의 통신네트워크를 통한 Up-link위성을 통한 Down-link방식 서비스

자료: 방송위원회(2001: 54).

효율적으로 배제하기 위해 도입된 다소 산업적 차원의 상품서비스 개념을 유료서비스라고 한다면, 부가서비스는 융합기술의 발달 이후 등장한 새로운 개념의 서비스라고 말할 수 있다. <표 1-3>에서는 방송·통신 융합환경에서 기술적 가능성을 획득하고 있는 방송매체를 중심으로 각 방송서비스의 예를 들고 있다.

이 가운데 부가서비스는 방송·통신 융합환경의 특징을 가장 잘 드러내고 있다고 할 수 있다. 부가서비스는 방송·통신 융합환경에서 기존의 방송과 통신매체가 지니고 있던 기본적인 서비스 성격에 기술의 발달로 인해 추가된 방송서비스 혹은 통신서비스이다. 이를 살펴보는 것은 방송·통신 융합시대를 맞이한 방송서비스의 성격을 효과적으로 드러내는 작업이다.

현행「전기통신사업법」은 전화서비스를 제외한 모든 통신서비스를 부가서비스로 규정하고 있는데, 이 경우 부가통신서비스에는 VOD, 영상DB서비스, 인터넷서비스, 홈쇼핑, 홈뱅킹, 게임 등 다양한 양방향 서비스가 포함된다.

이상식(2000)은 부가서비스 개념을 절대적 개념이 아니라 상대적 개념으로 이해해야 한다고 주장한다. 그는 이 개념을 분류방식과 적용기준에 따라 달라질 수 있는 가변적 개념으로 보고, 방송에서든 통신에서든 부가서비스는 기본서비스를 고도화하기 위한 보조적 혹은 추가적 서비스라고 명목적 정의를 내렸다. 예를 들면 비용의 지불방식에 따라 기본서비스와 유료서비스를 분리할 수 있고, 유료서비스를 부가서비스에 포함시킬 수도 있다. 서비스의 기능에 따라 전통적인 일방향 서비스를 기본서비스로 본다면 양방향 신기술을 이용한 서비스를 부가서비스로 규정할 수도 있을 것이다. 유료와 양방향성의 기준을 동시에 적용한다면 유료서비스 중에서도 프리미엄(Premium)이나 페이(Pay)채널은 기본서비스로, PPV채널을 부가서비스로 분류할 수 있을 것이다.

또한 기술의 발달에 의해 기본서비스를 고도화하기 위한 부가서비스의 특징으로 상호작용성이 대두되면서 방송서비스의 상호작용성 유무에 따라 기본서비스와 부가서비스로 분류하기도 한다.

그러나 방송과 통신의 융합현상이 가속화되고 있는 시점에서 방송의 부가서비스만을 떼어내어 기본서비스와 구별하여 정의하는 것은 근본적으로 불가능하다고 할 수 있다.

4. 미디어 마케팅의 중요성

미디어상품은 복제기술의 발달로 대량생산이 가능해지면서 공급이 수요를 초과하는 시대가 되자 소비자가 생산자보다 우월적 지위를 차지하게 되었다. 사려는 사람은 많은데 생산량이 적었던 시절에는 '생산자의 유통 지배'였지만, 지금은 미디어상품의 종류도 많은데다 미디어기업들이 난립하면서 네트워크나 플랫폼을 가진 '유통자의 생산 지배'가 이루어지고 있다. 사려는 사람보다 팔려는 사람이 많고 상품이 다양해지면서 미디어기업들은 치열한 판매경쟁을 벌이게 되었다. 이와 같은 환경에서 등장한 것이 바로 미디어 마케팅이다.

미디어 마케팅의 역할은 고객으로부터 정보를 수집 및 분석하고, 이를 통해 지식을 창출하는 것이라 할 수 있다. 즉, 기업을 비즈니스, 시장, 정부,

트렌드의 총체적 환경에 집중하게 하고, 고객과 상호 편익적인 관계를 발전시키는 모든 지식과 경험을 활용하게 하는 것이 마케팅의 역할이다. 그렇기 때문에 미디어산업은 상품이나 서비스에 대한 체험과 경험을 전제로 고객과의 커뮤니케이션 활동에 초점을 맞추게 된다.

또한 미디어산업은 하나의 소스로 다양하게 포장되어 재생산되는 고부가가치산업으로 통하여 경제적인 측면에서 그 중요성이 크게 부각되고 있다. 1990년대 말 중국과 동남아시아에서 드라마와 대중가요 등이 인기를 끌면서 한류바람이 일자 미디어산업의 중요성을 인식하게 되었고, 미디어상품(콘텐츠)이 시대를 대표하는 핵심 아이템으로 부상하고 있다.

방송콘텐츠는 불특정 다수에게 무차별적으로 접근하는 매체 특성을 바탕으로 문화전쟁에서 핵심적이고 절대적인 첨병역할을 수행하고 있다. 영역별·문화권역별로 분절되어 있는 지구촌이 하나의 시장으로 통합되어가는 글로벌화 속에서 방송콘텐츠가 다른 어떤 것보다도 자국의 문화적 가치뿐 아니라 국가 이미지와 메시지를 쉽게 전파한다는 측면에서 파급효과가 가장 크고 효율적이기 때문이다. 지금과 같은 문화전쟁에서 미디어산업과 방송콘텐츠가 제 역할을 못한다면 자국의 문화를 지켜나가지 못하고 글로벌시장에서도 경쟁우위를 확보하지 못하게 될 것이다.

마케팅의 개념을 미디어산업에 적용해보면 미디어 마케팅은 수익성 있는 고객을 찾고 유지하는 예술행위라고 볼 수 있다. 즉, 미디어상품을 통하여 고객의 니즈(needs)를 만족시키는 합리적이며 심리적인 활동인 것이다. 이것은 우리의 미디어상품을 다른 나라에 판매할 때 해당 국가 소비자의 문화적 배경이나 소비심리, 행동패턴을 분석하여 다른 경쟁자들보다 더 나은 방식으로 고객의 욕구를 충족시키는 수요자와 공급자의 커뮤니케이션 행위로 규정할 수 있다. 즉, 소비자 행동과 구매행동 분석의 목적은 고객의 필요와 욕구를 정확히 알아내는 데 있다. 그것을 파악한 이후 필요보다 욕구를 파악하는 것이 소위 말하는 '마케팅의 핵심'이다. 마케팅이란 단순히 '파는 것'이 아니라 '얼마나 많이 팔 것인가'에 대한 고민과 전략이다. 국경을 넘어 무한경쟁이 펼쳐지는 시장경제에서 마케팅의 중요성이 높아짐에 따라 미디어기업들은 과감한 투자와 소비자 행동연구를 하고 있다. 한류열풍을 고려할 때 미디어 마케팅은 우리의 미디어상품을 판매될 특정한 나라의 환경에 적응시키고 그 나라 소비자의 취향과 인지도, 만족도를 반영하는 미디어 콘텐츠 제작을 위해서 반드시 적용되어야 할 분야이다.

미디어산업은 방송·통신 관련 기술의 발달로 통합 혹은 융합의 틀 속에서 묶이고 있으며, 그동안 전파의 희소성을 기반으로 독과점경쟁의 형태로 틀 안에서 안주하면서 산업이란 개념과는 무관하게 존재해왔으나 '디지털화'와 '유비쿼터스화'라는 엄청난 변화와 함께 경쟁구도 속으로 진입하고 있다. 이러한 변화의 한 가운데서 미디어 마케팅은 다른 미디어기업과의 경쟁에서 살아남기 위한 방향을 제시해주고, 미디어상품이 소비자기호에 따른 선택상품이므로 소비자를 중심에 두고 마케팅 전략을 전개할 수 있다는 점에서 필요성이 절실하게 되었다.

오늘날은 '마케팅의 시대'라고 부를 정도로 마케팅활동의 중요성이 강조되고 있다. 소비자의 소득 수준이 향상되고 정보화 사회가 진전됨에 따라 사람들의 욕구가 다양해지고 소비자들은 자신의 필요와 취향에 따라 상품을 선택하게 된다. 따라서 미디어기업이 새로운 콘텐츠(프로그램)를 유통할 때 소비자들의 이러한 욕구를 충족시키지 못하면 판매와 이익은 생각조차 할 수 없게 된다. 결국 미디어기업의 존립이 소비자의 선택에 따라 좌우되는 것이다. 그뿐만 아니라 미디어상품은 소비가 이루어지기 전에 상품이나 서비스의 효용을 알 수 없는 경험재라는 속성을 가지기 때문에 소비자에게 상품정보를 적극 알리는 것이 필요하다. 영화나 TV프로그램, 음반 등에 대하여 사전에 대중매체를 통해서 마케팅활동을 하는 것도 이런 경험재 소비의 불확실성을 줄이기 위한 작업이다. 미디어상품에 대한 기호가 후천적으로 개발되거나 교육되기 때문에 상품 자체가 타 상품에 쉽게 대체되는 비대체성의 특성을 가지므로 고객 대응 차원의 미디어 마케팅 수행 능력에 따른 차별화가 더욱 중요시된다.

5. 미디어 마케팅 개념의 발전과정

우리나라 방송은 일제하 경성방송국을 시작으로 90여 년의 역사를 갖고 있다. 역사적으로 마케팅의 개념이 존재하지 않았던 시대도 있다. 지상파 방송이 몇 개 없던 시대에서는 시청자를 의식하거나 시청자 중심의 마케팅활동을 전개할 이유가 없었다.

지상파 방송 시대의 방송 판촉활동은 불특정 다수를 대상으로 실시하는 매스 마케팅(mass marketing)의 특징을 보여주고 있다. 이는 지상파 방송의 소비자가 불특정 다수인 대중이므로 판촉을 위해 일일이 방문을 하거나 우편물을 발송할 수 없기 때문이다. 우리나라의 경우 3~4개의 지상파 방송사들이 시장독과점체제에서 활동을 해왔기 때문에 적극적인 마케팅활동에 관심을 두지 않았다.

그러나 지상파에 이어 케이블TV와 위성방송이 출현하면서 방송국의 판촉활동에도 변화를 겪지 않을 수 없다. 지상파의 경우 쇼, 드라마, 스포츠, 뉴스 등이 혼합된 백화점식 편성을 하고 있지만, 케이블TV의 경우 전문화된 편성을 하고 있어서 목표집단이 분명한 안내방송과 광고활동을 해야 하기 때문이다. 따라서 수백 개의 채널환경하에서 미디어 마케팅도 세분화되고 전문화된 방법을 쓸 수밖에 없다.

따라서 다채널 다매체라는 미디어 환경의 변화에 따라 방송사들은 시장세분화를 통해서 목표집단을 공략하는 틈새 마케팅을 펼치거나 다양한 프로모션 전략을 수행하게 되었다. 통신과 방송의 융합에 따라 DMB와 IPTV 등과 같은 새로운 형태의 방송이 나타나자 기존 방송사들은 더욱 더 세분화되고 다양한 마케팅의 필요성을 느끼게 되었다. 여기에서는 방송사의 시장지향성 정도에 따라 마케팅과 관련된 개념을 우리나라 방송의 역사적 흐름과 대비시켜 판매 개념, 마케팅 개념, 사회적 마케팅 개념으로 나누어 설명하겠다.

1) 판매 개념

판매 개념은 방송사들이 수용자에게 경쟁회사의 상품(프로그램)보다 자사의 상품을, 그리고 더 많이 시청(청취)하도록 설득해야 하며, 이를 위해 이용가능한 모든 효과적인 판매활동과 촉진도구를 활용해야 한다고 보는 개념이다. 따라서 판매 개념에 입각한 방송사는 적극적인 광고판매와 시청률 경쟁에만 열을 올린다. 판매 개념의 문제점은 송신자(방송사)가 지배적이고 중심적일 뿐 수용자의 욕구 충족에는 관심을 소홀히 하기가 쉽다는 것이다.

우리나라 방송도 1961년 서울 MBC, 1963년 동아방송(DBS), 1964년 동양방송(TBC) 등 많은 라디오 및 FM방송이 등장해 1960년대 라디오방송의 전성기를 맞았다. 또한 1964년 TBC-TV, 1969년 MBC-TV 등 2개의 민영텔레비전이 추가되면서 방송의 양적 기반이 다져진 이후 1970년대에는 KBS와 함께 텔레비전 영상을 바탕으로 한 시청률 경쟁을 통해 상업성을 추구했다.

특히, 텔레비전을 중심으로 한 방송은 권언유착의 충실한 동반자가 되어 정치권력의 선전·홍보기구로 작용했고, 그 반대급부로 많은 정치적 혜택을 부여받아 선정성 및 오락을 통한 상업성의 극대화를 추구했다.

이에 따라 정치적 왜곡과 양적 성장이 특징이라 할 수 있는 1960~1970년대 방송은 시장구조 자체가 경쟁을 제한하는 독과점적 요소가 많았기 때문에 방송사들은 수용자 위주의 프로그램 개발에 관심조차 없었다. 지상파의 경우 시청자로부터 TV를 시청하는 만큼(상품을 구매하는 만큼) 시청료를 직접 징수하지 않았다. 그리고 방송 판촉활동도 불특정 다수를 대상으로 실시하는 매스 마케팅에 치중하여 소극적으로 일관했다. 결국 이 시기는 수용자보다 미디어 소비(판매)에 초점을 맞추는 데 급급했다.

2) 마케팅 개념

1980년대에는 언론통폐합 조치가 이뤄졌지만 수용자가 언론의 주체로서 적극적이고 능동적으로 방송을 제작자와 함께 이끌어가자는 시민언론운동이 나타나기 시작했다. 이런 시청자운동은 시청자 의식화운동과 방송모니터운동, 1986년 KBS 시청료거부운동, CBS 정상화운동 등 다양한 유형으로 나타났다.

김승수(1997) 교수는 우리의 방송사를 수용자 지위에 따라 구분했는데, 1986년에 와서야 수용자 의식이 회복되었다고 주장했다.[3] 우리나라 수용자가 방송 프로그램을 단순히 소비하는 수동적인 존재가 아니라 능동적이고 주체적인 존재라는 수용자상이 본격적으로 논의되기 시작한 것이다. 이런 수용자 의식 회복을 계기로 각 방송사들도 수용자의 욕구와 필요에 관심을 갖는 마케팅의 중요성에 대해서 비로소 인식하기 시작했다. 콘텐츠를 개발, 판매하는 방송사들이 어떤 소비자를 대상으로 할 것인가, 그들의 욕구를 얼마만큼 충족시킬 수 있는 것인가에 관심과 노력을 기울이기 시작한 것이다.

방송에서 규제완화가 일반화된 것은 방송이 주요한 미디어이자 영상산업의 최대 창구로서 위상이 확고하게 된 1980년대 이후의 일이다. 이때부터 방송이 의식을 담는 문화이자 상품판매와 직접 연결되는 산업이라는 이중적 성격을 갖는다는 것을 방송계가 인식하게 되었다. 특히 1980년대 중반 컬러TV방송 도입 이후 방송사들은 수용자들의 욕구를 반영하는 프로그램을 제작하기 시작했고, 시청률 제고를 위한 프로그램 제작과 편성에 신경을 쓰기 시작했다.

이런 변화의 바람으로 각 방송사들은 미디어시장에 있는 수용자의 욕구를 파악하고 이들에게 만족을 전달해주는 활동이 얼마나 중요한지를 알게 되었으며, 비로소 우리나라 방송산업에 마케팅 개념이 도입되었다. 흔히 접하는 '소비자(시청자)는 왕', '만들 수 있는 것을 파는 것이 아니라, 팔릴 수 있는

---

3) 김승수 교수(전북대 신방과)는 수용자 지위의 역사적 전개를 통해 ① 1926~1947년: 수용자 없는 방송식민지시대, ② 1948년: 방송주권의 회복기, ③ 1949~1986년: 수용자 탄압기, ④ 1986~1995년: 수용자 의식 회복기, ⑤ 1996~1999년: 주체적 수용자 형성의 전단계, ⑥ 2000년 이후: 수용자 주체성의 확립기로 우리 방송사를 구분했다(김승수, 1997: 106~167).

것을 만든다'는 슬로건은 이러한 마케팅 개념을 나타내는 것들이다. 마케팅 개념이 판매 개념과 다른 점은 판매는 송신자의 욕구에 초점을 두지만 마케팅 은 수용자의 필요와 욕구에 초점을 둔다는 데에 있다.

이처럼 우리나라에서는 시민언론운동이 본격화된 1980년대에 마케팅 개념이 도입되기 시작했으나, 엄격한 의미에서 마케팅 개념을 실천하고 적용한 방송사는 많지 않았다고 보아야 할 것이다. 1980년대의 우리나라 방송사들은 기존 방송3사의 독과점적 체제가 콘텐츠와 광고시장의 지배력을 장악했기 때문에 마케팅 개념을 적용하고 실천할 필요성이 없었다. 지상파의 경우 KBS, MBC로 이뤄진 과점구조가 그대로 유지되고 있었으며, 민영방송과 케이블TV는 출현하기 전이라 지상파에 대항하기에는 미약한 상태였다.

그러나 1990년대에 접어들면서 SBS라는 민영방송과 케이블TV의 출현으로 기존 지상파 방송을 위협할 만한 경쟁매체가 등장하기 시작했다. 지상파 방송사들은 이런 매체와의 경쟁을 의식하면서 마케팅 전략을 수립하기 시작했고, 인터넷을 기존 방송의 홍보나 판촉수단으로 활용하게 되었다. 방송사들은 새로운 미디어와 경쟁하기 위해서 방송시간을 이용하여 프로그램을 판촉하거나 자체 홍보책자를 배포했다. 또한 시청자를 대상으로 방송사의 로고를 담은 각종 액세서리를 제공하며 이미지를 제고하기 위해 방송사의 기업이미지(corporate image: CI)를 새롭게 구축하는 마케팅활동도 벌였다. 아울러 방송사들은 시청률 자료를 이용하여 광고주를 설득시킬 세일즈 키트(sales kit)를 만들거나 자사의 정보나 뉴스, 행사일정을 담은 브로슈어를 제작하여 배포하는 등 광고주를 대상으로 한 마케팅활동을 강화하기 시작했다.

3) 사회적 마케팅 개념

1991년 순수 민영 상업방송인 SBS가 등장하여 공·민영 혼합체제로 전환되었고, 1995년 케이블TV와 4개 지역민방이 추가로 등장하여 다매체 다채널의 방송시대가 도래했다. 2000년대에 들어서면서 위성방송과 DMB, IPTV

등 이른바 뉴미디어라고 부르는 다양한 기능의 방송·통신 시스템이 나타나 네트워크와 플랫폼, 콘텐츠가 복합적으로 구성되어 하나로 융합되는 과정으로 가고 있다. 일반적으로 산업과 연계성이 높은 유료방송의 등장에 따라 문화적 측면보다 산업적 측면이 중시되는 경향이 있다.

방송국의 마케팅활동은 이렇게 방송환경의 변화에 따라 바뀌게 되었다. 지상파 방송과 케이블과 위성TV방송 내부끼리의 경쟁뿐 아니라 방송과 통신이 융합된 새로운 형태를 가진 매체와의 경쟁은 물론 영화나 비디오, 인터넷 (포털), 심지어 다른 매체라고 생각했던 신문과 잡지와도 경쟁을 펼쳐야 할 입장이 된 것이다. 이와 같이 방송환경이 급변하면서 시청자들의 발언권이 커지자 방송사들도 공공성과 공익성 확보 차원에서 실업문제, 교통문제, 환경오염, 소비자피해 등 경제사회 전반에 걸친 주요 문제에 관심을 갖게 되었다. 수용자들도 프로그램에 적극적으로 참여하는 등 수용자 의식에 눈을 뜨게 되었고, 시청자가 방송의 중심에 있다는 주권운동에 큰 관심을 갖기 시작했다.

특히, 1990년대는 미디어 상업화에 대한 저항과 언론개혁을 위한 법제개혁운동, 시민매체설립운동이 주축이 되는 시기였다. 이 시기의 대표적 시민운동으로는 TV 끄기 운동(1993년), KBS 1TV 광고폐지운동, 국민주방송 설립운동(1996년)이 대표적이다. 또한 시민운동단체와 언론노조 등이 결합하여 결성한 언론개혁시민연대가 1998년에 창립되었다. 언론개혁시민연대는 제도개혁 영역에서 기존의 시민언론운동을 고양시켰다. 이 시기에는 시민언론운동이 활성화되면서 민주언론운동시민연합, 언론개혁시민연대, 조선일보반대시민연대, 여성민우회 미디어 운동본부 등 40여 곳의 단체가 활발하게 활동했다.

이러한 상황 전개는 방송사에 기존의 마케팅 개념으로부터 벗어나 사회와 방송사의 관계에 대해 고려하도록 변화를 요구하고 있다. 이는 마케팅 개념이 장기적 안목에서 수용자들과 방송사가 공존하는 사회 전체의 이익과 복지를 제대로 고려하지 못함을 반영한 것이다.

따라서 방송사들은 마케팅활동에 따른 의사결정 시 '수용자 복지'(한국방송학회, 1998: 194)에 관심을 가져야 할 필요가 있게 되었다. 수용자 복지에 대한 개념은 학자에 따라 다양하게 나타나고 있다. 유재천(1998)은 인간다운 삶을 영위할 권리를 충족시키기 위하여 어떠한 차별도 없이 모든 수용자들이 일정한 범위의 방송서비스를 가능한 한 최고의 수준으로 제공받는 상태라고 정의하고 있다. 강태영(1998)은 미디어를 능동적으로 이용하여 그로부터 자신의 욕구를 충족시키고 만족을 얻기를 바라는 사람들이 미디어로부터 얻는 욕구의 충족과 만족상태라고 규정했다.

따라서 수용자 복지는 수용자들이 사회적으로 바람직한 것이라고 인정하는 내용을 미디어를 통해 접함으로써 만족을 얻는 상태라고 정의할 수 있다. 이 같은 수용자 복지를 충족시키기 위해 방송사들은 옴부즈맨 프로그램을 확대하고, 장애나 농어촌 대상의 소수계층 방송 프로그램을 확충하려는 노력을 벌이고 있다. 뉴스와 논평과 같은 시사 프로그램은 여론을 형성하거나 정치의식을 고양시키고, 다큐멘터리나 드라마는 시청자의 사회가치와 문화의식을 형성한다. 이런 배경에서 등장한 새로운 마케팅 개념이 '사회적 마케팅(social marketing)'이다.

사회적 마케팅은 방송사가 기업 이익과 수용자 욕구 충족 및 사회 전체의 이익과 복지를 조화롭게 고려하는 활동으로 정의된다. 우리나라 방송사들도 이 같은 요구를 반영해 환경보호 캠페인, 장애인 돕기, TV취업센터, 기부문화 프로그램 등 각종 공익캠페인 제작에 적극 나서고 있다. 이런 유형의 시청자 참여 프로그램으로는 KBS의 <사랑의 리퀘스트>, <체험 삶의 현장>, MBC의 <칭찬합시다>, 기부문화 정착을 위한 프로그램으로 <2009 SBS 희망TV 팝콘>, <TV 아름다운 가게>, 장애인 취업 프로젝트 프로그램인 EBS의 <명랑주식회사> 등을 예로 들 수 있다.

케이블 SO가 자체적으로 운영하는 지역채널은 지역주민이 방송에 참여할 수 있는 중요한 통로역할을 할 수 있고, 이를 통해 지역 밀착성을 실현하고 지역문화 창달에 기여할 수 있다. 지역채널의 주요 프로그램은 뉴스 프로그램, 생활정보 프로그램, 시·구 의회 중계, TV반상회 등 지방자치 관련 프로그램, 교양·교육 등으로 구성되어 있다. 이러한 지역채널에서 방송되는 프로그램은 주민자치권 강화와 행정감시기능 강화, 지역사회의 제반 문제에 대한 의견 개진, 여론 형성 등 지방자치에 중요한 역할을 수행하고 있다. 그리고 케이블TV는 지역사회 주민들을 대상으로 양방향 교육, 원격진료, 재난방송 등의 공공서비스를 제공함은 물론 세대 간, 지역 간 정보격차를 해소하는 데 효율적이다.

그러나 2000년 이후 방송·통신 융합시대에 접어들면서 과연 다양한 매체들이 소비자의 선택권을 확대하여 궁극적으로 수용자 복지를 향상시킬 수 있는가에 대한 회의론이 대두되고 있다. 위성방송, IPTV나 DMB 등 신규 미디어들은 유료매체인데다, 디지털 케이블TV 서비스가 되면 가입자들이 추가요금을 부담해야 하는 막대한 대가가 따른다는 것이다. 따라서 수용자 복지향상을 위해서는 공익보편 서비스인 지상파 방송의 양과 질을 동시에 업그레이드시키고 정부가 디지털 전환 이전에 수신환경을 대폭 개선하는 등 노력이 뒤따라야 할 것이다. 즉, 수용자의 복지를 위해서 방송정책 당국이나 시민단체들이 보편적 서비스 실현방안과 공익적 프로그램 제고방안 등을 마련해야 할 것이다.

그러므로 마케팅 개념의 발전과정을 볼 때 현대적 의미의 사회적 마케팅은 방송사의 이윤극대화만 목표로 하는 것이 아니라 공익적 차원에서 수용자의 복지향상에 초점을 맞춘 사회 전체의 효용을 극대화시키는 것이라 하겠다.

6. 시청자주권운동의 변화

1) 수용자의 의미

방송에서의 시청자를 이해하기 위해서는 '수용자'가 무엇인지 먼저 그 개념을 검토하는 것이 필요하다. 수용자는 초기에 청중·관중(audience)의 의미로 사용되었지만 요즘은 매스 커뮤니케이션 상황을 전제로 하여 매스 미디어의 내용에 노출되거나 아니면 그것을 이용하는 사람들의 집합적 개념으로 널리 사용되고 있다. 즉, 수용자는 미디어 채널들에 따라 혹은 내용이나 공연 형태에 따라 독자, 시청자, 청취자를 가리키는 기정사실화된 용어가 되었다.

수용자의 개념을 세분해보면 신문이나 인쇄매체의 수용자를 독자(reader)라 말하고, 영화나 연극에서는 관객(audience), 라디오방송의 경우는 청취자(listener), 텔레비전방송은 시청자(viewer), 케이블 텔레비전에서는 가입자(subscriber) 혹은 이용자(user) 등으로 부른다. 또한 매스 미디어의 상품을 소비하는 주체라는 의미에서 정보 소비자(information consumer)로 부르는 경우도 있으며, 최근에 와서는 시민사회의 대두와 함께 미디어의 주체적 활용을 강조하기 위해 '사용자'라는 용어가 주장되기도 한다.

그러나 디지털을 기반으로 하는 방송·통신 융합 상황의 커뮤니케이션 환경에서 송신자와 수용자 간의 양방향 소통이 가능해지자 수용자의 위치는 큰 변화를 겪고 있다. 수용자는 송신자의 메시지를 일방적으로 받기만 하는 수동적 위치에서 벗어나 미디어 내용을 통제하고 조작할 수 있으며 더 나아가 메시지를 생산까지 할 수 있게 되는 '프로슈머(prosummer)'가 되고 있다.

2) 시청자주권 확보

시청자주권이란 언론수용자 중심주의 혹은 시청자 최고성을 상징하는 일종의 선언적 개념이다. 다시 말해 사회 전반에 시청자권리에 대한 인식을 확대하고 방송에 대해 시청자가 주인의식 및 책임의식을 갖도록 하기 위한 운동에서 파생된 용어라 할 수 있다. 따라서 시청자주권은 기업의 부당한 마케팅 관행에 대한 항의와 함께 부당한 처사를 시정하고자 하는 노력으로 요약되는 '소비자 중심주의(consumerism)'와 일맥상통한다(김규, 1996: 412~413).[4]

상품을 구매하는 소비자에게 소비자 주권이 있듯이 시청자에게는 시청자 주권이라는 것이 있다. 상품을 구매한 소비자가 마음에 들지 않아 교환이나 환불을 요구할 수 있는 것이 소비자주권이라면 정보소비자로서의 미디어 수용자가 신문, 잡지, 라디오, 텔레비전 등의 내용에 의문점이 생기거나 불만이 있을 때 이의 시정을 요구할 수 있는 권리가 수용자 주권인 것이다(김우룡·정인숙, 1995). 이는 역으로 생각하면 상품(프로그램)을 공급하는 미디어가 시장에서 지속적으로 살아남기 위해서라도 소비자(수용자)의 불만족을 시정하고 개선해주어야 하는 사회적 책임이 있다는 것이다.

그러므로 소비자주권론은 자유시장주의적 수용자운동이론이라고 할 수 있다. 자유시장주의적 관점에서 볼 때 미디어가 시장경쟁을 통해 보급되면 미디어의 다원성이 보장되고 소비자가 자신의 취향에 맞는 것을 소비하고 그 대가를 지불할 수 있다. 따라서 소비자주권론에서의 수용자는 미디어상품을 소비하는 대중적 소비자이다.

방송과 시청자의 관계를 말할 때 시청자가 주인임을 특별히 강조하는 까닭은 그동안 정치논리와 산업논리에 밀려 시청자의 주권을 찾을 여력이 없었다는 이유도 있고, 그대로 방치할 경우 방송과 시청자의 속성상 불평등한 관계가 불가피하기 때문이기도 하다.

현실적으로 시청자들은 널리 분산되어 있고 이들 간에 어떤 조직성을 갖추기가 어려운 반면, 송신자인 매스 미디어는 상대적으로 견고하고 조직화되어 있을 뿐 아니라 사회의 권력 중심부에 밀착되어 수용자들보다 우월한 힘을 소유하고 있기 때문에 둘 간의 관계는 매스 미디어, 즉 방송이 주도하게끔 되어 있다.

이에 따라 시청자 스스로 주권회복을 위해 노력하지 않으면 주인으로서의

---

4) 소비자 중심주의를 특징짓는 것은 케네디(Kennedy) 대통령이 1962년 연방의회에 보낸 소비자보호에 관한 대통령 특별교서에서 '안전에 대한 권리, 정보수입에 대한 권리, 선택에 대한 권리, 의사반영에 대한 권리' 등 4대권리에서 찾을 수 있다.

위치를 상실하는 것은 물론 방송을 거대한 권력기구로, 혹은 이윤 추구만을 일삼는 기업으로 만들어 둘 간의 불평등관계가 더욱 심화될 것이다. 이에 미디어 학자들은 방송의 주인이 시청자임을 구현하는 장치로 공공성, 또는 공익성의 개념을 도입했다. 즉, 방송에서 시청자주권의 확보는 공공성과 공익성 구현에 달려 있다는 것이다.

그렇다면 공공성의 확보, 시청자주권의 확보를 위해 시청자가 구체적으로 방송에 무엇을 기대하고 요구할 것인가? 한 가지 예를 들어 설명하면 시청자가 방송에 투자한 자원들, 즉 전파자원, 수신료, 광고료, 시청시간으로 인해 방송사가 이윤이 발생했다면 이는 시청자가 당연히 돌려받아야 할 몫이다. 따라서 방송은 방송행위의 결과 얻은 이윤을 어떤 방식으로 시청자에게 환원해야 하는지 구체적인 방안을 찾아내야 한다.

결국 시청자 전체에게 몫이 돌아가게 할 좋은 방법은 방송사가 시청자에게 '좋은 프로그램'을 제공하는 데 있다. 좋은 프로그램이야말로 전체 사회의 이익을 위하고 또 시청자가 가장 원하는 것이기도 하다. 이러한 노력들은 방송에 대한 시청자의 주인의식과 함께 책임의식 없이는 불가능한 일이다.

3) 시청자운동

우리 사회에서 집합적인 의미의 시청자운동(audience movement)이 활발하게 진행되기 시작한 것은 신사회운동이 확산되기 시작한 1980년대 후반과 1990년대부터라고 볼 수 있다.

국내에서 시민이 중심이 된 미디어운동이 본격화된 것은 1987년 KBS 시청료거부운동 이후라고 할 수 있다. 이후 국내의 미디어운동은 언론노조운동, 시민언론운동, 방송수용자운동, 시민권리찾기운동 등으로 다양하게 확산되었다. 특히 1980년대 중반까지 다른 모든 사회운동이 '민주화'라는 단일목표를 위해 달려왔듯이 방송 역시 공정성 회복을 위해 노력을 집중하고 있었다. 하지만 지상파 방송 종사자들이 시청자주권의 수탁자로 행세하면서 시청자운동을 왜곡시키는 경향이 나타났다. 1980년대 권력으로부터 방송을 끌어내린 지상파 방송 종사자들의 의욕은 높이 평가받아 마땅하지만, 이후 방송매체가 다양해지고 시청자들의 수준은 높아졌는데도 방송 종사자 스스로 권력의 주체가 되어 시청자주권의 수탁자로 행세하면서 정부나 시민 등 외부의 통제를 시청자주권의 침해로 치부하면서도 방송경영이나 재무구조 등을 투명하게 공개하지 않고, 독과점을 통한 경제적 잉여를 내부적으로 독점하여 시청자주권을 왜곡해왔다.

그러나 1988년 대선 이후 국민들의 정치적 무관심이 팽배하고 대중의 다양한 생활상의 이해를 하나로 결집할 수 있는 운동방식의 개발에 대한 요구가 부쩍 늘어나면서 대중의 일상과 관련된 특정 사안을 중심으로 한 '시민운동'이 활성화되기 시작했다.

주택문제, 환경문제, 소비생활문제, 교육문제, 여성문제 등 일상생활과 관련이 있는 모든 문제가 새로운 사회운동의 대상영역으로 자리 잡는 가운데 시청자운동 역시 이전의 언론민주화운동이라는 단일한 성격을 벗어나 프로그램의 질적 제고, 선택의 다양성 확보, 시청자 중심의 방송 등으로 운동의 대상 및 활동영역을 확장해왔다.

1980년대와 1990년대 시청자운동의 대표적인 성격의 차이는 1986년의 'KBS 시청료거부운동'과 1993년 YMCA 시청자시민운동본부가 주도한 '1일 TV 끄기 운동'의 사례에서 찾아볼 수 있다. 이 두 가지 운동 사례는 국내 방송역사상 가장 적극적이고 본격적인 시청자 저항운동으로서 대단히 큰 의미를 지닌다.

특히 이 운동은 결과적으로 우리 사회의 여러 시청자단체를 조직하고 규합해내는 데 영향을 미쳤다. 1985년 설립된 서울YMCA시청자시민운동본부를 비롯해 서울YWCA방송모니터회, 민주언론운동협의회, 참교육학부모회, 기독교윤리실천모니터회, 보리방송모니터회, 바른 언론을 위한 시민연합, 언론지키기 천주교모임, 방송개혁 국민회의, 시청자연대회의, 여성민우회의 미디어 운동본부에 이르기까지 다양한 주체들이 모여 다양한 장르를

<표 1-4> 시청자단체의 운동 내용

구분	감시 및 비평운동		교육운동	제작운동	정책과 법률운동
	대상미디어	중점내용			
한국여성단체 협의회	방송	여성상	모니터교육		
YMCA	방송/광고/ 영화	전반	모니터교육 미디어교육 교사모임	- 시청자뉴스 제작단 - 1318TV	
한국여성 민우회	방송	전반/여성 관련(미인대회 중계)	모니터교육 어린이 방송 학교	어린이 방송 학교 내 영상 제작 시도	미디어운동본 부 내 법률·정 책운동
서울YMCA	방송/만화/ 컴퓨터게임/ 컴퓨터통신	전반	모니터교육 시민교육		
민주언론운동 협의회	신문/방송	보도 관련	언론학교/ 언론대학		연대활동을 통 한 정책운동 계 획
기독교 윤리실천운동	방송/스포츠 /신문/광고/ 영화/음반/ 정보통신	전반/선정성 음란성(음대 협, 폰팅 광 고, 음란간행 물 등)	모니터교육 미디어교사/ 교회파견 교육계획		
참교육 학부모회	방송	어린이·청소 년 입시보도	모니터교육	영상교실 운 영 계획	
경제정의실천 연합회	방송	전반	모니터교육 미디어교사 운동계획		

자료: 한국방송통신대학교 방송정보학과 편(2001: 55).

대상으로 한 시청자운동을 전개하는 데 원천적인 힘이 되어준 것이다.

이들 단체를 중심으로 그간 국내 시청자운동은 <표 1-4>에서 보는 것처럼 주로 네 가지 방향으로 전개되어왔다. 첫째는 모니터활동을 통한 감시 및 비평운동, 둘째는 수용자 의식화를 위한 교육운동, 셋째는 대안적 미디어 제시를 위한 제작운동, 넷째는 법제도정비와 의사결정구조의 참여를 위한 정책과 법률운동이다.

그러나 예전 우리나라의 시청자주권운동은 프로그램 감시역할만 중요시되었고, 여성 특히 주부 중심의 운동만이 전개되었으며 전문성이 결여되어 있기도 했다. 최근에는 모니터링과 함께 미디어법 개정운동 등을 비롯한 법과 제도개선 활동뿐 아니라 미디어교육까지 다양한 방법을 찾으려는 움직임이 늘어나고 있고, 전문성의 중요성을 인식하여 관련 학회가 형성되고 해당 과목이나 전공과목이 개설되는 등 변화를 보이는 추세이다. 따라서 앞으로 효과적인 시청자운동을 위해서는 먼저 시청자 개념에 대한 단체 활동가들의 인식이 새로운 매체환경에 맞게 변화되어야 하며 그들이 주축이 되어 방송환경의 변화에 따라 앞으로 시청자 운동이 추구해야 할 목표가 무엇인지에 대해 합의점을 찾아야 할 것이다.

7. 고객관계관리

1) 고객관계관리의 개념과 목적

기존 마케팅연구에서 고객관계관리에 대한 연구는 활발히 진행되고 있다. 고객관계관리(CRM)는 고객관리에 필수적 기술 인프라, 시스템 기능, 사업전략, 영업프로세스, 조직의 경영능력, 고객과 시장에 관련된 영업정보 또는 고객중심으로 정리·통합하여 고객과의 접촉을 통해서 이루어지는 모든 고객활동을 개선함으로써 고객과 장기적인 거래관계를 구축하고, 이를 통해 기업의 경영성과를 지속적으로 개선하고자 하는 경영방식이다. CRM은 일반적으로 고객과의 관계를 강화하고 고객의 충성도와 만족도를 제고하여 장기적으로 기업의 수익성을 높이는 활동이다. 즉, 기업이 경쟁우위를 누릴 수 있는 가장 중요한 자산을 '고객'으로 정의하고 고객중심으로 경영방식을 통합하는 것이다(장형휴, 2007).

또한 CRM의 기본목적은 신규 고객유치에서부터 시작되는 거래관계를 고객의 전 생애에 걸쳐 유지·확대해 나감으로써 장기적인 고객의 수익성을 극대화하는 데 있다. 즉, 고객과의 지속적인 거래관계를 통해 장기적 이윤을 극대화하는 것이 CRM이 추구하는 근본목적이라고 할 수 있다.

이러한 CRM은 다음과 같이 네 가지 측면으로 이해할 수 있다.

첫째, 지속적인 관계를 통한 고객관리를 한다.
둘째, 개별고객관리, 즉 1:1 마케팅이 필요하다.
셋째, 정보기술에 의한 관리가 요구된다. 즉, 데이터베이스를 이용한 고객정보
　　　관리를 해야 한다.
넷째, 전사적 차원에서의 관리가 필수적이다.

이를 위해서는 기존 고객과의 우호적 관계를 유지함으로써 자사의 고객으로 남아 있도록 하는 '관계마케팅(relationship marketing)'이 필요하다. 새로운 고객의 창조보다 기존 고객을 유지하는 것이 훨씬 적은 비용과 노력이 투입되기 때문이다. 관계마케팅의 실현을 위해서는 고객관리자가 필요하다. 고객관리자는 계속적인 관계를 유지할 '평생'고객들의 니즈와 선호를 충족시키기 위해 그들의 문제를 해결하기 위한 필요한 제품을 개발하고 준비하는 것이다. 따라서 관계마케팅은 마케팅기능을 넘어 새로운 기업경영 패러다임으로 받아들여지며, 흔히 고객관계관리라 부른다.

CRM은 고객을 일회성이 아닌 지속적으로 관계를 맺고 그들에게 이익이 되도록 가치를 창출시킨다는 측면을 강조하는 경영기법이다. 서로 고객의 정보를 공유하면서 그들과 신뢰 관계를 유지함으로써 새로운 가치를 창출하는 것은 나눔과 공유, 호혜성(고객에 대한 이해와 배려) 등의 원리가 내포되고 있다. 따라서 CRM은 이런 관계관리를 통해 더 효율적인 경영을 할 수 있고, 고객에 대한 애정과 인간적 배려를 바탕으로 하고 있다.

국내기업들도 CRM을 적극 활용하면서 2002년 LG전자가 에어컨 예약판매에서 에어컨을 구매한 지 5~7년이 지난 고객을 대상으로 신제품 정보 제공 등 CRM을 실시하여 성공을 거뒀다. 대우자동차가 1992년부터 국내업계

처음으로 CRM을 도입한 이후 현대자동차도 2002년 CRM팀을 신설하여 기존 고객 유지를 위한 노력을 하고 있다. 서비스업계에서는 보험회사, 장거리 전화회사 등의 경우 영업사원들에 대한 성과급을 계산할 때 기존 고객을 얼마나 유지하는가를 반영함으로써 자신의 기존 고객 관리에 힘쓰도록 하고 있다.

특히 인터넷 기술의 발달로 CRM은 기존에 미디어기업이 구현할 수 없었던 다양한 고객접근을 가능하게 했다. 인터넷과 홈페이지를 통해 보다 정확한 소비자 정보를 얻기에 용이한 환경이 이루어져 있기 때문에 미디어기업들은 고객과의 일대일 관계 형성뿐만 아니라 이용자의 자발적인 관계 형성에도 노력하고 있다(이상민·신현암·최순화, 2000).

미디어기업들도 2000년대 이후 신문사와 방송사, 위성 및 케이블 TV기업들이 자체 CRM부서를 설치하는 등 CRM을 점진적으로 도입하여 신규 고객을 확대하고 기존 고객을 유지하는 데 다양한 전략과 전술을 활용하고 있다.

그러나 미디어기업이 마케팅이나 CRM을 적용함에서 그 전략은 일반기업과는 차이점이 있다. 신문이 고객 마케팅을 적극적으로 적용하기 어려운 이유는 일반 제품의 경우에는 마케터의 의견대로 바꾸고, 아닌 것은 회수가 가능하지만, 신문은 저가격 고관여 제품으로 쉽게 권할 수 없는 신념이나 성향과 같은 요소가 작용하기 때문이다. 케이블TV의 경우에는 디지털로 전환하기 위해 요금을 올려야 하는 상황인데도, 유료방송에 대한 인식 때문에 정책적으로 쉽게 가격을 높이며 고객관리를 하는 CRM을 적용하기 어렵다. 통신사업자와 위성방송사업자 역시 기존 고객 이탈방지를 위한 CRM을 진행하지만 고객의 요구에 대한 차별화가 아직까지 미비한 상황이다.

게다가 신문이나 방송과 같은 미디어기업은 기업적 속성 이외에 사회문화적 속성, 특히 '언론'으로서의 사회적 지위를 갖고 있어 이런 이미지가 마케팅 및 CRM 수행에 영향을 미친다. 결국 마케팅 전략을 고려할 때 미디어기업은 독자 또는 시청자, 사회적 여론을 고려하지 않을 수 없다.

2) 미디어기업의 CRM 활용

미디어기업은 CRM의 활용을 통하여 고객 창조와 유지 등으로 자체 존속을 가능하게 하고, 장기적으로 수용자(시청자)들에게 재미(즐거움)와 감동을 충족시키는 목적을 달성할 수 있다. 미디어기업들이 목표시장에서 가급적 많은 고객을 확보하기 위한 방법은 기존의 고객을 계속적으로 자사의 고객으로 남아 있도록 하는 것이다. 특히 다매체 다채널시대에 미디어기업 간의 경쟁이 치열해지면서 미디어기업은 기존 고객의 유지를 통하여 평생고객을 만드는 것이 중요하게 되었다.

국내 미디어기업의 CRM 구축 및 적용 전략을 비교연구한 김희경과 박주연(2009: 14~25)은 국내 신문사, 방송사, 위성·케이블 미디어기업의 전문가 14명을 심층면접을 실시해 구체적인 CRM 구축현황과 마케팅 전략 트렌드를 분석했다. 그들은 전문가 인터뷰를 통하여 CRM 구축단계에서 인적자원의 운영과 CRM 부서의 특성 및 위상, CRM 도입시기의 전략 및 문제점, 사후 개선요소 등을 질문했다. 그 결과 전문가들은 CRM부서가 별도로 존재하지 않았으며, 신문기업만이 CRM부서가 별도로 존재한다고 답변했다. 케이블TV나 위성·통신기업은 주로 마케팅 혹은 사업기획, 고객센터, 영업부서에서 CRM을 전담하거나 마케팅이라는 통합적 시스템 내에서 수행하고 있는 것으로 나타났다. 또 CRM부서의 위상은 기업마다 편차가 있지만 신문이 가장 높은 것(경향신문은 CRM부서가 부사장 직속으로 운영)으로 나타난 반면, 케이블TV사업자의 경우 CRM에 대한 전문성이나 조직의 위상이 상대적으로 낮다는 반응이었다. 이 밖에 CRM 관리와 수행에 있어서 가장 어려운 문제로 지적된 것이 타부서나 유관부서와의 협조 부족, 또는 경영진의 이해 부족과 조직원들의 인식 부족이었다. 각 미디어기업의 CRM전략은 신규 고객과 기존 고객에 대한 서비스의 특징이 다르며, 신규 고객보다 기존 고객 유지전략이 더욱 중요하게 다뤄지는 것으로 나타났다(<표 1-5> 참조).

그러나 국내 미디어기업의 CRM 연구결과를 종합해보면, 연구자들은 국내

<표 1-5> 미디어기업의 CRM 전략 및 전술

미디어	기업명	전략	전술
신문	경향신문	고객유지 및 고객개발	- 신규 고객: 월 3회 이벤트 - 기존 고객: 지국 자체적으로 경품 지급
	조선일보		- 특정 인터넷회원 콘텐츠 서비스정책 - 교육콘텐츠 매체 제공 - 고객우량화 전략
	중앙일보		- 프리미엄 온라인 사이트의 고객등급제 - 자동이체 결제 시 구독료 할인혜택 - JJ클럽 무료강좌서비스 - 콜센터 독자서비스 - 새로운 매체와의 패키지 가격할인
	한겨레		- 신규 고객: 지국 유통망을 이용한 인적판매나 제휴마케팅 - 기존 고객: 초대권 제공
케이블	씨엔엠		- 신규 고객: 세일즈 프로모션 - 기존 고객: 고객커뮤니케이션, 유통수수료 부분마케팅(Thank you Letter, VOD무료 사용, 채널 일시 개방)
	CJ헬로비전	고객유지	- 고객유지율과 로열티 프로그램 강화
	HCN	고객개발	- 기존 고객에게 추가적인 서비스 유치 - 방송과 ISP를 동시에 이용, 향후 기존 고객들에게 고가상품 이용을 유도하는 업그레이드 전략이 필요
	티브로드	고객확대	- 기존 고객: 약정비즈니스, 결합상품으로 유도하는 지역밀착형 기업이미지 메이킹
	큐릭스	고객유지 및 고객확대	- 저가형 상품개발 - CS 혁신을 통한 고객만족 향상
위성	스카이 라이프	고객유지	- 고객등급별 차별적 혜택 및 서비스 제공 - 해지가망성에 따른 해지가망 고객대상 사전적 해지방지 캠페인(추가 콘텐츠 제공, AS 및 이전 설치 서비스에서 우선권 부여)
	TU미디어	고객확대	- 콘텐츠 커뮤니케이션: DM, SMS, 뉴스레터, TV가이드 - 충성마케팅부서에서 충성도 높은 고객관리
통신	KT	고객유지 및 고객확대	- 고객 케어프로그램과 고객접점에서 고객응대 지식제공 - 이탈 고객 분석을 통한 해지방어활동

자료: 김희경·박주연(2009: 365).

미디어기업들이 전반적으로 CRM의 중요성과 필요성을 인식하고 이에 대한 전략을 구사하고 있지만 자본이나 기업의 규모, 전사적인 인식이 수반되지 않는 일부의 고민만으로는 CRM이 발전하기 어려우며, 이를 극복하기 위해서는 미디어기업의 환경과 특성에 부합하는 다양한 전략을 세울 필요가 있다고 주장했다.

신문의 경우 CRM부서가 별도로 존재하지만 아예 마케팅부서에 속해 있었으며, 케이블TV의 경우에도 마케팅부서 차원에서 관할하고 최종 고객접점 부서라고 할 수 있는 콜센터가 고객민원이나 불편사항을 접수하고 신규 가입자를 확보하고 있었다. 이런 상황에서 국내 미디어기업에 본격적으로 CRM이 도입되었다고 보기 힘들며, CRM이 종합적인 마케팅 수단으로 적용되기보다 마케팅의 범주 안에 소속된 하나의 수단으로 인식되고 있다는 것을 알 수 있다.

CRM 구축에 적극적인 신문사들은 독자정보를 데이터화(독자DB)하는 데 집중하고 있다. 이는 CRM 구축을 통해 기존 독자 이탈을 막을 수 있는 '프리미엄 서비스'가 가능하고 타깃 마케팅이 쉽기 때문에 활용도가 클 수밖에 없다. 실제로 중앙일보와 조선일보는 각각 '조인스닷컴'(2002년)과 '모닝플러스'(2004년)를 오픈했으며, 경향은 2005년 CRM 강화를 위해 '스마일 경향' 사이트를 오픈했고, 한겨레는 2008년 정기독자 멤버십 사이트인 '하나누리'를 오픈하여 각종 이벤트나 서비스를 제공하며 독자회원관리에 나서고 있다.

케이블TV사업자의 경우에는 방송과 인터넷서비스를 동시에 제공하는 번들 서비스가 상용화되어 있으며, 이는 기존 고객을 유치하는 데 결정적인 기능을 하고 있다. 대표적으로 CJ헬로비전의 경우 고객유지율 강화를 위해 해지분석, 해지감소를 위한 내부환경 개선, 해지방어수단(미소 서비스, 네트워크로 방판인력 확보)을 마련했다. 로열티 프로그램은 CJ 계열사를 통한 이벤트를 추진한다. CJ헬로비전은 고객에 맞는 맞춤형 서비스를 수립하는 등 어느 정도 단계에서 세부적인 고객관리시스템을 도입하고 있다. 큐릭스는 고객관리전략으로 지역밀착적인 케이블산업의 이점을 최대한 활용하여 고객 유지와 수익향상에 초점을 맞추고 있으며, 전략적 실행부서인 콜센터를 단순히 데이터 중심이 아닌 고객 경험센터로 영역을 확대하는데 주력하고 있다.

위성DMB를 운영하는 'TU미디어'는 고객의 사이클에 따라 고객유지율을 높이는 방향을 추구하면서 아직은 대리점 유통보다는 온라인에 의존하여 200만 가입자를 유치해왔고, 2008년 이후부터 단계별 고객세분화와 이벤트에 따른 고객관리를 통해 CRM시스템을 구축하고 있다.

위성방송인 스카이라이프는 기존 고객을 한 단계 높은 서비스로 업그레이드시키고, 기존 고객의 해지방어에 주력하는 등 양면적 고객접점 서비스를 동시에 추구하고 있다.

KT의 경우는 고객접접에서 고객에게 직접 서비스 지식을 제공하고, 이탈고객분석을 통해 기존 고객 해지방어에 노력하고 있는 것으로 나타났다.

이와 같이 우리나라 미디어기업들이 CRM시스템을 구축·적용하고 있지만 가장 중요한 것은 고객을 이해하고 고객에게 다가가는 CRM, 즉 고객지향으로 바꾸는 전사적 움직임이 선행되어야 할 것이다. 이런 자세가 선행되지 않고는 CRM을 기획하고 수행하기 위한 기본적인 요건이 충족될 수 없다. 따라서 고객과 접촉하고 있는 종사자에 대한 동기부여 및 기업문화의 변화는 필수적인 것이며 CRM에서 핵심요소라고 볼 수 있다.

MEDIA MARKETING

제2장 미디어산업 환경분석

1. 미디어산업의 패러다임 변화

1) 방송·통신의 융합

방송·통신의 융합은 기술적으로 전송수단이 디지털화, 광대역화, 쌍방향화하기 때문에 발생하는 산업경제적·사회문화적 현상이다. 방송의 디지털화와 통신의 광대역화를 바탕으로 통신과 방송의 기술적인 융합이 가속화되어 통신과 방송의 기술적인 특성을 겸비한 새로운 서비스가 나타나고 있다. 컨버전스(convergence)가 화두가 되는 이유는 디지털기술의 발전에 따라 유선과 무선, 방송과 통신, 통신과 컴퓨터, 방송과 인터넷 등의 기술과 산업, 서비스와 사업자, 네트워크의 구분이 모호해지면서 새로운 형태의 복합, 결합, 융합의 상품과 서비스가 속속 등장하고 있기 때문이다.

최근에 서비스가 제공되고 있는 '내 손 안의 TV'인 DMB와 IPTV 등이 바로 방송·통신 융합서비스에 해당된다. 이러한 통신과 방송의 융합 추세에 대응해 통신과 방송이 융합된 멀티미디어 서비스를 언제 어디서나 쉽게 이용할 수 있도록 하기 위해서는 기존의 망보다 정보를 전송할 수 있는 대역폭이 훨씬 넓은 유선광대역망과 유선광대역망을 통합하는 광대역통합망(BcN)의 구축이 필요하다. 이에 따라 차세대 네트워크의 구축이 추진되고 있다.

또한 현재 유선통신을 통해 제공되는 초고속 광대역정보통신서비스가 이동통신으로도 가능하도록 이동통신분야의 기술 개발이 활발하게 진행될 것이다. 기존의 CDMA에 비해 고속의 데이터 전송과 화상전화가 가능한 HSDPA(고속하향패킷접속)와 언제 어디서나 이동 중에도 빠른 속도로 무선인터넷 접속이 가능한 와이브로(wireless broadband internet: WiBro) 등이 2006년 5월과 6월에 각각 국내에서 세계 최초로 상용화되어 서비스되고 있다.

이와 같이 방송·통신 융합서비스가 방송환경을 주도적으로 변화시키면서 산업 간의 경계를 넘어선 복합상품과 서비스를 제공하는 디지털 융합형태로 나타나고 있는 것이다.

방송과 통신의 융합을 추동하는 디지털 융합은 산업적 측면에서 네트워크 융합, 서비스 융합, 사업자 융합으로 구분되고 있으며, 소비자 입장에서는 단말기의 융합형태로 나타나고 있다(한국방송광고공사, 2006a: 85).

첫째, 전송수단의 공용화를 의미하는 망의 융합은 통신망의 광대역화와 방송망의 디지털화로 인해 통신망을 통한 방송콘텐츠 전송과 방송망을 통한 통신서비스 제공이 가능해짐으로써 전통적인 망의 구분이 흐려지고 있는 현상을 지칭한다. 이와 같은 망의 융합은 HFC, FTTC, FTTH, xDSL 등 모든 종류의 망이 융합되며 여기에 유무선망의 융합과 함께 방송, 전화, 인터넷 등의 서비스도 융합된다. 네트워크 융합사례로는 이동통신망을 이용한 방송서비스(DMB)와 케이블TV를 이용한 인터넷 서비스를 예로 들 수 있다.

둘째, 서비스의 융합이란 통신과 방송의 결합서비스를 통해 새로운 영역의 서비스를 창출하는 것을 의미한다. 쌍방향 광대역망 아래에서 복합 서비스를 제공하는 것이 현실화되었다는 사실은 사업자 입장에서 앞으로의 사업이 어떻게 번들링(bundling) 전략을 구사할 것인가에 따라 성패가 결정된다는 것을 의미한다. 대표적으로 인터넷 방송과 데이터 방송, VOD, DMB, 이동전화를 통한 방송 프로그램의 전송 서비스 융합을 사례로 들 수 있다.

셋째, 사업자 융합은 사업자의 겸영과 합병을 의미한다. 네트워크와 서비스 융합이 빠르게 진행되고 있는 상황에서, 경쟁자보다 앞서서 효과적인 번들링 전략을 구사하여 전체 시장을 지배하기 위해서는 무엇보다도 핵심적인 자원을 조기에 확보하는 일과 절대적인 시장의 크기를 늘리는 것이 중요해진다. 사업자의 입장에서는 가치사슬(value chain)의 각 단계를 수직적 구조로 통합하는 전략과 경쟁 내지 보완관계에 있는 사업자를 수평적으로 통합하는 전략으로 나타나고, 동시에 범위의 경제를 극대화할 수 있는 전략으로 현실화된다. 2004년 개정된 「방송법」에 의해 종합유선방송사업의 지분제한이 철폐되면서 방송·통신사업자 간 인수·합병 및 전략적 제휴를 통해 기업규모가 대규모화되고 있다. 2009년 미디어 관련법이 통과되면 신문과 방송의 겸영 및 대기업의 방송 진출이 가능해져 방송사업자와 통신사업자 간의 인수·합병이 활성화될 것으로 보인다.

마지막으로 소비자 입장에서 단말기는 전통적인 TV와 PC 이외에 PDA, 모바일 등으로 다양화되고 있다. 그러나 융합에 따라 단말기의 고유 역할은 사라지고 모든 정보 단말기가 유사한 정보 콘텐츠를 제공하는 양상이다.

방송·통신 융합은 수직적 산업구조를 수평적 산업구로로 변화시킬 가능성이 높다. 유선방송부문에서는 종합유선방송사업자(System Operator: SO)가 제공하는 방송채널만 시청할 수 있으므로 SO는 방송채널사용사업자인 PP(Program Provider)에 대해 지배력을 행사할 수 있다. 하지만 방송산업과 통신산업이 인터넷 기반으로 융합되면 콘텐츠(정보서비스)층과 네트워크(전송서비스)층이 수평적으로 분화할 수 있게 된다. 바람직한 수평구조하에서는 케이블, 통신망 등 어떤 네트워크에 접속해도 방송 프로그램, 인터넷 사이트 등 모든 콘텐츠에 접속이 가능해질 수 있다. 이와 같은 수평적 산업구조는 시청자의 콘텐츠와 채널 선택권이 확대되어 능동적 참여를 가능하게 하며, 양방향 서비스를 통해서 시청자들이 방송 프로그램에 적극적으로 참여할 수 있게 한다. 통신사업자는 방송부문으로 사업영역을 확대하고, 케이블TV 사업자도 초고속 인터넷과 인터넷전화 서비스 제공을 통하여 통신사업영역으로 사업을 확장하고 있다.

이처럼 방송·통신 융합이 가속화되고 있는 시점에서 변화되지 못하고 있는 규제와 제도환경이 신기술과 새로운 시장창출 및 서비스를 지연시키는 장벽이라는 지적이 있다. 방송·통신 융합 구조하에서는 일관된 규제를 적용하여 산업 생태계를 조화롭게 육성할 필요가 있다. 다양한 이해당사자가 복잡하게 얽혀 있는 상황에서 특정 이해당사자에 대한 규제만 완화하면 다른 이해당사자에게 불공정 경쟁상황을 초래하게 된다. 따라서 실시간 방송 서비스에 대해 케이블방송, 위성방송, IPTV 등 모든 전달매체에 걸쳐 최대한 일관된 규제를 적용하고, 전반적으로 규제를 단순화하여 특정 사업자에 대한 진입제한을 대폭 완화해야 한다. IPTV와 같은 새로운 융합서비스 영역에 대해서는 사전규제를 철폐하거나 최소화하고, 망 개방을 보장하여 플랫폼 간 경쟁을 활성화하는 한편, 콘텐츠산업을 육성하여 네트워크산업과 조화롭게 발전시켜 나갈 수 있도록 해야 할 것이다.

또한 방송과 통신산업이 인터넷 기반으로 융합되면 콘텐츠(정보서비스)층과 네트워크(전송서비스)층이 수평적으로 분화될 수 있다. 유선 인터넷 통신의 경우 이미 수평분화가 이루어져 이용자가 어떠한 통신사업자를 이용해도 모든 인터넷 사이트에 접근이 가능해졌다. 바람직한 수평적 분화하에서는 케이블, 통신망 등 어떤 네트워크에 접속해도 방송 프로그램, 인터넷 사이트 등 모든 콘텐츠에 접속이 가능하다. 하지만 케이블방송 SO처럼 폐쇄적 사업모델을 가진 플랫폼 서비스사업자의 서비스를 확대 견제해야 방송·통신산업 전반에 수평적 분화가 가능해진다.

수평적 산업구조는 소비자 후생을 증대시키며, 사업의 활동영역 확대를 가져온다. 시청자는 원하는 시간에 원하는 콘텐츠를 능동적으로 소비할 수 있으며, 양방향 서비스를 통해 방송 프로그램에 적극적으로 참여할 수 있게 된다. 통신사업자는 방송부문으로 사업영역을 확대하고 있다. 결국 전송수단이 다양화되어 경쟁이 심화되면 소비자도 개별 서비스 및 번들 서비스(Triple Play Service: TPS)를 저렴하게 이용하는 혜택을 누릴 수 있다.

2) 디지털화

우리나라 방송이 아날로그시대의 마감을 선언하고 전면적인 디지털방송 시대로 전환되는 시기는 2012년으로 예정되어 있다. 물론 디지털 수신기의 보급률이 어느 정도에 이를 것인지에 따라 아날로그방송의 완전 종료시기가 조정될 가능성도 없지 않지만, 무엇보다 중요한 사실은 이미 본격적인 디지털 방송시대에 접어들어 미디어 전반에 걸쳐 디지털화(digitalization)가 매우 빠른 속도로 진행되고 있다는 사실이다.

1997년 세계적인 디지털화 추세와 디지털방송 추진의 다양한 필요성에 공감하며 우리나라에서 본격적인 디지털 전환 논의가 시작된 지 10여 년이 지났다. 2000년에 지상파 디지털TV 시험방송이 이루어졌고, 2001년 말에 지상파 디지털 본방송이 개시되었으며, 그 이후 디지털 위성방송, 디지털 케이블방송, 디지털 멀티미디어방송(DMB)에 이르기까지 방송환경 전반에 걸쳐 매우 빠른 속도로 디지털 전환이 이루어지고 있다.

먼저 지상파보다 뒤늦게 디지털화를 추진한 케이블TV 방송사의 움직임을 살펴볼 수 있다. 케이블TV사업자들은 2012년에 디지털 전환을 종료하겠다는 계획을 밝힌 바 있다. 케이블TV는 가입자 수의 70~80%가 디지털로 전환한 시점에 아날로그 서비스를 종료할 수 있을 것으로 보고 있다.

현재 대부분의 MSO들은 디지털화를 추진하고 있다. 전체 SO의 가입자 중에서 MSO 가입자의 비율이 약 80% 정도인데, MSO별로 디지털화 투자에 큰 차이를 보이고 있다. CJ케이블넷은 디지털화가 거의 완료되었고, 디지털 가입자도 많이 확보했기 때문에 VOD서비스에 적극적이다. 그러나 티브로드는 디지털화에 대한 투자가 적고 디지털 가입자도 별로 없기 때문에 VOD 서비스에 적극적이지 않다. C&M의 디지털화 속도는 CJ케이블넷과 티브로드의 중간 정도일 것이다. 개별 SO 중에서 강남, 제주, 울산, 아람방송과 같은 SO는 디지털화에 적극적이다.

8개 MSO들은 현재 DMC(Digital Media Center)[1]를 통합하는 방안을 논의 중이다. SO들이 VOD서비스를 원활히 제공하기 위해서는 DMC를 통합하여 비용을 절감하는 것이 효과적이다. 디지털 케이블TV를 홍보하기 위해서 케이블TV협회 차원에서 광고를 기획하고 있으며, 방송의 디지털화에서 케이블TV가 소외된 느낌을 해소하기 위해서 이미지 위주의 광고를 하고 있다.

---

1) SO가 디지털 전환을 위해 디지털 장비를 집중시킨 슈퍼 헤드 엔드(Super Head End)로 DMC 기술발전에 따라 디지털 영상서비스뿐 아니라 VOD, 초고속 인터넷 접속, T-Commerce 등의 멀티미디어서비스도 제공할 수 있다.

현재 방송의 디지털화에 대한 지원은 지상파 방송만을 대상으로 하므로, 케이블TV는 지원 대상에서 제외되어 있다. 케이블TV 가입자 중에서도 저소득층이 있으므로 이들에 대한 지원도 필요하다는 입장이다.

SO는 상향대역폭과 디지털방송 대역폭을 넓혀서 디지털 서비스의 질을 개선하려고 한다. 인터넷 서비스의 속도를 개선하고 VOD서비스를 제공하기 위해서는 상향대역폭의 확대가 필요하고, HD채널의 증가에 따라서 디지털방송 대역폭도 넓혀야 한다. 이렇게 되면 아날로그방송 대역폭이 감소하게 되는데, 아날로그방송의 채널 수는 현재보다 최대 22개 감소할 수 있다. 방송통신위원회는 2008년 6월에 상향대역폭과 디지털방송 대역폭을 확대하는 내용의 '유선방송국설비 등에 관한 기술기준'을 개정할 것이라고 발표했고, 「방송법 시행령」 개정안에는 SO가 송출해야 하는 최소 채널 수를 70개에서 50개로 줄이는 방안이 포함되어 있다.

원래 디지털 케이블TV에서는 여러 가지 데이터방송 서비스를 제공했으나 최근 이러한 데이터방송 서비스를 중단하고 있다. CJ케이블넷의 경우 노래방, 간단한 게임, 다음뉴스 서비스, 상품판매, 문자서비스 등의 서비스를 제공하고 있는데, 이는 과거에 가능했던 피자주문, 오목 두기를 포함한 일부 서비스가 제외된 상태이다. 강남 케이블TV의 경우 'TV전자정부'라는 이름으로 강남구청과 협력하여 행정 서비스를 케이블TV를 제공하고 있지만 수익모델로 자리 잡지 못하고 있다.

이와 같은 디지털화가 기존 미디어 환경을 어떻게 바꾸어놓고 있으며, 디지털방송은 우리에게 어떤 새로운 의미가 있는가? 우선 좁게 본다면 방송기술이 아날로그에서 디지털방식으로 전환된다는 기술적 변화를 의미한다고 볼 수 있다. 이를 다시 보다 넓은 의미로 해석한다면 기술상의 변화뿐 아니라 방송의 개념과 존재방식, 서비스 영역, 방송과 수용자의 관계, 방송 및 미디어산업의 전반적 구조 등에 이르기까지 상당히 포괄적인 영역에서 발생하고 있는 매우 근본적이고 혁신적인 변화를 의미한다. 결국 방송의 디지털화는 방송에 기술적 차원의 '패러다임의 전환'이 된다는 것을 의미한다.

3) 미디어 규제환경 변화(deregulation)

(1) 방송규제의 근거: 공공성과 공익성

방송은 기본적으로 언론의 자유라는 맥락에서 자유를 보장받아야 한다. 그러나 방송에는 언론의 자유보다는 '공익성', '공공성', '사회적 책임'이라는 점이 강조되고 있다. 즉, 방송은 의견과 정보를 표현하는 수단의 하나로 표현의 자유를 보장받지만, 마찬가지로 표현의 자유를 보장받는 신문, 잡지 등 인쇄매체는 규제가 거의 없는 데 반해 방송에는 여러 규제가 가해지고 있다. 이러한 차이의 근거가 되는 것은 바로 '주파수의 희소성'과 방송이 가지는 특수한 사회적 영향력에 기인한 '공공성' 때문이다. 따라서 방송은 사회적 영향력이 지대하고 국민들의 신탁에 의해 공공의 자원인 전파를 사용하고 관리한다는 점에서 공공성과 공익성을 그 이념으로 갖고 있다는 주장이 지배적이다.

방송의 공공성은 방송자원의 소유적 근거(전파의 공공소유론), 전파자원의 제한성 근거(규제의 희소성 이론), 국가이익적 근거, 국민이익적 근거, 사회문화적 근거(매체 차별성 이론)에 따라 생겨난 개념이다. 이들 논리 가운데 전파의 희소성 이론은 전파공학의 발달로 자원의 이용이 증가하면서 그 영향력이 줄고 있지만 사회적 효과이론이 방송규제의 근거로 더 설득력 있게 작용하고 있다.

최근 뉴미디어 발달과 보급에 따라 전파의 희소성에 대한 개념이 흐려지면서 방송 이념인 공공성과 공익성 문제가 경시되는 경향이 늘고 있다. 하지만 희소가치에서 파생된 전파의 독점적인 지위가 무너진다고 해서 방송의 역할과 영향력이 줄어들지는 않는다. 방송이 국민 모두에게 공론의 장으로 남는 한 공익성과 공공성은 무엇과도 바꿀 수 없는 최후의 방송지침인 것이다.

(2) 방송규제의 종류

방송규제는 보통 진입규제, 소유규제, 내용규제, 기술규제 등 네 가지 형태로 나눌 수 있다(정인숙, 1999: 118~128).

먼저, 진입규제는 '누가 방송을 할 수 있는지'를 규제하는 것으로 두 가지 측면에서 규제가 이루어진다. 첫째, 경제적 측면에서 공공재로서의 방송을 상정하여 일부 허가받은 사람들에게만 방송을 할 수 있도록 하는 것이다. 둘째, 사회적 측면에서 공익성을 보장하기 위하여 방송국 소유자를 제한하는 것을 말한다. 경제적 측면의 진입규제는 두 가지 방법으로 이루어지는데, 한 가지는 국가가 이를 소유하여 운영하는 것이고(한국의 KBS, 영국의 BBC), 다른 하나는 어떠한 허가기준을 가지고 이를 맡아 운영할 민간업자를 정하는 것이다. 민간업자를 정하는 방식은 허가제, 경쟁입찰제, 추첨제 등이 있다. 대부분의 나라는 지상파와 케이블TV 방송국의 경우 허가제를 도입하고 있다. 우리나라는 케이블TV의 경우 보도와 홈쇼핑을 제외하고 허가제에서 등록제로 전환하여 규제를 완화하고 있다.

소유규제는 '누가 얼마만큼 소유할 수 있는지'에 관한 것이다. 방송 소유에 대한 규제도 진입규제와 마찬가지로 경제적 이유와 사회적 이유 때문에 이루어진다. 일반 산업에 적용되는 소유규제와는 별도로 방송산업 자체 내의 사적소유집중에 대한 규제도 이루어진다. 언론과 관계없는 기업이 방송사업에 새로 참여하는 경우와 미디어 복합소유는 논란을 많이 일으키는데, 이는 정보의 다양화가 경제적 이윤 추구의 목적에 의해 왜곡될 위험이 있기 때문이다. 우리나라 현행 「방송법」상으로는 대통령이 정하는 대기업, 그 계열기업 및 그와 특수한 관계에 있는 자는 방송법인이 발행하는 주식 또는 지분을 소유할 수 없다(제6조 제2항)고 명시함으로써 재벌의 언론참여가 원천적으로 봉쇄되어 있다. 또한 방송업인은 「정기간행물의 등록에 관한 법률」 제7조의 규정에 의한 일간신문 또는 통신을 겸영할 수 없다(제7조 제1항)고 되어 있어 이른바 교차소유를 원칙적으로 금지하고 있다. 하지만 2009년 정부는 미디어 관련법을 국회에 통과시켜 방송과 신문의 겸영 허용, 대기업의 방송 진출이라는 소유규제의 완화를 추진하고 있어 논란을 빚고 있다.

내용규제는 언론의 자유를 침해할 소지가 많기 때문에 많은 나라에서 신중하게 실시되고 있다. 우리나라의 경우 내용규제는 자율심의와 외부심의 등 다원적 구조를 취하고 있다. 「방송법」에 따라 프로그램 심의권한을 위임받은 방송위원회는 부문별로 심의위원회를 구성하여 프로그램의 사전·사후심의를 하고 있으며, 또 「방송법」 규정에 의한 시청자위원회도 설치되어 있다. 현행 「방송법」 상에서는 방송 프로그램에 대한 사후심의를 원칙으로 하나, 사전심의의 대상이 되는 것도 있다. 방송용 극영화와 만화영화(비디오물 포함), 방송광고물, 외국에서 수입한 방송물(운동경기 등의 중계나 보도 제외) 등이 사전심의 대상이다. 방송 심의기준을 위반할 경우 시청자에 대한 사과나 정정, 해명, 책임자 징계 등의 제재를 받게 된다.

기술규제는 방송사 허가를 받으려면 사업자 허가 외에 기술적 구비조건을 갖추는 기술허가도 받아야 한다는 것이다. 방송에 대한 기술규제는 세 가지 목적 때문에 행해진다. 첫째는 커뮤니케이션 혼잡을 피하기 위해서, 즉 전파간섭을 방지하기 위한 목적이고, 둘째는 제한된 전파를 최대한 다수의 수용자가 이용할 수 있도록 하기 위한 자원활용의 극대화 차원이며, 셋째는 국가적 차원에서 다른 나라와 기술수준을 맞추고 비교우위를 점할 수 있게 하기 위한 목적이다. 이와 관련해서 현재 우리나라의 방송국 재허가는 프로그램 내용 및 방송운영 전반에 대한 실질적이 평가 없이 시설기준만을 고려하여 형식적으로 이뤄지고 있다는 비판이 있다.

따라서 일관된 규제를 적용해 산업 생태계를 조화롭게 육성해야 할 필요성이 있다. 즉, 규제를 완화하되 규제의 일관성과 형평성이 유지되어야 한다는 것이다. 동일 서비스에 대한 동일 규제 원칙을 최대한 준수해야 한다. 다양한 이해당사자가 복잡하게 얽혀 있는 상황에서 특정 이해당사자에 대한 규제만을 완화하면 다른 이해당사자에게 불공정 경쟁상황을 초래한다.

새로운 융합서비스 영역에 대해서는 사전규제를 철폐 및 최소화해야 한다. 실시간 방송서비스에 대해 케이블방송, 위성방송, IPTV 등 모든 전달매체에 걸쳐 최대한 일관된 규제를 적용하고, 전반적으로 규제를 단순화해야 한다. 그리고 실시간 방송 자체나 광고를 제외한 방송과 연동된 데이터 콘텐츠 및 양방향 서비스에 대해서는 사전규제 대신 사후규제가 적용되어야 한다.

1980년대 중반 이후 방송환경이 변함에 따라 방송규제 논리는 국가 중심의 공공성에서 시장논리 중심으로 그 패러다임이 변화하고 있다. 케이블TV와 같은 다채널의 뉴미디어가 등장하고 미디어 융합이 일어나면서 과거 방송을 규제하던 논리는 타당성을 잃게 되었다. 이는 '방송의 산업화' 현상을 의미하는 것으로서 지금까지 방송의 사회·문화적 성격만을 강조해왔던 정책과 제도를 경제적·산업적 측면까지 고려한 종합적 패러다임으로 변화시키도록 요구하고 있다.

우리나라에서 케이블TV 채널의 경우 허가제에서 등록제로 완화한 사실이나 위성TV에 대한 채널 허가는 방송산업이 시장주도형으로 변화하고 있다는 사실을 반증한다. 커뮤니케이션의 자유보다 새로운 가치와 이윤을 창출하는 방송기업 간의 경제논리를 존중하는 쪽으로 규제의 중심이 이동하고 있다. 현재 세계 여러 나라의 뉴미디어 정책은 저마다 조금씩 다르지만 미디어의 독점적 위치를 완화시키는 규제완화정책과 경제요인 및 산업요인을 극단적으로 강조하는 산업정책적 모습을 표출하고 있다.

이러한 변화는 보편적 서비스의 패러다임이 변화하면서 시작되고 있다. 일반적으로 보편적 서비스는 경제적 약자에 대한 공평한 기회의 제공과 사회복지라는 차원에서 의미가 있다. 통신의 경우 전송수단의 '신뢰성'과 '일관성'을 보장하는 차원에서 보편적 서비스가 강조되어온 반면, 방송은 '공익성'에 더 중점을 두어왔다. 그러나 시대 변화에 따라 방송과 통신의 융합은 분리된 규제체제에서 적용하던 보편적 서비스의 개념이나 제도를 변화시키고 있다.

실제로 1990년대 중반에 도입된 케이블TV는 도입 당시 상업적인 전송매체로 출범했으나, 2006년 이후 1,400만 명의 가입자를 확보하고 통신서비스(인터넷 서비스)까지 제공함으로써 방송통신시장의 영향력 있는 매체로 성장하게 되었다. 따라서 케이블TV는 국민의 중요한 정보접근 수단으로 이용되고 사회적 영향력과 파급력 측면에서도 보편적 서비스로서 인식되기 시작했으며, 지역의 독점 사업자로서 케이블 SO에는 해당 지역주민들에게 지상파방송, 지역채널, 공익성 채널을 전송해야 하는 의무가 강조되고 있다.

결국 미디어 융합에 따른 규제패턴의 변화란 새로운 매체현상에 대처하기 위한 새로운 관리기관의 창출을 필요로 한다. 그것은 새로운 미디어를 둘러싼 권한의 갈등과 재분배를 뜻하는 것이기도 하다.

(3) 규제방식의 변화

미디어산업에 대한 정부의 규제는 공익과 미디어의 사회적 영향력을 근거로 정당화되어왔으나, 디지털기술과 미디어산업의 경우 기존의 규제체계로는 더 이상 효율적이고 유효한 규제의 성과를 거둘 수 없는 상황으로 변화하고 있다. 이에 대부분의 국가들은 '탈규제' 혹은 '시장 지향'이라는 방향으로 규제체계를 재정비하고 있다. 방송과 통신은 기술적·제도적으로 각각 고유한 미디어로 간주되어왔지만, 기술의 발전으로 방송과 통신은 융합이라는 거대한 흐름 속에 놓이게 되었다. 방송 패러다임의 급속한 변화와 산업환경 변화는 개별 미디어 규제방식에도 다음과 같은 새로운 형태의 변화를 가져다준다 (손창용·여현철, 2007: 16~19).

첫째, 미디어 규제방식은 개별규제에서 융합규제로 변화하고 있다. 기술을 기반으로 하여 복합서비스를 제공하는 각종 디지털 미디어의 등장은 모든 서비스 제공에 의해 모든 서비스 구조를 가능하게 함으로써 현재까지의 아날로그를 기반으로 한 규제체계를 심각한 도전에 처하게 했으며, 현행 규제시스템의 변화는 불가피할 것으로 보인다. 기존 규제체계의 개편은 과거에 분리된 것으로 간주되었던 방송과 통신이 디지털기술을 매개로 하나로 통합되면서 네트워크의 구분 없이 신호가 전달되고 융합서비스가 등장함에 따라 취할 수밖에 없는 불가피성을 갖게 되었다. 일단 방송·통신 융합에 따라 매체산업의 가치사슬이 콘텐츠, 플랫폼, 네트워크, 단말기식으로 분화하고 있는 데에 주목하여 사업자와 시장을 새롭게 정의하고 규제의 체계를 전환해야 한다는 것에 대체적인 합의가 이루어지고 있다. 그 방향은 특정 네트워크와 단말기, 서비스를 일치시키고 각 서비스별로 독립된 규제방식을 적용하던 '수직적 규제 틀'에서 가치사슬이 이뤄지는 각 영역에 대한 수평적 규제체계로의 이행으로 집약된다.

둘째, 미디어 정책의 중심은 진입규제정책에서 경쟁정책으로 이동하고 있다. 서로 다른 네트워크의 통합을 가져오고 있는 융합은 사업자 간의 사업 영역을 통합시키면서 점차 특정 사업영역에 대한 진입규제의 명분을 약화시키고 있기 때문이다. 진입규제에 의해 부여되어왔던 케이블TV의 지역 독점 사업권은 시장개방 요구에 직면하고, 통신사업자의 방송시장 진입은 가속화되며, 방송과 통신시장의 완전 상호진입이 이루어진다. 즉, 방송과 통신의 완전 상호진입에 의해 매체별로 분리된 산업구조는 장기적으로 개방형 산업구조로 재편될 가능성이 높다.

셋째, 경쟁정책에서는 사전규제보다는 사후규제가 중요하게 인식되고 있다. 즉, 사후규제는 소유규제 완화에 따른 부작용을 막기 위해서 필요하다. 미디어산업 전반에 걸쳐 대기업화와 수직계열화가 이뤄지다 보면 시장지배적인 사업자와 그렇지 않은 사업자 간의 경쟁이 치열해지고, 플랫폼 간 유효 경쟁이 가능한 시장을 조성하기 위한 정책방향이 다양한 형태의 행위규제를 가져올 것이다. 동일 플랫폼에서 이용할 수 있는 멀티플 서비스가 얼마나 용이한가에 따라 잠재적 가입자의 수가 달라지기 때문에 플랫폼사업자들 간의 불공정한 거래행위가 빈번해지고 있다. 특히 지배적인 통신사업자의 약탈적 가격설정에 대한 우려와 필수시설 사용에 대한 접속 거절 혹은 차별행위 등이 불공정경쟁을 야기할 수 있다. 실제로 SKT나 하나로텔레콤, 다음 (Daum) 등 사업자들이 IPTV사업에 진출하면서 KT의 광케이블망에 대해 동등접근권을 주장하기도 했다. 2000년대 중반까지 방송영역에서는 시장지배적인 사업자에 대한 법적 기준이 명확하지 않았고, 정책결정 시 총매출액, 가입자, 시청률 또는 광고매출액 기준이 적용되었지만, 유료방송시장의 경우 경쟁제한성을 판단하기 위해 새로운 규제 틀을 만들 필요가 있다.

넷째, 소유규제를 포함한 미디어 규제는 탈규제로 변화하고 있다. 미디어 사업자 간 결합과 플랫폼사업자 간 가입자 유치경쟁은 결국 미디어산업 전반에 걸쳐 대기업화와 수직계열화를 가속시키고 있으며 이는 다시 매체별 소유규제를 완화시키고 있다. 미디어 융합 이전에 방송분야에 대한 탈규제 논의는 1980년대 미국과 유럽에서 그리고 1990년대 우리나라에서 본격화되면서 뜨거운 논쟁을 불러일으킨 바 있다. 탈규제에 대한 반론의 요지는 시장 경쟁이 방송의 공적 기능을 사유화하고 사적 집중을 강화하면서 프로그램의 다양성과 같은 공익적 가치를 훼손한다는 것이다. 우리나라에서는 SBS를 시작으로 민영방송이 개국한 1990년대 초반부터 방송분야 탈규제가 시작되었다. 1995년 케이블TV방송이 시작되고 2002년 위성방송이 서비스를 개시하면서 매체 및 채널 간의 경쟁환경이 조성되었다. 이러한 변화의 원동력은 주파수의 물리적 제약을 극복한 디지털기술의 발전에 힘입어 시장에서 자유로운 경쟁이 가능해진 만큼 시장경쟁을 통해 효율성을 도모하자는 경제적 고려와 국내외 시장에서 막대한 부가가치를 창출할 수 있는 방송의 산업적 잠재력에 주목한 정치적 판단이라고 할 수 있다.

4) 미디어 소비환경의 변화

21세기는 물리적 성장에서 질적 성장을 지향하는 고도지식 정보화 사회로 변화하고 있으며, 경제적인 여유로 국민 개개인의 생활양식 및 의식 등도 변화하고 있다. 또한 방송·통신 융합은 방송과 통신이라는 산업영역뿐 아니라 경제·정치·문화 등 사회 전 영역에 새로운 변화를 가속화시키고 재화와 용역의 생산방식과 근로형태, 여가형태, 소비형태 등 생활방식 변화의 주요 원인이 되고 있다.

소비자들이 이용하는 매체 역시 지상파TV, 케이블TV, 위성TV, DMD, IPTV 등 새로운 서비스로 다변화되고, 방송기기도 TV와 PC, 휴대전화, DMB

등 다양한 방식으로 융합하고 진화하고 있다.

방송과 통신의 융합현상에 따른 가장 큰 변화는 이용자 측면에서 나타나고 있다. 아날로그 기술을 기반으로 하는 매스 커뮤니케이션 과정에서의 수용자는 송신자에 의해 좌우되는 수동적 위치였으나, 디지털 기반의 융합환경에서는 송신자와 수용자 간 양방향 소통이 가능해짐으로써 수용자의 위치가 큰 변화를 겪고 있다. 즉, 수용자는 점점 주체적이고 적극적이며 능동적인 존재로 변화하고 있다. 그들은 결코 주어진 문화를 그저 수동적으로만 받아들이려 하지 않고, 스스로 표현하고 주장하려 한다. 따라서 그러한 대중 표현의 욕구를 다양한 방식으로 조직화하고 이를 제도적으로 수용할 필요가 있다.

정보통신기술의 발전에 따라 통합적인 멀티미디어의 활용이 가능하게 되자 상호작용성도 높아졌다. 이러한 상호작용성의 증대는 문화의 생산과 소비의 경계가 모호해지는 혁명적 변화를 열었고, 적극적이고 능동적인 생산자로서의 '프로슈머'가 등장할 수 있는 계기를 만들었다. 미디어의 생산자와 소비자기 상호 구별이 안 될 정도로 자유롭게 소통하게 되고, 소비자가 정보 생산에 참여하는 것이 절대적인 가치로 자리 잡게 된다. 또한 대량전달, 일방통행이라는 최면 속에서 본의 아니게 획일화되었던 문화들은 이제 개개인의 참여로 다양화·개인화되고 있다.

지금까지 대중은 일부 엘리트집단에 의해 만들어진 문화를 흡수하는 대상이었다. 텔레비전과 같은 대중매체를 통해서 접할 수 있었던 이미지를 통해 문화의 소비자들은 스스로의 생산물을 통해서가 아니라 지배적인 경제질서가 부과한 생산물을 이용하는 방식을 통해 자신을 드러냈다.

그러나 정보화 사회의 대중은 수동적인 산업사회적 대중과 달리 개별적 정체성을 갖고 프로슈머로서 문화를 창조할 수 있다는 점에서 차별성을 지닌다. 기술의 발달로 시·공간적 제약에서 벗어나 언제 어디서나 정보를 수용하고 자신의 메시지를 송신할 수 있게 되면서 프로슈머로서의 역할이 강화된다. 이러한 상호작용적 문화의 등장은 각 사용자가 '인간의 확장'을 경험할 수 있도록 해주며, 이 같은 경험을 매개로 미디어와 문화산업은 발전할 수 있을 것이다.

실제로 인터넷의 발달에 따라 사용자 제작 콘텐츠(User Created Contents: UCC)가 인기를 끌면서 새로운 트렌드로 자리를 잡고 있다. 2006년부터 국내 미디어시장에 등장한 UCC는 소비자 또는 이용자가 직접 그리거나 촬영한 텍스트나 이미지를 온·오프라인으로 미디어회사에 제공하거나 또는 직접 다른 이용자들이 공유·이용할 수 있도록 하고 있다. UCC는 나도 스타가될 수 있다는 네티즌들의 '주목받기' 심리가 작용한 것으로, 일반인들이 휴대전화나 디지털카메라, 캠코더 등을 이용해 직접 만든 동영상을 만들어 자발적으로 참여하고 있다. 그러나 음란성과 초상권 침해, 저작권 침해 등으로 문제점이 지적되고 있어서, 사업자들이 모니터 요원을 늘려 음란물을 감시하고, 이용자(사용자)들도 불만처리과정을 통해서 자율적인 규제정책이 필요하다는 지적이 나오고 있다. 적극적인 콘텐츠의 생산·소비자인 프로슈머들이 인터넷 놀이문화에 참여하여 UCC를 자기표현과 건전한 생활문화로 정착시키는 지혜가 필요하다. 그리고 UCC의 경우 일반 이용자가 직접 콘텐츠를 제작하는 방식으로 양적인 발전을 이루었으나, 질적인 측면에서 우수한 방송 상품으로 활용되는 데에는 한계가 있다고 하겠다.

또 다른 사례로 지역시민들의 자발적인 영상제작을 장려하고 이를 정규시간대에 프로그램으로 방영하는 '퍼블릭 액세스(public acess)' 활동을 들 수 있다. 현재 우리나라의 경우 「방송법」을 통해 KBS에 시청자 참여 프로그램을 의무적으로 편성하도록 되어 있으나, 시민사회의 제작역량 부족과 방송사 측의 몰이해로 활성화가 되지 못하고 있는 실정이다. 퍼블릭 액세스의 대안으로 지역 미디어센터를 설립해 지역주민의 미디어 제작과 참여를 돕는 프로그램을 운영하는 것이 필요하다. 지역 미디어센터는 지역의 독립적인 영상제작을 활성화하고, 시민 상대의 미디어교육을 통해서 대중의 문화적 창조력을 키우는 핵심 근거지 역할을 할 수 있다. 지역 단위로 시민들의 자발적인 문화활동을 보장하고 독려하는 것은 대중문화 전반의 발전을 위해 가장 기본적인 정책적 목표가 되어야 한다.

앞서 말한 UCC 열풍이나 퍼블릭 액세스 활동은 우리의 감성적 상상력을 자극하여 새로운 문화적 가능성을 열어주며, 누구든지 언제 어디서나 문화를 향유하고 창조할 수 있는 프로슈머가 될 수 있게 해준다. 이런 환경들은 문화창조와 소비의 중심에 있는 새로운 세대의 출현을 예고하기도 한다.

이처럼 기술발전에 따른 개인의 미디어 소비형태는 단순시청형에서 정보선택형으로 변화하고 있으며, 쌍방향 기술을 이용하여 개인이 원하는 정보만을 수용하는 정보맞춤형으로 변화하고 있다. 또한 디지털을 기반으로 한 매체환경에서 인터넷, 쌍방향 TV 등은 상호작용성의 정도가 높은 미디어로 변화하고 있다. 이런 기술적 변화는 수용자에게 서비스되는 방송유형의 관점에서 다채널화 및 전문화, 방송서비스 전송 창구의 다양화, 양방향 TV서비스, 이동형 방송서비스 등을 통해 확인할 수 있다. 1990년대 케이블TV의 등장 이후 위성방송, DMB, IPTV 등 신규 매체가 등장하면서 소비자들이 선택의 폭이 넓어졌고, DMB와 같은 이동형 방송은 기존 고정형 서비스에서 휴대·이동형 서비스의 관점으로 변화시켜 미디어의 공간을 극복하는 매체로 자리를 잡아가고 있다. 디지털기술의 발전은 소비자가 원할 때 언제든지 프로그램을 시청할 수 있는 VOD와 소비자가 프로그램을 저장하여 볼 수 있는 PVR(Personal Video Recorder) 서비스를 활용하여 미디어에 보다 쉽게 접근할 수 있는 기회를 제공하고 있다.

또한 국민들의 가치관이 소비와 여가, 삶의 질을 강조하는 쪽으로 변화하면서 소비행위 자체가 개성화되는 양상을 보이고 있다. 이러한 행위양식과 사고방식의 변화는 기존의 획일적이던 가치와 규범이 보다 다양화되는 것을 의미하며 삶의 방식이 근본적으로 변화하고 있다는 것을 의미하고, 이는 동시에 미디어 이용형태의 변화를 수반하고 있다. 뉴미디어의 도입과 다매체 다채널화, 인터넷 이용의 일상화 등 전반적인 미디어 환경변화는 수용자의 미디어 이용형태에도 변화를 일으키고 있는 것이다.

이제 발전된 정보통신기술이 제공해주는 새로운 트렌드와 기회를 포착하여 독창적인 문화와 감성을 기반으로 한 새로운 미래 미디어산업을 창출해야 한다. 디지털화와 융합, 감성세대의 등장, 상호작용성의 증대, 새로운 소비문화의 등장 등 사회문화적 트렌드의 변화가 우리가 콘텐츠에 왜 주목하고 있고, 왜 미디어산업이 성장동력의 중심이 되어야만 하는지를 설명해준다.

2. 거시환경 분석

거시환경 분석은 현실적으로 가능한 전략대안의 범위를 좁혀나가는 것이다. 거시환경의 대부분은 통제가 불가능하고, 모든 기업에 공통적으로 영향을 미치며, 기업의 성장방향, 경영전략, 기업의 조직구조에도 영향을 미친다. 이런 이유에서 거시환경 분석은 기회 및 위협의 발견에 유용하며, 기업은 이를 통해 발견된 결과에 대해 적절하게 대응해야 한다. 여기서는 미디어산업을 둘러싼 인구통계적 환경과 경제적 환경, 기술적 환경, 정치적 환경, 법률적 환경, 사회·문화적 환경에 대해서 살펴보기로 한다(<그림 2-1> 참조).

1) 인구통계적 환경

전체 인구구조, 연령별 인구구조, 지역별 인구구조 등 인구구조의 변화, 가족 수에 따른 가족 유형의 변화를 파악하면 미래 문화시장의 변화를 예측하고 기회와 위협요인도 판단할 수 있다. 일례로 여성의 출산율이 지속적으로 감소하면서 소비자의 라이프스타일과 소비패턴이 달라지고 있는 현상을 들수 있다. 1984년 1.74명에 달하던 우리나라 여성 1인당 출산율은 1990년대 급격한 감소를 보여 1998년 1.44명, 2002년 1.17명이 되었고, 2008년에는 1.19명으로 줄어들었다. 이 같은 풍조가 확산되면서 각 가정마다 '자녀 귀족화현상'이 일어나고, 아동 1인당 지출이 늘면서 유아용 고가상품과 초고가상품에 대한 수요는 증가하고 있다. 자녀들에게 고급 옷을 입히고 미술, 건축, 음악 등의 진품을 접하게 해줌으로써 애정을 표현하는 젊은 층의 주부가

<그림 2-1> 미디어산업의 거시·미시환경의 구성요인

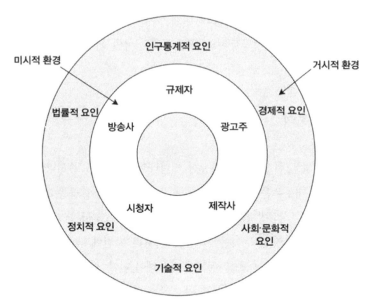

늘어나는 추세이다. 반면 의료기술의 발달로 평균수명이 연장되면서 고령인구의 비율이 증가했으며, 이 추세는 계속될 전망이다. 일반적으로 65세 이상 고령인구의 비율이 14%를 넘어서면 고령사회라고 한다. 우리나라의 경우 2010년에 고령인구의 비율이 11%에 이를 것으로 전망되며, OECD 국가 중 고령화 속도가 가장 빠르다. 이처럼 고령화사회에 접어들면서 실버 세대가 새로운 소비집단으로 부상했다. 노인을 위한 의료시설, 요양시설, 집단 주거시설의 수요가 증가할 뿐 아니라 건강이나 장수식품, 보험상품, 연금상품, 여행상품과 노인을 위한 가정 서비스에 대한 수요도 증가할 것으로 보인다.

이와 함께 여성의 사회진출 확대로 인한 만혼 추세, 이혼율 증가, 소규모 공간에서 인터넷 마케팅 등 개인사업을 하는 SOHO족의 증가 등으로 1인 단독가구는 꾸준한 증가 추세를 보인다. 특히, 결혼을 기피하는 풍조와 경제력을 갖춘 전문직 여성들이 늘어나면서 이른바 30~40세대 노처녀인 '골드미스'족이 새로운 소비시장을 형성하고 있다. 이들은 자기중심의 소비를 즐기는 30~40대 전문직 종사자로 수입의 60~70%가량을 자기계발에 투자하고 고급 원룸 아파트나 오피스텔에 거주한다.

이들이 최근 패션과 외식, 레저 등에서 유력한 소비층으로 부상하고 있으며, 문화시장에서도 뮤지컬과 클래식 공연 등 고급 문화시장의 주력 소비자로 등장하고 있다(문숙재·여윤경, 2005: 75~79).

2) 경제적 환경

미디어산업은 국내외의 경제상황에 따라 영향을 받는다. 특히 미디어산업 관련 기업은 경기, 물가상승, 소득, 경상수지 등과 밀접한 관계를 갖고 있다.

방송과 콘서트, 공연, 영화 등의 미디어산업은 기업의 협찬이나 광고와 함께 입장권 판매가 주 수입원을 이루기 때문에 경제적 요소는 관객(소비자)의 구매력을 결정짓게 된다. 그리고 경제성장률과 소비자 물가, 실업률, 이자율, 환율 등과 같은 경제 현황은 전반적으로 미디어산업과 매우 밀접한 관계가 있다. 미디어산업도 이러한 거시지표의 영향을 받기 때문에 먼저 거시지표를 살펴보는 것이 필요하다.

<표 2-1>에서 살펴보듯이 경제성장률 면에서 2008년 경제성장률은 연간 2.5%를 기록해 2006년 5%보다 크게 하락했다. 이는 미국발 금융위기에 따른 세계경제의 성장세 둔화와 원화강세 등 수출환경 악화 등의 원인 때문이다. 2008년 우리 경제는 외부충격에 시달리면서 원/달러 환율은 2008년 초 10월 1,180원대에서 10월 28일 1,400원대를 돌파하고, 11월에는 1,500원대까지 폭등했다. 주식시장도 외국인투자자의 주식투매와 자금유출 등으로 10월 중 전월대비 33.5%나 폭락해 공황상태에 빠졌다. 금융불안의 주요인은 개방에 따른 불안정성, 즉 자본시장 개방에 따른 높은 외국인 주식투자 비중과 금융기관의 단기 편중 채무구조 등이며, 10년 전 외환위기의 불안심리가 금융불안을 증폭시킨 촉매제로 작용했다.[2]

소비자 물가 측면에서 2006년과 2007년에는 고유가에도 불구하고 물가는

<표 2-1> 경제성장률, 소비자 물가, 실업률 지표(%)

연도	경제성장률	소비자 물가	실업률
2001	3.8	4.1	4.0
2002	7.0	2.7	3.3
2003	3.1	3.6	3.6
2004	4.7	3.6	3.7
2005	4.0	2.7	3.7
2006	5.1	2.2	3.5
2007	5.0	2.5	3.2
2008	**2.5**	**4.7**	**3.2**

자료: 삼성경제연구소, ≪SERI 경제포커스≫, 236호.

안정기조를 유지했지만, 2008년 소비자 물가상승률은 2.2%포인트 오른 4.7%로 폭등했다.

2008년 실업률은 전년과 비슷한 3.2%를 기록하고, 금융불안에 따른 경제 침체로 일자리 수가 줄면서 2008년 11월 일자리 창출은 2003년 이후 처음으로 7만 8,000명으로 하락했다. 2009년에도 침체국면이 장기화되면서 구직단념자 등 실망실업자가 늘어나 유휴인력 즉 비경제활동인구 규모가 확대될 가능성 높다.

국민들의 가처분소득이 증가하면서 상대적으로 문화소비에 대한 투자가 늘어날 것으로 보인다. 실질국민총소득(GNI)[3]은 2005년 674조 5,000억 원으로 2004년 671조 원에 비해 0.3% 증가했고, 실질국내총생산(GDP)도 2005년 721조 4,000억 원으로 전년인 693조 원보다 3% 정도 늘어났다. 1인당 GNI도 2001년 1,311만 원에서 2005년도 1,699만 원이 되어 큰

---

2) 삼성경제연구소, 「2008년 한국경제 회고」, ≪CEO Information≫, 제686호.

3) 실질GDP＝국내 생산 최종생산물 수량×기준연도(2000년) 가격
실질GNI＝실질GDP＋실질무역손실＋실질국외순수취 요소소득(우리 국민이 외국에서 번 소득－외국인이 국내에서 벌어간 소득)

<표 2-2> 실질GNI, 실질GDP 변화추세

연도	실질GNI(조 원)	실질GDP(조 원)	1인당 GNI(만 원)
2001	592.4	600.8	1,311
2002	633.8	642.7	1,439
2003	645.7	662.6	1,516
2004	671.0	693.9	1,625
2005	674.5	721.4	1,699

자료: 한국은행.

폭으로 증가했다(<표 2-2> 참조).

3) 기술적 환경

방송산업의 거시적 환경 분석의 하나로서, 정보통신과 미디어들을 기반으로 하는 마케팅 영역에서 강조되는 영역이 바로 기술적 환경요인이다. 컴퓨터와 정보통신의 발달은 인터넷 기업을 성장시키는 등 기업경영 분야에도 많은 변화를 가져왔으며 콘텐츠의 제작, 유통, 소비에 지대한 영향을 끼쳤다. 인터넷의 발전은 소비자들의 제품정보 수집을 보다 용이하게 만들었으며, 인터넷 구매라는 새로운 유통경로가 생기는 계기가 되었다.

방송제작기술에 디지털 방식이 도입되면서 이와 관련된 방송시스템, 디지털TV, 셋톱박스 등 관련 산업에도 영향을 미치고 있다. 디지털방송의 제작시스템은 네트워크 기반의 통합제작시스템으로 발전하고, 편집용 소프트웨어를 이용한 비선형편집, 자동화시스템의 증가, 제작기간의 단축 등 제작방식과 편집환경에도 큰 변화를 가져왔다. 현재 방송제작 현장에서 사용되는 디지털 장비로는 6mm 카메라와 HD용 카메라, 비선형 편집시스템과 음향기기 등이 있다. 정보통신 환경의 컨버전스화 및 유비쿼터스화에 따라 방송콘텐츠 제작에 오감형 미디어가 융합된 기술이 적용되고 있다. 방송분야에서는 오감형 미디어기술인 혼합현실(mixed reality) 기술을 통한 합성 및 정합, 실시간 객체추적 및 환경정보 추출, SFX 및 상호작용 처리로 실사영상과 가상영상 합성을 통한 정보전달능력 향상에 집중할 수 있는 콘텐츠 제품 수요가 요구된다. 이 같은 오감형 미디어 콘텐츠가 사용자에게 시각 및 청각적 자극, 기계적 자극, 화학적 자극, 열자극 등을 통해 오감을 충족시킨다면 콘텐츠의 실재감(presence)과 정보 전달성을 극대화시키는 역할을 할 수 있을 것이다(임철수, 2007).

우리나라도 2012년부터 디지털방송이 본격화되면 유무선뿐 아니라 방송과 통신의 융합도 가속화될 것이다. 이미 소비자들이 이용할 수 있는 매체도 기존 지상파TV, 케이블TV, 위성방송 이외에도 DMB, IPTV, HSDPA, 와이브로 등으로 다변화되고 있으며, 방송기기도 TV와 PC, 휴대전화, DMB 등 다양한 방식으로 융합하고 진화하고 있다.

디지털화의 특징은 고품질, 다채널화뿐 아니라 방송·통신의 융합을 촉진하는 기반이 된다는 것이다. 방송·통신 융합은 방송과 데이터, 통신 등 다양한 정보가 고속으로 전송되며, 종래 방송의 일방향성에 양방향화가 추가되어 기존의 방송과 통신의 경계영역이 사라지며 방송사업자와 통신사업자의 결합이 일어나는 것이다. 방송·통신 융합의 동인은 말할 것도 없이 정보통신기술의 발전이며, 콘텐츠의 디지털화, 네트워크의 광대역화, 서비스의 양방향화를 내용으로 한다. 콘텐츠의 디지털화의 경우 멀티미디어 콘텐츠로의 발전을 가져와 정보의 내용에 따른 음성, 데이터, 영상의 구분을 무의미하게 하며, 다양한 유형의 콘텐츠를 동일매체와 기기를 통해 전송·처리하는 것이 가능하게 된다. 이를 뒷받침하는 것이 네트워크의 광대역화와 초고속화이다. 이 역시 디지털 압축기술 및 통신기술 발전으로 가능하다. 이는 하나의 네트워크를 통해 수백 개 채널의 동영상 정보를 동시에 전송할 수 있도록 함으로써 융합을 현실화하고 있다. 즉, 방송망이나 통신망의 구분 없이 어떤 망을 통해서도 방송 프로그램, 인터넷, 데이터베이스 등이 동시에 전송될 수 있는 것이다. 더욱이 일방향 방송 프로그램에 양방향 기능을 부가함으로써 방송의 성격마저 크게 변화시키고 있다. 이에 따라 종래의 방송(broadcasting) 개념이

webcasting, datacasting, pointcasting, personalcasting, IPmulticasting 등으로 변화하는 것이다. 이제 방송의 개념은 다중을 대상으로 한 대중매체의 성격과 소수의 마니아를 대상으로 하는 매체의 성격을 동시에 갖게 된다.

4) 정치적 환경

미디어산업에서 정치환경은 국제 정치환경뿐 아니라 정부의 정책 및 규제, 각종 정부기관의 방침, 국회의 입법, 기타 압력단체들의 주장들을 포함하고 있다.

최근 한미 자유무역협정 협상에서 문화분야는 미국의 요구를 대부분 수용하는 쪽으로 타결되어 급격한 시장개방이 불가피하다(≪서울신문≫, 2007년 4월 3일자). 세계 문화콘텐츠시장의 40.9%를 차지하는 미국과 힘겨운 싸움을 벌여야 하기 때문에 자칫 미국의 '문화식민지'로 전락할 가능성까지 우려된다.

방송은 PP의 외국인간접투자제한을 철폐함으로써 케이블TV 등 유료방송 콘텐츠시장을 완전 개방했다. 외국인이 100% 투자해 국내에 세운 법인은 국내 법인으로 인정되어 사실상 전면 개방이나 다름없다. 케이블TV PP의 외국인투자제한이 사라짐에 따라 유료방송콘텐츠시장에서 적대적 인수합병이 활발하게 이뤄질 가능성도 높아졌다. NBC와 유니버설 스튜디오를 자회사로 갖고 있는 미국의 GE는 우리나라 방송시장에 대한 진출을 검토하고 있는 것으로 알려졌다. 전문가들은 방송, 문화콘텐츠산업 특성상 문화·언어·법률·제도 등의 난항을 극복하고 진출해야 한다는 점에서 이를 우회하기 위해 외국기업들이 국내기업과 인수합병을 할 가능성이 커질 것이라고 지적했다.

특히 영화, 애니메이션, 대중음악에 대한 1개 국가의 수입쿼터제한도 현행 60%에서 80%로 늘어나 우리 안방에 대한 '미국 드라마'의 무차별 공세가 예상된다. 방송 개방이 되면 당장 드라마, 영화, 애니메이션, 스포츠, 다큐멘터리 등이 엄청난 타격을 입을 것이다. 빗장이 풀린 미국 미디어기업들의 협상력

<표 2-3> 한미 자유무역협정 협상타결에 따른 미디어분야 파급효과

한미 자유무역협정 타결내용	변화 전망
케이블PP 외국인투자제한 폐지 (2012년부터 간접투자 100% 개방)	- 미국 방송재벌 침투(M&A): GE(NBC) 투자 검토 - 미국 스포츠, 드라마 집중편성(끼워 팔기 전략) - 전문 장르별 편성채널 등장(스포츠, 음악) - 케이블 채널에 미국 드라마의 무차별 공세
저작권보호기간 작가 사후 50년 → 70년 연장(유예 2년)	- 추가 로열티 부담 증가(2,111억 원) - 스포츠 중계권료 상승 - 저작권료 추가 지급
스크린쿼터 현재 유보 (146일 → 73일로 고정)	- 미국 영화의 상영일 수 증가(한국영화 시장점유율 잠식 → 영화산업 기반 취약) - 독립·예술영화 직격탄

이 강화되면 드라마 등 콘텐츠 수입가격이 급상승할 우려도 커진다. 영화의 핵심인 '스크린쿼터'와 관련해서도 2006년 7월 146일에서 73일로 줄어든 한국영화 의무상영일수를 다시 늘릴 수 없게 되어 영화산업 기반이 약해졌다. 지적재산권 분야도 보호기간이 개인 및 법인의 사후 50년에서 20년이 연장되어 로열티 부담은 2,111억 원 이상 늘어날 전망이다(<표 2-3> 참조).

2009년 미디어 관련법(「신문법」, 「IPTV법」, 「디지털방송전환법」, 「정보통신망법」, 「저작권법」 등 6개 법안)은 국회의 입법과정에서 여야 간 충돌로 논란을 빚었으며, 방송계의 거센 반발을 가져왔다. 미디어 관련법은 「방송법」과 「IPTV법」의 경우 현재 지분 소유가 전면 금지되어 있는 대기업과 신문, 외국자본이 방송지분을 일정 정도 소유할 수 있도록 하는 것을 골자로 하고 있다. 이런 미디어 관련법을 놓고 여야는 경제효과와 여론 독과점 문제에 대한 시각차를 보였고, 방송계와 언론노조는 대기업의 방송진출과 신문·방송 겸영 허용 등에 언론, 방송 장악의도가 숨어 있다며 거센 반발을 하고 있다. 즉, 미디어 관련법이 국회 입법과정이나 압력단체들의 주장으로 논란을 빚어 정치적 이슈로 부각되고 있다.

그러나 여야 간의 극렬한 몸싸움 끝에 한나라당이 언론악법(「신문법」, 「방송법」, 「인터넷멀티미디어방송사업법」)을 통과시켰다. 이윤성 국회 부의장은 2009

<표 2-4> 미디어 관련법 주요내용

신문과 대기업 지상파 방송 보유 지분 한도	10%(단, 2012년까지 의결권 행사 유보. 지상파 겸영도 허용)
보도전문채널 보유지분 한도	30%
종합편성채널 보유지분 한도	30%
신문·방송 겸영 가능한 신문사 기준	신문구독률 20% 이상 신문사는 신문·방송 겸영 불허 (사실상 모든 신문사 겸영을 허가) 신문의 광고수입, 발행부수 등 경영정보를 공개해야 방송진출 가능
신문·방송 겸영 가능한 대기업 자산 기준	없음
여론독과점을 막는 사후 규제	방송사의 총 시청점유율 30% 초과 금지 (단, 신문사가 방송사를 겸영하면 신문구독률 10% 범위 내에서 환산하여 시청점유율을 반영)

자료: ≪서울신문≫, 2009년 7월 22일자.

년 7월 22일 오후 4시쯤 개회를 선언하여 4개 법을 통과시킨 뒤 산회를 선포했다(≪서울신문≫, 2009년 7월 22일자).

여야 합의를 이루지 못한 채 직권상정으로 국회를 통과한 「신문법」, 「방송법」, 「인터넷멀티미디어방송사업법」 등 미디어 관련법의 핵심은 미디어 간 경계가 없어졌다는 점이다. 이전에 금지되었던 대기업과 신문사의 지상파, 종합편성채널, 보도전문채널 등으로의 방송시장 진입이 허용된다.

미디어법은 대기업과 신문사의 방송 지분 한도를 지상파 10%, 종합편성 채널과 보도전문채널은 각각 30%로 제한했다. 애초에 한나라당이 내놓았던 지상파 20%, 종합편성채널 30%, 보도전문채널 49%에서 다소 후퇴한 내용 이지만 대기업과 신문사가 컨소시엄을 구성한다면 지배력을 키울 수 있다. 대기업과 신문사의 지상파 지분 소유는 허용했으나 2012년까지 경영 참여 를 유예했다. 그러나 이 조치는 디지털 전환이 이루어져 주파수 대역이 넓어지는 2013년에야 새 지상파 출현이 가능하기 때문에 현 상황에서는 큰 의미가 없다. 한편 지상파, 종합편성채널, 보도전문채널에 대한 1인 지분 은 40%까지, 외국 자본의 종합편성채널과 보도전문채널 지분 소유는 20% 까지 열었다.

미디어법 개정안이 국회를 통과하자 조선·중앙·동아·매일경제 등 보수 신문과 일부 대기업의 방송시장 진출 움직임이 바빠지고 있다. 개정안이 자신들의 영역을 넓힐 토대를 마련해주었기 때문이다(≪경향신문≫, 2009년 7월 23일자).

특히 방송 진출을 위해 미디어법 개정에 앞장섰던 보수 신문들이 빠르게 움직이고 있다. 대기업들은 기존 지상파 방송 등을 의식하여 조심스러운 태도를 보이고 있지만 물밑으로는 득실을 저울질하고 있다. 조선·중앙·동아 등 친여 보수매체들은 지상파보다 영향력은 뒤지지 않으면서 소유가능 지분이 많은 종합편성PP(종편PP)[4]에 전력하는 상태이다. 동아일보는 현재 종편 진출을 위한 태스크포스를 가동하고 있다. 매일경제는 미디어법이 통과된 뒤 '이미 새로운 미디어 종합편성채널사업자로서 발전하기 위해 만반의 준비를 하고 있다'고 기사를 통해 밝혔다. 중앙일보도 최근 자사 케이블 채널인 '큐(Q)채널'을 종합엔터테인먼트 채널인 '큐티브이(QTV)'로 바꾸는 등 방송 경험을 쌓고 있고, 조선일보는 지상파의 디지털 전환 기본계획에 따라 2010년 도입되는 다채널방송(Multi Mode Service: MMS)[5]에 관심이 많은 것으로 알려졌다.

이에 비하여 케이블TV 사업을 하는 CJ나 태광산업, IPTV사업자인 KT·SK 등은 종편PP로의 사업확대계획이 없다고 밝히고 있다. 이들 신규 방송진출 가능집단들은 종편PP가 수익을 낸다는 보장이 없기 때문에 당분간 눈치를 살피고 있다. 사업 확대를 위해서 수천억 원을 새로 투자해야 하는 반면, 불황으로 광고 시장이 얼어붙어 있어 사업성이 불투명하기 때문이라고 한다. 이에 따라 실제 사업은 신문사가 뉴스 콘텐츠를 제공하고, 기업은

---

4) KBS, MBC처럼 보도·교양·오락 등 다양한 프로그램을 편성하는 방송채널사용사업자를 말한다.

5) 신호압축기술 향상에 의해 1개의 HD방송 주파수 대역(6Hz)을 1개의 HD방송과 2~3개의 SD·오디오방송 채널로 나누어 사용하는 것을 말한다. 예를 들어 현재 KBS1은 MMS가 도입되면 KBS1-1, KBS1-2 등 여러 채널을 운용할 수 있다.

돈과 나머지 콘텐츠를 지원하는 형태로 이루어질 가능성이 높다.

5) 법률적 환경

개별 문화산업도 법률에 의해 규제를 받게 된다. 문화산업의 경우 콘텐츠의 유통과 밀접한 관련이 있는 「저작권법」이 가장 중요하다. 저작권은 소설, 각본, 연극, 무용 등은 물론 가수, 실연자, 레코드 제작사 등에 저작권 및 저작인접권을 부여하여 포괄적으로 창작자의 권리를 보호하고 있다.

또한 문화산업 지원 관련 법안은 우선 문화산업 지원과 경쟁력 강화를 위한 「문화산업진흥기본법」을 비롯하여 「음반, 비디오 및 게임물에 관한 법률」, 「영화 등 진흥에 관한 법률」, 「온라인 디지털 콘텐츠 산업발전법」 등이 있다.

방송의 경우 방송사 설립허가는 「전파법」과 그에 근거한 「무선설비규칙」, 「유선방송기술기준에 관한 규칙」이 적용되며, 방송사 설립 및 방송 내용, 방송 프로그램 유통 등에 관해서는 「방송법」이 적용된다. 공연을 기획한다면 공연에 영향을 미칠 수 있는 「공연법」 등 관련 법규나 규정을 점검해두는 것이 좋다.

6) 문화적 환경

문화적 환경이란 사회가 지니고 있는 가치관, 신념, 풍속, 종교, 예술 등을 총체적으로 말하며, 이것들은 고객의 행동과 기업의 형태를 제한한다. 최근 들어 문화의 변화속도는 빨라지고 있으며, 이러한 변화는 구매하는 제품의 형태뿐 아니라 소비수준에까지 큰 영향을 주고 있다. 맞벌이 부부의 증가와 독신·분가·이혼·사별의 증가에 따라 하나의 전체 사회 안에서 다양한 하위집단이 나타나는 하위문화(subculture)가 두드러지게 나타난다. 그 예로 자기주장이 확실하며 개인적 이상을 실현하고자 하는 '네오 싱글족'이나 결혼은

해도 자녀를 원하는 않는 '딩크족'이 나름대로의 독특한 생활방식을 유지하고 있다.

3. 미시환경 분석

거시환경이 미디어산업을 둘러싼 포괄적이고 광범위한 환경요인이라면 미시환경은 미디어산업 성장에 주도적인 역할을 하는 방송사, 네트워크, 제작자, 광고주, 규제자(정부), 시청자 등으로 구성되어 있다(<그림 2-2> 참조).

규제자인 정부는 미디어정책을 수립하고 추진하는 기관으로서 미디어산업을 지원·육성하고 방송사나 네트워크, 제작자들을 적극 지원하는 등 산업환경을 제공하는 기반을 담당한다. 제작자는 미디어산업의 생산자로서 프로듀서, 영화감독, 공연기획자나 극장, 공연단체, 연출가, 배우 등 문화예술계의 종사자들로 구성되며 이들은 정부나 기업의 지원에 따른 경제적인 안정을 바탕으로 순수한 창작활동에 몰두하게 된다. 방송사 및 종합유선방송사들은 소비자들에게 프로그램을 직접 공급하고, 네트워크는 이들 방송사에 프로그램을 중계해주며, 제작자들은 네트워크에 프로그램을 공급하고 있다. 광고주는 미디어와 계약을 통해서 광고료를 주고 반대급부로 프로그램을 제작하여 상품(서비스)을 시청자에게 제시하고, 시청자는 미디어를 소비함으로써 특정 상품의 소비를 촉진하게 된다. 특히 광고주인 기업은 문화재단을 설립하거나 기존 문화행사를 후원하여 경쟁사와 차별화된 문화적 이미지를 부각시키거나, 기업의 사회적 공헌 이미지를 구축하여 소비자를 설득할 수 있다. 최근 들어 기업들은 드라마 제작을 협찬하거나 PPL 형태의 간접광고를 통해서도 자사의 이미지를 시청자에게 꾸준히 노출시키고 있다.

미디어의 최종 향유자인 시청자는 미디어산업의 주체인 방송사(네트워크)와 제작자가 제공하는 다양한 상품을 즐기거나 기업이 제공하는 후원 및 PPL을 즐길 수 있는 기회를 제공받아 결국 삶의 질을 향상시킬 수 있게

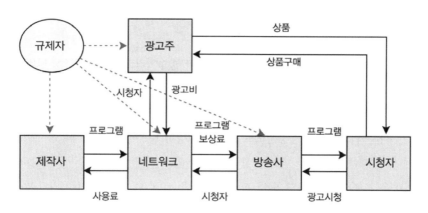

<그림 2-2> 방송산업 주체의 거래관계

된다. 이 장에서는 미디어산업에 참여하는 각 주체들을 방송산업을 중심으로 좀 더 살펴보기로 한다.

　방송사들은 소비자(시청자)들에게 프로그램을 직접 공급하고 돈을 받는 것이 아니라 시청자들의 시간과 관심을 제공받는다. 이들 방송사는 이렇게 확보한 시청자의 시간과 관심을 환산하여 광고주에게 되판다. 또한 네트워크는 이들 방송사에 프로그램을 중계해주면서 보상료를 받고 제작사들은 네트워크에 프로그램을 제공하고 반대급부로 사용료를 받는다. 그중에서도 네트워크가 가장 중요하다. 네트워크는 시청자에게 판매하는 측면과 프로그램을 구매한다는 측면에서 지역소매상에 대한 경제적 대리인이나 중계인의 역할을 한다. 네트워크는 텔레비전 상품의 분배자 또는 도매상이다. 규제기관은 이 집단 사이에 개입하고, 때로는 한 집단의 이익을 희생시켜 다른 집단에게 넘겨주기도 한다. 이들이 방송산업의 주요 주체이다(<그림 2-2> 참조).

1) 방송사

(1) 지상파 방송사

대기 중의 전파를 이용하는 방송을 지상파 방송이라고 부른다. KBS, MBC, SBS 같은 방송사가 이에 해당된다. 지상파 방송산업은 서비스가 가지고 있는 여러 가지 특성상 산업에 대한 규제가 심한 것이 특징이다.

주파수의 희소성과 공공성으로 인해서 지상파 방송국의 수는 제한될 수밖에 없기 때문에 방송국 면허는 상당히 가치 있는 자산이다. 우리나라 지상파 방송은 2009년 2월 현재 KBS 본사를 포함한 지방총국 31개, MBC와 19개 지역 MBC, EBS 및 SBS, 10개 지역민방 등 63개이며, 라디오방송은 CBS, 경기방송, 라디오 인천 등 11개 사업자가 있다.

<표 2-5>와 같이 방송국은 연주소(무선송신설비)시설을 보유한 송신소를 의미하고, 방송보조국(간이국)은 난시청 해소를 목적으로 한 무선국을 의미한다. 이들 방송국의 대부분은 네트워크와 가맹계약을 맺은 가맹사이다. MBC는 서울의 중앙국 이외에 19개의 지방 계열사로 네트워크를 형성하고 있다. SBS는 부산, 대구, 광주, 대전 등 지역민방과 프로그램을 교환하는 일종의 가맹관계를 갖고 있다. 하지만 OBS와 같이 가맹계약을 맺지 않은 독립방송 국도 있다. 이렇듯 대부분의 방송국은 규모의 경제를 활용하기 위해서 네트워크와 가맹계약을 맺고 있다. 네트워크에 가맹함으로써 많은 비용이 투입된 프로그램을 저렴한 비용으로 제공할 수 있다. 그리고 방송국은 지역사회나 지역 광고중계 시 중요한 프로그램이 있는 경우 네트워크 방송을 제공하지 않을 수도 있다.

(2) 종합유선방송국(케이블TV 운영자)

국내 케이블TV산업은 1995년 3월에 출범하여 2007년 현재 220개의 PP, 103개의 SO, 4개의 전송망사업자(Network Operator: NO)로 된 3분할 구도하에 있다.

<표 2-5> 지상파 방송사업자별 방송국 현황(2009년 2월 2일 기준)

방송사	아날로그TV			디지털TV			합계
	방송국	보조국	소계	방송국	보조국	소계	
KBS	31	886	917	31	119	150	1,067
EBS	1	-	1	1	-	1	2
MBC(서울)	1	17	18	1	5	6	24
지역MBC(19개)	19	166	185	19	28	47	232
SBS	1	11	12	1	5	6	18
지역민방(10개)	10	48	58	10	29	39	97
합 계	63	1,128	1,191	63	186	249	1,440

자료: 방송통신위원회, 각 방송사 제출 자료.

종합유선방송사업자인 SO는 여러 PP가 제시하는 프로그램 가운데 그 지역 시청자들의 취향에 맞춰 채널을 구성한 뒤 NO가 제공하는 케이블망을 통해 유료로 제공하는 업체를 말한다.

방송위원회 자료에 따르면 SO는 2007년 말 현재 103개 사업자로 집계되었다. 또한 SO와 별도로 중계유선방송국이 115개가 있는 것으로 나타났다. 중계유선방송국은 2002년 638개에서 2003년 408개, 2004년 299개, 2005년 198개, 2006년 139개로 지속적인 감소세를 보이고 있다. SO끼리의 합병 또는 폐업에 따른 현상으로 풀이된다. SO의 2005년 매출액은 1조 5,818억 원으로 2004년 1조 3,479억 원에 비해 17.4% 증가했다. PP에 비하면 높은 성장세를 나타내고 있다. 전국 111개 SO의 2005년 당기 순이익은 1,047억 원으로 집계되었다. 총계로 보면 2004년 692억 원에 비해 무려 1.5배나 증가하는 고속성장을 기록했다.

(3) 중계유선방송국

중계유선방송국은 텔레비전 방송의 초창기인 1960년대 초부터 난시청을 해소하기 위해서 설립되었다. 우리나라 중계유선방송국은 1997년 말에 860

개의 사업자가 있었다.

중계유선방송은 1995년 케이블방송사업이 정부에 의해 공식 출범하기 전에 각 지역별로 자연발생한 업체이다. 그동안 SO로 전환시켜주거나 통폐합을 유도하는 방법으로 숫자를 줄여 2000년 821개이던 사업자 수가 2001년 696개, 2002년 638개로 줄었다가 최근에는 더욱 감소하는 현상을 보이고 있다.

정부 당국은 종합유선방송국이 활성화되면 중계유선방송국이 자연히 소멸할 것이라고 보았지만 저가형 티어로 시청자를 유인하면서 현재까지는 가입자 수를 100만 정도 유지하고 있는 것으로 나타났다.

2) 네트워크

우리나라 지상파 방송은 KBS, MBC, SBS, EBS 등 네 개의 네트워크가 있다. KBS의 경우 중앙 본사가 지방 KBS의 인사와 재원을 관리하는 직할국 시스템인 데 비해, MBC는 지방마다 인사와 경영이 독립되어 있는 계열사 체제이다. SBS 네트워크는 1991년 12월 서울에만 있는 독립방송국으로 출발했으며, 1995년 대전, 대구, 광주, 부산 등 4개 지역, 1996년에는 울산, 전주, 청주지역의 지역민방과 가맹관계를 맺으면서 네트워크가 되었다.

종합유선방송국에 프로그램을 제공하는 채널사용사업자도 네트워크이다. 우리나라의 케이블 네트워크는 HBO(구 캐치원)을 제외하고 기본채널의 형태로 케이블TV의 가입자 모두가 볼 수 있었다. 그리고 케이블TV를 시작하면서 정부는 모든 종합유선방송국이 모든 채널을 의무적으로 전송할 것을 강제했다. 따라서 종합유선방송국이 채널을 선택할 권리가 없었다. 그러나 1998년 9월 이러한 의무가 없어졌고, 많은 종합유선방송국들이 1999년부터 티어링6)

---

6) 티어링(tiering)은 다채널 방송에서 제공되는 다수의 채널을 몇 개의 꾸러미로 묶어서 서로 다른 가격으로 제공하는 것을 말한다. 케이블TV에서는 '티어링'을, 위성방송에서

을 실시했으며, 이에 따라 지역별로 그리고 수신료 지불액별로 시청할 수 있는 채널이 다르게 되었다. 그리고 유료채널인 HBO를 시청하려면 수신료 이외에 추가로 비용을 지불해야 한다.

우리나라의 경우 지상파 네트워크의 시청률은 절대적이지만 케이블TV의 시청률이 해마다 높아지면서 2008년 현재 지상파 대 케이블의 시청률이 6:4가 될 정도로 좁혀지고 있다.

3) 제작자

지상파 방송의 경우 대부분의 프로그램을 네트워크가 제작하고 있다. 지상파 네트워크는 프로그램의 거의 대부분을 방송국 내부, 그것도 서울의 중앙국에서 만들고 있다. 국내 뉴스 아이템이나 일부 수입영화 그리고 의무 외주비율조항에 의한 외부제작을 제외하고는 모든 프로그램을 서울 중앙국에서 기획하여 제작하고 있다. 더욱이 서울의 중앙국이 프로그램 제작에 필요한 거의 모든 인력, 연출자, 기술자, 제작스태프까지 확보하는 자급자족적인 운영을 하고 있다.

1980년대 후반에 방송사와는 관련이 없는 독립제작사들이 등장했고, 제작원을 다양화하여 방송의 창조성을 고양시키기 위해서는 독립제작사를 육성시켜야 한다는 주장이 제기되었다. 이러한 주장이 「방송법」에 반영되어 1991년 4월부터 방송사가 아닌 자가 제작한 프로그램을 반드시 편성하도록 했다. 그리고 의무외주비율은 공보처장관이 정했는데, 첫해의 3%에서 점차 증가되었다. 그러나 네트워크 방송은 이러한 의무외주제도의 취지를 살리지 않고 자회사(프로덕션)를 설립하여 프로그램을 조달하고 있다. 현재 지상파 방송3사는 프로그램 가운데 일부를 외부에서 제작하도록 하는 '의무 외주제작비율'을 고시받아 프로그램의 30%를 외부제작으로 충당하고 있다.

는 '패키징'을 더 많이 사용하고, 학술논문에서는 '번들링'이라고 많이 쓰고 있다.

우리나라에는 2007년 기준으로 독립제작사가 851개 있다. 이 제작사들은 자본금 5,000만 원에서 3억 원 정도의 영세규모이고, 100억 원 이상의 매출을 올리는 업체는 극히 소수에 불과하다. 따라서 대부분의 업체가 연간 매출액 10억 원 이하이며 인력 면에서도 소수의 대규모 제작사만이 50명 내외의 인원을 보유하고 있을 뿐 일반적으로 10~20여 명 정도의 영세업체가 주류를 이루고 있다.

독립제작사는 구조적으로 영세한 자본, 전문 인력과 기자재의 부족 등 열악한 제작여건으로 인해 많은 어려움을 겪고 있다. 또한 지상파 방송사와의 불공정거래 관행은 어려움을 가중시키는 원인이 되고 있다. 불공정한 행위의 예로는 작품의 일방적 수정, 수정제작분에 대한 추가제작비 부담, 모든 지적 재산권의 양도, 일방적 계약해지, 아이디어 보호장치의 결여, 제작비 지급의 지연, 협찬사 확보 등이다.

4) 광고주＝기업

미디어는 광고료를 받는 반대급부로 기사나 프로그램을 제작하여 전달하고, 수용자는 미디어를 소비함으로써 특정 상품을 소비하며, 다시 미디어가 창출된 수용자를 광고주에게 제공한다.

광고주들은 자기 상품의 잠재적 구매자에게 접근하려고 하지만 잠재적 구매자는 균일하게 분포되어 있지 않다. 따라서 광고주마다 선호하는 시청자군이 다르다. 광고주의 입장에서 시청자 집단은 지역적으로도 다를 수 있고, 인구통계적(연령, 성, 소득, 교육)으로도 다를 수 있다. 광고시장을 전국광고와 지역광고로 구분한다면, 전국의 시청자에게 접근하기 위해서는 네트워크로부터 광고를 구매하고, 특정지역의 시청자를 목표로 할 경우에는 각 지역방송국으로부터 광고를 구매해야 할 것이다.

방송사업자는 광고주와 시청자를 놓고 다른 미디어와 경쟁한다. 텔레비전 광고는 인쇄물처럼 그림을 가지고 있고, 라디오처럼 소리를 가지고 있으며,

또 다른 광고물에는 없는 동영상을 가지고 있다. 따라서 광고주들은 텔레비전 광고에 프리미엄을 지불한다. 케이블 텔레비전도 광고를 판매한다. 그러나 개별 채널에 대한 시청자의 수가 매우 적으며 수신료를 통하여 수입을 올리기 때문에 광고판매에 상대적으로 노력을 덜 한다.

광고주에 대한 경쟁은 시청자에 대한 경쟁으로 이어진다. 광고주를 두고 경쟁을 벌인 여러 미디어들이 잠재된 시청자를 끌어들이려고 경쟁한다. 케이블TV사업자는 채널이 많으므로 개별 채널에서 이윤극대화를 추구할 필요는 없다. 그러나 지상파 방송사는 동일한 시간대에 다양한 시청자들에게 프로그램을 제공할 수 없다. 통상적으로 지상파 방송국은 하나의 채널만을 가지고 있다. 반면 케이블TV는 수신료 수입이 있기 때문에 소수의 시청자에게 프로그램을 제공할 수 있다.

이와 함께 광고주는 기업으로서 공연, 전시회, 음악회 등 각종 문화행사를 후원하거나 주최하는 등 구체적인 문화예술 지원활동도 한다. 이러한 기업의 후원은 '문화마케팅' 관점에서 기업이 문화를 광고·판촉 수단으로 활용하여 제품과 서비스에 문화 이미지를 담아 자신의 이미지를 제고하는 차원이라고 볼 수 있다. 즉, 광고주가 문화행사를 후원하거나 영화나 드라마에 PPL을 지원하는 것의 목적은 일차적으로 고객들의 문화 욕구를 충족시키는 데 있으며, 기업 측에서는 고객들 사이에 '문화기업'의 이미지로 자리 잡는다는 효과를 노리고 있는 것이다.

우리나라는 1970년대에 처음으로 메세나(Mecenat)[7] 개념이 도입되었으나, 기업과 문화예술의 연대가 본격화된 것은 1988년 서울 올림픽을 전후한 시기였다. 아시안게임과 올림픽 등 국제적 규모의 문화행사는 기업의 문화에 대한 관심을 촉발시켰다. 그 후 문화예술행사에 대한 기업의 참여도가 크게 늘었으

---

[7] 메세나는 '기업의 문화예술후원'을 말하는 것으로, 고대 로마의 아우구스투스 황제 시대 문화예술가의 창작활동을 지원했던 가이우스 슬리니우스 마에케나스(Gaius Clinius Maecenas)의 이름에서 유래되어 프랑스어로 'mecenat'가 되었다.

며 현재 대기업을 중심으로 한 문화후원활동이 문화마케팅의 주축을 이루고
있다.

5) 규제자

미디어산업 주체의 하나인 정부는 문화산업정책을 수립하고 문화산업
주체인 문화예술인을 지원하고 양성하는 기관이다. 정부는 문화산업 주체인
문화예술인들을 후원하고 지원함으로써 국가의 문화적 매력을 후광효과로
향유하는 '문화후광(spirit)' 효과를 거둘 수 있다. 여기에서 문화체육관광부
나, 방송통신위원회, 한국콘텐츠진흥원, 문화재청 등도 문화산업을 지원하고
촉진하는 기능을 담당한다. 방송통신위원회는 2008년 2월 방송통신서비스
의 경쟁력 강화를 위해 방송통신 정책 및 규제 기능을 일원화하는 통합기구로
서 출범했다. 한국콘텐츠진흥원은 2009년 5월 기존 한국소프트웨어진흥원
과 한국문화콘텐츠진흥원, 한국게임산업진흥원, 한국방송영상산업진흥원,
문화콘텐츠센터, 디지털 콘텐츠사업단이 통합·출범하여 콘텐츠총괄진흥기
구로 새로 탄생하게 되었다. 또한 영화진흥위원회는 문화체육관광부로부터
영화에 관한 지원역할을 위임받은 범국가 부문의 전문기구로서 영화산업의
육성과 지원을 위해 설립된 준정부조직이다.

미디어정책 담당기구로는 신문·잡지·출판 등 업무와 방송광고 등 미디어
정책을 담당하는 문화체육관광부와 방송정책을 총괄하고 방송사업자의 허
가 및 방송심의를 담당하는 방송통신위원회로 크게 양분된다. 특히 우리나라
는 2008년 초 방송통신위원회를 출범시켜 방송통신감독기관을 통합했다.
미국, 영국 등 세계 주요 국가의 경우 디지털시대를 맞아 방송통신규제기구가
통합되었거나 통합을 모색 중이다. 외국의 규제기구들은 크게 독립기관(방송
통신위원회)으로의 통합·일원화, 방송통신감독기관의 분리, 내각(정부부처)으
로 일원화 등 세 가지 유형으로 구분된다. 독립기관형의 경우 미국 연방통신
위원회(Federal Communications Commission: FCC), 영국 통신청(Office of

Communication: Ofcom), 캐나다 방송통신위원회(Canadian Radio-television & Telecommunications Commission: CRTC), 이탈리아 통신규제위원회(Autorita per le Garanzie delle Communicazioni: AGCOM) 등이 해당하나 정책기능과 규제기능을 총괄하는지의 여부에 따라 미국 연방통신위원회와 그 외의 규제기구들이 다시 구분된다. 우리나라도 대통령 직속기구인 방송통신위원회가 미국 연방통신위원회와 같은 독립형 방송통신감독기구라고 볼 수 있다.

방송은 주파수를 사용하기 때문에 다른 산업과 비교할 때 많은 차이가 난다. 주파수는 공공의 재산이므로 정부가 주파수를 배분한다. 방송사의 경우 한국에서는 3년마다, 미국에서는 5년마다 주파수 사용에 대한 허가를 받아야 한다. 정부는 허가권을 이용하여 방송사의 구조를 결정해왔다. 한국 정부는 방송광고가격을 결정하는 데에도 직접적인 영향력을 행사한다. 광고 가격에 직접적인 영향력을 행사하지 않는 나라의 경우에도 정부는 방송사업자 수를 통제하여 간접적으로 영향력을 행사한다.

한편, 정부는 주파수를 사용하지 않는 케이블TV도 규제하고 있다. 대부분의 나라에서 정부는 종합유선방송국에 지역 독점 사업권을 주고 있다. 이러한 케이블TV에 대한 진입규제는 미국에서 먼저 시행되었다. 미국의 규제기관은 지상파 방송국에 공익적 의무를 강제하기 위해서 안정된 수입을 보장해주어야 한다는 판단을 하고 있었고, 케이블TV가 지상파 방송국의 수입을 악화시킬 수 있다고 보아 케이블TV의 진입을 규제한 것이다.

규제기관은 경제적 자산인 주파수를 가격이라는 일반적인 시장의 신호를 통해서가 아니라 공익이라는 잣대로 배분한다. 희소한 자산인 주파수를 배분받은 사업자는 경제적 지대를 향유하게 된다. 원래 경쟁적인 시장에서 초과이윤은 새로운 기업의 진입으로 사라지게 된다. 그러나 규제기관이 주파수 할당을 통하여 자유로운 진입을 막고 있기 때문에 지상파 방송사의 초과이윤은 경쟁시장에서와 같이 진입으로 감소되지는 않는다. 따라서 면허를 받은 방송국은 규제기관의 지시나 규제목적에 부합하도록 노력하게 되고 이러한 노력에는 비용이 소요된다.

미국의 경우 방송면허가 시장에서 활발하게 거래되고 있으며, 우리나라에서도 거래된 바 있다. 방송국의 매매는 규제기관의 허가를 받아야 하지만 규제기관의 허가는 단지 형식적일 뿐이다. 일각에서는 주파수를 사유재로 규정하고 시장에서 자유로운 매매를 통해서 효율적으로 사용할 수 있게 해야 한다고 주장하기도 한다.

6) 시청자

제작자, 네트워크, 방송국, 그리고 광고주들 사이의 관계를 이해하려면 이들의 최종적인 고객인 시청자에 대해서도 알아야 한다. 시청자가 없다면 어떠한 가치도 창출될 수 없다.

주 5일제 근무의 확산과 소비자의 소득 수준 향상에 따라 사람들의 욕구가 다양해지고 시청자들은 자신의 필요와 취향에 따라 상품을 선택하게 된다. 시청자는 케이블TV와 위성방송, IPTV 등의 등장에 따라 매체 선택의 폭이 증가했고, 과거 수동적 소비자의 입장에서 능동적 소비자 또는 합리적 소비자로 변화하고 있다. 이에 방송사들은 소비자 심리와 구매행동 분석을 통해서 고객의 필요와 욕구(wants)를 파악하는 데 치중하고 있다.

우리나라의 거의 모든 가정이 텔레비전 수상기를 갖고 있다. 1998년의 경우 한국의 총가구수는 1,516만 가구인데, KBS에 등록된 수상기는 1,642만 대였다. 가구 수보다 등록된 수상기가 많은 이유는 기업이나 정부가 보유한 수상기 대수도 포함되기 때문이다.

케이블TV 가입가구 수(SO 기준)는 2006년 4월 말 현재 1,280만 가구로 집계되었다. 네 가구당 세 가구꼴로 케이블TV를 돈을 주고 시청하는 셈이다. 이제 시청자들이 케이블TV를 통해 지상파는 물론 50개 이상의 다양한 채널들을 볼 만큼 성숙기 시장에 도달했다고 볼 수 있다. 위성방송인 스카이라이프 가입가구 수도 짧은 기간이었지만 꾸준한 증가세를 보여 2009년 3월 말 현재 238만 가구에 이르고 있다.

일반적으로 광고를 하는 지상파 방송사와 케이블TV에 프로그램을 제공하는 채널사용사업자들은 시청률에 민감하게 반응한다. 외국에서는 광고료가 시청률에 의해 결정되지만, 우리나라의 지상파 광고요금은 시청률보다는 방송시간대에 의해서 결정된다. 2000년 5월부터 광고료의 결정에 시청률을 반영하고 있지만 그 정도는 미미하다. 우리나라의 경우 지상파 방송3사가 광고단가를 높이기 위해서 시청률 경쟁을 하는 것은 아니다. 케이블TV의 초기에 채널사용사업자가 받은 수신료는 시청률과 무관하게 결정되었지만 1998년부터 수신료의 배분에 시청률을 고려하고 있다. 현재 우리나라에서 시청률을 조사하는 회사로는 TNS미디어코리아와 AGB닐슨 미디어리서치 등 2곳이 있다.

1999년까지 지상파의 시청률이 광고요금 결정에 영향을 주지 않았고, 케이블TV 시청률은 조사되지 않았기 때문에 시청률 조사기관의 조사결과는 별로 활용되지 않았다. 하지만 앞으로는 보다 많이 이용될 것으로 보인다.

4. 미디어시장의 경쟁

1) 세계 미디어시장 현황

각 나라마다 문화산업의 범위를 규정하는 방법과 각 부문별로 시장 규모를 집계하는 방식이 모두 다르고, 국제적인 표준이 없기 때문에 세계 문화산업시장이나 국내 문화산업시장의 규모를 정확히 파악하기는 매우 어렵다. 프라이스워터하우스 쿠퍼스가 매년 세계 문화산업의 시장규모를 추정해 발표하는 「세계 엔터테인먼트 산업백서(Global Entertainment and Media Outlook: 2006~2010)」에 의하면 2005년 세계 문화산업의 시장 규모가 1조 3,287억 달러로 추산된다. 이는 2004년 1조 2,551억 달러에 비해 5.9% 증가한 수치로서 2001년 미국 9·11테러에 따른 세계 경기의 위축으로 인해 성장률이 감소한

<표 2-6> 지역별 문화산업 세계 시장규모

(단위: 백만 달러)

구분	2004	2005	2006	2007	2008	2009	2010	2006~2010 연평균 성장률(%)
미국	528,004	553,488	588,732	622,504	660,311	690,130	720,222	5.6
유럽/중동	407,893	430,425	460,644	487,032	518,681	547,515	579,574	6.1
아시아 태평양	253,224	274,018	301,633	330,768	366,205	393,135	425,340	9.2
라틴 아메리카	35,934	39,763	43,937	47,383	51,530	55,173	59,843	8.5
캐나다	30,054	31,092	33,388	35,439	37,476	39,407	41,432	5.9
합계	1,255,109	1,328,786	1,428,334	1,523,126	1,634,203	1,725,360	1,832,411	6.6

자료: 프라이스워터하우스 쿠퍼스(Pricewaterhouse Coopers: 11).

이후 2002년을 기점으로 점차 회복세를 보이다 2005년에 약간 감소한 결과 앞으로 세계 문화산업시장의 성장추세는 더욱 가속화되어 2006년부터 2010년까지 연평균 6.6%의 성장률을 보여 오는 2010년에는 시장규모가 1조 8,320억 달러에 이를 전망이다(<표 2-6> 참조).

또한 지역별 시장규모를 살펴보면 <표 2-6>과 같다. 먼저 시장규모가 가장 큰 미국과 유럽·중동·아프리카의 경우 2010년까지 연평균 6.1%의 성장률을 보일 것으로 전망된다. 특히 주목할 만한 지역은 우리나라가 속해 있는 아시아·태평양지역으로 인도와 중국의 미디어 인프라 보급확대와 외국인 투자 증가에 따라 가장 높은 성장률인 9.2%를 기록할 것으로 예상된다. 이는 아시아지역에서 불고 있는 한류현상을 고려해볼 때 우리나라 문화산업에도 긍정적인 영향을 미칠 것으로 보인다.

<표 2-7> 분야별 문화산업 세계 시장규모

(단위: 백만 달러)

구분	2004	2005	2006	2007	2008	2009	2010	2006~2010 연평균 성장률(%)
영화	81,968	80,473	82,846	86,904	92,077	98,140	104,060	5.3
TV네트워크	46,246	49,105	51,679	54,158	56,513	59,039	61,662	4.7
TV유통	113,054	124,011	135,692	148,514	162,564	177,587	193,122	9.3
음악	36,699	37,123	38,965	41,287	43,722	45,854	47,927	5.2
라디오	11,350	12,260	13,318	14,231	15,260	16,447	17,603	7.5
인터넷 접속	104,940	122,060	140,615	160,591	179,333	197,372	213,963	11.9
비디오게임	26,193	27,054	31,116	36,834	40,951	44,009	46,462	11.4
신업정보	73,762	78,022	82,838	87,665	92,440	96,946	101,226	5.3
잡지	45,220	46,441	47,709	49,041	50,398	51,752	53,044	2.7
신문	63,008	63,564	64,248	65,114	66,021	66,992	68,016	1.4
출판	108,754	112,953	114,382	119,788	122,471	126,477	130,533	2.9
테마파크/놀이공원	21,403	22,117	23,187	24,178	25,237	26,281	27,551	4.5
카지노/규제게임	74,113	82,166	90,470	99,478	108,598	116,907	125,019	8.8
스포츠	83,398	86,298	97,944	99,133	108,987	110,449	120,900	7.0
합계	890,099	943,647	1,015,009	1,086,916	1,164,572	1,234,252	1,311,088	6.8

자료: 프라이스워터하우스 쿠퍼(Pricewaterhouse Coopers: 21).

제2장 미디어산업 환경분석 103

2) 세계 미디어산업 동향

미국은 세계 최고의 문화콘텐츠 강국으로 문화산업 시장규모가 전 세계시장의 43%를 차지하며, 문화산업이 군수산업과 함께 미국 경제를 이끄는 2대 산업으로 자리 잡고 있다. 미국의 문화콘텐츠시장은 민간기업이 주도하며, 정부는 기반 인프라 조성 및 세제혜택 등을 통해 간접적인 지원을 제공하고 있다. 미국 내수시장은 자생적으로 형성된 체계를 갖추고 있으므로 자본 이외에 기술, 인력, 기획 등을 해외에서 도입할 필요성은 매우 낮은 실정이다. 미국시장은 현지화에 대한 요구 정도가 매우 높고 외국의 문화콘텐츠에 대한 수용도가 낮은 편이어서 해외기업에 대한 진입장벽이 높았으나, 최근 미국 국내의 창작소재 고갈 및 타 문화에 대한 관심 증가로 해외 문화콘텐츠에 대한 수용도가 점진적으로 증가하고 있다. 특히 세계 콘텐츠시장 장악을 위해 자유무역 체결 시 저작권 기반의 통상정책을 강화하고 있으며, 미키마우스 저작권 만료에 따라 1998년 「저작권 기간연장법」을 통과시켰다(사후 50년에서 70년으로 연장함).

영국은 문화산업을 '창조산업(creative industry)'이라 명명하며 고부가가치 산업으로 적극 육성하고 있다. 현재는 문화산업이 GDP의 8%, 총수출액의 4.2%, 연평균 7% 성장률을 기록할 정도로 전략산업으로 자리 잡고 있다. 여기서 창조산업이란 개인의 창의성, 기술, 재능에 기원을 두면서 지적재산의 생산과 이용을 통해 부와 직업을 창출할 수 있는 산업을 가리킨다(DCMS, 2001). 영국의 문화예술정책은 오랫동안 이른바 '팔길이 원칙(arm's length principle)'[8]을 고수해왔다. 이는 문화예술에 대한 지원 시 정부가 직접 개입을 하지 않고 공적 지원에 관련된 실질적인 권한을 다른 조직에 양도(devolve)

---

8) '팔길이 원칙'은 외부 간섭으로부터의 자유와 독립적인 위치에 있는 환경, 즉 자율성이 강조되는 측면에서 '정부가 일정한 거리를 두는 원칙'이라는 식으로 약간 의역하는 편이 좋을 것 같다.

하는 것을 의미한다. 이 '팔길이 원칙'과 '양도된 체제'는 소위 '프랑스 문화부 모델'과 대조되는 '영국 모델의 핵심'이라 할 수 있다(양종회·권숙인·김우식, 2003: 129~207). 여기서 영국 문화정책의 다른 중요한 특징으로서 '양도(讓渡)된 체제'라는 표현보다는 '위임(委任) 혹은 위탁(委託) 체제'란 표현을 쓰는 것이 영국 문화정책의 특성을 보다 정확하게 이해하는 데 도움이 될 것 같다.

영국은 문화미디어 스포츠부(Department for Culture, Media and Sport: DCMS)를 중심으로 영상산업정책 개발에 많은 투자를 하고, 영화, 음악, 뮤지컬, 소설, 애니메이션, 출판, 방송 등의 후반작업(post-production)에서 강국의 면모를 갖추고 있다. 2005년에 '디지털콘텐츠 행동계획(Digital Content Action Plan)' 등 범정부 차원 전담기구가 설립되어 창작산업에 대한 투자와 지원을 아끼지 않고 있다.

프랑스는 전통적으로 문화를 공공정책의 중심에 놓는 '국가개입의 원칙'을 고수한다. 전반적으로 문화정책이 정부의 통제와 지원 아래에 있기 때문에 문화 창조자의 기본적인 생계에 도움을 주어 자유롭게 창작활동에 매진할 수 있는 여건이 형성되어 있다. 또한 문화재와 박물관을 강제적으로 통제하여 국내의 유산이나 귀중한 미술작품의 해외 유출을 막아 보존이 잘 되어 있다. 프랑스는 EU 회원국 가운데 자국 영상물 비중이 가장 높으며 일찍이 영상산업이 가지는 문화적 효과에 대해 고려하면서 국립영화센터(Centre National dela Cinmatographie: CNC)를 통해 체계적이고 종합적인 영상산업진흥정책을 실시했다. 1997년 이후부터는 문화콘텐츠 디지털화 사업을 적극 추진하고 있으며, 국립영화센터에서는 영화, 애니메이션 등을 적극 육성하고, 영화 및 시청각산업 재정지원협의체(Societes de Financement de l'Industrie Cinemato-graphique et audiovisuelle: SOFICA)는 문화산업 투자와 세제 혜택을 활발히 추진하고 있다. MIPTV, MIPCOM, MIDEM 등 미디어 콘텐츠의 세계적인 마켓플레이스는 유럽시장뿐 아니라 전 세계 시장으로의 주된 진출통로가 되고 있다. 이와 함께 지방의 공연지원이나 박물관의 무료개방 등과 같은 정책을 통해 국민들이

보다 쉽게 문화를 접할 수 있는 환경이 조성되어 있다.

캐나다의 경우 캐나다 문화포트폴리오를 통해 애니메이션 및 디지털 콘텐츠에 대한 지원사업을 강화하고, 캐나다뉴미디어기금 등 다양한 문화산업 진흥기금을 운영하고 있다. 또한 텔레필름 캐나다(Telefilm Canada)를 새롭게 개편하여 효과적인 지원체계를 구축했고, 국립영화진흥원을 통해 프로젝트 기반의 우수인력을 양성하는 프로그램을 운영 중이다.

일본은 문화산업 시장규모가 단일 국가로는 미국시장 다음의 세계 2위이며 문화콘텐츠 강국으로 민간부문이 중심이 되어 문화산업을 육성하고 있다. 최근에는 콘텐츠 해외유통, 지적재산권 보호, 우수인재 양성 등을 위해 정부 역할을 확대했다. '신산업 창조전략'과 'E-Japan' 전략을 포함하여 경제산업성, 총무성, 문부과학성 등 범정부 차원에서 콘텐츠산업 육성전략을 수립한 것이다. 특히 일본은 게임과 애니메이션, 캐릭터, 만화분야에서 세계 최고 수준을 자랑한다. 지방방송사와 중소규모 업체들이 애니메이션 공동제작이나 영화 수입 공동투자 형식으로 시장을 형성하여 주도해가고 있으며, 자국기업의 강한 경쟁력을 바탕으로 세계적 문화콘텐츠기업의 내수시장 점유가 낮은 것도 특징이다.

일본은 다른 나라에 비해 우리나라와 지리적·문화적으로 가까우며 음악과 방송, 영화, 애니메이션, 모바일 등의 여러 분야에 걸쳐 진출가능 요소가 많다. 최근에는 한류의 영향력이 강화되어 긍정적인 시장으로 평가받고 있다. 특히 일본은 문화사업에서의 기획 및 개발단계에서부터 원소스 멀티유스가 우선 고려되며, 애니메이션, 캐릭터, 게임 등 분야 간 연계가 매우 활발하다. 그리고 선진적 기술수준을 바탕으로 방송과 통신의 융합과 같은 새로운 도전이 진행되고 있으며, 발달된 통신 인프라에 기초하여 모바일 및 인터넷 관련 산업에서도 두각을 나타내고 있다. 아시아시장 중에서 원작산업에 대한 보호가 상대적으로 잘 이루어지고 있는 편이며, 자국문화에 대한 긍지가 높고 장르별로 마니아 문화가 발달했다. 문화콘텐츠산업의 진흥과 육성을 위해서 2004년에 「콘텐츠보호육성법」을 제정했고, 범정부 전담기관으로 '일

<표 2-8> 주요 국가의 콘텐츠산업 육성정책 비교

국가	목표	방안
미국	세계 최고 문화 콘텐츠 강국	- 소수 문화콘텐츠 복합기업으로 전 문화산업의 수직적, 수평적 통합 - 미국 정부는 콘텐츠의 저작권이 불충분한 나라에 대한 감시
영국	영국을 세계의 창조적 허브로	- 문화미디어 스포츠부 중심의 영상산업정책 개발 - 창작산업을 고부가가치를 창출하는 산업으로 인식 - 디지털 콘텐츠 포럼을 통한 효율적 대처
프랑스	디지털 문화 국가를 일으킨다	- 지방문화사업부를 통해 문화의 중앙집권화 탈피 시도 - 1997년 이후 문화콘텐츠 디지털화 사업 적극 추진 - CNC, SOFICA, 게임산업지원기금 등 주요 산업장르별 지원체제 구축
캐나다	캐나다의 발견 활기찬 온라인 문화공간 창조	- 미국과의 인접성 때문에 자국문화 정체성 확립에 초점 - 프랑스어와 영어의 다원주의 실현이 중심
일본	브로드밴드 콘텐츠로 경제회생기회 창출	- 지적재산전략본부로 디지털 콘텐츠 육성계획 수립 - 신산업 7개 분야로 영화, 애니메이션 선정

본영상산업진흥기구'를 설립했으며, 2006년에는 총리실에서 '디지털 콘텐츠산업 진흥전략'을 발표하기도 했다.

3) 국내 미디어산업의 현황

문화(체육)관광부의 『2005 문화산업백서』에 따르면 2004년 말 기준으로 국내 총 10개 문화산업 부문의 매출규모는 전년(44조 2,000억 원) 대비 13.3% 증가한 50조 601억 원으로 조사되었다. 분야별로는 출판산업이 18조 9,000억 원으로 10개 문화산업분야 전체 매출규모의 37.8%를 차지했고, 그 뒤를 이어 광고산업 8조 260억 원(16%), 방송산업 7조 8,000억 원(15.5%), 게임산업 4조 3,000억 원(8.6%), 캐릭터산업 4조 2,000억 원(8.4%), 영화산업 3조 224억 원(6%), 음악산업 2조 1,000억 원(4.3%), 디지털교육 및 정보산업 8,790억 원(1.8%), 만화산업 5,059억 원(1%), 애니메이션산업 2,650억 원

(0.5%) 순으로 조사되었다. 총 매출액에서 출판, 방송, 광고산업이 전체 문화산업 매출액에서 차지하는 비율은 70%에 육박하는 것으로 집계되었다.

또한 2004년 문화산업의 수출입 현황을 살펴보면, 수출이 총 9억 3,936만 달러, 수입이 16억 3,447만 달러로, 수입이 수출보다 6억 9,000만 달러 이상 많은 것으로 나타났다. 산업별 수출액의 경우 전년 대비 113%의 높은 성장세를 보인 게임산업이 3억 8,769만 달러로 가장 높은 비중을 나타냈으며, 출판산업 1억 8,218만 달러, 캐릭터산업 1억 1,734만 달러, 방송산업 7,031만 달러, 애니메이션산업 6,177만 달러, 영화산업 5,829만 달러, 음악산업 3,422만 달러, 광고산업 2,076만 달러, 디지털교육 및 정보산업 491만 달러, 만화산업 191만 달러 순으로 나타났다.

이 가운데 출판, 방송, 광고산업의 수출액은 전체 문화산업 수출액의 30% 차지하고 있다. 2004년 문화산업 수출규모는 비중이 높은 게임, 방송, 영화, 출판산업 등의 성장세가 비중이 낮은 만화, 디지털교육 및 정보산업의 하락세를 충분히 상쇄시켜 2004년 문화산업 수출입 조사에 추가된 광고산업을 제외하고도 전년 대비 45.7%나 증가한 것으로 나타났다.

수입액의 경우, 신규 조사된 광고산업이 9억 1,867만 달러로 가장 높은 비중을 나타냈으며, 출판산업 2억 2,708만 달러, 게임산업 2억 511만 달러, 캐릭터산업 1억 2,940만 달러, 영화산업 6,618만 달러, 방송산업 5,859만 달러, 음악산업 2,058만 달러, 애니메이션산업 800만 달러, 만화산업 44만 달러, 디지털 교육 및 정보산업 40만 달러 순으로 나타났다.

특히 2004년 문화산업 수출입 조사에 새로이 추가된 광고산업은 그 비중이 전체 수입의 56%를 차지하고 있으며, 광고산업을 제외할 경우 전년 대비 19.2%가 증가한 것으로 조사되었다. 방송산업의 경우 2004년 수출과 수입액이 크게 신장되어 수출의 경우 7,031만 달러로 전년에 비해 2배 가까이 늘었고, 수입도 5,859만 달러로 2003년 2,800만 달러에 비해 2배 이상 늘어난 것으로 조사되었다.

4) 미디어산업의 분야별 현황

최근 미디어산업은 아날로그 콘텐츠에서 디지털 콘텐츠로 빠른 전환이 진행되고 있다. 산업장르별로 영화와 게임, 방송, 애니메이션, 음악, 출판은 콘텐츠제작기술과 관련성이 높아 미디어산업과 가장 가까운 위치에 존재하고 있다. 음악, 출판, 방송, 영화 등의 콘텐츠는 아날로그에서 디지털로 전환이 가속되고 있으며, 방송과 영화 등은 한류의 영향으로 해외 수출이 꾸준히 증가하고 있다.

여기에서는 미디어산업의 분야별 현황을 간단히 살펴보고, 특정 산업의 발전과제는 무엇인지 개략적으로 알아보기로 한다.

(1) 방송산업

① 지상파 방송의 침체

지상파TV의 약화되는 위상이 수치로 확인되었다. 지난 2001년부터 2005년까지 시청점유율 추이를 살펴보면, 지상파 방송은 하락하고 있는 반면 케이블TV는 지속적으로 상승하고 있다. <표 2-9>의 TNS미디어코리아의 자료에서 지상파 방송의 시청률 추이를 보면, 2001년 39.2%에서 2002년 38.9%로 2003년 37.3%, 2004년 35.1%, 2005년 31.9%로 지속적으로 감소한 것을 알 수 있다.

또한 지상파 방송의 시청률 하락추세는 하루 평균 시청시간의 변화에서도 살펴볼 수 있다. 한국방송광고공사가 전국 13~64세 남녀 6,000명을 대상으로 실시한 '2006년 소비자행태조사'에서 평일 지상파 시청시간은 1999년의 경우 하루 평균 2시간 57분이었으나, 2002년에는 2시간 26분, 2005년 2시간 8분에 이어 2006년에는 1시간 59분으로 8년 사이 58분이나 급감했다. 결국 지상파의 평균 시청시간이 지난 8년 동안 점점 줄다가 2006년에 처음으로 2시간 미만인 1시간 59분으로 떨어진 것이다.

<표 2-9> 지상파 방송과 케이블TV의 시청률 변화추이(2001~2005년)

연도	2001년	2002년	2003년	2004년	2005년
지상파TV	39.2	38.9	37.3	35.1	31.9
케이블TV	4.1	7.2	9.7	11.3	12.1
합계	43.3	46.1	47.0	46.4	44.0

자료: TNS미디어코리아.

지상파TV사업자의 매출액은 경영 측면의 변화를 가늠하는 기준으로 활용되는 대표적인 지표로 들 수 있다. 2006년의 경우 지상파, 유선방송, 위성방송 PP 등을 모두 포함한 방송사업분야의 총 매출액은 약 8조 6,400억 원 규모로 추산되고 있다. 이 중 지상파 방송의 비중은 1995년 88% → 2000년 77% → 2003년 65% → 2006년 41%로 지속적으로 큰 폭으로 감소했다. 반면, 중계유선을 포함한 유선방송은 1995년 12% → 2006년 16% → 2003년 21% → 2006년 19%를 차지하면서 완만하지만 지속적인 상승세를 유지하고 있다.

두 수치만을 놓고 비교한다면 여전히 지상파 방송은 시장 우월적 지위를 유지하고 있다고 할 수 있다. 그러나 주목할 것은 1996년 이후 2006년까지 매출액 연평균 증가율 면에서 지상파 방송은 6%에 불과한 반면, 유선방송은 전체 평균 약 18%의 성장치를 보여 지상파 대비 3배가 넘는 성장률을 보이고 있다는 것이다.

결론적으로 우리나라의 경우 지상파 방송이 유료매체(케이블, 위성)나 뉴미디어(인터넷, DMB) 등이 본격적으로 등장하여 확산되기 시작한 1995년 이후, 특히 2000년 이후 정량적 지표로 볼 때 경영측면에서 또는 매체 위상과 정체성의 측면에서 점진적인 약화의 흐름을 보이고 있다. 이와 같은 지상파 방송의 점진적 약화추세에 대해 미디어 종사자들은 '지상파 방송 위기론'을 제기하기도 한다.

반면, 외주제작사의 파워도 점점 커졌다. 드라마 제작의 헤게모니가 방송

<표 2-10> 지상파 방송사 프로그램 제작 및 수급현황

(단위: 백만 원)

구분		프로그램 제작비 및 구입비							
		자체 제작비		외주제작비		구입비		합계	
		2005	2006	2005	2006	2005	2006	2005	2006
지상파	총계	558,354	480,563	241,135	265,095	94,498	63,438	893,888	809,097
KBS	전체	217,481	165,369	101,786	95,854	26,687	26,516	345,955	287,741
MBC	본사	97,926	96,547	37,023	71,081	9,858	10,101	144,808	177,731
	지역	24,397	32,042	1,655	642	1,965	2,973	28,018	35,658
EBS	본사	23,419	21,593	13,580	9,449	1,700	1,955	38,772	32,998
SBS	본사	131,407	125,876	84,313	86,357	48,927	18,143	264,648	230,378
기타 민방	전체	37,497	22,419	2,775	1,709	5,358	3,746	45,631	27,875

자료: 방송위원회, 「방송산업 실태조사 보고서」(2005, 2006).

사에서 외주제작사로 상당부분 옮겨갔다. <표 2-10>에서 살펴볼 수 있듯이 2006년 지상파 방송사의 제작비는 8,091억 원으로 전년 대비 9.5%나 감소했다. 자체 제작비는 4,805억 원으로 전년보다 13.9% 감소했고, 외주제작비는 2,651억 원으로 전년보다 9.9% 증가했다. 지상파 3사의 드라마의 경우 외주 제작 의존도가 높아지면서 전체 프로그램 제작 및 구입비 8,091억 원의 33%선에 머무르고 있다. 이는 법이 정한 외주제작 의무편성비율이 29~31% 인 점을 감안하면 외주제작에 투입되는 비용이 적정하다는 것을 알 수 있다. 구입비는 634억 원으로 전년 대비 33%나 감소했다. 2006년 총 제작비는 자체 제작비 59.4%, 외주제작비 32.8%, 구입비 7.8%로 구성되어 있음을 알 수 있다.

최근 방송사 간 경쟁이 치열해지고 케이블TV와 뉴미디어 매체가 틈새전 략으로 방송광고시장을 잠식하면서 지상파 방송사들은 위기의식을 느낀 나 머지 각종 사업에 뛰어들고 있다. 미디어시장에서 하락한 영향력을 만회하기 위해서 지상파 방송들은 새로운 서비스를 개발하거나 수익 다각화를 위한 채널 확대 및 채널 다양화를 시도하고 있다. 국내에서도 시청률과 수익률이

하락하면서 지상파TV는 디지털방송으로의 전환, 데이터 방송의 도입, 복수
방송채널사용사업자(Multiple Program Provider: MPP)9)로의 진출 등 수익다각
화를 위한 복합미디어기업으로 전환하는 경영전략을 추구하고 있다. 이와
함께 지상파 방송들은 최근 과거의 소극적인 마케팅에서 벗어나 해외지사
설립 및 보강을 통해 드라마와 방송비디오물 등 해외판권사업을 전개하고
외주사와 드라마 공동제작, 영화제작·투자, 프로그램의 홍보강화, 세트장
건립, 여행사 투자 등 다양한 사업에 나서고 있다.

우리나라도 일본의 지상파 방송(제작위원회방식과 영화 펀드)처럼 뛰어난
제작인력과 영상노하우를 살려 성공한 드라마를 가지고 영화로 제작하는
부가수익을 창출할 수 있도록 노력해야 할 것이다.

② 케이블TV의 약진

케이블TV의 장점은 무엇보다 소구대상이 세분화된 시청자층을 확보하고
있으며, 지상파 방송에 비해 상대적으로 저렴한 광고비와 인포머셜(infor-
mercial) 광고 등과 같은 광고형식 및 길이의 유연성으로 다양한 형태의 광고
가 가능하다는 것이다. 또한 케이블TV는 디지털 방송을 실시하면서 20~30
개의 HD급 채널을 공급하고, 양방향 통신으로 TV로 VOD를 보거나 노래방,
일기예보, 주식거래, 영어수업 등의 다양한 부가서비스를 제공할 수 있다.

PP의 시장진입에 따른 집중적인 마케팅으로 케이블TV 가입 가구가 1995
년 출범 때 9만 7,000여 명에서 2008년 9월 현재 1,512만 명으로 급속히
증가했다. 1,000만 가입 가구를 돌파한 채널은 2003년 3개에서 2004년
7개로 늘어났다. 전국 단위 광고수주가 가능한 900만 가입가구를 확보한
채널은 14개로, 2004년 12월 기준 YTN 1,200만, OCN 1,197만, CGV
1,114만, MBC ESPN 1,100만, MBC 드라마넷 1,100만, M.net 1,047만,

---

9) MPP는 PP가 인력과 장비의 공동사용을 통해 수평결합하는 것을 말한다(예: MBC의
   MBC게임, MBC 드라마넷, MBC Movies, MBC ESPN).

SUPER Action 1,000만 등이었다(≪서울신문≫, 2004년 12월 30일자). 또한 케이블 SO는 출범 당시 40개에서 107개로 늘었고, PP의 수도 20개에서 무려 10배 이상인 220여 개 채널로 크게 확대되었다.

이런 양적인 성장으로 광고주의 케이블TV에 대한 인지도도 변화되어 광고매출이 해마다 증가하고 있다. 최근 케이블TV 업체들은 지상파 방송 및 통신업체들과 전쟁을 치르고 있다. 아울러 케이블TV 업체들 사이에 가입자 확대와 콘텐츠 확보, 네트워크 확대, 서비스의 품질 향상을 위해 사활을 걸고 있다.

이처럼 전체적인 양적·질적 성장을 바탕으로 케이블TV가 지상파TV를 맹추격하고 있다. 시청률조사기관인 AGB닐슨 미디어리서치가 2006년 10월 월간 매체별 시청률을 조사한 결과, 지상파TV는 21.2%, 케이블TV(107개 채널) 13.8%로 나타났다. 같은 기간 매체별 시청점유율은 지상파TV 60.6%, 케이블TV 39.4%로 나타났다(김정섭, 2007: 159).

지상파와 케이블TV 간 시청률은 20:14, 시청점유율은 대략 60:40의 구조가 형성된 것이다. 케이블TV의 콘텐츠 선호도는 드라마(20.3%), 영화(20.2%), 어린이(16.4%), 연예·오락·게임(15.6%), 스포츠(7.7%) 순으로 나타났다. 드라마와 영화가 역시 시청자들에게 인기가 있는 내용물인 '킬러 콘텐츠(killer contents)'였으며, 지상파에서 외면하고 있는 어린이 프로그램이 틈새시장을 공략하여 성공하고 있는 것으로 조사되었다.

케이블TV의 시청률 증가추세와 관련하여 케이블TV 시청시간이 변화하고 있음을 수치로 확인할 수 있다(손창용·여현철, 2007: 319~320). TNS미디어코리아가 최근 5년간 케이블TV와 지상파 방송의 시청점유율을 조사한 결과, 케이블TV를 통한 하루 평균 시청시간은 2001년 21분에서 2002년 38분, 2003년 51분, 2004년 60분, 2005년 65분으로 해마다 증가하는 추세에 있다. 반면, 하루 평균 지상파 방송 시청시간은 2001년 157분에서 2002년 161분으로 약간 늘어났으나 2003년부터 149분으로 줄면서 2004년 139분, 2005년에는 126분으로 지속적 감소세를 보이고 있다.

<표 2-11> 2008년 연간 케이블PP 시청률 순위

순위	채널	시청률(%)	78개 PP 대비 점유율(%)
1	MBC 드라마넷	1.211	7.87
2	SBS 드라마플러스	0.964	6.27
3	KBS 드라마	0.953	6.20
4	투니버스	0.937	6.09
5	Champ	0.613	3.98
6	YTN	0.534	3.47
7	OCN	0.524	3.41
8	채널CGV	0.499	3.24
9	E-channel	0.468	3.04
10	MBC every1	0.457	2.97

자료: TNS미디어코리아, 2008년 1월 1일~12월 31일.

이와 함께 케이블 PP의 시청점유율은 MPP화되면서 온미디어, CJ미디어, 지상파 방송3사 계열 PP의 5대 MPP가 차지하는 비중이 커지고 있다.

2009년 1월 시청률 조사기관인 TNS미디어코리아가 2008년 1월 1일~12월 31일까지 전국 가구 평균 시청점유율(78개 PP를 100으로 산정했을 경우의 채널별 점유율을 나타냄)을 집계한 결과, MBC 드라마넷이 1위(7.87%)를 기록했고 SBS 드라마플러스(6.27%), KBS 드라마(6.20%), 투니버스(6.09%)가 각각 2, 3, 4위를 차지했다(<표 2-11> 참조). 그러나 채널 시청률 면에서 지상파 방송3사 계열 PP와 투니버스, 챔프, OCN, 채널CGV 등은 1%의 시청률을 확보하기 어려운 실정이다.

업체별 집계 결과, 지상파 계열 PP 3개사와 온미디어, CJ미디어 등 대기업 계열 MPP의 독과점체제가 뚜렷하게 나타났다. 지상파 계열 MPP 3개사(KBS 드라마, MBC 플러스, SBS 미디어넷)와 온미디어, CJ미디어 등 상위 MPP 5개 시청점유율 합계가 무려 72.4%를 기록했다. 이 가운데 지상파 계열 3사의 점유율은 33%로 집계되어 지상파 자회사의 케이블 업계 영향력 또한 막강했다. 또한 방송위원회의 「2007년 방송산업 실태조사 보고서」에 따르

<표 2-12> 주요 MPP 현황 및 시장점유율

지배주주	2005 채널 수	2006 채널 수	2005 매출액 (백만 원)	점유율 (%)	2006 매출액 (백만 원)	점유율 (%)
CJ	17	19	234,607	12.5	351,884	14.9
온미디어	16	17	227,986	12.2	290,338	12.3
SBS	7	7	87,997	4.7	116,355	4.9
MBC	4	4	80,963	4.3	110,073	4.7
KBS	4	5	37,394	2.0	47,693	2.0
주요 MPP 전체 매출액			668,947	35.7	916,343	38.9
PP 전체 매출액			1,876,324	100.0	2,356,664	100.0

자료: 방송위원회(2007b).

면, 2006년 지상파 계열 채널사용사업자와 온미디어, CJ미디어 등 5대 MPP 의 시장점유율은 채널 수가 늘어나면서 전체 매출액의 38.9%로 2005년의 35.7%보다 3.2%포인트나 높아졌다(<표 2-12> 참조). 그러나 현재 채널사 용사업자 수가 187개에 이르는 것을 볼 때 5대 MPP에 시장점유율 쏠림현 상이 심각하여 유료 채널시장의 성장이 건전하게 이루어지고 있다고 보기는 힘들다.

③ 위성방송의 상승

위성방송은 지상에서 송신한 방송전파를 인공위성에서 증폭시켜 지상으 로 재송신하고, 일반 가정에서 소형 수신안테나로 직접 수신하는 방송 방식이 다. 국내 위성방송 도입은 무궁화위성 1호가 1995년 8월에 발사된 이후 2호와 3호가 잇따라 발사되면서 본격적인 논의가 이루어졌으며, 그 이후 위성방송사업자 선정이 진통을 겪어오다 2001년 위성방송사업자로 KDB(한 국디지털위성방송)가 최종 선정되면서 위성방송이 본격적인 출발을 하게 되었 다. 디지털 위성방송은 1년간의 준비기간을 거쳐 2002년 10월 초기자본금 3,000억 원으로 본방송으로 시작했다. 위성방송을 통해서 수신자들은 100여 개의 채널에서 선명한 화질과 양질의 음질로 제공되는 다양한 방송콘텐츠를 안방에서 향유할 수 있게 되었다.

KDB 스카이라이프의 채널 구성을 보면 오락, 스포츠·레저, 홈쇼핑 등 오락성과 수익성이 높은 장르가 많다. 총 208개의 채널(지상파 44개, PP 비디오 채널 100개, 음악채널 60개, 예비채널 4개)을 제공하고 있는 것으로 나타났다.

보통 위성방송 수신자들이 선택하는 수신료는 기본채널 1만 원선에서 프리미엄채널과 주문형 PPV서비스까지 고려하면 3만 원선까지로 현재 케이블TV 가입자의 월 기본수신료(4,000~1만 5,000원)보다 약간 비싼 편이다.

국내 위성방송은 기존 지상파와 케이블TV와의 경쟁을 통해 미디어산업 활성화를 꾀하고 한반도 전역을 커버리지로 남북 방송교류 증진에 일익을 담당하는 동시에 난시청과 정보격차 해소 등을 이유로 도입되었다.

위성방송의 도입으로 PP의 창구가 확대되었으므로 이를 영상산업 기반 강화의 기회로 적극 활용하여 전체 미디어시장의 상승효과를 거두도록 해야 한다. 이를 위해 위성방송사업자는 케이블TV로 흡수하지 못한 시청자들을 위성방송에 흡수, 시청자를 극대화하여 국내 영상산업을 발전시키는 역할을 담당해야 할 것이다.

스카이라이프는 2005년 2월 22일 지상파 재전송이 허용되어 서울 MBC와 SBS를 비롯해 지역 MBC 19개사와 지역 민방 9개사 등 총 30개 지상파 방송사에 대한 권역별 재송신이 가능해졌다. 지상파 재전송 문제 해결로 스카이라이프는 가입자 유치에 탄력을 받게 되었다. 하지만 MSO의 성장, SO 가입자 수의 증가로 위성방송은 케이블TV와의 경쟁에 어려움을 겪게 되었다. 2007년 초 CJ미디어가 자체채널 tvN의 스카이라이프 송출을 중단하고 케이블TV에만 제공하는 '케이블 온리' 전략을 택하면서 스카이라이프와 갈등을 겪어왔다.

이 같은 케이블TV와 위성방송의 제살깎기 식의 경쟁으로 각 매체의 특징을 적극 활용한 균형발전전략에 차질을 빚고 있다. 특히 위성방송은 케이블TV처럼 수신료를 통한 유료방송이기 때문에 유료가입자를 얼마나 많이 확보하느냐가 위성방송사업 승패의 열쇠가 된다. 스카이라이프는 2009년 3월 현재 개국 7주년을 맞은 시점에서 가입자 수는 236만을 넘어섰다. 우리나라의 경우 SO, 지역민방 등 경쟁관계에 있는 방송사업자들의 견제와 정책적·기술적 문제로 가입자 확보에 애로를 겪고 있다. 특히 중계유선방송과 케이블TV가 이미 유료방송시장을 선점하고 있어 유료방송시장이 포화된 상태이기 때문에 추가적인 가입자 확보가 쉽지 않을 전망이다.

위성방송이 직면한 가장 중요한 과제는 가입자 기반을 확충하는 것이고, 케이블TV와의 차별화된 서비스, 데이터방송 등 방송·통신 융합형 서비스 등으로 시청자들의 만족도를 극대화하는 것이 선결과제가 될 것이다.

위성방송사업자인 KDB의 매출액은 2003년 1,496억 원에서 2004년 2,250억 원으로 70%의 증가율을 보이며 급성장했으며, 2005년에는 3,473억 원으로 전년 대비 10%의 증가율을 보였다. 2006년에는 매출액이 3,939억 원이었는데 개국 이후 처음으로 당기순이익 36억 원의 실적을 달성했으며, 2007년에는 매출액 3,873억 원, 영업이익 411억 원을 기록했고, 2008년에는 매출액 3869억 원, 영업이익 248억 원을 기록하는 등 3년 연속 흑자를 달성했다.

스카이라이프는 2008년부터 'HD 중심의 고품질 고가정책'으로 전환하면서 수익성 개선을 위한 정책으로 회사의 방향을 선회하고 있다.

(2) 영화

2006년 7월 개봉한 <괴물>은 1,300만 명의 관객을 동원하여 한국영화 사상 최대흥행기록을 세웠다. 2003년 <실미도>를 시작으로 <태극기 휘날리며>, <왕의 남자>에 이어 관객 1,000만을 돌파하는 영화가 4편이나 등장했고, 관객점유율도 60%를 넘어서며 4년 연속 성장세를 이어가고 있다. 그러나 영화수익의 극장 매출 의존도가 80%인 점을 감안할 때 실제 수익성이나 질적인 측면에서는 점점 악화되고 있다. 특히 불안정하고 불투명한 투자환경, 영상 전문 인력 부족 및 해외진출 지원전략 부재, 2006년 7월부터 시행된 '스크린쿼터' 절반 축소에 따른 한국영화의 상영기회 감소, 한국영화 제작규모의 대형화, 일부 대작영화의 스크린 독과점현상이 심화됨에 따라 앞으로의 시장전망도 더욱 불투명해졌다.

현재까지 한국영화시장은 상영부문에서 대기업 기반의 3대 멀티플렉스 체인(CGV, 메가박스, 롯데시네마)과 배급사(CJ엔터테인먼트, 시네마서비스, 쇼박스, 롯데엔터테인먼트)의 독과점현상이 계속될 것으로 보인다. 이는 자칫 불공정거래행위로 이어져 영화콘텐츠를 제작하는 생산부문을 위축시킴으로써 산업전반의 침체를 야기할 수 있을 것으로 예상된다. 또한 최근 몇 년간 SK와 KTF 등 통신회사의 영화업계 진출이 눈에 띄는데, 이들 회사의 영화계 진출은 콘텐츠 확보 차원에서 대단히 중요한 수단으로 보인다.

한국영화는 최근 한류열풍을 타고 세계 영화시장에 진출하고 있고, 2007년 <밀양>의 여배우 전도연은 칸영화제에서 여우주연상을 받는 쾌거를 이룩했다. 2005년 한국영화의 대일본 수출액은 6,032만 달러로 전년에 비해 49%나 증가했으나, 2006년에는 한류 붐이 식으면서 6분의 1 수준으로 줄어들었다. 일본을 제외한 유럽이나 남아메리카, 태국 등으로의 수출액은 늘기는 했지만 일본 수출이 큰 폭으로 떨어진 것이 수출액 감소의 큰 이유이다. 일본 수출이 감소한 원인은 2006년 수출한 영화 중 <내 머리 속의 지우개>, <외출>만이 좋은 기록을 세웠을 뿐 <야수>, <태풍>, <형사>, <역도산>, <데이지> 등이 모두 실패했기 때문으로 보인다. 한류를 틈타 일부 영화사에서 인기 있는 특정 배우를 기용해 졸속으로 영화를 제작하는 바람에 일본 내 한류 자체가 시들해지고 있다는 평가까지 받고 있다. 한국영화가 과거 홍콩영화의 전철을 밟지 않기 위해서는 천편일률적 소재를 탈피하여 배우들의 이름에만 기대하지 않는 양질의 콘텐츠를 창출하는 길밖에 없다.

최근 HD 등 기술의 발전은 영화의 제작 및 배급, 상영의 형태를 변화시켜 디지털 시네마의 확산을 가져오고 있다. 디지털 시네마 제작방식은 과거 필름영화 제작 및 배급방식에 비해 제작비용 및 배급비용을 줄일 수 있다는 경제적 요인이 가장 큰 장점이다. 따라서 변화하는 시장환경과 기술의 발전을

<표 2-13> 2005년 국내 게임시장 전체규모

구분	매출규모(억 원)	점유비율(%)
온라인게임	14,397	16.6
모바일게임	1,939	2.2
비디오게임	2,183	2.5
PC게임	377	0.4
아케이드게임*	9,655	11.1
PC방	19,923	23.0
아케이드게임장**	37,966	43.7
비디오게임장	358	0.4
합계	86,798	100.0

주: *스크린경마게임 생산매출 제외, 청소년게임, 성인게임 생산매출 포함
 **스크린경마장 매출 제외, 청소년게임장, 성인게임장 매출 포함
자료: 한국게임산업개발원(2006: 44).

뒷받침하기 위해서는 정책적으로 교육지원시스템을 구축하고, 필요한 인력
의 수급을 원활하게 해야 하며, 산업화에 따른 자본구조의 유연화에 능동적으
로 대처하는 지원체계가 수립되어야 한다(김건, 2006: 122).

한국영화의 이런 부침에도 불구하고 <올드보이>, <살인의 추억>, <좋
은 놈 나쁜 놈 이상한 놈>, <추격자>, <과속 스캔들>, <박쥐> 등 오락성
과 예술성이 있는 영화들이 지속적으로 등장한다면 자체 경쟁력 향상과
관객들의 한국영화 선호에 따라 한국영화 강세는 여전히 지속될 수 있을
것으로 전망된다.

(3) 게임

우리나라 게임시장 규모는 2005년 기준으로 8조 6,798억 원에 이르고
있다. 그중 온라인게임과 비디오게임 등 5개 플랫폼에 의한 매출규모는 2조
8,551억 원(32.9%), PC방과 아케이드게임장 및 비디오게임장에 의한 전체
소비시장규모는 5조 8,247억 원(67.1%)을 이루고 있다(<표 2-13> 참조). 분야

별 규모를 살펴보면, 아케이드 게임장이 3조 7,966억 원으로 전체 중 43.7%로 비중이 가장 큰 것으로 나타났고, 그다음으로는 PC방이 1조 9,923억 원으로 23%를, 온라인게임이 1조 4,397억 원의 규모로 16.6% 순으로 조사됐으며, 아케이드게임은 9,655억 원을 차지해 11.1%의 점유율을 보였다.

우리나라 게임시장의 특징은 온라인게임이 지속적으로 성장하고 있다는 점이다. 온라인게임시장의 활성화는 게임포털의 지속적인 성장세와 해외진출 성과에 힘입은 결과로 전체 게임수출의 80%를 차지할 정도로 크게 성장했다.

2000년 이후 한국의 게임업계는 콘솔게임의 합법적 도입과 모바일게임의 성장을 주요 특징으로 들 수 있다. 우리나라 게임업체들은 온라인게임 개발에 주력하고, 자체 개발보다는 퍼블리셔 추진 형식으로 온라인에 주력하고 있다. 우리나라의 게임업체들이 퍼블리싱을 추진하는 이유는 포트폴리오 다변화를 통한 리스크 분산, 차기 주력제품의 빠른 발굴 등을 통한 경쟁력 강화, 다양한 게임콘텐츠 확보를 통한 수요층 확장 등에 있다.

엔씨소프트와 넥슨 등 온라인게임의 주요 기업들은 <리니지 1, 2>와 <카트라이더> 등 한두 가지의 대표작을 중심으로 성공을 이뤄 10~20대의 소비자들을 사로잡고 있다.

그러나 중독증세, 학습저해, 폭력적 내용 등 청소년에 대한 게임의 해악성, 즉 게임산업에 대한 사회의 부정적 시각은 국내 수요가 확대되기 어려운 환경을 제공하고 있다. 더욱이 2006년 하반기에 '바다이야기' 등 불법 사행성 게임장의 확대로 심각한 도박문화의 확산 등 부작용이 속출하면서 사행성 게임에 대한 정부의 강력한 규제와 업체 간 경쟁 심화로 조정기에 접어들었다.

우리나라는 IT산업의 급속한 발전에 힘입어 고급 소프트웨어 기술을 가진 젊은 엔지니어가 많고, 수준 높은 교육을 받은 인적자원이 풍부하여 세계적 게임강국으로 발전할 수 있는 토양은 충분하다고 볼 수 있다. 따라서 대기업은 마케팅 및 유통, 퍼블리싱, 개발투자에 적극 참여하고, 중소기업은 창의적 아이디어 창출과 게임 개발에 적극 나서는 역할분담이 필요하다. 한편, 정부는 게임산업의 행정적·법적 지원은 물론 초기자금 지원, 세제 개선, 심의의 완전 민영화 또는 사전심의 폐지 등을 실현해야 하고, 대학이나 교육기관은 게임제작 전문 인력을 적극 육성해야 할 것이다. 이를 통해 게임산업을 21세기 고부가가치 지식산업인 국가전략산업으로 육성하고 발전시켜나갈 수 있을 것이다.

(4) 애니메이션

애니메이션은 영화, 방송, 캐릭터 등 다른 산업과 연계될 가능성이 가장 높은 장르이며, 캐릭터 상품 등이 미국과 유럽시장을 진출할 경우 반드시 필요한 장르이다. 현재 애니메이션산업은 기술발달 및 초고속 인터넷의 발전으로 제작방식이 대규모화되었으며, 특히 3D라는 최신 기술을 사용하여 제작비가 2D에 비해 약 2배가량 증가했다. 따라서 배급 시 불법복제방지를 위한 기술적인 지원 등에 소요되는 배급비용도 높아지고 있다.

한국 애니메이션 수출은 OEM 중심에서 창작물 중심으로 변화하는 과정에 서 있다. 일본 및 중국과의 합작시도가 두드러지게 시도되고 있으며, 이로 인한 '공간분업현상'이 심화되면서 해외진출의 유형도 변화가 예상된다. 이러한 상황에서 작품당 제작비 증가와 제작기간의 증가로 인한 투자위험을 낮추기 위해 공동제작을 장려하고 자금조달방식도 제작위원회, 엔터테인먼트 펀드, 특수목적회사(SPC) 설립 등으로 다양화하기 위해 법제도를 정비할 필요가 있다.

애니메이션 콘텐츠의 수요 증가에 필수적인 다양한 방송기술을 개발하고 매체설립을 지원하며 극장개봉 및 TV 상영보다는 처음부터 DVD 및 비디오를 통한 유통을 목표로 제작하는 애니메이션 같은 다양한 방식의 장르가 개발되고 지원되어야 한다. 특히 애니메이션 제작의 경험과 기술을 가진 고급인력의 해외유출을 차단하고 기업이 요구하는 인력을 양성하는 교육프로그램의 개발지원이 요구된다.

(5) 음악산업

한국문화콘텐츠진흥원(현 한국콘텐츠진흥원)의 『음악산업백서 2005』를 보면 2004년 음반산업의 규모는 1,338억 원, 디지털 음악산업의 규모는 2,014억 원이다. 2000년까지만 해도 디지털 음악시장의 10배가 넘는 4,000억 원의 시장규모를 자랑하던 아날로그 음반시장이 디지털시장으로 점차 대체되고 있는 것이다. 온라인 음악시장의 놀라운 성장은 오프라인 음반시장의 몰락과 대조되는데, 그 원인은 벨소리, 통화연결음 등의 모바일 분야를 주축으로 하는 디지털 음원시장이 폭발적으로 성장했기 때문이다. 실제로 2004년 온라인 음악시장의 91.3%인 1,840억 원은 벨소리, 통화연결음 등 휴대전화를 이용한 음악서비스가 차지했고, 미니홈피 배경음악도 173억 원의 매출을 올렸다.

이에 반해 오프라인시장에서는 음악산업의 실질적인 역할자인 기획사가 10대 위주의 음악제작에 편중하여 음악 인프라 조성에 악영향을 미치고 있는 실정이다. 최근 방송3사의 음악 프로그램 시청률이 3%에도 못 미치는 시점에서 과연 10대를 위주로 하는 음악콘텐츠의 제작이 옳은 것인가에 대한 재고의 여지가 있다. 미국과 같이 다양한 연령층의 음악 수요층의 확대로 인한 음악산업의 활성화와 최근의 공연산업 성장을 고려하여 연령과 장르를 다각화한 다양한 음악콘텐츠의 기획과 제작이 절실한 시점이다.

최근 음반시장의 침체와 연예매니지먼트의 대형화로 인하여 가수들의 연예활동이 더욱 다원화될 것으로 예상된다. 희망적인 것은 한류열풍으로 한국 가수들의 해외진출이 확대되면서 가수 '보아'와 '비' 등 한국인 스타가 아시아의 스타로 성장하고, 한국의 영화, 음악을 포함한 다양한 문화콘텐츠가 아시아를 넘어서 세계로 인기몰이를 한다는 것이다. 특히 한국 가수들의 한류를 이용한 일본과 동남아권 진출이 활성화되고, 타 장르(영화, 드라마, 인터넷)와 연계한 음악산업의 성장이 가능하도록 수입구조 보전 등의 지원정책이 뒤따라야 할 것이다.

최근 들어 P2P(개인 대 개인의 파일공유 기술 및 행위) 프로그램에 대한 저작권법 위반 판결이 잇따라 내려지면서 음원보호를 위한 유료 음악 스트리밍 서비스가 자리를 잡아가고 있다. 하지만 아직도 불법유통이 이뤄지고 있는 것이나 불법유통 방지를 위해 디지털저작권 관리가 사용자의 편의성을 떨어뜨리는 점, 디지털화된 음원을 변환할 때 같은 포맷으로 통일해 컨버팅을 보다 용이하게 하는 것이 과제로 남아 있다.

따라서 음악산업의 발전을 위하여 저작권과 인접저작권의 보장을 위한 정부의 강력한 규제와 단속이 요구되며 더불어 대중들의 인식 변화가 필수적이다. 또한 음악 산업과 관련된 법률 개정과 정부의 정책적 지원이 필요하다.

MEDIA MARKETING

제3장 미디어 마케팅 믹스

1. 4P에 대한 이해

1) 미디어 마케팅 믹스 개발

STP[1]가 결정되면 실행전략에 들어가야 하는데, 이 단계는 전통적으로 4P를 중심으로 전개되어왔다. 제품(Product), 가격(Price), 유통(Place), 촉진(Promotion)의 4P를 마케팅 전략의 핵심요소로 규정하고, 이들의 조합(mix)을 통해 최상의 마케팅 효과를 얻고자 하는 단계이다. 제품은 상품개발을 의미하는 것으로 콘텐츠 제작과 편성에 관련된 것이다. 가격은 수신료나 시청료 등 미디어상품의 가격전략을 다룬다. 유통은 배급채널과 동의어이고, 촉진은 광고나 홍보와 같은 커뮤니케이션 수단을 말한다(Burnett and Moriarty, 1998). 즉, 어떠한 제품을, 어느 가격으로, 어떠한 유통채널을 통해, 어떤 광고 및 홍보전략으로 마케팅을 할 것인지를 결정해야 한다.

미디어 마케팅 관리란 수용자(소비자)의 욕구 충족과 기업이윤 추구 목표를 실현하기 위해 마케팅환경과 소비자를 분석한 결과를 토대로 마케팅 프로그램을 계획하여(plan) 이를 수행하고(implement) 통제하는(control) 일련의 과정이다. 이때의 마케팅 프로그램에는 제품, 가격, 유통 및 촉진이 포함되는데, 이를 간단히 보면 <그림 3-1>과 같다

방송 프로그램과 가격(광고수입과 시청료), 촉진 및 콘텐츠 유통은 마케팅 관리자가 표적수용자의 욕구 충족을 통해서 기업목적을 달성하기 위해 사용하는 마케팅 수단들(marketing tools)인데, 이들을 합쳐 '마케팅 믹스(marketing mix)'라 한다. 마케팅 믹스인 4P는 1950년대 후반 미시건 주립대학 비즈니스 스쿨 교수였던 제롬 맥카티(Jerome McCarty)가 처음 제안한 개념이다.

---

[1] STP는 동질적인 여러 고객집단으로 나누고(Segmentation), 경쟁상황과 자신의 능력을 고려하여 자신 있는 시장을 찾아내서(Targeting), 그 시장의 고객들에게 자사의 제품이 적합하다는 것을 알려주는(Positioning) 일련의 과정을 말한다. 이에 대해서는 4장에서 자세히 다루겠다.

<그림 3-1> 미디어 마케팅 믹스

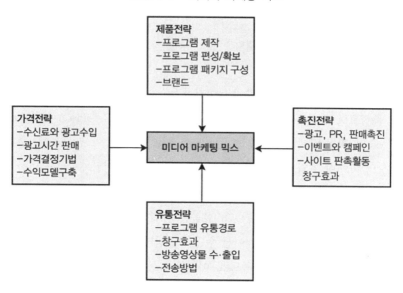

4P는 맥카티가 저술한『마케팅의 기초』를 통해 등장했으며 가격, 상품, 유통, 촉진 등 네 가지로써 상품 판매전략을 분석하는 마케팅의 핵심수단으로 사용되어왔다.

시청자들의 방송선호 경향은 사회변화에 맞춰 다양화·전문화되고 있기 때문에 방송국들은 가만히 앉아서 시청자가 자사의 제품을 구매해주길 기다리는 것이 아니라 적극적으로 다양한 마케팅 믹스를 구사해야 한다.

이러한 마케팅 믹스는 '4P'를 가리키는 말이라고 할 수 있는데, 마케팅 믹스와 관련된 의사결정은 다음과 같다.

(1) 제품전략(product planning)

미디어 마케팅 믹스의 출발점은 콘텐츠 제작과 편성에 관련된 제품전략이다. 제품전략은 콘텐츠 제작과 관련된 요소로 프로그램 제작과 프로그램 편성 및 확보, 프로그램 패키지 구성, 채널 브랜드 등도 포함된다.

특히 이 가운데서 제품 개념과 관련된 콘텐츠 제작과 편성을 어떻게 정의하느냐가 중요한 요인으로 인식되고 있다. 제품전략은 콘텐츠의 제작과 편성, 프로그램 패키지 구성(채널 티어링), 프로그램 이미지, 브랜드 등을 결정한다. 미디어에서의 상품은 콘텐츠, 즉 프로그램이라고 할 수 있다. 텔레비전에서 방송되는 프로그램은 하나의 콘텐츠로 간주할 수 있다. 미디어 마케팅의 핵심은 바로 미디어에 담길 알맹이인 콘텐츠라고 할 수 있다. 이 무형의 제품을 미디어기업이 어떻게 제작하고 편성하느냐에 따라 수익을 얼마만큼 올릴 수 있느냐가 판가름이 난다. 따라서 프로그램의 제작과 확보 등이 제품 전략에 해당된다. 방송 프로그램은 시청자에게 판매하는 시장이면서 수용자 접근권을 광고주에게 판매하는 시장이다. 따라서 미디어기업들은 기존의 제품에 비해 수용자들에게 팔릴 수 있는 프로그램의 개발과 제작에 신경을 써야 할 것이다. 또한 케이블TV와 위성방송, DMB, IPTV 등은 채널을 채울 수 있는 콘텐츠 확보도 무엇보다 중요할 것이다.

(2) 가격전략(price planning)

가격(price)은 시청자가 콘텐츠를 얻기 위해 어떤 것을 포기하는 것을 말한다. 다른 마케팅 믹스 요소, 즉 제품, 유통경로, 촉진이 비용을 유발하는 요소인 반면 가격은 조직(미디어기관)의 수익이다. 또 가격변화는 기업수익에 민감하게 반영되기 때문에 공공재와 사유재 성격을 복합적으로 갖고 있는 미디어기관들은 가격정책에 더 한층 관심을 가져야 한다. 미디어기업의 가격 정책은 미디어기관의 수신료와 광고수입 등으로 해당 기업의 생존과 영구기 업으로서의 중요한 역할을 담당하고 있다. 케이블TV와 위성방송, IPTV 등 유료방송매체는 가격전략을 어떻게 구사하느냐에 따라서 기업의 매출에 영향을 주기 때문에 가격 책정에 더 한층 관심을 가져야 한다.

(3) 유통전략(place planning)

유통경로는 제품이 제작자로부터 최종 시청자에게 흐르는 과정에서 소유 권 이전을 용이하게 해주는 역할을 한다. 유통경로, 창구효과, 프로그램의 수출과 수입, 전송방법 등도 결정한다. 미디어의 유통계획은 프로그램의 유통을 의미한다. 방송사들이 어떤 유통경로를 통해서 서비스를 제공하고 전송하는지를 파악할 필요가 있다.

프로그램의 유통에서는 한 가지 영상제작물을 다른 미디어에 이용하여 다양한 부가가치를 창출하는 '창구효과'가 중요하다. 창구효과에 따라 영상 제작물이 어떤 방식으로 다단계 유통이 되는지를 파악할 필요가 있을 것이다.

여기서 콘텐츠 유통의 핵심적인 역할을 담당하는 것은 지상파TV의 네트워크나 케이블TV에서 도매상(중개상) 역할을 하는 SO, 위성방송에서 스카이라이프에 해당된다고 볼 수 있다.

특히, 개별 방송사는 인터넷을 활용한 방송서비스를 전달하는 전자유통경로에 대해 주목할 필요가 있다. 기술발전으로 인해 케이블TV의 홈쇼핑 서비스나 교육방송서비스는 고객과 직접 접하지 않고 인터넷을 통해서 서비스를 제공받을 수 있게 되었다.

(4) 촉진전략(promotion planning)

촉진은 시청자의 의견에 영향을 주거나 반응을 유도해내기 위하여 콘텐츠의 잠재적 소비자에게 알리고, 설득하고, 회상시키는 과정에서 마케터가 내보내는 커뮤니케이션 요소로서 광고, PR, 판매촉진, 이벤트와 캠페인 홍보, 온라인 프로모션, 오프라인 프로모션, 사이트 판촉활동, 프로그램 가이드 제공 등을 결정한다. 유료방송인 케이블TV와 위성방송은 자사 방송의 소개와 가입, 장점 등을 제시하기 위해서 신문이나 잡지 등에 광고해야 한다. 또한 가입자 확보를 위해 PR이나 방송 판촉활동을 펼쳐야 하며, 설치비 할인과 면제 등의 인센티브 필요하다.

종래에는 촉진믹스 요소가 개별적 차원에서 기획되고 실행되어 왔으나 그로 인해 발생하는 부작용을 줄여주고 각 요소들의 시너지를 극대화하기 위해 요소들을 통합하는 노력, 즉 통합 마케팅 커뮤니케이션이 도입되고 있다. 마케팅 커뮤니케이션은 고객이 제품 혹은 기업에 대해 긍정적인 평가를 하도록 하기 위해 대중매체를 통해 메시지를 전달하는 것을 의미한다. 마케팅 커뮤니케이션은 광고뿐 아니라 PR, 인적판매, 판매촉진 등도 포함된다. 정보의 홍수 속에서 소비자들이 수많은 정보들을 모두 저장·기억하지 못하는 상황에서 촉진믹스를 통합한 마케팅 커뮤니케이션은 소비자들에게 전달하고자 하는 메시지 효과를 극대화한다는 차원에서 중요성이 강조되고 있다.

미디어상품은 사전 불확실성을 줄이기 위해 홍보와 인터넷 커뮤니케이션을 하는 것이 매우 효과적이다. 따라서 신 마케팅(new marketing)에서는 매스 마케팅의 일방적인 마케팅 커뮤니케이션보다는 고객과의 관계 증진을 위해 기업과 고객이 지속적인 대화를 나누는 쌍방향 커뮤니케이션이 중요한 역할을 하고 있다. 접점에서의 커뮤니케이션이 중요하기 때문에 고객만족 및 고객 감동 또한 중요하다. 이에 고객들의 기대 혹은 고객에 대한 약속과 지각된 성과 혹은 문화제공이 일치하도록 하는 접점에서의 커뮤니케이션이 필요하다.

미디어기업들은 이런 통합 마케팅 커뮤니케이션의 효과성을 충분히 인식하고 이의 통합을 시도해보거나 마케팅 목적을 지원하기 위해 설계한 PR, 즉 마케팅 지원형 PR이나 입소문 마케팅(buzz marketing)을 적극 활용해야 할 것이다. 따라서 미디어기업들은 다양한 촉진계획을 수립해 가입자를 극대화하고 매출을 극대화시키는 체계적인 마케팅 계획을 가져야 할 것이다. 이러한 미디어 마케팅 믹스는 앞의 <그림 3-1>에 잘 나타나 있다.

2) DMB시장의 마케팅 믹스전략

DMB를 둘러싼 환경과 사업자들의 강점과 약점, 사업의 성공조건을 고려하여 DMB콘텐츠의 전략을 세워야 할 것이다. 그리고 전략 수립 시 DMB가 플랫폼, 콘텐츠, 소비자 간의 유기적인 선순환 사이클을 통해 발전적으로 성공할 수 있도록 장기적 관점에서 기존 미디어와 차별화하는 방안이 필요하다. 무엇보다 DMB콘텐츠 비즈니스 모델이 성공하기 위해서는 먼저 킬러 콘텐츠가 개발되어야 한다. '원소스 멀티유스'형 콘텐츠와 휴대 수신 단말기에 적합한 콘텐츠를 개발하여 이윤을 극대화하고 이를 미디어산업에 재투자하는 순환구조가 이루어져야 한다.

이를 위해서는 DMB사업자들이 자생력을 갖추기 위한 비즈니스 전략을 수립해야 할 것이다. 여기에서는 지상파DMB와 위성DMB의 4P전략을 살펴보고, 모바일TV시장 내 경쟁관계나 새로운 시장기회를 탐색하고자 한다. 여기서도 4P전략을 DMB시장에 적용하여 소비자가 원하는 가치를 제공하는 제품이나 서비스를 고안하고, 고객들이 원하는 가격을 책정하여 그것을 유통시켜야 한다.

위성DMB, 지상파DMB사업자들이 모바일 목표시장에 제품, 가격, 유통, 촉진(프로모션) 정책을 수립하여 소비자(시청자)들이 원하는 욕구나 필요를 충족시켜야 할 것이다.

첫째, 제품전략은 콘텐츠의 제작과 편성, 프로그램 패키지 구성(채널 티어링), 프로그램 이미지, 브랜드 등을 결정한다. 방송에서의 상품은 프로그램이라고 할 수 있다. DMB에서도 프로그램인 콘텐츠가 중요하며, 마케팅의 핵심은 바로 콘텐츠라고 할 수 있다. 따라서 프로그램의 제작과 확보 등이 제품계획에 해당된다. 그러나 DMB는 성장기에 진입했지만 기존 지상파는 재전송(일부 재가공) 위주이고, 아직까지 DMB전용 콘텐츠의 개발이 미비한 실정이다. 이에 DMB 방송사들은 기존의 제품에 비해 수용자들에게 팔릴 수 있는 프로그램의 개발과 제작에 신경을 써야 할 것이다. 한국방송영상산업진흥원이 2008년 펴낸 보고서에서 개인미디어의 특성을 감안해 모바일TV 수용자의 라이프스타일 유형에 맞는 맞춤형 콘텐츠와 서비스를 제공하는 것이 모바일TV사업의 성공열쇠라고 제언하기도 했다. 지상파DMB사업자들은 한정된 제작비 내에서 효율적으로 프로그램을 제작해야 하는 입장이기 때문에 아이디어로 승부할 수 있는 스타일이나 형식을 개발할 필요가 있다. 따라서 DMB사업자들이 DMB에 적합한 새로운 프로그램, 이른바 킬러 콘텐츠를 찾아내기 위해서는 무엇보다 왕성한 실험정신이 필요하다. DMB 특성에 맞는 새로운 아이디어와 형식을 도입해 프로그램 포맷을 개발하는 전략이

<그림 3-2> DMB방송의 양방향 데이터 서비스를 구현하는 모습

양방향 데이터 서비스(DMB2.0)

무선인터넷 플랫폼

뒤따라야 한다.

현재 TU미디어나 U1미디어, 한국DMB 등은 채널을 채울 수 있는 콘텐츠가 부족한 만큼 지상파나 케이블TV, 독립제작사, 인터넷기업과 전략적 제휴를 맺어 콘텐츠를 적극 확보하고 있다.

또한 브랜드전략 면에서 지상파DMB 가운데 KBS, MBC, SBS 등은 기존 브랜드의 연장선상에서 KBS STAR, myMBC, SBSu, mYTN뉴스 등으로 브랜드 네임(brand name)을 정하고 있지만, U1미디어와 한국DMB(UBS)는 새로운 브랜딩으로 시청자들에게 모바일 방송국임을 각인시키려고 노력하고 있다. U1은 '유비쿼터스 Number 1' 채널임을 강조하고 있고, 한국DMB는 비디오 채널 명을 '1 to 1'을 설정하여 DMB방송의 쌍방향성과 개인성을 부각시키고 있다. 그러나 한국DMB는 초창기 오락채널인 1 to 1을 운영하다가 2009년 4월 경제채널인 'UBS'로 채널 명을 변경함으로써 채널 브랜드를 변경했다.

둘째, 가격전략은 수신료와 광고수입, 광고시간 판매, 가격결정기법, 수익모델 등을 결정한다. 현재 DMB 수익구조도 수신료와 광고수입에 의존한다. 지상파DMB의 경우 광고요율을 한국방송광고공사가 통제하고, 시장형성이 안 되어서 가격수준도 낮은 실정이다. 지상파DMB사업자들은 2009년 3월

특화된 광고수입을 얻지 못하는 상황에서 매월 개통비를 받는 방안을 담아 방송통신위원회에 탄원서를 냈다. 이들 사업자는 단말기 제조사나 구입자로 부터 서비스 '개통비'를 받는 부분 유료화를 주장하면서 지상파DMB의 생존 대책 마련을 촉구했다.

위성DMB는 수신료와 광고수입에 의존하고 있는데, 가입자가 한정되어 수신료 수입이 제한적이며, 광고수입도 적어 중간광고 도입이 절실한 실정이다. 위성DMB가 유료매체를 표방하는 만큼 가입자 확보 차원에서 기본요금 제와 부가요금제를 적용하고 있다. 기본요금제인 TU Basic은 월 11,000원으로 37개 방송사가 제공하는 프로그램을 볼 수 있는데, 장애인과 국가 유공자는 할인을 해서 월 7,700원에 제공하고 있다. 부가요금제인 무비플러스는 최신영화채널 TUBOX와 성인영화 전용채널 프리미엄 19+를 함께 시청할 수 있는 결합 부가서비스로 월 4,000원에 할인해서 공급하고 있다.

셋째, 유통전략은 유통경로, 프로그램의 수급, 전송방법 등을 결정한다. 방송의 유통계획은 프로그램의 유통을 의미한다. 지상파DMB는 지상파 방송처럼 송신소를 이용하여 프로그램을 전송하는 반면, 위성DMB는 한별 위성을 통해 프로그램을 전송하는 방식을 취하고 있다.

위성DMB, 지상파DMB 모두 도입 초기 자체 콘텐츠 제작이 취약하여 기존 지상파나 케이블TV 등의 프로그램에 의존하는 비율이 높아 DMB 전용 콘텐츠를 다른 플랫폼에 다단계 유통을 하지 못하고 있다. 대체로 지상파DMB사업자들은 1년에 두 번 개편을 하는 시점에 평균 3~4개 정도의 신규 프로그램을 제작하고 있다. 특히 지상파DMB콘텐츠 가운데 자체 제작 콘텐츠들이 일부 케이블TV나 IPTV, UCC 등에 판매되거나 공급되면서 창구를 확대시키는 경향이 나타나고 있다.

DMB는 프로그램의 유통 면에서 한 가지 영상제작물을 다른 미디어에 이용하여 부가가치를 창출하는 '창구효과'가 낮은 편이다. 창구효과는 극장 → DVD → 케이블/위성 → 지상파TV 등 순차적으로 배급되는 영화콘텐츠의 유통과정을 의미한다. 온미디어의 <시리즈 다세포소녀>의 경우 케이블

TV용으로 방영되고 있지만, TU미디어의 채널블루와 인터넷 방송에서 동시에 방영하면서 창구효과를 깨고 있다.

넷째, 촉진전략은 광고, PR, 판매촉진, 이벤트와 캠페인 홍보, 온라인 프로모션, 오프라인 프로모션, 사이트 판촉활동, 프로그램 가이드 제공 등을 결정한다. 유료매체인 위성DMB는 PR이나 프로모션에 적극적이다. 위성DMB 방송사 TU미디어는 가입자 확대를 위해 가입비를 할인해주거나 몇 개월 면제혜택을 주는 등 인센티브를 제공하여 고객을 유인하고 있다. TU미디어는 2009년 5월 1일 개국 4주년 기념행사로 CH15 TU 리퀘스트 '하루 종일 이벤트'를 실시했다. TU미디어 4주년 기념 특별방송의 코너는 SMS(short messaging service) 문자로 참여하는 모바일 글짓기, 포토메일을 이용한 미션포토메일 그리고 매 시간 전화연결을 통한 퀴즈쇼 등을 진행하여 참여한 청취자들에게 커피 기프티콘과 럭셔리 엠판 및 네임텍 등 다양한 선물을 제공하기도 했다.

지상파DMB 방송사인 U1미디어는 2006 '프로야구 올스타전'에 <생방송 퀴즈 100만원> 현장 이벤트를 개최하여 잠실야구장 경기 관람객을 대상으로 퀴즈문제를 푼 사람에게 현금 100만 원, USB 수신기, 모자 등을 지급했다. 지상파DMB 서비스사업자인 한국DMB(1 to 1)는 2008년 11월 자체 프로그램 <영화쿠폰 캡처를 잡아라>에서 이벤트에 참가한 시청자를 대상으로 휴대전화 MMS(multimedia messaging service)를 활용해 영화예매권을 제공했다. 한국DMB는 20세기 폭스사와 함께 개봉 영화인 <맥스페인>과 <오스트레일리아>에 대해 관람 신청을 올리는 시청자를 대상으로 추첨을 통해 영화예매권을 제공했는데, 방송 후 3일 만에 이벤트 게시판에 1,000여 명 이상의 신청자들이 몰려 관심을 끌기도 했다.

DMB는 주로 남성, 10대에서 30대에 이르는 젊은 층, 고학력, 고소득층이 주로 채택하는 특성을 보인다. 2006년 KBI 조사에 따르면, 위성DMB의 경우 10~20대 젊은 층들이 전체의 61%로 이용했고, 지상파DMB는 20~30대가 86%를 이용하고 있는 것으로 나타났다.

<표 3-1> DMB 마케팅 전략

마케팅 믹스	지상파DMB	위성DMB
제품전략	- 선호 장르: 스포츠, 연예/오락, 영화 - 편성: 종합편성, 성별·연령층에 맞는 홍보 콘셉트 - 브랜드 확장: KBS STAR, my MBC, SBSu, mYTN뉴스	- 선호 장르: 스포츠, 연예/오락, 드라마 - 편성: 전문 장르별 편성, 성별·연령층에 맞는 홍보 콘셉트 - 채널 브랜드 구축: 테이크 아웃 (take out) TV
가격전략	- 무료 - 광고 기반(광고수익/부가서비스)	- 유료(수신료: 기본 11,000원) *부가요금제: 4,000원 - 가입자 기반(수신료, 광고)
유통전략	- 사용 장소: 개인용 차량, 학교/직장 - 단말기: 휴대전화 겸용, DMB전용 차량용 수신기 - 지상파 프로그램 수급	- 사용 장소: 지하철, 학교/직장 - 단말기: 휴대전화 겸용, DMB전용 - 독립프로덕션, 케이블PP 수급
촉진전략	- 광고매체: TV/라디오 광고 - 2차 정보습득: 주변 사람들, 인터넷 공식 홈페이지, 시사회 - 사례: 외식상품권, 공연초대권	- 광고매체: TV/라디오 광고 - 2차 정보습득: 주변 사람들, 인터넷, 공식 홈페이지, 시사회, 이벤트 - 사례: MMS를 통한 영화예매권 제공

DMB를 선호하는 계층은 주로 20~30대라고 할 수 있다. 특히 DMB에서 가장 선호되는 콘텐츠가 음악이나 영화 등 엔터테인먼트라는 점에서 DMB의 주 소비계층은 20대일 것으로 보인다. 따라서 위성DMB의 주 타깃을 20~30대 초반의 직장인 및 대학생으로 설정하고, 10대와 30대 중반을 서브타깃으로 설정하여 공략해야 한다. 이러한 목표시장을 위해 20~30대에 맞는 콘텐츠를 개발하여 초기 수용자를 유인하면서 온라인과 모바일의 연계 마케팅을 통해 구전효과를 노리고 가입자를 확대해야 할 것이다.

그러나 고정TV의 보완매체로 도입된 DMB서비스는 사실상 수익모델을 창출하는 데 실패하여 위성DMB와 지상파DMB 모두 사업자들이 고전을 면치 못하고 있다. 1,600만 대의 단말기를 보급한 지상파DMB는 낮은 광고수입으로 위기에 빠져 있고, 위성DMB는 가입자가 190만 명에 불과해 3,000억 원의 누적적자를 기록하고 있다. 이에 따라 위성DMB, 지상파DMB의

사업회생을 위해서 부분유료화나 중간광고 도입, 새로운 광고모델의 도입
등 안정적인 수익모델의 개발이 요구된다.

2. 4P에서 4C로 전환

앞에서는 전통적인 마케팅 믹스인 4P전략을 미디어산업에 적용하여 제품
전략, 가격전략, 유통전략, 촉진전략 측면에서 각 핵심요소를 살펴보았다.
여기에서는 4P전략과 다른 미디어산업의 모든 것을 한마디로 설명할 수
있는 4C전략에 대해서 알아보고자 한다. 4C전략은 콘텐츠(Content), 전달통
로(Conduit), 소비(Consumption), 융합(Convergence)을 압축해 표현할 수 있다
(리버만·에스게이트, 2003: 46). 이런 4C 믹스(mix) 전략을 통해서 미디어기업은
리스크 감소 및 이익을 최대화할 수 있을 것이다.

- 콘텐츠: 실제 소비 가능한 미디어상품을 의미한다. 단순한 아이디어에서
  출발하여 상품으로 완성되어 소비자에게 공급될 수 있도록 완벽하게 준비되어
  있는 상태를 말한다.
- 전달통로: 상품의 전달방식을 의미하는데, 극장, 대역폭, 동축케이블, 위성,
  TV수신 위성안테나(TVRO), UHF, VHF, 디지털 전송기를 통해 소규모 지역
  방송사들이 콘텐츠를 전달하는 통로이다. 전달통로는 4P에서 말하는 콘텐츠
  의 유통경로를 생각하면 된다.
- 소비: 소비자들이 실제로 상품을 접하고 이용하는 단계이다. 영화, HDTV,
  CD-ROM, 디지털, 셋톱박스, DVD, 웹 TV, PDA, 휴대전화, 전자책, PC
  등을 통해 소비자가 미디어상품을 소비한다. 즉, 소비는 소비자가 어떤 유형의
  단말기(수단)를 통해 소비하는지를 의미한다.
- 융합: 수많은 미디어와 기술이 서로 조합되어 미디어산업을 통합하고 있다.
  TV와 PC가 중심이 되어 전개될지, 아니면 전화나 인터넷 중심이 될지는

모르지만 어느 것이든지 각각의 미디어를 중심으로 많은 기술이 통합되고 있다. 실제로 TV와 인터넷이 통합되어 IPTV가 출현했고, 휴대전화와 TV가 결합하여 DMB가 탄생했다.

미디어 마케팅은 가장 광범위한 형태로 각각의 영역과 유기적으로 연결되어 있다. 궁극적으로 소비자가 무엇을 보고 듣고 읽는가, 소비자가 어떻게 미디어상품을 즐기도록 할 것인가, 어떤 형태로 소비자가 상품을 소비하도록 할 것인가, 또 미디어 마케팅은 어떻게 이 다양한 미디어와 기술을 집약할 것인가 하는 것들이 미디어 마케팅의 포괄적인 개념이자 범주인 것이다. 이하에서는 이들 4C전략을 중심으로 미디어상품이 소비자들에게 어떤 방식으로 소비되는지를 살펴보기로 한다.

1) 콘텐츠

콘텐츠는 여러 형태로 소비자에게 전달될 실제 미디어상품이기도 하며, 여러 형태로 변형되어 새롭게 만들어지는 상품을 산출해내는 모든 요소를 내포하기도 한다. 콘텐츠가 미디어산업분야 외에 다른 모든 산업분야와 연관될 수 있게 만들어주는 네 가지 요소를 살펴보면 다음과 같다.

첫째, 크리에이티브 아이디어는 미디어상품을 개발하기 시작하고 진행시키기 위한 출발점이다. 콘텐츠 상품을 형상화하는 중심에는 크리에이티브 아이디어가 자리 잡고 있다. 특히 크리에이티브를 구체화하는 기획과 개발의 프로세스가 시작되기 전부터 하나의 아이디어에 수많은 자금과 노력(시간)이 투자되기도 한다.

둘째, 테크놀로지는 프로덕션(상품 제작과정)을 완성할 수 있도록 도와주는 기술을 의미하며, 이런 기술을 선택하고 활용하기 위해서는 신뢰성 있는 기술을 이용하는 것이 중요하다.

셋째, 재능(talent)은 아이디어를 더욱 발전시켜 상품으로 표현해낼 수 있게 하는 것을 말하며 가장 중요한 요소이다.

넷째, 다른 상품과 미디어상품을 구별짓는 가장 큰 요소는 바로 상품의 소멸성(perishability)이다. 상품의 소멸성으로 인해 소비자가 트렌드와 기호가 항상 변화하기 때문에 시간이야말로 가장 중요한 요소가 된다.

위의 네 단계가 다른 산업 생산사이클에서도 존재한다는 반론이 있기는 하지만, 무엇보다도 미디어산업분야에서는 이 네 단계가 차례로 일어나지 않는다는 특징이 있다. 이는 바로 미디어의 소멸성이라는 특징 때문이다. 미디어상품은 생활의 필수요소가 아니라 기호품이며, 일분일초라도 대중의 기호보다 조금이라도 뒤쳐져서도 안 되는, 즉 대중이 원하는 바로 그 시점에서 대중에게 제공되어야 하는 것이다. 따라서 네 요소가 한꺼번에 조화를 이뤄야 성공하는 미디어상품으로 개발될 수 있는 것이다. 콘텐츠라는 것이 비록 처음에는 한 사람의 머릿속에서 만들어지기는 하지만 창조된 콘텐츠가 적절한 타이밍에, 적절한 형태로 소비자의 여가시간을 차지하며 인기를 끄는 '적시타' 같은 상품으로 만들어지기 위해서는 수많은 전문 인력이 필요하다.

초기 대중 미디어 시절에는 투자가 적어 상품이 보다 신중하게 만들어졌고, 여러 가지 전략을 몇 번이고 테스트하는 과정을 거칠 수 있었다. 그러나 지금은 엄청난 속도로 세상이 변하고 있다. 특히 통신기술의 발달은 광범위한 입소문과 마구 떠들어대는 광고 홍보, 그것을 통해 제품의 인지도를 형성해내고 있다. 그러다 보니 모든 미디어상품은 출발 신호가 켜진 후 출발하자마자 결승점으로 들어와 버리는 속전속결의 경주를 치르고 있다. 상품이 만들어지고 시작할 때부터 보고 싶게 하고, 읽고 싶게 하고, 듣고 싶게 하는 마케팅만이 상품의 성패를 가르는 기준이 되고 있는 것이다.

2) 전달통로

미디어 마케팅에서 가장 중요한 것은 대중에게 그 상품을(영화, 드라마, 게임) 보고 싶게 하고, 음악처럼 귀로 듣는 상품에 대해 듣고 싶게 하며, 책처럼 읽고 싶어 하도록 유도하는 일이며, 상품이 각각의 전달통로를 통해 최종적으로 대중에게 전달될 때 그 작품을 보고 싶어 미치게끔 만드는 것이다.

유비쿼터스와 디지털로 요약되는 기술집약적 시대에는 미디어상품을 대중에게 유통시키는 업무 중 두 가지 요소, 즉 어디로 어떻게 상품을 전달하는가 하는 문제가 중요해진다. 간단히 말해 전달통로는 상품을 소비자에게 전달하여 소비자가 그 상품을 최종적으로 받아들이는 매개 형태를 말한다. 예를 들어 극장을 소비자가 소비하는 접근통로이자 상품의 노출공간이라고 생각해보자. 산업이 변화하면서 영화의 소매 배급구조 역시 다양한 변화를 겪었다. 전통적인 유통경로로 볼 때 소매상에 해당되는 극장은 잠재 영화관객과 직접적으로 만나는 지점이다. 극장의 유형은 단관극장, 멀티플렉스, 자동차극장으로 구분할 수 있다. 1998년까지 우리나라의 극장 수와 스크린 수는 507개로 동일했다. 아직 멀티플렉스가 도입되지 않은 시점이었기 때문에 극장 수는 곧 스크린 수와 동일한 의미였다. 그러나 단관극장은 1999년을 기점으로 급속히 감소하게 되는데, 상대적으로 대규모의 자금을 투입한 멀티플렉스가 증가한 것이 그 원인이지만 근본적으로 사회문화적 환경변화와 관객의 수준 향상에 따른 욕구를 신속히 수용하지 못한 데서 기인한다. 결국 멀티플렉스는 소득수준의 향상에 다른 가처분소득 및 가용시간의 증가에 따라 1999년 이후 꾸준한 성장세를 보이며 2006년 현재 198개 극장이 있으며 전체 극장 중 약 62%를 차지하고 있다(영화진흥위원회, 2007). 멀티플렉스는 다양한 장르의 상영과 관객맞춤 상영시간대라는 장점을 갖고 있어 현대인들의 라이프스타일에 맞는 탄력적인 시간 운영을 하게 하고 각종 편의시설은 관객들에게 좋은 휴식처와 즐거운 재미공간을 마련해준다. 미국에서도 멀티플렉스는 1980년대 비디오에 관객을 빼앗기던 극장들이 불황의 타개책으로 원스톱 엔터테인먼트를 모토로 개발한 극장이었다.

미디어상품의 유통은 기술발전에 따라 장소에 제약을 받지 않고 상품을 전달하고 있다. 텔레비전 방송국은 동축케이블이나 광섬유 케이블, 위성 위성수신안테나, 위성방송(DBS), 레이저, 무선통신 등을 미디어상품의 유통

통로로 활용하는 시대가 되었고, 이는 영화산업에서도 마찬가지다. 소비자는 다양한 미디어를 만끽할 수 있는 다양한 선택방법을 가지게 되었다. 이 중 가장 눈부신 활약을 보이고 있는 것이 엄청난 폭의 광대역폭이다. 광대역폭은 한 번에 여러 종류의 선택정보를 동시에 전송할 수 있을 만큼 대역폭이 넓어서 언제고 어떤 영화든지 VOD로 전송해줄 수 있으며, 소비자의 안방까지 영화와 같은 엔터테인먼트 상품을 전달해준다. 동케이블과 광케이블, 위성전송 방식은 같은 시장을 두고 광대역폭과 접전을 벌이고 있다. 최근에는 무선통신이 인터넷과 휴대전화와 결합하여 새로운 이동수신 매체로 발전하고 있다.

또 하나의 강력한 대안으로 인터넷이 있다. 닷컴 시장의 침체에도 인터넷은 여전히 건재하며, 통신분야에서의 다른 모든 기술혁명과 마찬가지로 조만간 인터넷을 이용해 미디어상품을 제공하는 방법뿐 아니라 이를 통해 엄청난 수익을 거둬들이는 방법도 곧 찾아내게 될 것이다.

인터넷은 전자상거래 사이트를 기반으로 지역적, 전국적 그리고 전 세계적인 범위의 커뮤니티를 만들어내면서 전통적인 소매체계에 도전장을 내놓고 있다. 기존 소매업계는 대부분 이미 확보하고 있던 유통채널을 기반으로 온·오프라인을 통합하는 판매 커뮤니티를 만드는 한편, 다른 회사가 운영하는 웹사이트와 시너지 관계를 구축함으로써 마케팅의 범위를 온라인으로 확장하려고 노력하고 있다.

3) 소비

소비단계란 모든 공정이 끝난 미디어상품이 대중에게 제공되는 시점을 말한다. 물론 여기에는 완전하게 통합된 마케팅 계획의 일환이라 할 수 있는 효율적인 광고를 통해 소비자가 상품을 소비하게 되는 거래과정까지 두루 포함된다. 경쟁이 치열한 미디어시장 환경에서 한 명의 소비자가 일정 기간 동안에 맞닥뜨리게 될 모든 선택의 가능성에 대해 생각해보았는가? 소비단계란 바로 마케팅 임원이 소비자를 유혹할 수 있도록 자신의 능력을 발휘하는 때인 것이다.

영화표를 사는 것도, 비디오를 보는 것도, CD를 듣는 것도 셋톱박스의 채널을 고르는 일도, 전자책을 구입하는 일도 모두 거래이며 소비라고 할 수 있다.

우리나라에는 2006년 12월 현재 지상파 방송3사와 19개의 지역 MBC, EBS, SBS, 10개 지역민방사업자 등 32개를 비롯해 지상파DMB사업자 6개, 위성방송(위성DMB 포함) 2개사, PP 187개, SO 107개 등 330여 개 방송사가 경쟁을 펼치고 있다(방송위원회, 2007b: 11~12). 또한 348개의 극장과 100여 개 이상의 라디오방송국, 150개의 신문사, 3,700여 종의 잡지가 매일 소비자의 선택을 기다리고 있다.

한국문화관광정책연구원에서 보고한「2006 국민여가조사」결과에 의하면 우리나라 사람들이 가장 자주하는 주요 여가활동은 텔레비전 시청과 라디오 청취(68.3%), 잡담 및 통화하기(23.6%), 목욕 및 사우나(22.9%), 신문 및 잡지 보기(20.5%), 영화 보기(20.4%), 각종 모임 참석(18.3%), 쇼핑(17.7%), 산책(16.9%), 낮잠(16.1%), 인터넷 서핑 및 채팅(15.5%) 등이다.

한국문화정책개발원의『2006 여가백서』결과에 의하면, 10세 이상 우리나라 국민들의 하루 평균 여가시간은 평일 3시간 6분, 휴일은 5시간 27분 정도로 나타났다. 이처럼 우리 국민의 평균 여가시간을 4시간 15분으로 볼 때 수많은 미디어와 다양한 여가활동이 여가시간에 대한 경쟁을 하고 있다는 것을 알 수 있다.

최근 늘어난 여가시간을 즐기기 위한 소비자층이 등장하면서 여가활동이 정적에서 동적으로, 집단적인 활동에서 개인적 활동으로 변화하는 추세에 있다. 현대 사회의 여가활동이 재미(fun)와 기술(technology)이 결합한 '퍼놀로지(funology)'로 나타나 여가의 개인화, 웰빙에 대한 추구, 그리고 여가를 잘 활용하는 사람이 더 창의적인 일을 한다는 생각이 지배하면서 자신의 삶의 방식에 변화를 추구하게 되었다. 앞으로 여가 향유의 유무에 따른 문화적 갈등을 극복하고, 여가에 대한 올바른 인식과 문화적 전개를 행한다면 의미 있는 삶과 건전한 여가문화가 조성될 수 있을 것이다.

4) 융합

산업 전반뿐 아니라 우리의 일상생활에 '컨버전스'가 유행처럼 번지고, 이 컨버전스가 또 하나의 트렌드이자 수익원으로 표출되고 있다. 기술과 콘텐츠라는 두 가지 관점에서 볼 때 컨버전스는 미래의 분명한 흐름이다. 컨버전스는 음성, 데이터, 영상 등의 모든 정보가 방송, 통신위성, 인터넷과 같은 모든 미디어 네트워크와 디지털기술에 의해 전달됨으로써 방송, 통신, 가전, 컴퓨터 등이 서로 융합된 새로운 형태의 정보기기와 멀티미디어 서비스를 생성하는 것을 의미한다.

통합 또는 융합이라는 의미로 해석되는 컨버전스는 기술적 진보를 넘어서 형태적·장르적으로 '창조적인 융합'현상으로 나타나고 있다. 문화산업에서도 다양하면서도 광대한 영역적 특성들이 융합될 수 있는 환경이 조성되어 우리는 날마다 새로운 모습을 경험하고 있다. 기술적인 측면에서도 TPS(전화＋인터넷＋방송), 단말기의 복합(All in One), 유·무선 연동, 홈엔터테인먼트 (IPTV, VOD콘텐츠), 텔레매틱스, 타임머신 TV, MP3기능 휴대전화 등 '창조적인 융합'형태로 결합하고 있다.

또한 콘텐츠에서도 에듀테인먼트, 인포테인먼트, 퓨전 드라마가 유행을 하면서 새로운 장르를 탄생시키고 있다. 성악과 팝, 트로트를 포함한 여러 음악장르를 한 무대에 올린 KBS <열린음악회>도 퓨전의 성공사례로 볼 수 있다.

이와 함께 새로운 제작방식 형태인 방송사와 영화사의 융합현상도 나타나고 있다. 영화사가 방송드라마를 제작하고, 방송사가 영화를 만드는 등 영화와 드라마의 영역 파괴가 나타나고 있다. 대표적인 사례로 MBC는 싸이더스 FHN과 <달콤, 살벌한 연인>과 <천하명당 무도리>를 공동제작했다.

이와 같이 방송과 통신, 통신과 콘텐츠 등 기술과 사업, 서비스의 사업자, 네트워크의 구분이 모호해지면서 새로운 형태의 복합, 결합, 융합의 상품 서비스가 속속 등장하고 있다.

컨버전스가 날로 확대될수록 소비자는 어떤 전달통로를 통해 콘텐츠를 소비할지 선택하는 데 아무런 제약도 받지 않을 것이다. 또 그럴수록 마케팅 전문가가 해야 할 새로운 시도와 가능성은 더욱 흥미로워질 것이다. 요즘 같이 미디어상품이 풍요한 시대에 미디어를 즐길 예산이 부족하다는 말은 핑계거리가 될 수 없다. 오히려 문제는 바로 선택의 문제다. 소비자는 주말마다 새로 개봉되는 영화 중에서 어떤 것을 골라 봐야 할 것인지를 두고 고민하고 있다. 소비자의 발걸음이 어느 영화로 향하느냐에 따라 영화는 대박을 터뜨리느냐 아니면 실패되느냐가 결정된다. 소비자의 선택이 영화 제작사를 비롯한 대형 미디어기업의 경영방식에 커다란 지각변동을 일으키고 있으며, 스타의 인기는 급상승했다가 사라져간다. 또한 매주 뒤바뀌는 흥행실적에 따라 엄청난 부를 얻는 사람도 있고 처참하게 몰락하는 사람도 생겨난다.

이렇게 명성을 얻는 사람과 처참하게 몰락하는 사람들의 한가운데 미디어 마케팅 전문가가 있다. 개인의 가용시간과 가용소득이 증대되고, 기술이 날로 발전함에 따라 마케팅팀은 브랜드를 구축하고 관객의 브랜드 인지도를 높여가며 그들의 요구와 욕구를 만들어간다. 이런 공격적인 마케팅이야말로 미디어 마케팅의 전부이다. 만일 마케팅팀이 성공적인 마케팅활동을 펼치게 된다면 모든 상품을 날개 돋친 듯 팔 수 있을 것이다.

그러나 아무리 창조적인 아이디어를 가지고 있다 하더라도 각각의 상품을 잘 다듬어줄 수 있는 전문 인력이 없으면 아이디어가 빛을 보지 못하는 것과 마찬가지로 성공적인 마케팅 역시 어떤 한 개인의 노력만으로는 이루어 질 수 없다. 미디어 마케팅이야말로 많은 사람의 섬세하고 조화로운 전략의 산물이며, 오늘날의 미디어산업 현실을 감안할 때 브랜드를 이용하여 상품의 다양성을 확장하고 매출과 수익 흐름을 다각화하는 등의 여러 방법을 동원할 때 성공적인 마케팅 전략이 나온다고 볼 수 있다.

3. 7P로의 확대

1) 7P 스키마

지금까지 마케팅 믹스는 4P로 그 활동이 요약되어왔고 그것에 대해 별다른 의문을 제기하지 않았다가 서비스 마케팅을 설명하는 스키마(schema)[2]는 달라야 한다는 주장으로 인해 마케팅 믹스의 분류체계가 쟁점으로 떠오르고 있다. 서비스는 재화와 달리 무형성, 이질성, 생산과 소비의 동시성, 소멸성 등의 특징을 갖기 때문에 4P 이외에 3P가 추가되어야 한다는, 소위 '7P 스키마' 가 등장한 것이다(Grönoos, 1990). 7P란 과정(Process), 사람(People), 물리적 증거 (Physical evidence)를 4P에 추가한 것이다(안상길 외, 2008: 375~376). 확장된 마케팅 믹스인 7P 스키마는 <그림 3-3>에서 볼 수 있다.

이러한 7P 스키마도 과정에 대한 지원과 접점 직원의 만족이나 관리를 잘 반영하지 못한다고 하여 외부마케팅, 상호작용마케팅, 내부마케팅으로 구성되는 서비스 마케팅 삼각형(service marketing triangle)도 제시되고 있다. 하지만 일반 재화에도 영업이나 서비스가 포함될 수 있기 때문에 서비스와 재화를 구분하지 않고 7P 스키마를 사용하는 것이 적절하다는 주장도 있다(전인수·배일현, 2003). 이러한 주장에 대해 공식적인 논쟁이 있는 것은 아니지만 우리나라 업계에서도 재화마케팅에도 마케터인 사람은 매우 중요하므로 인사관리 영역에 그대로 두어서는 안 되고 4P에 사람(P)을 포함하여 5P 스키마로 정하는 것이 타당하다는 견해도 있다. 이렇게 스키마에 대한 제안이 있지만 미디어 마케팅을 담아내는 스키마에 대한 제안이나 논쟁은 아직 찾기 어렵다.

문화상품은 고객과 직접 대면하여 제공해야 하기 때문에 재화보다는 서비스에 가까워 7P 스키마가 미디어 마케팅 믹스로 적합하다고 본다. 서비스

---

2) 스키마(schema)는 사전지식구조를 말한다.

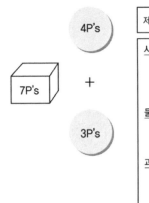

<그림 3-3> 확장된 마케팅 믹스 7P 스키마

| 4P's | 제품(Product), 유통(Place), 촉진(Promotion), 가격(Price) |

사람(People)
서비스 제공에 참여하여 구매자의 지각에 영향을 미치는 모든 행위자; 서비스가 제공되는 상황에 있는 종업원, 고객 및 여타 고객들

물리적 증거(Physical Evidence)
서비스가 제공되는 접점에서 서비스의 수행이나 커뮤니케이션을 촉진하는 유형적인 요소

과정(Process)
서비스가 제공되는 실제적인 절차, 메커니즘 및 활동의 흐름, 즉 서비스제공 및 운영시스템

마케팅에서는 고객과 접점직원이 만나는 서비스를 제공하는 것을 연극에 비유하고 있을 정도로 문화와 서비스는 동질성이 높다. 따라서 <그림 3-4>와 같이 나타낼 수 있는데, 4P는 재화마케팅과 유사하고 3P가 추가되고 있다. 우선 3P의 내용을 소개하면 다음과 같다.

첫째, 서비스 제공이 접점흐름(service cascade)으로 구성되듯이 미디어상품 역시 제공되는 '과정'이 있다. 'cascade'는 연속과 단계를 강조하는 표현이다. 예를 들어 영화관람을 위해 티켓을 구입하고 극장에 오고 상영 중인 영화를 관람하며 즐거움과 기분전환을 느끼는 것이 접점흐름이다. 이들 접점에서의 품질이 고객만족이나 감동에 영향을 미칠 수 있기 때문에 각 접점은 '가장 중요한 순간(moment-of-truth: MOT)'이라고도 한다.

둘째, 시설로 대표되는 '물리적 증거'이다. 이는 굳이 첫 자를 P에 맞추기 위해 'physical'로 표현했지만 사실은 시설(facilities)을 의미한다. 공연예술의 경우 무대장치, 조명, 음악 등이 여기에 포함된다. 물리적 증거는 미디어상품을 소비자에게 제공하는 시설을 의미한다. 우리나라 영화가 1990년대 말 이후 리마케팅(remarketing)에 성공한 이유 중 하나가 바로 멀티플렉스로 바뀐 영화관이 한몫을 톡톡히 했다고 할 수 있다.

<그림 3-4> 7P 스키마 중 서비스 마케팅 삼각형

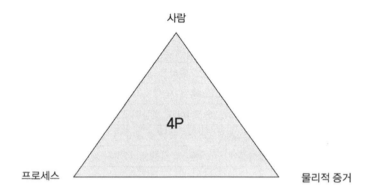

셋째, '사람'이다. 서비스 마케팅에서 사람이 중시되는 이유는 서비스가 정서노동을 필요로 하기 때문이다. 정서노동이란 고객의 기분과 눈높이에 맞추는 데서 겪는 정신적 어려움을 말한다. 따라서 정서노동에 강한 사람을 서비스의 접점직원으로 채용해야 하며 끊임없이 정서노동을 강화시키는 교육과 인센티브 시스템을 필요로 한다. 미디어산업의 종사자는 고유한 역할 외에 정서노동도 해야 함을 명심하여 이미지 관리나 근무지침을 마련할 필요가 있다.

2) 영화의 7P 마케팅 믹스

영화는 배우, 감독, 제작자에 의해 만들어진다. 영화를 관람토록 유인하기 위해 다양한 마케팅이 사용되지만 결국 영화의 흥행 여부를 결정짓는 것은 관객의 기대를 충족시켜줄 수 있느냐의 여부에 달려 있다. 영화마케팅에서 중요한 것은 고객, 효율성, 욕구의 개념이다. 이에 마케팅은 고객의 욕구를 기초로 이에 부합하는 제품, 서비스, 정보, 시간 등을 기획 및 개발하여 이에 대한 가격, 유통, 촉진에 대해 최선의 방법을 강구하여 최대한 고객을 만족시키는 일련의 과정을 포함한다. 영화 마케팅믹스의 4요소라면 영화라는 상품

<표 3-2> 영화 7P 마케팅 믹스의 내용

마케팅 믹스의 요소	내용
제품	영화 자체, 배우, 감독, 브랜드, 장르, 러닝타임, 시놉시스
가격	관람료, 초대권, 할증·할인, 회원제도, 수명주기, 로열티, 라이선스
유통	개봉일, 관객동원 수, 멀티플렉스 수, 스크린 수, DVD 출시
촉진	예고편 노출, 광고, 홍보 및 PR, 시사회 개최, 이벤트
과정	관람 및 행사 진행, 서비스 활동의 흐름
사람	관람객, 영화 서포터스, 극장 전문요원
물리적 증거	극장(멀티플렉스) 자체, 휴게시설, 주차시설, 체험공간

(Product), 관람요금(Price)과 연령등급, 배급과 상영(Place), 광고홍보 전략(광고, 판촉)의 프로모션(Promotion)이라 할 수 있다.

이러한 마케팅 믹스 요소를 토대로 영화 흥행의 성공적인 전략을 도출하기 위해서는 무엇보다 기획개발단계와 영화제작단계에서 마케팅 콘셉트 전략을 도입하여 시도하는 것이 중요하다고 할 수 있다. 영화흥행을 위한 마케팅 믹스 차원에서 영화의 화제성과 관객 어필도 예측에 따라 최소한의 창구기간에 최대의 흥행수입을 올리는 마케팅 개봉전략을 어떻게 세우느냐의 문제는 전략적인 플래닝을 통해 전개된다(강승구·장일, 2009). 이러한 마케팅 믹스에 과정과 사람, 물리적 증거 등이 추가되어 7P로 확장된다. 여기서는 영화마케팅을 7P의 관점에서 알아보기로 하고, 추가된 3P를 중심으로 살펴보기로 한다. <표 3-2>는 영화 7P 마케팅 믹스의 내용을 요약·정리한 것이다.

(1) 과정

관객이 하나의 영화를 보기 위해서는 정보탐색 및 티켓예매, 영화관람전 식사, 극장 방문, 전단지 보기, 화장실 이용, 관람 후 귀가 등 일련의 과정을 거치게 된다. 영화 제작자들은 최고의 마케팅은 좋은 작품을 만들어서 보여주는 것이라는 믿음을 가지고 작품 제작에 공을 들이지만 관람객 입장에서는 영화뿐 아니라 이 일련의 과정을 포함한 종합적인 체험을 거쳐 영화에 대한 최종평가를 내린다.

영화 관람 과정은 영화를 관람하기 위해 정보를 탐색하고 티켓을 예매하는 구매 전 단계, 극장을 방문해서 영화를 관람하는 구매단계, 관람이 끝난 뒤 귀가하는 구매 후 단계에서 관객들은 어떤 일을 겪게 되는지, 그 일이 관객만족에 어떤 영향을 끼쳤는지 살펴보는 것까지 여러 단계를 거친다. 관객들은 영화관람 자체 이외의 요인들로 인해 불쾌한 경험을 가질 수 있다. 즉, 관객들은 극장 내의 청결성이나 종업원의 친절성, 좌석의 불편 정도, 기타 휴게시설 및 주차시설에 불편함을 느낄 수 있다. 따라서 서비스가 제공되는 과정에서의 품질이 고객만족이나 감동에 영향을 미칠 수 있기 때문에 일련의 단계에서 각 접점들은 가장 중요한 순간이라고 볼 수 있다.

(2) 사람

모든 영화를 상영하는 극장에서는 사람 전략과 관련하여 현재 관객과 잠재관객은 누구인지, 영화 구전단(口傳團)인 서포터스가 활동하는지, 관객과 직접 대면하는 직원들이 친절하게 응대하는지 등이 중요한 이슈가 된다.

영화는 생산과 소비가 동시에 이루어지기 때문에 관객의 만족은 소비과정에서 만나는 극장의 종업원들과 상호작용에 의해 영향을 받는다. 따라서 관객들을 감동시킬 수 있는 외부마케팅을 하기 위해서는 내부 인적자원, 특히 직원들을 대상으로 하는 내부마케팅의 현황을 점검해볼 필요가 있다. 극장 경영담당자들은 쟁점이 되는 직원들의 불친절에 대한 원인을 파악하여 고객의 기분과 눈높이에 맞추는 데 노력하고, 직원만족 문제에 대해 근본적인 개선책을 모색해야 할 것이다.

영화흥행의 경우 입소문 마케팅이 강력한 힘을 발휘하기 때문에 동행자를 동반한 관객에 한해 또 다른 시사회의 기회를 제공하거나 영화 서포터스를 지원한 관객에게는 활동비를 지급하는 등 동행자(친구 또는 동료)를 적극 관리해야 한다.

(3) 물리적 증거

영화의 경우 물리적 증거는 극장(멀티플렉스) 자체, 휴게시설, 주차시설, 체험공간 등 시설을 의미한다. 즉, 물리적 증거는 영화상품을 고객에게 제공하는 데 시설로서 도움을 주고 이들의 품질을 나타내는 신호가 되기도 한다.

극장과 관객과의 상호작용 과정에서 무형의 영화상품을 관객에게 전달하는 홈페이지, 로고, 안내 표지판, 티켓발매기, 영화관 건물, 주차장, 화장실, 안내창구, 직원들의 유니폼 등과 같은 물리적 증거들은 관객의 인지도와 가시성 모두에 영향력을 행사한다.

영화관은 단순히 상영만 할 것이 아니라 영화를 관람하고 아울러 상영시간 전이나 후에 시간을 소비할 수 있는 다양한 볼거리와 쇼핑지역을 조성해야 한다. 마치 감성을 체험할 수 있는 공간을 연출하여 성공했던 '스타벅스'처럼 극장 관람뿐 아니라 관객이 감성을 체험할 수 있는 다양한 공간이 필요하다.

CGV를 비롯한 멀티플렉스 체인들은 대부분 백화점이나 엔터테인먼트 쇼핑몰 등 주차시설이나 편의시설, 쇼핑공간이 잘 갖추어진 건물에 위치해 있으며 다양한 이벤트와 넓은 휴식공간을 제공하고 있다. 이들 멀티플렉스 영화관에서는 로비에 '영화체험 공간'을 만들어 관객에게 체험의 장을 마련해주고 있으며, 영화 속 배경에서 즉석사진 찍어주기 행사를 열어 관람을 유도한다.

이 밖에 공연장 건물과 공연장의 안팎 시설물들이 드라마 주인공의 직장이나 영화의 배경으로 적극 섭외되면서 대중들에게 간접적으로 공연장과 공연을 알릴 수 있는 마케팅 채널로 활용되고 있다. 실제로 영화 <박수칠 때 떠나라>에서는 광진문화예술회관 안에 있는 나루아트센터 분장실에서 촬영한 장면이 삽입되었고, MBC 드라마 <비밀남녀>에서는 남자 주인공의 직장으로 설정된 충무아트홀의 무대와 사무실을 볼 수 있다.

MEDIA MARKETING

제4장 STP전략과 마케팅 전략

1. 마케팅 프로세스에서 STP전략

마케팅 전략 수립을 위한 첫 번째 단계는 환경분석으로, 자사가 처한 환경을 이해하고 상황을 철저히 분석하여 전략적 대안을 마련하는 것이다. 환경분석에는 경제적 환경, 정치적 환경, 기술적 환경 등의 분석이 포함된다. 이때 마케팅하려는 제품에 대한 시장의 규모, 경쟁상황, 소비자 특성 등을 조사하는 시장조사도 병행해야 한다. 또한 경쟁사와 비교해볼 때 자사의 강점과 약점은 무엇인지, 기업 외부환경에서 기회로 작용하는 요인과 위협으로 작용하는 요인은 무엇인지를 충분히 파악한 다음 전략적 대안을 마련해야 한다.

환경분석이 끝나면 이를 토대로 STP(Segmentation – Targeting – Positioning)를 설정해야 한다. 먼저, 고객세분화란 다양한 방법으로 획득한 고객 관련 데이터를 분석하여 공통적인 특성을 갖는 여러 개의 집단으로 분할하는 것을 말한다. 고객 및 시장세분화가 완료되면 이어서 목표시장을 선정해야 한다. 몇 개의 세분시장에 진출할 것인지, 어떤 세분시장을 중점적으로 공략할 것인지 결정해야 한다. 세분시장에 대한 목표가 결정되었다면 다음은 그 세분시장에서 어떤 위치를 확보할 것인가를 포지셔닝해야 한다. 시장에서의 위치(position)란 구매자가 경쟁관계에 있는 제품이나 서비스와 비교하여 당해 제품 또는 서비스의 중요한 속성에 대해 마음속으로 생각하는 위치를 말한다. 예를 들면 세계 최고의 뉴스 브랜드인 CNN은 '세계 최초의 24시간 뉴스채널' 또는 '글로벌 정보회사'로서 포지셔닝하는 데 성공했다. 우리나라의 영화채널인 OCN은 '대한민국 No. 1채널'이란 슬로건을 표방하며 다양한 영화로 시청자들에게 즐거움을 주는 케이블방송으로 포지셔닝하고 있다.

경쟁사와 차별화되는 위치를 잡기(포지셔닝) 위해서는 대개 4가지 수단이 사용되는데, 이를 마케팅 믹스 즉 제품과 가격, 유통, 촉진을 의미하는 4P라고 한다. 따라서 STP전략은 이들 4P의 조합을 통해 최상의 마케팅 효과를 얻고자 하는 단계이다. 즉, 어떠한 제품을, 어느 가격으로, 어떠한 유통채널을 통해, 어떤 광고 및 홍보전략으로 마케팅할 것인지를 결정해야 한다.

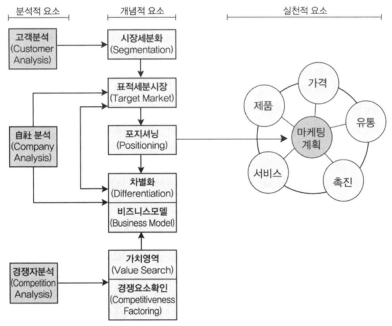

<그림 4-1> 마케팅의 전반적인 프로세스

자료: STP & CBP(Competitiveness Factoring, Business Modeling, Positioning)

이와 같은 STP를 포함한 마케팅의 전반적인 프로세스는 <그림 4-1>과 같이 정리할 수 있다.

2. STP에 대한 이해

STP는 기본적인 마케팅 전략으로 시장세분화, 목표시장 선정, 그리고 포지셔닝을 의미한다. 마케팅활동의 출발점은 시장을 어떤 기준을 가지고 동질적인 집단으로 나누는 세분시장화, 이 세분화된 시장 중에서 어떤 시장에 진출하고 우선적으로 공략할지를 결정하는 목표시장의 선정, 그리고 진출한 세분시장 내에서 경쟁자와 차별화된 위치를 잡는 포지셔닝으로 이루어져 있다.

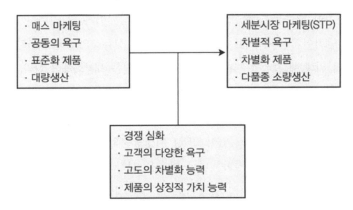

<그림 4-2> STP전략의 도입 배경

여기서는 STP의 의미와 전략수행 과정을 먼저 살펴보기로 한다.

1) STP의 의의

STP전략이란 몇 개의 기준들을 사용하여 가치가 있는 다수의 미디어시장으로 분류(segmenting)하고, 세분화된 여러 시장 중 자사의 능력·경쟁 등을 고려하여 목표시장을 선택(targeting)한 뒤, 마케팅 믹스(4P)를 이용하여 제품을 시장 내 소비자의 마음속에 심는(positioning) 과정이다.

기업 간의 경쟁심화와 고객의 다양한 욕구가 반영되면서 기업의 STP전략도 매스 마케팅에서 세분시장 마케팅으로, 소비 공동 욕구에서 차별적 욕구에 초점을 맞추었고, 대량생산에서 다품종 소량생산으로, 표준화된 제품에서 차별화된 제품으로 전환하게 되었다.

이러한 STP전략의 도입배경은 <그림 4-2>에서 볼 수 있다.

2) STP전략의 수행과정

보통 시장세분화 기준으로는 인구통계적 변수, 심리적 변수, 구매행동 변수, 사용상황 변수, 추구효익 변수 등이 사용되며, 그중 마케팅 목표 달성과 가장 밀접한 변수들을 중심으로 그 기준이 수립되어야 할 것이다. 마케팅 목표가 단기이익일 경우에는 가격에 덜 민감한 상류층의 고급소비자들에게 소구하기 위해 제품의 추구효익 변수를 통해 시장을 세분화해야 한다. 실제로 케이블 프리미엄 영화채널 'Catch On'은 광고가 없는 유료영화 채널로서 최신 흥행영화와 외화 시리즈, 다큐멘터리, 콘서트 등의 차별화된 프로그램으로 소비자들을 유인하고 있다. 또한 위성방송의 스파이스TV는 2002년 3월부터 유료 프리미엄 영화채널로 방송을 시작하면서 20~30대의 젊은 남성을 타깃으로 하여 미국 플레이보이TV의 성인영화를 방영하고 있다. 단순한 인구통계적 변수만을 고려해서는 안 된다는 것이다.

시장세분화 및 세분시장에 대한 분석 시에는 필요한 세분시장 프로파일을 만든다. IPTV나 위성DMB의 경우 방송서비스에 대한 관심과 구매력이 높은 30~40대를 공략한다고 하면 이 시장을 타깃으로 세분시장에 대한 정확한 데이터에 근거한 프로파일을 작성한다. 결국 목표시장의 선정은 각 세분시장의 매력도를 평가하여 그 근거하에 실시한다. 또한 케이블TV시장에서는 채널의 성격이나 특성에 따라 개별 채널 브랜드마다 다른 목표시장을 가질 수 있다.

3. 시장세분화

1) 시장세분화의 개념

시장세분화란 비슷한 성향을 가진 고객들을 다른 성향을 가진 고객들의 집단과 분리하여 하나의 집단으로 묶는 과정이라고 할 수 있다. 즉, 시장을 어떤 기준을 가지고 몇 개의 작은 시장으로 쪼개는 것이다. 물론 시장을 한 덩어리로 보고 마케팅을 실행하는 매스 마케팅도 있지만 대부분의 현대기업들은 세분 마케팅(segment marketing)을 하고 있다. 고객 개개인들은 모두 상이하지만 특정 제품이나 서비스군에 대한 태도, 의견, 구매행동 등에서 비슷한 고객집단들이 존재하고 있다. 이렇게 비슷한 성향을 가진 사람들의 집단과 분리하여 하나의 집단으로 묶는 과정을 시장세분화라고 한다. 즉, 시장세분화는 서로 다른 필요(needs)를 갖는 시장을 몇 개의 그룹으로 구분하는 것을 말한다.

기업들이 세분마케팅을 실시하는 것은 고객 욕구와 구매동기 등의 관점에서 고객 특성을 보다 정확히 파악하여 이에 대응할 수 있는 마케팅 믹스를 개발할 수 있기 때문이다. 또한 자사의 경쟁적 강점과 약점을 평가하고 가장 유리한 고객계층을 선택하여 효율적 마케팅을 전개할 뿐 아니라, 타깃고객에 대한 적절한 마케팅으로 충성도를 제고할 수 있다는 장점이 있다.

개별기업들의 입장에서 보면 시장의 소비자 모두가 자사제품을 구매하지 않으며 자사가 제공하는 효용이 모든 소비자를 만족시켜줄 수는 없다는 가정하에 자사제품을 실질적으로 구매할 수 있는 소비자집단에 효과적으로 접근하여 최소의 마케팅 노력으로 최대의 마케팅 효과를 얻으려 한다. 이와 같이 시장세분화는 마케팅 전략의 효과를 증대시켜 마케팅비용의 효율성을 높여주는 방법이다.

그러나 마케팅 관리자가 시장세분화를 할 때 주의해야 할 것은 절대적인 기준점이 존재하지 않는다는 점이다. 기업의 목표달성과 관계없는 기준에 근거하여 시장을 분할·이해한 후 얻어낸 시장세분화 결과는 마케팅 관리자가 목적하는 바를 달성하는 데 도움이 될 수 없기 때문이다.

필연적으로 다채널시대는 시청자세분화현상을 가져온다. 채널이 증가함에 따라 수용자들의 선호도가 다양해져 모든 채널을 골고루 이용하게 되고 이런 현상은 채널당 평균 시청률을 감소시킨다. 공급자 측면, 즉 채널 입장에서도 경쟁에서 살아남기 위해서 시청자가 필요하고, 원하는 콘텐츠를 공급하는 데 필사적인 노력을 기울이기 때문에 결과적으로 시청자세분화가 발생하는 데 도움을 준다. 시청자세분화는 다채널시대에 진전됨에 따라 그 양상이 더욱 대비되어 나타난다(Webster, 2005). 다시 말해, 다채널시대 콘텐츠의 다양성으로 인해 채널의 수평적 다양성이 확보되어 집합적 수준에서 시청자 세분화현상이 발생하지만, 개인 수준에서는 시청의 분극화가 발생해 프로그램 선택의 수직적 다양성은 나타나지 않는다(임정수, 2003). 나폴리(Napoli, 2003)는 시청행태의 세분화를 이해하면 미래 시청자들을 예측할 수 있어 편성이나 광고판매에 도움을 주어 방송사에게 이익을 가져다줄 수 있다고 했다. 반면 카츠(Katz, 1996)는 시청세분화가 일어나면 전체 국민을 하나의 가치로 묶을 수 있는 보편적 채널이 사라지게 되어 국민 통합에 문제가 될 수 있다고 주장했다.

급변하는 방송환경의 변화 속에서 방송사들은 많은 비용을 들여 케이블TV 와 위성방송 등에 참가하고 있지만, 방송서비스시장 내에서 끊임없이 변화하는 수용자의 욕구를 만족시키고 전체 시장에서 일정한 시청점유율을 계속 유지하며 경쟁우위를 확보할 수는 없다. 이런 까닭에 기업 마케팅 전략의 기본단계로서 STP분석이 갖는 의미는 더욱 중요해졌다. 그리고 포지셔닝에 따른 세부적인 프로그램들이 준비되어야 하는데, 이 세부적인 프로그램들이 바로 마케팅 믹스로 통칭된다. 그렇다면 마케팅 전략은 S(segmentation) – T(targeting) – P(positioning)의 기본단계를 거쳐 수립되며, 시장세분화는 목표시장 선정과 포지셔닝을 결정하는 이전단계로 볼 수 있다.

2) 시장세분화 변수

시장을 세분화하는 기준에는 여러 가지가 고려되고 있다. 가장 많이 사용되는 기준은 지역별로 시장과 고객을 쪼개는 것이다. 또한 고객의 인구통계학적 변수, 연령, 성별, 직업별, 소득별로 세분화하는 방법도 있다. 이와 함께 고객의 심리적인 변수나 구매형태적인 변수에 의해서도 세분화할 수 있다.

효과적인 시장세분화를 위해서는 각 세분시장이 적정규모 이상이며, 상이한 반응을 보이고 측정가능하고 접근가능해야 한다. 시장세분화에 사용되는

<표 4-1> 시장세분화 및 기준변수

① 인구통계변수	소비자의 나이, 성, 가족 크기, 소득수준, 직업, 교육, 가정 생활주기, 종교, 인종, 국적, 인구 등
② 지리적 변수	지역, 도시규모, 인구밀도, 기후 등
③ 심리분석적 변수	특정 개인이나 집단의 활동, 관심거리, 의견 등
④ 구매행동 변수	사용 기회, 사용 경험, 사용량, 상표애호도 등
⑤ 추구효익 변수	고객의 평생가치(life time value), 직간접 수익 동향, 획득 비용, 서비스 제공, 비용, 편익 등

기준을 살펴보도록 하자. 방송시장도 서로 다른 욕구를 갖는 수용자들로 구성되어 있으며, 이들의 욕구는 지역, 나이, 라이프스타일 등 여러 가지 세분변수에 따라 몇 개의 그룹으로 구분된다. 일반적으로 세분화의 기준변수들로는 인구통계적 변수, 지리적 변수, 심리분석적 변수, 구매행동 변수, 추구효익 변수들이 있다. 이런 세분화 기준변수들은 <표 4-1>에서 몇 가지 살펴볼 수 있다.

(1) 인구통계적 변수

인구통계적 변수는 세분화된 시장들의 사실(facts)이다. 인구통계학은 연령, 지역, 직업, 가정규모와 구성, 가족수명주기 단계, 성별, 결혼 여부 등을 포함한다. 이것은 서비스 마케터가 세분화과정을 시작할 때 우선적으로 필요로 하는 기본적 정보이다.

인구통계적 변수를 하나의 골격, 즉 기업이 각 세분시장 내의 고객들의 프로필을 구축하는 구조 또는 틀이라고 생각하면 도움이 된다. 인간이 골격이 없이는 어떠한 기능도 수행할 수 없는 것과 마찬가지로 마케터들이 인구통계적 자료가 없이 마케팅의사결정을 효과적으로 수행하기는 극히 어려운 일이다. 예를 들어 케이블TV시장에서 음악은 10~20대 젊은 층에게 주목을 받는 장르이다. 편성은 주로 국내 뮤직비디오 클립과 가수들의 라이브 쇼 중계 등 제작과 VJ가 진행하는 뮤직비디오로 구성된다. 이런 점에서 M.net과

KMTV 등은 연령과 같은 인구통계적 변수를 적용해 시청타깃을 10~20대에 맞추고 있다. 이 두 음악채널의 광고수익이 총 200억 원 규모인데 이는 젊은 층의 높은 구매력을 보여주는 근거가 될 수 있다.

특히 연령과 케이블TV 수용 간의 국내 연구결과를 보면 전석호(1991)는 20대와 30대의 젊은 연령층이 가입 의사가 높은 것으로 분석했으나, 이은미 (1995)의 연구에서는 연령이 가입자와 비가입자를 판별하는 데 무관한 것으로 나타났다.

1999년 4월 케이블TV협회 조사에 따르면 가구주의 연령은 20대가 2.9%, 30대 22.7%, 40대 28.2%, 50대 29.7%, 60대 이상이 16.5%로서 연령별 차이가 크지 않음을 알 수 있다.

(2) 지리적 변수

지리적 변수는 지역, 도시규모에 따라 시장을 세분화하는 것을 말한다. 우리나라 케이블TV의 경우 SO의 사업구역이 광역도시나 중소도시를 중심으로 구분되어 있다. SO는 1995년 광역도시를 중심으로 53개 사업자가 1차 허가된 이후 1997년 중소도시를 중심으로 24개 사업자가 2차 허가를 통해 77개 사업자가 되었다. 이후 3, 4차 SO가 승인되면서 2007년 현재 103개 사업자들이 지역별로 복수경쟁을 하고 있다. 이들 SO는 케이블TV를 통해 다양한 지역정보를 제공하여 지역경제와 지방자치를 활성화하는 데 기여하고 있다. 각 SO가 자체적으로 운영하는 지역채널은 지역주민이 방송에 참여할 수 있는 중요한 통로의 역할을 하고 있다. 특히 중소도시를 방송서비스 영역으로 하는 SO는 지역과 밀착된 방송을 위해서 지역채널의 성격과 편성에 맞는 프로그램을 제작, 편성하여 지역주민에게 차별화된 프로그램을 제공하고 있다. 실제로 SO가 주최하는 우리 동네 노래왕 뽑기, 스타크래프트 게임대결, 영화시사회, 지역축제 생중계 등은 지역을 대표하는 프로그램으로 자리매김하고 있다.

(3) 심리분석적 변수

심리분석적 변수에 의한 세분화는 눈에 보이지 않는 사회계층이나 라이프스타일, 개성의 특징에 기초하여 소비자들을 상이한 집단으로 분할하는 것이다. 연령, 소득과 같이 객관적이고 측정이 용이한 인구통계별 특성과 달리 이 변수는 추상적이어서 세분시장 규모를 측정하기 어려우며 세분시장에의 접근가능성을 찾기 어렵다.

본격적으로 미디어를 이용하는 데에 심리분석적 변수를 포함한 라이프스타일의 개념을 사용하여 연구한 것은 도노휴(Donohew) 등에 의해서였다(배성현, 1999: 26). 이 연구에서는 케이블TV를 통해 추구되는 새로운 충족감을 가지고, 케이블TV 시청자들을 대상으로 라이프스타일에 따라 어떠한 태도로 케이블TV를 시청하고 어떠한 충족을 얻는지를 설명하고 있다.

연구결과 외향적 활동가들은 다양한 정보를 얻으려는 욕구 때문에 촉진적 태도로 미디어에 관여하며, 한가한 주부들은 친구가 부족하기 때문에 혹은 의사소통과 사회작용을 하거나 시간을 보낼 목적으로 케이블TV를 이용하는 것으로 나타났다.

이 연구는 각각의 라이프스타일에 따라서 그 군집에 속한 사람들의 특성을 인구통계학적 변수와 함께 다양한 하위 차원들을 통해 세분화하고 그 군집에 속한 사람들의 사회적 지위, 역할, 사회적 환경들이 어떠한지를 설명한 후 이러한 라이프스타일에 따라 어떠한 충족을 얻고, 어느 정도 만족하는지를 설명한다.

(4) 구매행동 변수

사용기회, 사용경험, 사용량, 상표애호도 등의 구매행동을 분석하는 것은 또 다른 효과적인 세분화 방법이며 세분시장을 선정하는 데 필요한 통찰력을 제공한다. 각 세분시장에서 이용될 마케팅 믹스를 개발하는 데 중요한 일련의 과정이라 할 수 있다.

예를 들어 사용량에 따른 세분화를 살펴보면 다음과 같다. 일반적으로

TV시청을 자주 하는 사람들이 케이블TV를 접할 가능성이 많다고 가정되고 있고 그러한 관계를 보여준 연구들이 있다. 대체로 케이블TV에 가입한 사람들이 가입하지 않은 사람들보다 TV를 더 많이 볼 뿐 아니라 라디오, 신문, 잡지 등 다른 매체의 이용도 더 많이 한다는 것이다. 따라서 마케팅 역량은 TV 중시청자(heavy user)의 특징을 파악하는 것이 중요한 과제가 될 것이다. 그러나 콜린스(Collins) 등의 연구에서는 그와 반대로 TV를 덜 이용하는 사람이 케이블TV에 가입하는 것으로 나타나 지상파TV의 영향력에 대해서 단정할 수는 없다. 또한 국내의 연구들도 TV 시청량과 케이블TV 가입 여부에 대해서 일관적인 연구 결론을 내리지 못하고 있는 상태이다.

(5) 추구효익 변수

소비자들이 제품을 사용하는 궁극적인 목표는 그 제품을 소비하여 효익을 얻는 것이다. 같은 사람이 같은 제품을 사용한다고 해도 그 제품에서 추구하는 효익(benefit sought)은 상당히 다른 경우가 있다. 소비자들이 제품에서 얻는 효익은 크게 기능적인 효익과 심리적인 효익으로 나눌 수 있다. 기능적인 효익은 제품의 속성이나 기능들로부터 얻어지는 효익을 의미하며, 여기에는 경제성, 사용의 편리함과 같은 효익이 포함된다. 심리적 효익은 제품이미지, 자기만족, 신분의 표시 등 심리적인 측면을 나타내준다. 남성미 넘치는 이미지, 건강한 이미지, 여성해방의 기수, 세련미 등이 이에 해당된다.

추구효익 변수는 모든 소비자들이 동일한 이유로 동일한 제품을 구매하지 않는다는 원칙에 따라 소비자를 동일한 제품에 대해 동일한 편익을 추구하는 사람들을 하나로 묶으려는 접근법이다. 그러므로 시장은 추구하는 편익과 편익의 조합 수만큼 세분화될 수 있다. 전략적 측면에서 편익에 기초한 시장세분화는 종종 시장 포지셔닝에 시사점을 제공한다는 점에서 중요하다.

배성현은 편익에 의한 세분화를 선택하여 케이블TV에 가입할 경우 가장 중요하다고 생각하는 속성을 추구하는 편익으로 간주하여 그에 따라 시장세분화를 시도했다(배성현, 1999: 54~56). 군집분석 결과, 가입자와 비가입자가 중요시하는 편익이 비슷한 집단을 이루는 것을 알 수 있었으며, 가장 중요시되는 편익은 '시간 보내기'라는 것을 알 수 있었다.

배성현의 조사에서 약 60% 정도의 응답자가 주부였으며 설문조사 시간 역시 오후에 이루어졌다. 따라서 시간 보내기를 위해 케이블TV를 시청하는 집단은 주로 낮 시간대의 주부들임을 알 수 있었다. 따라서 현재 영화나 음악채널의 주요 프로그램이 밤 시간대에 편성되어 있음을 감안하여 낮 시간대에 어떠한 프로그램이 방송되는가에 대한 홍보가 필요할 것이다. 또한 케이블TV가 제공하는 여러 편익 가운데 '스포츠'가 가장 중요한 속성으로 나타났는데, 케이블TV가 전문화된 다채널 미디어임을 감안할 경우 SPORTS-TV가 오히려 영화나 음악, 뉴스보다 더욱 시청자들이 필요로 하는 채널이라고 간주되고 있다. 이에 대한 시사점으로는 'SPORTS PAY CHANNEL' 도입의 가능성을 보여주는 것이라고 하겠다. 예를 들어 SPORTS TV의 경우 단순히 스포츠 전문채널이라는 광고문안 외에 스포츠 채널을 통해서 기존 지상파TV에서 시청할 수 없는 메이저리그, NBA, 유럽컵 축구 등을 시청할 수 있음을 강조하는 전략이 필요하다.

스포츠나 음악, 영화가 비교적 개별적인 편익으로 세분화되는 결과를 얻었지만, 다른 장르에 대한 속성은 모호하거나 대체적으로 차별화되지 않은 결과를 보였다.

3) 유료방송 매체의 시장세분화

케이블TV, 위성방송, IPTV가 제공하는 서비스가 차별화되지 않고 동일한 서비스를 제공할 경우에는 가격경쟁을 피할 수 없을 것이고 신규 수요를 창출하기 어려울 것이다. 따라서 세 종류의 매체가 조금씩 차별화된 서비스를 제공하여 유료방송시장을 세분화할 경우 치열한 가격경쟁에서 다소 자유로워질 수 있을 것이다.

그렇다면 유료방송매체 간에 시장세분화가 가능할 것인가? 예를 들면 케이블TV는 선형 다채널 서비스, 위성방송사는 HD급 고화질 선형 채널, IPTV는 VOD서비스와 인터넷 콘텐츠에 초점을 둘 수 있다. 선형 채널의 품질을 비교하면 케이블TV가 가장 우수하고 그 다음이 위성방송, IPTV가 뒤를 따른다. 케이블TV에서는 통해서는 지상파 채널은 물론 대부분의 인기 채널들이 제공되고 있다. 케이블TV는 1,400만 명 이상의 가입자를 확보하고 있기 때문에 대부분의 채널들이 매체의 파급력(매체력)을 고려해 케이블에 송출하려고 노력하고 있다. 반면, 위성방송은 케이블TV에서 인기 있는 채널이 상당수 제공되지 않기 때문에 케이블TV에 뒤지고, 그 대신 위성방송사는 HD채널을 늘려가면서 실시간 채널의 경쟁력을 높여나가고 있다. 후발 주자인 IPTV는 지상파 채널을 전부 제공하기도 어려운 입장이고 상당수의 인기 있는 전문채널을 제공할 수 없을 것으로 예상된다. 따라서 유료방송 각 매체 간 제품에서 소비자들이 추구하는 효익에 따라 시장세분화가 발생할 가능성이 높다.

IPTV가 도입되기 이전에 가입자 대상으로 한 조사에 따르면, 각 매체의 선택 시 기대 요소가 다르게 나타나고, 기대에 따른 만족도 수준도 다르게 나타나고 있다. 또한 가입자들도 매체별 차별화를 요구하고 있다. 이용자들의 기대를 각 매체가 적절하게 충족시키고 있다고 생각하지는 않지만 차별화에 대한 기대는 충분히 있다. 예를 들면 유선방송의 이용자와 VOD 이용자의 기대수준은 현저히 다르다.

매체 간에 서비스를 차별화할 경우 매체 간에 협력하는 모델도 가능하다. 스카이라이프가 선형 채널을 담당하고 IPTV가 VOD를 담당하면서 제휴할 수도 있다. MSO에 속하지 않은 케이블 가운데 자금력이 부족한 회사들이 통신회사의 자금력을 통해서 투자를 하는 방안도 생각해볼 수 있다.

한편 이러한 매체별 차별화 주장에 대한 반대론도 있다. HD급 고화질과 VOD서비스는 방송의 진화방향이기 때문에 현재 선형 채널이 강한 케이블TV사업자도 HD와 VOD서비스를 강화시켜야 생존할 수 있고 발전할 수 있다는 주장이다.

4. 목표시장의 선정

1) 목표시장에 대한 이해

목표시장의 선정이란 시장을 세분화한 다음 발견된 세분시장들을 여러 가지 기준으로 평가하여 가장 바람직한 한 개 또는 그 이상의 세분시장을 찾아내는 작업을 말한다. 즉, 목표시장은 세분시장 중에서 자신의 경쟁우위와 경쟁상황을 고려했을 때 자사에 가장 좋은 시장 기회를 제공해줄 수 있는 특화된 시장을 찾아내는 것이다. 결국 목표시장은 기업이 마케팅 노력을 집중해야 하는 시장이다.

경쟁사가 많고 자원이 제한되어 있는 기업의 경우 모든 세분시장을 만족시킬 수 있는 마케팅을 실시하기 어렵다. 따라서 기업들은 세분시장의 수익성, 자사의 적합성, 경쟁의 강도 등을 고려하여 목표시장을 선정하고 있다. 기업이 가장 유리한 목표시장을 선택하기 위해서는 다양한 시장세분화 변수를 이용하여 정교한 세분시장 대안들을 마련해야 한다. 따라서 시장세분화와 함께 목표시장의 선정은 기업에 마케팅을 효과적으로 하는 전략으로 여겨진다.

2) 세분시장의 평가

적절한 목표시장을 선정하는 것은 시장세분화 전략 형성에 중요한 요소이며, 세분시장의 평가는 환경분석과 그 구조가 유사하다. 보통 세분시장 매력도의 평가요인으로 시장 요인과 경쟁 요인, 자사와의 적합성 여부를 고려하게 된다(<표 4-2> 참조).

(1) 세분시장 요인

세분시장의 규모는 세분시장 평가의 중요한 요소 중 하나이다. 세분시장을 평가할 때 시장의 크기는 절대적 의미와 상대적 의미를 모두 고려해야 한다.

<표 4-2> 세분시장 매력도 평가요인

1. 시장 요인	2. 경쟁 요인	3. 자사와의 적합성
시장규모 시장성장률 제품수명주기	현재의 경쟁자 잠재적 경쟁자	기업목표 자원 마케팅 믹스

절대적 의미로 시장규모가 크다는 것은 시장에 참여한 모든 기업에 높은 수익을 보장해주지 않는다. 방송시장 중 지상파의 광고시장은 케이블이나 위성TV에 비해 시장이 형성된 지 오래되었고, 그 규모면에서도 크다. 하지만 지상파 광고시장은 성숙기에 접어들면서 광고시장 범위가 한정된 상태이며 수익도 크게 증가하지 않고 있다.

낮은 시장성장률과 성숙기 시장의 특성을 보유한 큰 시장에서 가장 중요한 경쟁적 우위는 규모의 경제이다. 따라서 규모가 큰 시장에서 규모의 경제를 얻으려면 상당한 시장점유율을 획득해야 한다. 시장점유율이 적을 경우에는 수익이 낮을 수밖에 없다.

또한 세분시장을 분석할 때 제품수명주기가 시장성장률 및 시장점유율과 아주 밀접한 관계가 있으므로 이 또한 고려해야 한다. 예를 들어 지상파DMB가 모바일 콘텐츠시장에서 제품수명주기상 도입기에 들어섰다면 빠른 시장성장률과 상대적으로 작은 규모의 시장을 의미한다. 지상파와 케이블TV가 같은 성숙기라면 낮은 시장성장률과 상대적으로 규모가 큰 시장을 의미하게 된다. 그리고 쇠퇴기에 접어든 라디오 시장은 인터넷과 뉴미디어(IPTV, DMB) 시장의 잠식으로 시장규모가 점점 작아지고 있다.

(2) 경쟁요인

세분시장 평가 시 가장 핵심적인 요인 중 하나가 경쟁자에 대한 고려이다. 경쟁에 대한 고려 없이 세분시장을 평가하여 목표시장을 선정하게 되면, 마케팅 전략 중 목표시장 선정 다음 단계인 포지셔닝에서 경쟁제품과의 경쟁우위 획득이 어려워진다.

경쟁자에 대한 고려라는 측면에서 현재의 경쟁자와 잠재적 경쟁자를 살펴보는 것이 중요하다. 케이블TV시장의 경우 허가제에서 등록제로의 전환과 시장규제 완화에 따른 낮아진 진입장벽으로 PP시장과 SO시장 내에서 경쟁 강도가 더욱 심해지고 있다. 케이블방송시장에서는 수평적 결합에 따라 SO와 SO의 결합인 MSO와 PP와 PP의 결합인 MPP로 시장구조가 급속히 재편되어왔다. 케이블TV사업자의 MSO와 MPP 전환효과는 가입자 확대에 따른 규모의 경제로 매출과 이익 증대, 설비 공동사용과 투자비 절감, 콘텐츠 상호이용, 통합 마케팅 및 관리의 효율성 증대, 타 매체에 대한 경쟁력 확보, 지역적 한계를 벗어난 광역화로 성장성을 확보할 수 있다는 장점이 있다.

또한 현재의 세분시장에는 참여하고 있지 않지만 참여할 가능성 있는 잠재적인 경쟁자들도 고려해야 한다. 1,400만 가구를 확보하고 있는 케이블TV는 다채널과 고화질 서비스 제공을 위해 디지털 전환을 서두르면서 신규 매체인 IPTV라는 잠재적 경쟁자를 만났다. 케이블TV는 잠재적 경쟁자인 IPTV와 양방향 서비스나 HD서비스, TPS(방송+통신+인터넷), QPS(TPS+휴대전화) 등에서 차별화해야 하는 과제를 안고 있다.

(3) 자사와의 적합성

자사와의 적합성 분석을 위해서는 자사의 기업목표, 자원, 마케팅 믹스와 세분시장이 어떻게 일치되는가를 검토해야 한다. 매력적인 세분시장이라고 하더라도 기업의 목표와 일치되지 않으면 안 된다. 예를 들어 지상파 방송사가 매력적인 유료방송시장에 진출할 때 자극적이고 선정성이 강한 성인채널을 한다면 수익성이 높다고 하더라도 공익적인 차원에서 마케팅을 포기해야 한다는 것이다.

또한 자사의 자원과 능력이 그 세분시장을 효율적으로 추구할 수 있는지 검토해야 한다. 능력과 자원이 있다 하더라도 경쟁사에 비해 경쟁적 우위를 보유할 수 없다면 효율적으로 시장을 공략하기는 어려울 것이다. 방송기업은 세분시장에서 요구하는 콘텐츠 개발 및 제작능력, 유통망 제공능력, 광고능력 등을 고려하여 세분시장의 매력을 평가해야 한다.

세분시장 평가 시에 기업은 기존 세분시장과의 조화 여부를 검토해야 한다. 특정 세분시장이 독립적으로는 수익을 올릴 수 없다 하더라도 기존에 소구하고 있는 시장들과 시너지효과가 생길 수 있다면 표적 세분시장으로 선정될 수 있다. 지상파 방송사가 매체력 확장이나 채널 선점효과를 노리고 모바일시장인 지상파DMB 사업에 진출한 사례를 들 수 있다. 지상파DMB는 2,000만 명의 가입자에 비해 수익모델이 없어 수익성이 낮은 시장이지만 지상파TV 입장에서는 기존 콘텐츠(재전송이나 재가공)를 활용할 수 있고 고정 수신 TV시장을 이동TV시장으로 확장한다는 차원에서 시너지 효과가 높다고 보고 투자를 선택한 것이다.

3) 목표시장의 선정

(1) 전체시장 도달전략

전체시장 도달전략은 모든 시장을 소구대상으로 선택하는 것을 의미한다. 여기에는 단일제품으로 모든 시장을 소구하는 전략과 다양한 제품을 가지고 모든 고객집단의 욕구를 충족시키기 위한 전략이 있다.

단일제품으로 전체시장에 도달하는 전략은 시장을 하나의 통합체로 파악한다. 모든 계층의 소비자로부터 공통적인 욕구를 발견하여 소구 가능한 강력한 이미지를 형성하는 것에 목표를 두고 있다. 이를테면 미디어시장에서 종합편성을 하는 지상파 방송사의 경우 20대에서 50대까지 모든 계층의 시청자를 대상으로 보도와 오락, 교양 등 다양한 프로그램을 선보이면서 시청자의 니즈에 맞추고 있다.

또한 단일제품 시장소구는 단일제품과 마케팅 프로그램을 개발하여 전체시장에 소구하는 전략이다. 케이블TV시장에서 YTN의 경우 정보 욕구가 강한 시청자층을 대상으로 뉴스를 공급해 인기채널로 자리 잡고 있다. 또한 영화채널은 케이블TV의 가장 대표적인 다수 취향의 인기 프로그램이다.

OCN이나 CGV와 같은 영화채널은 남녀노소를 가릴 것 없이 누구나 좋아하는 채널로 부각되고 있다. 최근 케이블TV 가입자 시장이 확대되면서 불특정 대중을 타깃으로 한 오락, 영화 콘텐츠 시장이 포화상태 이르렀다. 이처럼 마케팅 관리자가 시장을 동질적 선호성으로 파악하거나 완전히 분산된 선호성을 가졌다고 판단할 때 선택하는 전략이다. 이 전략의 근거는 대량유통경로, 대량광고매체, 대량생산체제의 이용을 통해 마케팅비용의 경제성을 추구하는 데에 있으며 표준화를 통해 대량 잠재시장을 공략하는 데에도 있다.

반면 다수제품으로 전체시장을 도달하는 전략은 시장을 세분화한 후 모든 세분시장을 목표시장으로 선정하여 각 부문에 적합한 제품과 마케팅 믹스를 투입하는 형태의 전략이다. 우리나라의 경우 온미디어에서 OCN을 토대로 SUPER Action을, Catch On을 바탕으로 Catch On+를 스핀오프(spin off)한 것이 그 예가 될 수 있다. 이 전략은 소비자들의 개별 욕구가 강해지는 시점, 즉 제품수명주기상의 성장후기나 성숙기에 사용되는 전략이다.

(2) 부분시장 도달전략

부분시장 도달전략은 일부분의 세부시장만을 목표시장으로 선정하는 전략이다. 부분시장 도달전략에는 단일시장 집중화전략, 시장전문화전략, 제품전문화전략, 선택적 전문화전략 등이 있다. 우리나라에서는 케이블TV가 프로그램 내용이나 시청시간대 측면에서 지상파 방송과 차별을 둠으로써 특정 표적 시청자층을 확보하고 있다.

먼저, 단일시장 집중화전략이란 단일제품으로 단일세분시장에 소구하는 단순한 형태이다. 기업의 자금 및 능력이 제한되어 있거나, 기업이 새로운 시장에 진입할 때 추가적인 세분시장의 확장을 위한 교두보로 특정한 세분시장을 사용하려고 할 때 이용된다. 케이블TV시장에서 바둑채널의 경우 남자 50대 이상의 중장년층을 중심으로 충성도 높은 고정 시청자를 확보해 대중적인 인기 장르로 자리를 굳혔다. 바둑대회 실황중계 등 편성할 만한 콘텐츠도 많고 제작비용도 저렴한 편이어서 국내서 성공한 장르로 꼽힌다. 즉, 바둑채널과 같이 경쟁자가 없는 틈새시장(niche market)이라면 높은 투자수익률도 기대할 수 있다. 50대 이상 장·노년층을 대상으로 하는 실버채널, 20~40대 여성을 대상으로 하는 패션 및 가정 실용채널, 20~40대 남성층을 대상으로 하는 아웃도어 채널(낚시, 등산, 여행), 레이싱 채널(자동차 경주, 경마) 등 세분화된 틈새채널을 모색하는 방안도 있을 것이다.

시장전문화전략은 특정 고객집단의 다양한 욕구를 충족시키기 위해 다양한 제품을 판매하는 전략이다. 케이블TV의 종합오락채널은 종합편성 장르인 지상파 방송과 유사한 편성구조를 갖고 있다. tvN과 MBC every1과 같은 종합오락채널은 20~30대 젊은 시청자층을 대상으로 다양한 프로그램을 선보이며 즐거움을 제공하고 있다. 특정 계층을 대상으로 하는 편성채널로는 어린이채널, 대교방송, 여성채널 GTV, 종교채널 등을 들 수 있다. 어린이채널의 경우 영화, 코미디, 만화, 특집물을 다양하게 편성하지만 대상 시청층이 어린이에 한정되어 있다.

제품전문화전략은 다양한 세분시장에 단일제품으로 소구하는 유형이다. 케이블TV 채널 가운데, 특정 수용자를 대상으로 전문편성하는 대표적인 채널로는 10~20대 젊은 층을 대상으로 뮤직 비디오를 방송하는 M.net, KMTV, 채널V 등을 들 수 있다.

선택적 전문화전략은 세분시장 중 매력적이고 기업목표에 적합한 몇 개의 세분시장에 진입하는 전략이다. MBC의 경우 케이블TV시장에서 매력적인 시장인 드라마와 스포츠, 게임채널에 진출하여 브랜드를 확장하는 전략을 취하고 있다. MBC는 방송채널사업을 전담할 MBC 플러스를 설립한 이후, 유한회사인 MBC 스포츠를 미국 스포츠채널 ESPN과 합작으로 설립했다. 드라마채널도 인수하여 MBC 드라마넷으로, 패션채널도 인수하여 게임전문 채널인 MBC game으로 공급사를 전환했다. KBS는 스포츠와 드라마 채널을 케이블과 위성에 공급하는 스카이 KBS를 소유하고 있으며, SBS는 SBS 골프와 SBS 드라마플러스, SBS 스포츠 등 3개의 케이블 채널을 운영하고, 위성방송인 SBS 위성 골프와 SBS 위성 스포츠 등 위성채널까지 영역을 확장하고

<표 4-3> 케이블TV 채널의 목표시장 선정과 콘텐츠 수급방식

장르	채널 명	시청 점유율	시청타깃	콘텐츠 수명	콘텐츠 수급방식
영화	OCN	3.47%	30~40대/B	중장기	영화판권 구매편성
	CGV	3.33%	30~40대	중장기	영화판권 구매편성
만화	투니버스	5.1%	아동~10대	중장기	만화판권 구매편성
음악	M.net	1.8%	10~20대	중단기	뮤직비디오/쇼 제작
	KM	1.09%	10~20대	중단기	뮤직비디오/쇼 제작
보도	YTN	4.05%	30대 이상 남자	단기	종합뉴스 보도 제작
	MBN	2.16%	40~50대 이상 남 녀(특히 50대), 고 학력 전문직	단기	경제뉴스 보도 제작
경제	한국경제TV (WOW)	1.91%	40대 남녀, 고소득 층	단기	증권정보 전문채널
	서울경제TV (SEN)	0.001%	40대 이상 재테크 관심자	단기	증권과 금융, 부동산 등 경제뉴스 제작
스포츠	KBS N스포츠	1.050%	30~50대 남자/B	중단기	스포츠중계방송
	SBS 스포츠	1.052%	30~50대 남자/B	중단기	스포츠중계방송
	Xports	1.59%	20~30대 남자/N	중단기	각종격투기 및 자동차 경주중계방송
	MBC ESPN	2.19%	30~40대 남자/B	중단기	스포츠중계방송
	SBS 골프	0.65%	40~50대 남자/N	중단기	국내외 골프중계방송
오락	MBC every1	2.38%	10~20대 여성	중단기	드라마, 오락편성
	tvN	3.41%	20-40대	중단기	오락 위주 제작편성
드라마	MBC 드라마넷	6.46%	20~50대/B 여성층(주부)	중장기	드라마 구매편성
	KBS 드라마	5.26%	20~50대/B 여성층(주부)	중장기	드라마 구매편성
	SBS 드라마플 러스	5.33%	20~50대/B 여성층(주부)	중장기	드라마 구매편성
여성	올리브	0.38%	25~34세 여성/N	중장기	패션, 라이프스타일 구 매편성
바둑	바둑TV	0.22%	40~50대 남자/N	중단기	바둑 대국프로 제작

주: 1. 시청점유율은 2008년 TNS 시청점유율 조사결과임.
　　2. 시청영역에서 B는 Broad/ N은 Narrow의 약어로 대중적(mass appeal), 마니아(mania), 틈새(niche),
　　　세분화(minor)로 분류할 수 있음.
　　3. 프로그램 편성은 자체 혹은 외주제작 등 제작물과 구매물 등의 콘텐츠로 이루어짐.

있다. 지상파 방송사들이 이러한 전략을 선택한 근거는 기존의 콘텐츠를 재활용하고 플랫폼을 확장한다는 차원도 있지만 순수하게 위험을 분산시키려는 의도라고 보인다.

5. 포지셔닝

우리가 진입하는 목표시장 내에는 경쟁사가 존재할 가능성 높다. 목표시장 내의 고객들은 자사의 욕구를 잘 충족시켜 주는 기업을 선택할 것이다. 따라서 마케팅 관리자는 자사제품이 경쟁제품과 다른 차별적인 특징을 보유하여 목표시장 내 고객의 욕구를 보다 잘 충족시킬 수 있다는 인식을 심어주어야 한다.

1) 포지셔닝의 개념

포지션(position)이란 제품이 소비자에 의해 지각되는 모습을 말하고, 포지셔닝이란 소비자의 마음속에 자사 제품의 바람직한 위치를 형성하기 위해 제품 효익을 개발하고 커뮤니케이션하는 활동을 말한다. 즉, 포지셔닝은 경쟁기업들과 효과적으로 경쟁하기 위해 마케팅 믹스를 이용하여 소비자의 의식에 제품의 정확한 위치를 심어주는 과정이라고 할 수 있다. 포지셔닝이란 개념의 유래는 알 리스(Al Ries)와 잭 트라우트(Jack Trout)가 1972년 ≪애드버타이징 에이지(Advertising Age)≫에 "포지셔닝 시대"라는 제목으로 몇 편의 글을 게재한 때부터 시작된 것으로 생각된다(리스·트라우트, 1988: 6).

포지셔닝은 그 대상을 기준으로 볼 때, 제품 포지셔닝과 서비스 포지셔닝으로 구분된다(이유재, 2001: 106~107). 제품 포지셔닝은 경쟁기업들과 효과적으로 경쟁하기 위해 마케팅 믹스를 사용하여 소비자의 의식에 제품의 정확한 위치를 심어주는 과정이다. 그러나 서비스는 그 자체로 제품과 비교되

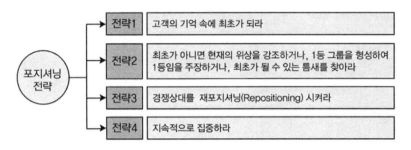

<그림 4-3> 대표적인 포지셔닝 전략

포지셔닝 전략

전략1 | 고객의 기억 속에 최초가 되라

전략2 | 최초가 아니면 현재의 위상을 강조하거나, 1등 그룹을 형성하여 1등임을 주장하거나, 최초가 될 수 있는 틈새를 찾아라

전략3 | 경쟁상대를 재포지셔닝(Repositioning) 시켜라

전략4 | 지속적으로 집중하라

는 여러 속성을 보유하고 있기 때문에 고객의 평가도 그에 따라 상이하게 이뤄지고 있다는 것이 일반적인 견해이다. 따라서 서비스 포지셔닝은 목표시장 내 고객에 대한 기업의 의사표현으로 자신의 상표가 어떤 모습으로 고객들에게 인식되어야 할 것인가를 결정하는 단계이다.

이같이 포지셔닝의 핵심은 뭔가 다르다는 인식을 심어주어야 한다는 것에 있다. 포지셔닝에서 추구하는 것은 너와 나는 다르다는 각각의 위치를 잡고 차별화하는 것이다. 예를 들면 '디즈니는 어린이에게 꿈을 준다'는 인식, '일본의 자동차는 가격 대비 품질이 좋다'는 인식 등이다. 한 제품의 위치는 경쟁제품과 비교하여 소비자가 갖고 있는 지각, 인상 및 느낌 등이 혼합되어 형성된다. <그림 4-3>은 포지셔닝 전략 수행을 위한 전략적인 제언들을 간략히 정리하여 소개한 것이다.

결국 제품이나 서비스가 가지고 있는 특성에 대해서 '포지셔닝 맵'을 작성하여 소비자들이 인지하고 있는 상태를 기하학적인 공간에 그리게 된다(채서일, 1987: 52). 기하학적인 공간에서 각 차원은 소비자가 구매를 하거나 인식할 때 기준이 되는 중요한 속성으로 해석된다. 각 제품(서비스)에 대해서 지각(perception)하고 있는 공간좌표상 인접한 제품(서비스)끼리는 동일한 시장 영역에 포함된다고 볼 수 있으며, 각 차원상의 좌표에 의해서 해당 차원이 대표하고 있는 속성의 대체가능성을 평가할 수 있다.

오늘날과 같이 미디어 홍수 시대에는 자사 제품(서비스)의 위치를 명확히 정하고 일관된 마케팅 전략을 구사하지 않으면 시청자의 인식 속에 확실히 각인되기 어렵고, 시청자 인식 속에 확고한 채널 개성과 브랜드 이미지를 심어주지 못한다면 모든 마케팅 전략이 아무런 효과를 거두지 못하고 실패로 끝날 수도 있다.

2) 포지셔닝의 필요성

미디어시장에서 포지셔닝은 경쟁자 수의 증가와 시장구조의 변화에 따라 시청자에게 각인되는 채널이 되기 위한 필요성 때문이다. 시청자에게 각인된 채널은 시청률 제고와 매출액 유지로 자연스럽게 연결되면서 미디어시장에서 살아남을 수 있다.

우리나라의 지상파 방송은 주파수의 희소성에 따른 엄격한 진입심사에 의해 KBS와 MBC, SBS, EBS 등 소수의 방송사업자들(3~5개)이 과점시장 구조를 형성하고 있다.

이에 따라 2007년을 기준으로 KBS, MBC와 19개의 지역MBC, EBS, SBS, 10개 지역민방사업자 등 32개를 비롯해 지상파DMB사업자 6개, 위성방송(위성DMB 포함) 2개사, PP 220개, SO 103개 등 360여 개 방송사가 경쟁을 펼치고 있다(방송위원회, 2007b: 11~12).

이처럼 채널 수가 증가하여 100개 이상의 채널이 제공되는데도 실제로 자주 보는 채널(채널 레퍼토리)은 15개에 불과하다(Nielsen, 2004). 우리나라에서 케이블 가입자가 평균적으로 시청 가능한 45개 채널의 경우에 미국 닐슨의 조사 결과를 대입하면 채널 레퍼토리 수는 약 13개다. 실제 그동안 우리나라의 다채널 상황에서 채널 레퍼토리 수를 조사한 결과, 가용 채널 수 40개 미만을 기준으로 윤석민(1996)은 12.1개, 최양수와 장성아(1998)는 12.4개로 나타났고, 50개를 기준으로 한 이상식과 김관규(2001)의 연구에서는 14.8개로 나왔다. 이런 기존의 조사결과에 의하면 시청자가 고정적으로 시청하는 채널 수는 15개에도 못 미친다. 채널 레퍼토리가 존재한다는 것은 다채널

속에서 시청자의 마음속에 인지된 채널만이 결국 시청자의 선택을 받을 수 있다는 것이다.

실제적으로 보급형만 50개가 넘는 케이블TV 채널 가운데 특정 시청자들에게 잘 알고 있는 채널 명을 모두 말해보라고 하면 10개 이상을 꼽는 사람이 드물 것이다. 예를 들어 A라는 시청자가 케이블TV 채널 중 YTN, MBN, OCN, tvN, M.net, MBC ESPN 채널, 올리브 채널 등 손에 꼽을 정도만을 선택했다면 A시청자의 채널 레퍼토리 수는 7개이고, 이들 채널이 머릿속에 강력하게 포지셔닝되어 있다고 볼 수 있다. 하버드대학의 심리학자인 조지 밀러(George A. Miller) 박사는 사람의 머릿속이 적합한 새로운 정보에 한해서 받아들이고 나머지는 모두 여과해서 걸러내 버린다는 '머릿속 사다리' 이론을 주장했다. 그렇기 때문에 시청자들은 케이블TV와 위성방송 등 다양한 채널에서 자신의 취향에 맞는 몇 개의 채널만을 골라서 선택하는 경향이 있다.

케이블TV나 위성방송의 장점은 무엇보다 소구대상이 세분화된 시청자층을 확보하고 있다는 점이다. 즉, 케이블TV는 특정 시청자를 타깃으로 특정 장르를 소구함으로써 시청자들에게 자체 채널에 대해 강력한 이미지와 연상을 떠오르게 하는 포지셔닝 전략을 수행하는 데 유리한 점이 있다. 세계 최고의 뉴스 브랜드인 CNN은 '세계 최초의 24시간 뉴스채널' 또는 '글로벌 정보회사'로서 포지셔닝하는 데 성공했다. 우리나라의 영화채널인 OCN은 '대한민국 No. 1채널'이란 슬로건을 내세우며 다양한 영화로 시청자에게 즐거움을 주는 방송이라고 포지셔닝하고 있다. YTN은 '한국인의 뉴스채널'로, CGV는 '넘버원 영화채널', tvN은 '토탈버라이티 채널', 올리브는 여성층을 공략하는 '라이프스타일 채널' 등 케이블 채널들은 차별화된 콘텐츠를 시청자에게 제공한다. 이렇게 케이블TV PP들은 포지셔닝 전략을 통해서 자신만의 독자적인 브랜드전략과 영역에 충실하게 수행하여 다른 미디어사들이 따라 잡을 수 없는 독특한 장점을 구축하고 있다.

이같이 포지셔닝은 시청자의 머릿속에 대해서 수행하는 것이다. 즉, 시청자의 머릿속에 그 상품이나 서비스를 인지시키는 작업이다. 하지만 수백 개의 채널이 경쟁하는 방송환경에서 시청자의 마음을 빼앗기란 쉽지 않다.

3) 포지셔닝 방법

기업이 자사 제품이나 서비스를 포지셔닝하는 데에는 여러 가지 방법이 있을 수 있으나 크게 다음 네 가지로 분류해볼 수 있다. 즉, 목표한 포지션에 자사 제품이나 서비스를 위치시키는 방법은 속성에 의한 포지셔닝, 사용자에 의한 포지셔닝, 경쟁에 의한 포지셔닝, 틈새시장 소구를 위한 포지셔닝 등이 있다.

(1) 속성에 의한 포지셔닝

속성에 의한 포지셔닝은 가장 흔히 사용되는 포지셔닝 방법으로 자사의 제품이 경쟁사와 비교하여 차별적 속성, 특성을 가져 소비자에게 다른 효익을 제공한다고 인식을 심어주는 것이다. 예들 들어 위성방송은 디지털의 선명한 화질과 다양한 채널 제공 등으로 기존의 지상파나 케이블TV와 다른 차별적인 속성을 이용한 포지셔닝을 했다. 또한 LG홈쇼핑이나 CJ39쇼핑의 경우 "30일 내 반품 및 환불 보장"이라는 다른 유통업체와의 차별화된 서비스 속성을 포지셔닝하여 성공했다.

실제로 홈쇼핑업계의 만년 2위였던 CJ오쇼핑(옛 CJ홈쇼핑)은 2009년 절대 강자 GS홈쇼핑을 제치고 1위 업체로 올라섰다. CJ오쇼핑은 "온라인과 온에어를 아우르는 최적의(optimus) 상품을 언제나 쇼핑할 수 있다"는 차별화된 서비스 속성을 포지셔닝하여 성공을 거둘 수 있었다. 즉 "안 사시면 후회합니다"라는 기존의 강매형 판매방식에서 벗어나 CJ오쇼핑은 리얼리티극과 다큐멘터리, 토크쇼 형식을 빌려와 제품을 소개하면서 재미와 고급화로 승부를 걸었다. CJ오쇼핑은 2009년 5월 사명을 바꾸고 매출의 30%를 차지하는 인터넷쇼핑 사이트인 CJ몰에 역량을 집중하여 시너지 효과를 극대화시키고 있다. CJ몰에도 재미, 정보, 고급화 전략이 그대로 이식되었으며, 가격경쟁력보다는 소비자의 신뢰를 중점적으로 부각하고 있다(≪위클리동아≫, 2009년 5월 23일자).

(2) 사용자에 의한 포지셔닝

이 방법은 소구하는 제품이나 서비스가 특정한 소비자에게 적합하다고 포지셔닝하는 것이다. 케이블TV 채널 가운데 투니버스는 아동과 10대층을 겨냥한 만화장르로 자리를 잡았고, M.net은 10~20대 젊은 층의 주목을 받는 음악채널로 뮤직비디오 시장을 활성화시키는 데 공헌하고 있다. 반면, MBC 드라마넷은 20~50대 주부층을 중심으로 절대적 인기를 끌고 있는 드라마를 집중적으로 소구한다. 성인용 콘텐츠만을 제공하는 인터넷방송도 성인영화에 관심이 많은 남성 고객을 서비스 이용자로 삼아 포지셔닝한 것으로 볼 수 있다.

(3) 경쟁에 의한 포지셔닝

경쟁에 의한 포지셔닝 방법은 소비자의 지각 속에 자리 잡고 있는 경쟁제품과 명시적 혹은 묵시적으로 비교함으로써 자사 제품의 혜택을 강조하려는 방법이다. 이 방법은 경쟁상표로부터 소비자를 끌어오기 위해 경쟁상표를 준거점(reference point)으로 사용하는 것이다. 비교광고가 허용되는 외국에서는 자주 사용되고 있으나 비교광고가 법적으로 규제되고 있는 국내에서는 사용하기 어려운 방법이다. 예를 들어 국내 케이블TV 홈쇼핑 시장은 LG홈쇼핑과 CJ39쇼핑의 2파전이었는데 2000년 신규 사업자인 연합홈쇼핑(현대홈쇼핑)과 한국농수산방송, 우리홈쇼핑 등 3개 채널사업자가 가세했다. 이들 신규 홈쇼핑채널 가운데 어느 특정 업체가 No. 2 사업자인 CJ39쇼핑을 잡기 위해 대항 포지션을 만들거나 독특한 포지셔닝을 할 수 있을 것이다. 미국 렌터카 시장의 2위 기업인 에이비스의 "우리는 2등입니다. 그러나 더욱 열심히 노력하겠습니다"라는 광고문안을 통한 소구가 그 대표적인 경우이다.

(4) 틈새시장 소구를 위한 포지셔닝

이 방법은 경쟁적 포지셔닝의 한 방법으로 기존의 제품이 충족시키지 못하는 시장기회를 이용하는 것이다. 일반적으로 틈새시장의 규모가 작기 때문에 비교적 소규모기업이 사용한다. 예를 들어 웨더(weather)뉴스 채널은 날씨정보를 원하는 시청자층만을 대상으로 하여 틈새시장을 위한 포지셔닝을 하고 있다. 바둑채널도 40~50대 남성 바둑 마니아층을 중심으로 확고하게 형성된 틈새시장을 포지셔닝하여 성공을 거뒀다.

4) 디지털 매체의 포지셔닝 맵

디지털 매체 간 포지셔닝 맵을 작성하기 위해서 매체 간 속성의 차원을 결정하는 것이 중요하다. 먼저 디지털 매체 간의 경쟁관계를 고려하여 속성의 차원은 이동성(접근성)과 음성 및 데이터 등 전송유형에 따라 두 가지로 구분할 수 있다.

현재 우리나라는 IT산업의 강국으로 DMB와 IPTV서비스를 실시하고 있고, 화상전송이 가능한 HSDPA 및 와이브로, 각종 초고속 인터넷 서비스를 소비자에게 제공하고 있다. 따라서 <그림 4-4>에서와 같이 디지털 매체의 경쟁관계는 포지셔닝 맵을 이용하여 알아볼 수 있다.

<그림 4-4>의 포지셔닝 맵을 살펴보면, 이동성 차원에서 지상파TV가 고정매체로 이동성이 가장 떨어지는 반면, DMB는 휴대매체로 이동성이 가장 높은 것으로 나타났다. 또한 전송유형을 보면 IPTV와 인터넷은 고속 데이터 전송이 가능하지만, 지상파TV나 휴대전화 및 라디오 등은 고속 데이터 전송을 하지 못하고 있다.

휴대·이동매체인 DMB는 DTV의 이동수신 매체로서 텔레비전과 보완관계로 설정된 매체이다. 즉, DMB는 주 수용자층과 방송 시간대가 기존의 지상파 방송과 크게 겹치지 않기 때문에 대체재라기보다 보완재로서의 역할이 더 크다고 할 수 있다. 예를 들어 최근의 시청률 조사 및 지상파DMB

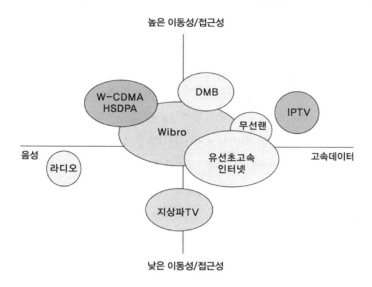

<그림 4-4> 디지털 매체의 포지셔닝 맵

서비스 수용도 조사결과에 의하면 지상파TV방송의 10대, 20대, 30대의 시청률은 점차 감소하는 것으로 나타난 반면 지상파DMB의 주 수용자층은 10대, 20대, 30대로 나타났다.

또한 휴대수신이라는 매체성격 때문에 기존 TV방송과 시청시간대 측면에서 프라임타임이 다른 보완적 관계를 갖고 있다. 즉, 기존 TV방송의 경우 프라임타임이 온 가족이 TV 수상기 앞에 모이는 저녁시간 이후라면, DMB는 출근시간, 점심시간, 퇴근시간 무렵이다. 프라임타임이 다르다는 의미에서 본다면 DMB는 기존의 방송영역을 침범하지 않는 서비스로서 기존 고정 TV와 경쟁관계라기보다는 보완관계라 할 수 있다. 요일별 시청의 경우도 기존 TV방송은 주중보다 주말(토요일, 일요일) 시청비율이 높은 반면, DMB는 목요일과 금요일 등 주중에 프라임데이를 형성하는 차별성을 보이고 있다. 따라서 지상파DMB는 기존 방송매체를 대체하는 대체재라기보다는 방송매체를 보완하는 보완재로서 독자적인 영역을 확보할 수 있을 것으로 전망된다.

DMB는 위성DMB와 지상파DMB로 2개의 시장으로 구분되는데, 지상파

DMB는 무료 보편서비스를 하고, 위성DMB는 유료의 다채널 방송을 한다는 차원에서 직접적인 경쟁관계에 있다. 하지만 위성DMB, 지상파DMB 방송 모두 이동수신 방송시장을 함께 키울 수 있다고 보면 보완적 관계라고 설정할 수도 있다.

와이브로는 '들고 다니는 인터넷' 서비스를 말하며, 유비쿼터스사회 구축을 위한 핵심 축으로 기대를 모으고 있다. 우리나라도 KT와 SK텔레콤이 2006년 6월 30일 나란히 와이브로와 HSDPA를 상용화했다. 현재 와이브로는 노트북에 PCMCIA카드를 끼워서 사용하는 단말기만을 사용하고 있고, HSDPA는 고가의 휴대전화를 기반으로 한다는 점에서 DMB와 직접적인 경쟁이 불가피할 것으로 보인다.

와이브로(휴대인터넷)와 HSDPA는 경쟁이 아닌 보완관계로 볼 수 있다. 와이브로는 전송속도와 가격 측면에서 비교우위를 점한 가운데 인터넷 접속 중심으로 나가는 반면, HSDPA는 이동성과 커버리지 측면의 이점을 앞세워 영상통화를 비롯한 무선 데이터 전송 서비스를 제공한다. 따라서 와이브로와 HSDPA는 서비스 성격과 포지셔닝이 달라 보완관계로 설정할 수 있다.

6. 미디어 마케팅 전략

1) 미디어산업의 경쟁자들

최근 들어 여러 경쟁 미디어 간에 소비자의 시간을 쟁취하기 위해 치열한 경쟁시대가 도래했기 때문에 문화산업에도 경쟁시장이라는 논리를 적용하는 것이 불가피하게 되었다.

과거 제조업 기업이 문화콘텐츠 기업으로 탈바꿈하는 사례가 점차 확대되는 추세이다. 하드웨어 기업이었던 소니(SONY)를 비롯해 GE, 애플, MS, NTT도코모 등이 현재 복합 미디어기업으로 재편되고 있다(<표 4-4> 참조).

<표 4-4> 개별 기업의 사업범위 정의

기업명	협의의 개념	광의의 개념
소니	가전제품 회사	종합오락그룹(→ 엔터테인먼트산업 발전)
애플	컴퓨터 제조회사	콘텐츠 미디어기업(→ 엔터테인먼트산업 발전)
NTT도코모	정보통신회사	세계적인 생활과 문화창조 기여자
월트디즈니	만화영화 제작업체	건전한 즐거움 제공자(→ 엔터테인먼트산업 진출)
M.net/KMTV	케이블TV 음악채널	재미있는 오락 제공자(→ 음반·연예산업 진출 가능)
YTN	케이블TV 뉴스채널	정보 서비스 제공자

즉, 엔터테인먼트 기업들은 생존을 위해서 자사의 사업범위를 명확히 규정해 과거 할리우드 영화사가 범한 '마케팅 근시'[1]에서 벗어날 수 있었다. 실제로 1960년대 할리우드 영화사들은 근시안적 기업목적을 설정하는 바람에 텔레비전에 의해 시장을 잠식당하는 결과를 낳았다. 그 당시 영화사들은 실제로 오락산업을 운영하고 있었음에도 불구하고 자신들의 소속 산업을 영화로만 국한해 상당 기간 침체에 빠졌다. 미국 영화산업의 경우 새로운 미디어와 테크놀로지가 등장할 때마다 더 확대된 창구, 즉 상영 경로를 확보하면서 돌파구를 찾았다. 처음 새로운 창구가 등장할 때는 그것이 이전의 메인 창구를 위협하여 영화산업 자체를 붕괴시킬 것처럼 오해했지만 결국 할리우드는 이 새로운 미디어를 자신의 배급 통로로 활용했다.

텔레비전이 광범위하게 보급되던 1950년대는 영화산업이 사양길에 접어들 것이라는 성급한 판단을 내리기도 했지만, 이후 1960~1970년대 할리우드가 텔레비전 프로그램 제작과 방송국 인수에 착수하여 그것을 영화의 2차 배급 통로로 활용했다. 다시 말해 처음 TV가 등장했을 때 영화산업은

---

1) '마케팅 근시'는 미국 하버드 경영대학 레빗(T. Levitt) 교수가 제시한 개념으로, 관련 기업들이 스스로의 사업범위를 좁게 규정함으로써 빠지는 오류를 의미한다(Theodore Levitt, 1975: 26~56).

침체될 것이라고 예상되었지만 영화산업은 이러한 위기를 기회로 활용하여 고품질을 추구했고, TV가 주는 시각적 효과 이상을 보여주는 와이드 스크린 및 서라운드 입체 음향의 형태로 발전하면서 보다 전문기술화되고 발전할 수 있었다. 또한 1980년대에 활성화되었던 비디오(VTR)나 1990년대의 케이블TV도 기존의 지상파TV나 영화관에 위협적인 존재가 될 것으로 여겨졌지만, 결국 미국 영화산업은 이 모든 산업과 수평적 통합을 이루면서 새로운 배급 통로를 확보했다.

물론 새로 등장한 미디어는 기존의 미디어가 가진 시장을 일정부분 잠식해 새로운 시장을 형성했지만, 결과적으로 이런 창구의 다변화는 창구마다의 시장을 새롭게 발굴하여 전체 미국 영화산업의 파이를 키우는 효과를 가져왔다.

이처럼 마케팅 근시를 제시한 레빗은 제반 사업활동의 핵심개념이나 광범위한 업무로서 사명의 개념을 정립하고, 동일한 효용을 제공하는 다른 기업과의 경쟁을 인식할 필요가 있다고 주장했다. 그는 근시안적이고 생산지향적인 산업에 대한 정의는 지양해야 된다고 주장하면서 산업에 대한 정의를 내릴 때 생산 이면에서 내일의 경쟁자가 될지도 모르는 현재 경쟁자 이면의 모습을 살펴보라고 강조해왔다. 가장 중요한 점은 소비자의 기본적인 효용에 초점을 맞추어 경쟁에 뛰어드는 신규 진입자를 감시하거나 대체재가 주는 위협을 인식하는 것이다.

예를 들어 세계적인 영화제작 업체인 월트디즈니도 자신의 사업범위를 만화영화 제작업에 국한시키지 않고 '건전한 즐거움을 제공하는 사업자'로 사업범위를 넓게 규정해 비디오사업, 캐릭터사업, 테마파크까지 진출함으로써 사업에 성공을 거둘 수 있었다.

우리나라의 경우 미디어산업에서의 마케팅 근시 사례는 지상파와 케이블TV에서 살펴볼 수 있다. 우선 지상파TV는 2~3개 채널의 독점상황 아래 광고수입과 시청료를 주요 재원으로 하여 운영되어왔다. 자연히 지상파 방송사들은 '방송도 산업이다'라는 인식 없이 현실에 안주하면서 무사안일하게 사업을 수행해왔다. 케이블TV와 위성방송, DMB 등 다양한 매체가 출현하여 기존 지상파의 광고수입을 잠식하고 시청점유율까지 줄어들게 하는 등 동일한 효용을 제공하는 다른 사업자를 인식하지 못하는 근시안적인 경영에 빠져 있었던 것이다.

케이블TV도 지상파TV와 동일한 시장에서 직접적인 경쟁관계에 있으나, 그동안 지상파TV가 갖고 있는 차별화된 콘텐츠를 제공하지 못했기 때문에 수용자들의 외면은 물론 상당기간 경영에도 어려움을 겪고 있다. 케이블TV업계는 근시안적인 사업목적 설정과 프로그램 투자 미약 등으로 PP들이 채널 성격을 전환하거나 인수합병에 의해 PP들의 사업자가 바뀌는 등의 혼란을 겪어왔다. 특히 케이블TV사업자들은 위성방송과 IPTV라는 경쟁적인 대체품을 제대로 인식하지 못한 채 사업을 수행했다.

미디어기업들은 소비자의 기본적 효용에 초점을 맞추어 경쟁에 뛰어드는 신규 진입자를 감시하거나 대체재가 주는 위협을 인식하는 것이 중요하다. 예를 들어 지상파TV 방송사인 SBS가 경쟁자를 같은 지상파를 통해 프로그램을 전송하는 다른 회사로만 규정할 때 이 방송사는 경쟁범위를 잘 파악하지 못한 오류에 빠지게 된다. 즉, SBS는 자사의 경쟁범위를 지상파 방송이 아닌 케이블TV의 채널들과 위성방송, 비디오 업체, 영화사들까지 포괄해 '정보와 즐거움'을 제공하는 측면에서 사업범위를 정립해야 할 것이다. 케이블TV 음악채널인 M.net이나 KMTV가 자신의 사업범위를 케이블TV 프로그램 공급업자로 좁게 규정할 경우 잠재적 경쟁자인 음반제작 회사나 연예매니지먼트와의 경쟁에서 뒤처지고 결국 자신의 사업영역을 음반·연예사업으로 확장할 수 있는 길을 포기한 셈이다. 또 다른 케이블TV 뉴스전문채널인 YTN도 자신의 사업범위를 뉴스제공업으로 좁게 한정하지 않고 '올바른 정보 제공자'로서 정보서비스업을 한다고 사업범위를 넓게 정의할 때 시청자(소비자)를 더 확보할 수 있을 것이다.

기업의 사업범위를 명확히 정하고 마케팅 근시를 극복한 사례는 일본의 '소니'에서 볼 수 있다. 소니는 가전제품 회사에서 출발했지만 영화사인 콜럼비아와 MGM을 인수하여 소니 픽처스를 만들고, 음반사업인 소니뮤직과 PS3, PSP 등 게임사업까지 진출하여 '종합오락그룹(total entertainment group)'으로 발전했다. 소니는 1980년대 워크맨을 시작으로 최근 플레이 스테이션 같은 오락기까지 선보이며 소비자들에게 새로운 라이프스타일을 제시하고 엔터테인먼트 사업의 일인자로 떠올랐다. 이후 전 세계 소비자들은 영화, 음악, 게임을 망라한 모든 디지털 엔터테인먼트와 관련하여 '소니'를 가장 먼저 떠올리게 되었고, 소니는 기업이라기보다는 하나의 문화현상으로 자리 잡았다(김민주 외, 2005: 228). 세계 정상의 전자 메이커라 할 수 있는 소니가 내세우는 핵심가치의 하나는 엔터테인먼트로, 고객의 재미와 흥미라는 가치를 상품화하여 큰 성공을 거두었다. 즉, 소니는 사업범위를 가전제품 업체로만 한정하지 않고 동일한 효용을 제공할 수 있는 영화나 음반, 게임업까지 진출함으로써 엔터테인먼트회사로 도약할 수 있었다.

IT기업인 NTT도코모는 1992년 NTT그룹에서 독립하여 설립된 휴대전화 회사로 당시 매출액이 NTT그룹의 1%에도 미치지 못했다(시마 노부히코, 2008: 129~133). 그러나 NTT도코모는 1995년 인터넷 시대가 도래하면서 휴대전화에 인터넷 기능을 접목시킨 'I모드'라 부르는 휴대정보서비스를 시작하여 비약적인 발전을 가져올 수 있었다. NTT도코모는 휴대전화를 앞으로 10년 내에 카드처럼 얇아지고 네 번 접을 수 있는 최소형의 형태로 개발하여 생활과 사회를 바꾸는 IT전략을 수행하겠다고 밝혔다. 즉, 정보통신회사인 NTT도코모는 자신의 사업범위를 정보통신회사로 좁게 설정하지 않고 IT기술을 통하여 라이프스타일이나 사회의 양상을 바꾸는 '세계적인 생활과 문화창조 기여자'로 규정하여 최고의 IT기업의 총아로 떠오르고 있다.

이에 따라 미디어기업들이 자신의 사업범위를 좁게 규정해 마케팅 근시에 빠지지 말고, 경쟁자와 대체제품을 포괄적으로 살펴서 소비자의 욕구를 충족시키고 기업의 이윤을 극대화할 수 있는 길을 모색해야 할 것이다.

2) 방송통신사업자의 교차진입

우리나라의 방송사업자와 통신사업자는 교차진입을 통해 초고속 인터넷 기술을 기반으로 한 사업다각화를 공통적으로 추진하고 있다. 방송사업자는 인터넷과 광대역 미디어의 발전이 본격화되면서 신규 시장진출을 위한 사업다각화를 구체화시키고 있다.

실제로 다채널 방송시장의 지배적 사업자인 케이블TV는 방송서비스와 함께 초고속 인터넷 및 전화 서비스 등 방송, 통신, 인터넷을 패키지로 제공하는 TPS를 제공하며 통신사업자를 위협하고 있다. TPS 시장 선점을 위해 통신사업자와 미디어사업자들의 추진이 본격화되고 있다. 케이블TV사업자들은 네트워크에 대한 투자를 통해 조기에 TPS에 진입할 수 있는 위치에 있지만, 통신사업자에 비해 투자자금력에서 상대적으로 열세이다. 사실 TPS 사업 진입은 신규 수익창출보다는 기존 시장 유지를 위한 방어적 입장으로 볼 수 있다.

이에 대응하여 통신사업자 역시 TPS 서비스 패키지를 구축하여 통신시장을 수호하면서 케이블TV사업자의 수익원인 초고속 인터넷시장 및 방송서비스시장에 진출하려고 노력하고 있다. 케이블TV사업자들이 TPS로 시장을 지키려는 가운데, 통신사업자들은 광케이블 기반의 초고속 인터넷 방송서비스인 IPTV로 케이블TV시장을 진입하고 있다.

방송사업자의 통신시장 영역으로의 진입은 콘텐츠와 기존 인프라망을 기반으로 하는 장점이 있다. 통신사업자의 방송사업 진출은 무선망을 기반으로 한다면, 방송사업자의 통신시장 진입은 유선망을 이용한 양방향과 무선서비스를 특징으로 하고 있다. 방송사업자의 사업다각화와 통신사업자의 교차진입의 사례는 <표 4-5>에서 살펴볼 수 있다.

국내에서도 통신사업자와 제조기업들이 통신망, 미디어, 서비스의 융합환경에 대비하기 위해 최종적인 부가가치를 창출하는 콘텐츠사업에 속속 진출하고 있다(주진형·황지연, 2006: 10~14).

<표 4-5> 방송사업자의 사업다각화와 통신사업자의 교차진입

구분		주사업	부사업	서비스망 확대
방송 사업자	스카이라이프	위성방송	Sky HD	위성 → 유선(무선)
	케이블TV	케이블TV	초고속 인터넷, DMC IPTV	유선 → 유선(양방향)
통신 사업자	KT, 데이콤	유선통신, 초고속 인터넷	위성방송(스카이라이 프), IPTV, 와이브로, 인터넷 콘텐츠	유선 → 위성(무선)
	SKT	무선통신	위성DMB, 모바일 콘 텐츠	무선 → 위성(유선)

KT, SKT와 같은 통신사업자들은 콘텐츠산업 진출을 통해 새로운 가치를 창출함으로써 '네트워크 효과'를 극대화한다는 전략을 수행하고 있다. KT는 국내 대표적 영화제작사인 싸이더스픽처스를 인수하고 향후 1,000억 원 규모의 재원으로 유망한 콘텐츠 관련업체와 제휴나 인수를 추진하고 있다. 그러나 KT는 2009년 6월 드라마 제작사인 올리브나인 지분 전량(19.48%)을 아월패스에 매각하고, 드라마 제작사업에서 철수하기로 했다.

KT는 휴대전화(KTF), TV(IPTV), PC(초고속 인터넷 메가패스), 게임 및 교육 콘텐츠(KTH) 등 계열사 인프라를 최대한 활용하여 컨버전스 및 원소스 멀티 유스 전략을 통해 시너지 효과를 달성할 계획을 밝혔다. KTF는 2005년 NHN과 차세대 모바일 게임콘텐츠 제공에 대한 전략적 제휴를 체결하고 '아크로드', '권호', '한게임 플래시' 등 인기 게임을 KTF의 모바일 게임 '지팡'을 통해 제공하고 있다. 특히 KT는 자회사인 KTF를 2009년 6월 통합함으로써 유·무선시장을 통합하는 거대사업자로 탄생하게 되었다.

경쟁사인 SKT는 거대 음반제작사 YBM서울음반과 연예기획사인 IHQ를 전격 인수했으며 추가로 게임, 교육콘텐츠업체를 인수해 '글로벌 종합 미디어사업'을 전개하고 있다. 또한 SK는 자회사인 SK C&C를 통해 애니메이션 사업에도 진출했으며, SK커뮤니케이션을 통해 1인 미디어인 싸이월드를 인수하고, 네이트닷컴과 합병하는 등 주요 커뮤니티 포털로서 입지를 다졌다. 또한 온라인 교육업체 이투스의 지분 27%를 확보하여 2대 주주가 됨으

<표 4-6> 통신사업자의 미디어기업 진출 사례

통신기업	인수기업
SK (글로벌 종합 미디어그룹)	음원(YBM서울음반 인수, 음악포털 '멜론' 오픈), 영화(IHQ 인수), 인터넷 서비스(싸이월드 인수, 네이트닷컴 합병), 위성DMB(TU미디어) 참여, 애니메이션(인디펜던스)
KT (유·무선시장 통합 사업자)	영화(싸이더스 FNH 인수), 드라마(올리브나인 → 아월패스에 매각), 음원(음악포털 '도시락', '클릭팝'), 굿타임시네마파티펀드(쇼박스 공동), 디지털 시네마사업(롯데시네마 공동)

로써 교육콘텐츠 관련업까지 진출했다(<표 4-6> 참조).

통신사업자뿐 아니라 전통 제조업체나 대기업들도 문화콘텐츠분야로의 진출을 확대하고 있다. 이들 기업은 기존 산업과 다양한 콘텐츠사업을 융합하여 시너지효과를 창출하고 있다. 국내에서도 CJ그룹과 오리온그룹, 대성그룹 등이 수직 및 수평 계열화를 통해 종합 엔터테인먼트기업으로 부상하고 있다.

CJ그룹은 연예콘텐츠 생산과 유통 등으로 나뉜 계열사를 합병하고 문화 엔터테인먼트 사업을 재편했다. CJ그룹의 엔터테인먼트 계열사인 엠넷미디어는 2007년 5월 말 CJ뮤직과 합병을 결의했다고 발표했다. 엠넷미디어가 CJ뮤직을 흡수합병할 경우 연예기획 및 콘텐츠 생산부터 온·오프라인과 방송 유통채널까지 거느린 연 매출액 1,500억~1800억 원 규모의 복합 엔터테인먼트기업이 등장할 것으로 전망된다. 엠넷미디어는 탤런트 송승헌, 한은정, 가수 이효리 등의 연예인이 소속된 엔터테인먼트 회사이고, 인터넷 TV 서비스업체인 곰TV의 최대 주주이다. 또한 CJ그룹은 그룹 계열사인 tvN이 보유한 또 다른 음악케이블방송 KMTV도 엠넷미디어에 합병했다(≪동아일보≫, 2007년 4월 17일자).

이는 CJ엔터테인먼트의 사업에 대한 강화 및 CJ미디어, 인터넷, CGV 등 성장산업의 지속적 성장 추진을 의미한다. CJ그룹은 영화 제작-투자-배급을 담당하는 CJ엔터테인먼트와 490여 개의 스크린을 가진 CGV를 소유하여 영화산업의 수직계열화를 이룩했고, 케이블 PP인 tvN 등 10개의 PP를 가지고 있으며, CJ케이블넷을 통해서 11개의 SO(MSO)를 소유하고 있다.

오리온그룹의 미디어플렉스는 2005년 투자·배급한 <웰컴 투 동막골>, <말아톤>, <가문의 위기> 등이 흥행함으로써, 2004년 <태극기 휘날리며>에 이어 2년 연속 최고 흥행작을 배출했다. 온미디어 역시 OCN 등 12개의 PP를 보유하여 케이블TV 내 시청점유율 1위 업체가 되었고 광고매출 확대로 실적이 지속적으로 향상될 전망이다.

에너지 전문회사인 대성그룹은 차세대 성장동력을 문화산업으로 선정해 영화, 드라마 등에 투자하며 문화사업을 전개하고 있다. 최근에는 코리아닷컴을 20억 원에 인수하여 인터넷, 영화, 게임, e-러닝 등 문화콘텐츠 전반을 아우르는 종합 콘텐츠기업으로 도약하고 있다.

3) SWOT분석

경영학에서 많이 사용되는 SWOT분석은 일정시점에서 기업활동에 영향을 미치는 외부환경요인을 기회(opportunities)와 위협(threats)으로 분류하고, 내부분석에서 도출한 자사의 강점(strength), 약점(weakness)에 결합시켜 효과적인 전략을 수립하는 과정이다.[2]

SWOT분석은 원래 러니드(E. P. Learned), 크리스티안센(C. R. Christiansen), 앤드류(K. Andrews), 구스(W. D. Guth) 등이 『비즈니스 폴리시(Business Policy)』라는 저서에서 제안한 것으로 외부로부터의 기회는 최대한 살리고 위협은 회피하는 방향으로, 자신의 강점은 최대한 활용하고 약점은 보완한다는 고전적 논리에 기초하고 있다.

<표 4-7>에서는 SWOT분석을 이용하여 우리나라 케이블TV산업의 강점, 약점, 기회, 위협요인 등의 경쟁력을 분석할 수 있다.

---

2) SWOT분석은 경영전략개발에 방향을 제시하고 사용하기 쉬운 장점이 있으나, 기계적인 분석으로 마케팅 전략에 연결되지 못하는 단점이 있다.

<표 4-7> 케이블TV 환경변화에 따른 SWOT분석

강점	약점
- 1,400만 가입자 - 지역밀착형 프로그램 - 가격경쟁력과 다채널 - HD방송을 통한 조기가입자 - 양방향 서비스 경쟁력 - 교차소유와 합병으로 경영 효율성 제고	- 낮은 가입자당 매출액 - 동일지역 복점경쟁 - 위성방송, DMB와 가입자 확보경쟁 - PP의 디지털 전환 지연과 SO의 필수설비 부족
기회	위협
- 인터넷전화(Voip) 개시 - 각종 쌍방향 서비스 제공 - MSO 등 각종 규제완화 - 디지털화에 따른 다채널 용량 확보	- 통신사업자의 방송산업 진입(IPTV) - 지상파 다채널화 전략과 광고경쟁 - 디지털 전환비용 과다 - 콘텐츠 부족과 PP의 취약성 - 다국적 미디어기업의 국내시장 진출

(1) 강점

첫째, 2006년 말 케이블TV 가입자 수 1,400만 명을 확보하여 유료방송시장에서 가장 확고한 위치를 차지하고 있다. 현재 80% 이상의 유료가입자들이 케이블TV를 통해서 서비스를 받고 있으므로 대부분의 가구에서 케이블망을 통해서 다채널 방송을 접하고 있다고 볼 수 있다. 1995년 케이블TV가 개국한 이후 매년 평균 10.5% 가입자 수가 증가하는 등 꾸준히 성장한 것이다. 이는 중계유선의 SO 전환에 의해 가입자 수를 늘릴 수 있는 점이 시장을 확대할 수 있는 장점이 되었다고 보인다.

둘째, 지역 SO들은 지방자치단체의 행사나 지역 뉴스 등을 편성하여 지역밀착형 프로그램을 통해 지역주민에게 친숙하게 다가서고 있다. 즉, 케이블TV가 자체 특성이라 할 수 있는 지역성을 바탕으로 지역채널 활성화를 통한 풀뿌리 민주주주의 실현에 적지 않은 기여를 했다는 점이다.

셋째, 케이블TV산업의 가장 큰 장점은 가격경쟁력과 HD방송을 통해 다채널 서비스를 실시할 수 있는 이점을 보유하고 있다는 점이다. 케이블TV는 채널 티어링에 의한 상품별 가격차별화 전략으로 위성TV보다 가격이 저렴한 이점이 있고, HD 디지털방송 전환에 따라 채널 수를 120여 개(비디오)

이상 제공하고 있다.

넷째, MPP와 MSO, MSP 등 교차소유와 합병에 의해 경영의 효율성을 높일 수 있다.[3] 즉, PP와 SO 사이의 수평·수직결합을 통해서 규모의 경제와 거래비용 절감 등으로 시너지효과를 극대화시킬 수 있다. 여기에 뉴미디어의 불모지였던 시장을 개척하면서 케이블TV가 축적한 마케팅과 경영노하우도 무시할 수 없다.

(2) 약점

첫째, 케이블TV가 부가서비스의 비중이 높다 보니 상대적으로 가입자당 매출액(Average Revenue Per Unit: ARPU)[4]이 낮아져 향후 수익저하 요인으로 작용할 가능성이 높다는 점이다. 케이블TV사업의 성과는 케이블TV망과 통신사업자와의 협력관계를 통해 초고속 인터넷과 인터넷 전화 등 부가서비스를 발굴하여 정착시킨 점이다. 이는 SO의 주요한 수입원으로 정착하고 있으며, 방송서비스보다 ARPU가 높다. 그러나 중계유선, 위성방송과의 경쟁 때문에 저가형 티어링을 중심으로 운영됨으로써 유료방송시장의 형성에 실패했다는 점을 들 수 있다.

둘째, SO의 경우 유선방송의 SO 전환에 따라 같은 지역에서 2~3개의 SO들이 경쟁(복점경쟁)을 하는 상황이 벌어져 수익성 악화의 요인이 되고 있다. 복수 SO 간의 경쟁은 SO의 수익성 악화와 공정경쟁이라는 과제를 남겨두고 있다.

---

3) MSO는 SO가 수평적 결합을 한 것인데 이를 통해서 비용을 절감하고 PP의 협상력을 증대시킨다(예: 티브로드 – 동대문, 강서, 지에스디, 서해, 수원, 남동, ABC, 한빛, 기남, 케이씨엔, 동남). MSP는 MPP, MSO 등 수평적 결합사업자가 MPP는 SO로, MSO는 PP로 수직 겸영을 통해 SO와 PP라는 이종 매체와 동종 매체를 교차로 소유한 사업자를 말한다(예: CJ미디어 – PP-M.net, 올리브, XTM, CGV, tvN, 챔프/SO-드림시티, CJ케이블 양천, 가야, 중부산, 북인천).

4) 케이블이나 위성방송 등에 가입한 유료서비스 이용자 1인이 지불하는 평균금액으로 흔히 가입자당 매출액으로 부른다.

셋째, 현재 케이블TV 가입자 수가 1,400만 명으로 포화상태에 이르렀다. 여기에 위성방송이 공격적인 마케팅으로 2009년 현재 230만 명까지 가입자 수를 늘려왔으며, 휴대·이동형 매체인 지상파DMB도 2,000만 명의 가입자를 확보하는 등 매체 간 가입자 확보경쟁이 치열해지고 있다. 따라서 케이블TV도 DMB와 IPTV 등 새로운 다채널 매체의 등장에 따라 시장잠식이 우려된다.

넷째, 케이블TV PP의 디지털 전환 지연과 SO의 필수설비 교체와 증설이 늦어지면서 디지털화가 더디게 진행되고 있다. 정부가 2012년 아날로그방송을 종료하고 디지털로 전환하기로 함에 따라 현재 PP와 SO들이 방송장비의 교체와 증설에 나서고 있지만, 막대한 투자비용 때문에 디지털 전환에 어려움이 있다. 더욱이 케이블TV는 위성방송에 대한 상대적인 디지털화의 열세를 극복하는 것이 시장우위를 확보하는 지름길이다.

(3) 기회

첫째, 케이블TV사업자도 통신사업자처럼 초고속 인터넷 서비스에 이어 인터넷전화(Voip) 상품을 개발함으로써 부가수익을 얻을 수 있는 창구를 개발했다.

둘째, MSO 등 각종 규제완화가 사업영역을 확대할 수 있는 기회를 제공하고 있다. 2000년 「방송법」 제정 이후 바뀐 중계유선방송사업자의 SO 승인, 소유규제 완화, PP 등록제는 케이블TV시장 확대와 방송사업 구조를 변화시키고 있다. 케이블TV 사업구조는 개별 사업자 중심의 케이블TV체제에서 MSO, MPP, MSP 등 수평적·수직적으로 결합한 대규모 사업자로 나타나고 있다. 즉, PP와 SO 등이 인수합병을 케이블TV기업의 거대화를 촉진할 수 있었던 것이다.

셋째, 케이블TV업계는 앞으로 디지털화에 따른 다채널 용량을 확보할 수 있게 되었다. 2012년 디지털화 전환에 따라 케이블TV도 디지털방송을 본격적으로 실시하면서 채널 수를 120개에서 160개까지 늘리는 등 양방향·

고화질·다채널 방송을 실현할 수 있게 되었다.

(4) 위협

첫째, IPTV 등 경쟁매체의 본격적인 등장은 케이블TV사업을 위협하는 요인이 되고 있다. 통신사업자의 방송산업 진입을 의미하는 IPTV는 디지털 케이블TV와 성격이 유사하여 앞으로 가입자 유치확보에서 치열한 경쟁이 예상된다.

둘째, 지상파TV도 다채널화 전략을 통하여 기존 주파수의 한계를 넘어 채널 수를 늘려 광고시장을 확대하겠다는 의도를 펼치고 있다. 따라서 광고시장을 놓고 케이블TV업계와 지상파TV의 광고수주 경쟁이 더욱 치열해질 전망이다.

셋째, 케이블TV업계는 디지털 전환비용 과다에 따른 투자 미흡과 콘텐츠 부족, PP의 취약성 등 사업을 위협하는 환경에 직면하고 있다. 그동안 지상파 방송의 콘텐츠 공급에 의존했던 케이블TV업계가 앞으로 자체 콘텐츠 제작과 수급을 어떤 방식으로 대처할지도 시장위협으로 다가온다. 일부 케이블TV 사업자들이 자체 제작비율을 늘려나가고, 같은 계열 PP들이 공동제작하여 콘텐츠를 공유하는 것으로 돌파구를 찾고 있다. 특히, 자본력과 기술적인 능력을 가진 통신사업자의 방송분야 진출은 케이블TV사업자에게 새로운 과제를 남겨두고 있다.

넷째, 한미 자유무역협정 타결에 따른 타임워너와 비아콤(Viacom) 등 다국적 미디어기업의 국내시장 진출도 케이블TV사업자들에게는 위협요인이 될 수 있다. 특히 미디어 관련법은 외국방송사업자의 국내시장 진입을 허용하여 국내 사업자와 제휴 또는 지분투자를 할 수 있게 되어 산업 활성화의 또 다른 요인으로 작용하고 있다.

4) 마이클 포터 5force모델

경쟁전략(competitive strategy)은 적응전략과 함께 사업부문 수준에서 택할 수 있는 전략(a business-level strategy)의 다른 한 기둥이다. 조직을 경쟁에 적극 나서게 해 시장에서 우위를 차지하는 전략이다. 이 이론은 미국의 하버드 비즈니스 스쿨 마이클 포터(Michael E. Porter) 교수의 연구에 크게 힘입었다. 포터는 경영자가 어떻게 하면 산업평균치를 넘는 수익성을 성취하는 데 필요한 경쟁우위(competitive advantage)를 만들어내고 유지할 수 있는지 설명해 큰 관심을 끌었다.

포터는 경쟁전략이론 구성을 위해 산업구조 분석을 도입했다. 산업분석(industry analysis)은 산업 내에 있는 다양한 구성집단들의 상호관계를 분석하여 경쟁의 정도를 파악하고, 이를 근거로 산업의 전반적인 매력도를 평가하는 과정이다. 포터가 제시한 산업구조 분석방법에 의하면 산업매력도는 다음 다섯 가지 경쟁요인(competitive forces)에 의해 영향을 받게 된다(<그림 4-5> 참조).

(1) 기업경쟁을 좌우하는 다섯 가지 요인
① 현재 시장 내의 경쟁: 기존 기업 간 경쟁

산업의 성장 정도나 생산제품의 차이 같은 요소들이 산업 내 기업 간 경쟁의 강도를 좌우한다. 한 시장 내 다수의 주요 기업들이 치열하게 경쟁하고 있다면, 그 시장은 소수경쟁자들이 있는 시장에 비해 매력도가 낮은 곳이라고 할 수 있다.

기존 기업 간의 경쟁강도는 주로 경쟁업체의 수, 각 경쟁기업이 그 시장에 부여하는 중요도, 고정비가 전체 비용에서 차지하는 비율, 그리고 철수장벽의 유무에 의해 결정된다. 예를 들어 현재 케이블TV시장을 보면 SO, PP, NO의 3분할 구도로 운영되고 있다. 특히 PP사업의 등록제 변화와 MSO 허용 등으로 개별 사업자 중심의 케이블TV체제에서 MSO, MPP, MSP 등

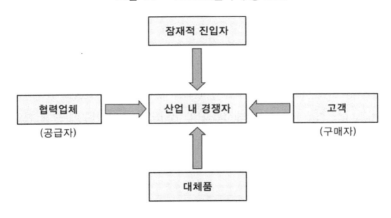

<그림 4-5> 5force모델의 구성 요소

몇 개의 대규모 사업자로 변모했으며, 케이블TV시장의 경쟁강도는 더욱
심해졌다.

② 진입장벽

진입장벽이란 새로운 기업이 특정산업에 진출하는 것을 억제하는 산업
고유의 특성이라고 할 수 있다. 새로운 산업에 진입하는 것을 방해하는 장애
요인들로는 규모의 경제, 제품의 차별화, 전환비용 등이 있다. 규모의 경제란
일정 한도까지는 생산 규모가 커질수록 단위 생산비가 줄어든다는 경제
법칙을 말한다. 이 법칙을 응용해 생각하면 시장 진입의 난이도를 판단할
수 있다.

어떤 산업부문에서든 시장에서 이미 자리를 잡은 기업들이 일정한 규모를
갖추고 규모의 경제 효과를 누리고 있을 때는 그들만큼 충분히 큰 규모를
갖추지 않고서는 새로운 기업이 시장에 진입해 경쟁에서 이기기 어렵다.
브랜드의 명성이 이미 자리를 잡았거나 기존 산업 내 기업들의 자본 규모가
절대적으로 큰 것(절대적 비용 우위)도 새로운 경쟁자의 산업 진입을 어렵게
하는 대표적 진입장벽(barriers to entry)이다.

현행 「방송법」에서 신문사의 지상파 방송 지분소유를 전면 금지하는, 즉

신문, 방송 등 이종매체의 겸영을 금지함으로써 새로운 사업에 진입하는 것을 차단한다거나 IPTV의 도입을 놓고 방송위원회가 'IPTV는 방송 위주의 부가통신이 추가된 서비스'라는 인식 아래 케이블 SO와 같은 수준의 규제를 고수하는 입장이 일종의 진입장벽에 해당된다.

③ 대체위협

이는 고객이나 거래처들이 특정 상품이나 서비스의 소비 혹은 거래 상대를 경쟁사로 돌릴 가능성이 얼마나 큰지 결정하는 요소를 말한다. 소비 혹은 거래처를 새로 바꾸는 데 따르는 비용(switching costs)이 얼마나 되는지 고객들이 전에 애용하던 기업의 상품이나 서비스에 얼마나 집착하는지(구매자 충성도) 등이 대표적 예다. 어떤 기업이든 대체위협(threats of substitutes)이 있을 때는 제품이나 서비스 가격을 자기 멋대로 높여 받을 수 없다.

출판산업의 경우 대체재로 전자책 형태인 e-Book과 u-Book이 등장하면서 기존 오프라인의 출판시장을 잠식해가고 있으며, 기존 지상파TV나 케이블 TV도 대체제품으로 DMB와 IPTV 등이 출현하여 방송시장을 잠식할 가능성이 커졌다. 실제로 IPTV가 등장하게 되면 케이블TV보다 더 많은 채널을 수용자가 선택할 수 있고, 양방향 서비스 등 데이터 서비스를 받을 수 있는 장점이 있다. 따라서 가까운 장래에 신기술의 도입이나 소비자 라이프스타일의 변화로 현재 산업이 위협받을 가능성이 있다면 산업매력도는 감소하게 된다.

④ 구매자의 교섭력

구매자 집단의 크기, 구매자에 관한 정보, 대체상품이 있는지 여부 등 특정 산업에서 구매자들이 공급자를 상대로 누릴 수 있는 영향력을 결정한다. 구매자의 교섭력(bargaining power of buyers)이 클수록 구매자가 상품·서비스를 판매하는 공급자를 상대로 더 좋은 품질, 더 낮은 가격을 요구할 수 있는 정도가 커진다.

이를테면 지상파 방송사에 프로그램을 납품하는 독립제작사는 방송사 측이 요구하는 품질이나 가격 조건을 무시하기 어렵다. 지상파 방송사는 유일하게 수익을 내는 출구로서 독립제작사에게 독점수요자(monopsony)라는 큰 권력이 되어 하도급거래를 강요하고 있다. 이 경우 지상파 방송사는 구매자로서 강한 교섭력을 누리면서 독립제작사에게 일방적으로 저작권을 강요한다거나 납품단가를 낮추는 행위 등을 할 수 있다. 구매자의 교섭력이 큰 방송사는 외주사가 원치 않는데도 원청과 하청의 관계를 이용하여 자사 드라마 PD들을 외주제작사에 파견형식으로 보내 연출을 맡기는 등 기형적인 형태를 보인다.

⑤ 공급자의 교섭력

공급자의 교섭력은 공급자 분포가 어느 정도 집중되어 있는가, 대체상품 공급이 가능한가 여부 등으로 같은 산업·시장 안에 있는 다른 거래기업들을 상대로 특정 상품·서비스를 공급하는 공급자가 얼마나 교섭력을 행사할 수 있는지 결정하는 요소들이다. 이는 산업 내의 기업에게 원자재나 부품을 공급하는 업체가 얼마나 큰 영향력을 발휘하고 기업활동에 제약을 줄 수 있는지를 의미한다.

예를 들어 지상파 방송의 외주제작비율이 높아지면서 외주사나 종합 엔터테인먼트사들은 지상파 출신 PD들을 영입해 드라마사업본부를 만들고 있다. 외주사는 연예기획사를 인수하거나 제휴해 스타를 확보하고 제작역량을 높이기도 한다. 이럴 경우 외주제작사는 드라마를 사전제작방식으로 만든 뒤 저작권과 2차 저작권 등을 모두 갖고 방송사에는 경쟁입찰방식을 통해 방송권만 파는 방식으로 공급자의 교섭력을 톡톡히 행사하게 된다. 결국 문화콘텐츠산업의 경우 구매자 교섭력은 가치사슬상 외주사와 제작업체의 관계, 매니지먼트사와 유통업체와의 관계에서 힘이 어느 업체에 있느냐에 따라 차이가 난다. 유력 스타들을 확보하고 있는 매니지먼트사는 제작사에 대해 높은 교섭력을 가지는데, 최근 한류 스타 등의 몸값이 상승한 이유도 이러한 역학

관계에서 해석할 수 있다.

이상 다섯 가지 경쟁요인들은 모두 기업이 자사의 제품·서비스에 매길 수 있는 가격, 제품·서비스를 생산·판매하는 데 따르는 비용의 구조, 투자 요건에 직접 영향을 미치며 '산업의 수익성(industry profitability)'을 결정한다. 경영자는 이들 다섯 가지 경쟁요인에 따라 자사가 속하는 산업의 수익성을 평가해보아야 한다. 그렇게 해보면 어떤 산업은 수익성이 좋아 보이는 데 비해 다른 산업은 매력이 덜해 보이게 되어 있다. 물론 산업 자체도 변하는 것이므로 한때 매력 있게 보이던 산업도 시간이 흐르면 수익성이 떨어질 수 있다. 그러므로 경영자는 정기적으로 자사가 속하는 업종의 수익성 상태를 재평가해볼 필요가 있다.

5) 블루오션 전략: 전략캔버스

블루오션(blue ocean) 전략은 프랑스 유럽경영대학원(INSEAD) 석좌교수인 김위찬 박사와 르네 마보안(Renee Mauborgne) 교수가 주창한 새로운 경영전략이다(김위찬·르네 마보안, 2005: 3~29). 이 전략은 1990년대 중반 김위찬 교수가 ≪하버드 비즈니스리뷰≫에 '가치혁신'이라는 이름으로 처음 소개했던 이론에서 비롯된 이후 2005년 『블루오션』이라는 단행본으로 정리되어 출간되었다.[5] 쉽게 말하면 블루오션 전략은 경쟁이 아닌 가치혁신으로 새로운 시장을 창출하자는 이론이다. 블루오션 전략을 창조전략이라 일컫는 이유도 바로 이 때문이다.

블루오션은 현존하지 않는 모든 산업과 시장을 뜻하며 우리가 아직 모르고 있는 새로운 수요이다. 블루오션 전략은 차별화와 저비용을 동시에 적용해

---

[5] 이론의 모태가 된 '혁신'이 완전히 새로운 전략은 아니다. 혁신의 원류는 경제학자 슘페터의 '이노베이션'이론이나 하버드대학 크리스텐스 교수가 주창한 '붕괴성 기술' 이론을 들 수 있다.

<표 4-8> 지상파DMB의 전략캔버스 구성표

제거	증가
지상파 재전송, 음영지역	이동성(휴대성), 생동감, 커버리지, 채널 수, 시청자층 확대
감소	창조
단말기 가격	콘텐츠의 질 및 다양성, 쌍방향성, 재미(체험), 데이터 서비스

혁신의 주체(기업, 공공기관)와 고객(소비자) 모두가 비약적인 가치를 얻어야 한다고 강조한다. 즉, 경쟁이 치열한 기존의 레드오션(red ocean)을 벗어나 가치혁신을 통해 새롭고 창조적인 공간인 블루오션으로 나갈 수 있는 방법론이 블루오션 전략이다.

블루오션 전략의 초석인 가치혁신이론은 효용성, 가격, 비용이라는 세 가지 시스템의 적절한 배합을 통해 이뤄진다. 이렇듯 블루오션은 '가치혁신'이라는 전략적 논리를 추구함으로써 경쟁이 무의미한 새로운 시장공간을 창출해 치열한 경쟁의 틀을 벗어나는 것을 의미한다.

휴대수신 방송인 DMB에 이 이론을 적용하면 차별화된 콘텐츠 제공과 새로운 수요를 창출하는 가치혁신을 통해서 성공가능성을 이끌 수 있을 것이다.

블루오션 전략을 구체화하기 위해서는 전략캔버스(ERRC 원칙)와 같은 기본틀이 필요하다. 전략캔버스는 매력적인 블루오션 전략을 구축하기 위한 상태분석의 진단도구이자 실행 프레임워크다(김위찬·르네 마보안, 2005: 34). 이것은 이미 잘 알려진 시장공간에서 업계 참가자들의 현 상황을 파악해 일목요연하게 보여주고, 고객들이 기존 시장의 경쟁상품으로부터 얻는 것은 무엇인지를 보여주는 용도로 활용된다. 전략캔버스는 업계 가치요소(X축)와 가치의 경쟁 정도(Y축)로 구성된다. 이 캔버스의 작성에는 저비용 고가치 창출, 즉 ERRC원칙인 제거(Eliminate), 감소(Reduce), 증가(Raise), 창조(Create) 요소가 정확히 적용되어야 한다.

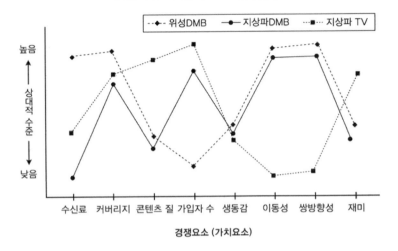

<그림 4-6> 지상파DMB 전략캔버스

경쟁요소 (가치요소)

DMB서비스의 사례도 블루오션 전략분석 프레임워크와 기본 툴을 통해 살펴볼 수 있다. <표 4-8>은 지상파DMB의 ERRC 구성표이다. 물론 이 도표는 기존 지상파 방송 등 고정 TV의 틀을 깨고 블루오션으로 성공을 이끌 수 있다는 가정하에서 네 가지 액션 프레임워크의 적용영역을 보여주고 있다.

지상파DMB의 전략캔버스인 <그림 4-6>에서 보이는 것처럼, 무료 이동 휴대방송인 지상파DMB는 기존 지상파TV와 위성DMB와 같은 대안품을 살펴보고 비고객관점에서 생각함으로써 무료 수신과 단말기의 다양성, 이동 수신과 쌍방향성 등의 강점을 창출해야 하며, 지상파 재전송이나 음영지역 등 다른 부분은 없애거나 줄여야 할 것으로 보인다. 지상파DMB서비스의 경우 주요 타깃인 10~20대 층에 대한 재미(체험)를 주기 위해 퀴즈나 미팅참 여 등 참여프로그램의 개발과 확대가 필요할 것이다. 지상파DMB는 2009년 2,000만 명의 가입자를 돌파하는 등 단기간에 많은 가입자를 확보했고 커버 리지도 전국권으로 확대하는 등 매체력을 급성장시켰다. 하지만 지상파 재전 송이나 재가공 위주의 콘텐츠 제공과 수익모델의 한계 등으로 지상파DMB 사업은 정체상태를 보이고 있다.

스튜어(Steuer, 1995)가 개발한 미디어 맵을 적용하여 생동감(vividness)과 상호작용성(interactivity) 차원에서 기존 지상파TV와 지상파DMB, 위성DMB를 비교한 결과, 생동감 차원에서 지상파TV는 지상파DMB, 위성DMB와 비슷한 수준을 보인 반면, 상호작용성 차원에서는 지상파DMB와 위성DMB가 지상파TV보다 높은 것으로 나타났다(한국언론학회, 2006: 27).

하지만 지상파DMB는 비교적 높은 단말기 가격과 유통 네트워크가 제대로 갖춰지지 않았다는 문제점과 콘텐츠의 질을 높이고 이동수신과 작은 화면에 적합한 새로운 콘텐츠를 끊임없이 개발해야 하는 과제를 안고 있다. 즉, 시청자 참여를 유도하는 쌍방형 프로그램 개발이나 이동형 매체에 대한 시청습관, 충성도 높은 시청층 확대 등이 지상파DMB의 성공 여부를 결정지을 수 있는 요인이라 할 수 있다.

따라서 지상파DMB와 위성DMB가 공존, 발전하는 방향은 위성DMB의 지상파 재전송을 허용하고 위성DMB의 중계망 구축을 지상파DMB가 공동으로 활용하는 윈윈(win-win)전략이 필요하며 위성과 지상파 겸용 단말기를 보급하여 초기시장 확대를 꾀하는 방안을 마련해야 할 것이다.

MEDIA MARKETING

제5장 콘텐츠 기획 및 제작관리

1. 콘텐츠 기획 및 제작

1) 콘텐츠 기획

미디어산업에서 '상품'은 콘텐츠, 즉 미디어의 다양한 플랫폼을 통해서 유통되는 상품을 의미한다. 일반상품과 달리 미디어상품은 한 나라의 정서, 가치 등이 종합적으로 함축되어 있기 때문에 그 나라의 문화 정체성(cultural identity) 형성에 중요한 바탕이 된다.

멀티미디어 및 정보통신기술의 발전과 더불어 지구촌화되어 가는 최근의 현실이라면 교역의 장벽이 조만간 거의 없어질 것이고 결국 미디어상품도 국가 간에 아무런 장벽 없이 교환될 것이다. 이러한 현실에서 가치관과 문화를 바탕으로 하는 미디어산업 육성은 한 나라의 국가 이미지 형성에 중요한 역할을 한다.

이렇듯 미디어산업에서 콘텐츠가 차지하는 비중은 커지고 있다. 우리나라의 드라마와 가요, 영화 등이 인기를 얻으며 한류열풍을 일으키자 문화산업의 중요성을 인식하면서 미디어상품의 핵심인 콘텐츠의 기획과 제작에 대한 방송사나 영화사, 통신사 등의 관심이 집중되고 있다.

미디어상품은 기획부터 제작, 후반작업에 이르기까지 공동의 작업에 의해 이루어지는 종합예술이다. 미디어상품을 생산해내는 기획자, 연출가, 프로듀서, 배우(탤런트), 무대 스태프 등 다양한 공동 작업자가 필요하며 반드시 시청자(소비자)가 있어야 한다. 이러한 개별 주체들의 요소를 하나로 묶어주어 완전히 작품화된 상품을 만드는 것이 바로 기획이다. 즉, 콘텐츠 기획이라는 과정을 통해서 어떤 미디어상품을 완성된 작품으로 상업화시키는 것이 기획의 역할이다.

보통 콘텐츠 또는 프로그램 제작은 크게 기획(pre-production), 제작(production), 후반작업(post-production)의 3단계로 나눌 수 있다. 먼저 기획단계는 제작 아이디어를 내는 데서 실제 촬영, 녹화 또는 생방송이 이뤄지기 직전까지의 과정을 말한다. 즉, 제작의 전 단계인 기획단계는 프로듀서가 새로운 아이디어를 발상하여 기획안을 작성하고, 작가가 대본을 완성하면 대본을 분해하여 녹화 스케줄과 예산을 작성하는 단계이다. 제조업에 비유하면 상품을 기획하고, 상품 제조와 판매에 이르는 전 과정의 공정 스케줄을 짜고 예산을 작성하는 기획파트의 업무와 비슷하다. 이 과정에서 중요한 것은 시장을 파악하는 능력이다. 텔레비전이나 영화 제작에서는 시청자(관객)의 요구를, 제조업에서는 소비자의 요구를 잘 읽을 줄 알아야 한다. 보통 기획단계는 아이디어의 실행가능성 조사, 제작기획서 작성, 사전 제작 등의 단계를 거친다. 즉, 프로듀서나 편성부서에서 아이디어를 내면 일단 자체조사와 관련부서들과의 협의를 통해 아이디어의 실행가능성을 타진한 뒤 구체적인 기획단계에 들어가게 된다.

제작기획서에는 기획의도와 주요 제작진, 추정 제작비 등 제작에 필요한 기본 지침이 표현되어 있다. 최종 결재권자가 서명을 하면 이를 근거로 모든 예산과 인원, 방송시간 등이 결정되고 집행의 근거가 되므로 자신의 기획의도와 그 실현방안이 충실히 표현된 제작기획서를 작성하고 결재를 받아내는 일은 프로듀서의 중요한 임무 가운데 하나이다.

사전제작단계에서의 철저한 준비와 현실적 계획은 프로그램 성공의 결정적 요소이다. 제작의 3단계 가운데 가장 중요한 것이 기획단계이고 그중에서도 사전제작단계가 프로그램의 성패를 결정짓는다. 사전제작단계가 철저하지 못하면 제작비와 시간의 막대한 손실을 가져와 좋은 프로그램을 만들 수 없다. 특히 우리나라 방송 프로그램의 질이 문제가 되는 이유로 자주 지적되는 것은 기획에서 제작에 이르는 시간이 짧다는 사실이다. 드라마 등 시리즈물의 경우 전편을 다 제작한 뒤 방송해야 한다는 지적을 계속 받고 있으나 실제로 시리즈물이 방송되는 도중에 다음 회를 제작하기 급급한 경우가 비일비재하다. 같은 예산이라도 사전제작이 충분히 이뤄지지 않으면 질 낮은 프로그램이 만들어질 수밖에 없다.

기획단계에서 프로덕션 매니저는 프로듀서와 함께 대본을 분해하고 제작

일정을 작성하여 예산을 수립하는 중요한 역할을 맡는다. 프로덕션 매니저는 사무실 가구나 컴퓨터, 복사기 등 제작에 필요한 비품을 마련하고, 일꾼을 고용하여 조합(영화노조)과의 계약을 점검하며 촬영장소를 섭외, 허가받아야 한다. 연기자들의 각종 보험을 체크해야 하며 해외촬영일 경우 여권이나 해외 의료보험까지 체크해야 한다.

기획은 복잡한 프로덕션 과정에서 일어날 여러 가지 문제점을 사전에 예방하기 위해서 철저히 준비를 갖추어야 한다. 완벽한 계획만이 제작의 전 과정을 순조롭게 진행하고 많은 예산을 절약할 수 있는 지름길이기 때문이다.

2) 콘텐츠 제작

콘텐츠 제작단계는 촬영과 편집, 녹화를 하는 제작과정과 제작과정의 실수를 보완하는 후반작업 단계로 나눠 살펴볼 수 있다.

(1) 제작

제작단계인 프로덕션은 기획안을 바탕으로 작가에 의해 완성된 대본을 영상 이미지와 사운드로 구체화하는 단계이다. 이 단계는 주로 감독(director)에 의해서 실행된다. 감독은 연기자, 세트디자인, 카메라, 조명, 음향 등 전문 스태프들을 지휘하여 예술적인 감각으로 영상화 작업을 완수해야 한다. 제조업에 비유하면 현장감독 아래 전문기술자들이 모여 생산품을 만들어내는 생산공장과 유사한 작업이다.

(2) 후반작업

후반작업은 녹화된 영상 이미지와 사운드를 편집해서 완성된 프로그램을 만들어내는 단계다. 신(scene)별, 시퀀스(sequence)별로 녹화된 영상을 대본에 맞춰 편집하고 여기에 음악과 효과음, 특수효과(special effect)를 추가하여 완성된 작품을 만들어낸다. 제조업에 비유하면 부품을 조립하고 포장을 하는 후반작업 단계를 말한다.

이러한 제작 3단계는 서로 연관되어 있기 때문에 각 단계에서의 작업은 다른 단계의 작업을 이해하고 계산하면서 이루어져야 한다. 프로듀서나 작가는 감독이 지휘하는 촬영현장을 알고서 기획해야 하고, 감독은 편집작업을 생각하면서 촬영에 임해야 한다. 프로듀서는 이 3단계 작업이 일관성 있고 통일된 콘셉트로 이루어지도록 총괄적인 관리를 해야 한다.

3) 지상파TV와 케이블TV의 콘텐츠 제작과 특징

2000년 이후 IPTV, 위성·지상파DMB, 와이브로 등 첨단기술에 기반을 둔 신규 서비스의 등장은 기존 방송용 콘텐츠 유통시장에 지각변동을 가져오고 있다. 이런 신규 서비스의 등장은 콘텐츠시장의 힘의 중심을 콘텐츠 제작 및 소유 진영으로 이동시키고 있으며, 최근 콘텐츠시장에 대한 업계의 관심을 집중시키고 대기업을 중심으로 콘텐츠 확보를 위한 경쟁도 심화시키고 있다.

여전히 네트워크를 통한 전국적 배급능력을 갖춘 지상파 방송3사가 방송용 콘텐츠 제작과 배급 전반을 장악하면서 가치사슬 전반에 걸쳐 막강한 협상력을 가지고 있다. 이들 지상파 방송3사가 네트워크별로 수직계열화되어 프로그램 공급업자로서 케이블이나 위성방송을 통해 자사의 콘텐츠를 유통하고 있지만 이것은 크로스 플랫폼이라기보다는 지상파 방송사업자의 사업다각화로 보는 것이 타당할 것이다.

일부에서는 이러한 기존 방송사업자나 거대 통신사업자(KT, SKT)를 중심으로 한 수직 계열화가 시장에 부정적으로 작용할 가능성을 제기하기도 한다. 정인숙(2006)은 플랫폼의 다변화에도 불구하고 콘텐츠의 다양성을 유지하기는 더욱 어려울 것이라는 전망을 내놓았다. 또한 지금까지 플랫폼의 증가가 콘텐츠 창구효과를 확산시키기보다는 지상파의 킬러 콘텐츠가 새로운 미디어시장을 2차 창구화하는 왜곡된 시장구조를 가져왔다고 주장했다. 더욱이 플랫폼이 다변화될수록 플랫폼별로 콘텐츠 다양성을 유지하기는 더

<그림 5-1> <막돼먹은 영애씨 시즌 4> 촬영현장 공개 포토타임(가운데 김현숙)

욱 어려워질 전망이며, 소수의 킬러 콘텐츠를 중심으로 한 동시다발적인 플랫폼 편성이 일반적인 양상이 될 것이다. 결국 우수한 콘텐츠를 갖춘 지상파 방송3사의 콘텐츠 제작이 힘의 중심이 될 가능성이 높아지고 있다.

지상파에 대항하여 케이블TV 쪽에서는 온미디어와 CJ미디어 등 MPP를 중심으로 양질의 자체 제작 프로그램을 개발하는 데 주력하고 있다. 과거 케이블TV 채널은 대부분 지상파TV 프로그램의 재방송채널의 역할에서 벗어나 최근 자체 프로그램을 제작하면서 케이블TV 성장의 배경이 되고 있다. CJ미디어 계열인 tvN은 대부분의 연령대에서 선호하는 케이블 채널로 꼽히며 자체 제작 프로그램들도 비교적 시청률이 높다. 종합버라이어티 채널인 tvN은 2006년 개국 초부터 <하이에나>, <인어이야기>, <로맨스헌터> 등의 드라마를 선보였고, <tvNGELS>, <리얼스토리 묘>, <현장르포 스캔들>, <막돼먹은 영애씨> 등 선정적이고 신변잡기적인 프로그램을 편성하여 시청률을 높이는 데 기여했다.

특히 <막돼먹은 영애씨>는 2007년 4월부터 시작한 뒤 '시즌 5'까지 제작될 정도로 화제를 모으고 있으며, AGB닐슨 미디어리서치의 조사에서 '시즌 5' 4회 방송 때 시청률 2.5%(점유율 10.5%)를 기록하며 시즌 1~5 역대 자체 최고 시청률을 기록했다(≪헤럴드경제≫, 2009년 3월 29일자). <막돼먹은 영애씨>는 직장인이라면 누구나 공감할 만한 에피소드와 32살 노처녀

영애(김현숙 분) 씨라는 현실성 있으면서도 친근한 캐릭터를 내세워 시청자들의 공감을 얻고 있다.

2007년에는 MBC 무비스가 MBC every1으로 채널 명을 바꾸고 새로운 콘텐츠를 제공하면서 지상파TV의 케이블 계열 채널들도 재방송에만 의존하지 않고 케이블TV 특성에 맞는 변화를 계속하고 있다.

그러나 케이블TV가 자체 제작 프로그램을 개발했는데도 5개 케이블 MPP로의 시청 쏠림현상은 여전한 것으로 나타났다. TNS미디어코리아가 지난 2006년 한 해 동안 케이블채널 78개를 기준으로 시청점유율을 조사한 결과, KBS, MBC, SBS 등 지상파 3사 계열 채널과 온디미어와 CJ미디어 등 5개 사업자의 시청점유율이 무려 72.7%로 밝혀졌다.[1] 사업자들의 시청점유율을 보면, 온미디어의 투니버스를 비롯한 8개 채널이 24.2%를 점유하고 있고, CJ미디어가 XTM을 비롯한 7개 채널에서 15.4%의 시청점유율을 보였으며, MBC 계열 4개 채널이 14.3%, SBS 계열 3개 채널이 9.39%, KBS 계열 3개 채널이 9.35%로 조사되었다.

지상파 방송사들은 2000년대에 들어서 현대극과 사극을 혼합한 퓨전사극을 제작해 젊은이들의 관심을 끌어 인기를 얻었다. 또한 조선시대 중심의 사극에서 완전히 탈피해 고구려, 백제, 신라에서부터 고려에 이르는 다양한 시대를 배경으로 하는 사극들이 속속 제작되었다. 빠른 템포와 화려한 영상의 퓨전사극으로 눈길을 끈 것은 조선시대 비극적 여자 수사관의 사랑을 다룬 <다모>, 신라시대 무역왕 장보고의 일대기를 다룬 <해신>, 조선시대 수랏간 궁녀 장금이의 삶을 그린 <대장금> 등이 있다.

2006년에는 백제 무왕의 일대기를 담은 <서동요>가 SBS를 통해 방송되어 인기를 끌었으며, 그 뒤로 <태왕사신기>, <주몽>, <연개소문>, <자명고> 등 고구려나 백제 시대를 다뤄 지평을 확장한 대형 사극들이 속속 시청자와 만났다.

---

1) ≪신문과 방송≫, 2007년 5월호, 148쪽.

이 밖에도 1980년대 광주민중항쟁과 정치적 상황과 인물을 다룬 <모래시계>, 1960년대 곤궁했던 삶을 사실성 높게 그린 <은실이>, 일제 강점기부터 격동기를 배경으로 두 여성의 일과 사랑을 보여준 <국희>를 비롯한 시대극과 1980년부터 2002년까지 20여 년 넘게 장수했던 <전원일기>, 서민들의 애환을 따스한 시선으로 안은 <한지붕 세가족> 같은 시추에이션 드라마들도 한국 드라마의 지평을 확대해왔다.

그러나 엄청난 인기를 바탕으로 국내외에 한국 대중문화의 위상을 높인 한국 드라마는 문제점도 적지 않다. 현재 방송되는 드라마의 90% 정도가 남녀의 사랑을 다룬 멜로드라마에 집중되어 있는 점이나, 기존 작품의 모방 및 아류작, 뻔한 스토리 구조, 개연성 없는 구성, 지나치게 우연적이고 극적인 사건의 연속, 엇비슷한 캐릭터와 갈등기제가 바로 그것이다.

이러한 문제점이 있지만 작가, 연출자 등 훌륭한 젊은 인적 자원들이 대거 드라마 제작으로 몰리고 있는데다 드라마에 대한 정부의 정책적 지원과 투자환경의 호조 등 드라마 제작환경의 발전으로 인해 한국 드라마는 앞으로도 국내 방송에서 시청자들에게 꾸준히 사랑받을 것이며, 일본, 중국 등 외국에서도 경쟁력을 인정받는 대중문화콘텐츠로 성장할 수 있을 것으로 전망된다.

제작환경의 발전으로 인해 콘텐츠 제작시장이 더욱 활성화되면서 콘텐츠의 안정적인 확보가 중요해지고 있다. 양질의 콘텐츠 확보 여부가 기존 통신, 인터넷, 단말기뿐 아니라 IPTV 등 신규 미디어 성공의 관건이므로 기업 간 콘텐츠 확보를 위한 경쟁이 심화되고 있다. 즉, 다양한 플랫폼은 서비스 측면에서 우수한 콘텐츠를 안정적이고 지속적으로 확보하고 공급해야 하며, 이것이 경쟁력의 핵심이 된다.

방송·통신 융합을 맞이하여 콘텐츠의 제작방식도 기존의 아날로그에서 디지털로 전환되고 있다. 방송산업에서 TV는 아날로그TV에서 디지털TV로 전환하고 있으며, 음악산업에서는 플레이어와 콘텐츠가 아날로그에서 디지털로 완전히 바뀌었다. 미디어산업에서 화두는 고화질이 되었다. 개인용 멀티미디어 플레이어(PMP), DMB 단말기와 같은 손 안의 정보기기는 HD콘텐츠를 다루는 정보기기로 발전하고 있으며, 카메라, 캠코더, 프린터 역시 디지털과 HD기술을 응용하고 있다.

세계 주요 국가들도 아날로그방송에서 디지털방송으로 전환하고 있다. 그중 디지털방송의 핵심이라 할 수 있는 HD방송은 시청자들에게 고화질·고음질의 품격 높은 시청환경을 제공하면서 국가적으로 프로그램 콘텐츠의 수출시장을 선점하고 가전산업을 활성화시킬 수 있는 기회를 제공하고 있다.

국내 지상파 방송3사는 1990년대부터 HD 프로그램 제작을 위한 스튜디오 장비 등을 마련했지만, PP나 케이블TV에 프로그램을 공급하는 프로덕션 및 독립제작사는 대규모 투자를 하기 힘든 상황이다. 최근까지 지상파 디지털 TV용 방송장비에 한해 8% 관세에 대한 85%의 감면혜택이 주어져 지상파 방송사만 디지털방송장비 부담을 덜게 되어 형평성 논란이 있었다. 그러나 2006년 말 「조세특례제한법」 개정안이 통과됨에 따라 2007~2008년까지 SO 및 PP들도 디지털방송 장비를 수입할 때 50%의 관세 감면혜택을 받게 된다. 이에 따라 HD 프로그램의 송출 및 자체 제작 비중을 높일 계획인 주요 MPP가 혜택을 받게 될 전망이며 개별 PP들도 디지털 전환에 박차를 가할 수 있을 것이다.

HD 프로그램은 SD 프로그램에 비해 많은 제작비용이 투입되는데, 이를 위한 재원조달 방안이 모색되어야 한다. 방송장비와 셋톱박스, 네트워크 구축, 송출시스템 구축 등에 약 3조 원 이상의 비용이 투입되지만 이를 채울 콘텐츠가 부족해 시청자들이 외면한다면 HD방송은 기형적인 모습으로 추진될 수밖에 없을 것이다. 그런 점에서 MBC에서 2003년 7월 방영된 드라마 <다모>는 국내 최초로 드라마 전 과정을 16 : 9의 HD영상으로 제작·방송해 좋은 평가를 받았다. 이 같은 고화질 영상이 인간의 삶이나 욕구를 바꾸어 놓는 계기를 마련했다.

HD급 LCD TV로 위성방송 스카이라이프의 HD 전문채널인 'Sky HD'를 시청하면 HD가 아닌 기존의 여타 채널과 영상적인 차별성을 느낄 수 있다.

점차 HD에 익숙해지고 HD급은 되어야 영상물을 즐기는 HD방송 마니아에게 영상품질은 스토리만큼이나 중요한 요소가 되고 있다.

국내 지상파 방송은 HD시대를 맞고 있다. 2000년 8월 SBS가 HD시대를 연 이후 많은 드라마가 HD로 제작되고 있으며, 저녁뉴스까지 HD로 제작되면서 MBC, KBS 등 지상파 방송3사에서는 HD로 제작되는 방송의 비율을 늘려가고 있다.

지상파 방송과 위성방송에 비해 HD콘텐츠에 대한 제작이 상대적으로 미흡했던 케이블TV업계도 최근 HD콘텐츠의 자체 제작을 늘리고 있다. 특히 CJ미디어와 온미디어 등 MPP는 경영상황을 토대로 HD콘텐츠에 적극 투자하고 있고, MBC 드라마넷, KBS N 등도 노력을 기울이고 있다. 케이블TV업계의 HD콘텐츠 자체 프로그램 제작은 케이블TV시장의 성숙을 바탕으로 하고 있다. 즉, 국내 전체 TV 시청 1,700만 가구 중 80%인 1,400만 가구가 케이블TV를 시청하는 시대가 된 것이다. 앞으로 케이블TV 콘텐츠는 지상파 방송사 프로그램과 차별화되면서도 선정적이지 않고 재미와 공감을 얻을 수 있는 케이블TV만의 프로그램을 개발하는 것이 바람직하다.

각 매체를 통한 HD방송의 구현은 방송콘텐츠산업뿐 아니라 국민들의 삶의 질이나 문화 수준, 다양성 증대 등 우리 사회 전반의 패러다임을 새롭게 바꾸게 될 것이다.

4) 지상파DMB의 콘텐츠 기획과 제작

(1) 콘텐츠 기획과 개발방식

2009년 2월 말 기준으로 지상파DMB 단말기는 전국적으로 1,700만 대가 보급된 것으로 집계되었다. 2005년 12월 1일 본방송이 개시되었고 2007년 8월 전국망 서비스를 시작했던 '짧은 연륜'을 감안하면 지상파DMB의 단말기 보급 속도는 가히 폭발적이다. 그러나 지상파DMB 6개사가 벌어들인 광고수익은 2006년 17억 원, 2007년 60억 원, 2008년 89억 원에 불과했다.

<그림 5-2> 지상파DMB U1 미디어의 <U1쇼 차차차!>의 한 장면

2009년에는 전 세계적인 방송광고 불황의 여파로 1~2월 실적이 작년 평균 보다 40% 이상 하락하여 한 사업자 평균 6,000만 원 수준에 그쳤다(조선일보 미디어 연구소, 2009년 4월 7일자).

이와 같이 수익성 면에서 고전을 면치 못하고 있는 지상파DMB사업자들은 DMB콘텐츠와 관련해서 초기에는 지상파나 케이블 등 PP들이 사용했던 콘텐츠를 재사용하는 데에 그쳤고, 전용 콘텐츠 제작을 위한 충분한 제작비 확보가 어려워 콘텐츠 개발에 소극적이었다. DMB라는 매체가 가진 고유의 매체특성을 반영하지 못하고 시청자들에게 DMB의 강점이 인식되지 않는다면 지상파의 커버리지를 넓히는 보조매체에 머무르는 한계만 가질 것이다.

하지만 DMB사업자마다 각 사의 특성에 맞는 이동방송콘텐츠 제공을 위하여 실험적 콘텐츠를 제작하고 있다. 특히 DMB서비스가 휴대전화를 중심으로 이루어지기 때문에 기존 방송에서 제공하지 못했던 양방향 서비스에 초점을 맞추는 포맷이 속속 나타나고 있다. 퀴즈나 미팅프로그램과 같은 시청자 참여형 프로그램이 시도되고 있으며, 시청자들이 SMS나 MMS, MO(mobile originated) 서비스, 실시간 여론조사 등 방송에 적극 참여할 수 있는 쌍방향 프로그램을 개발하고 있다.

특히 <생방송 퀴즈 100만원>, <생방송 퀴즈특급 ○×>, <fun fun 퀴즈>, <U1쇼 차차차!> 등과 같은 양방향 퀴즈쇼는 양방향성을 살린 DMB

<표 5-1> DMB콘텐츠 개발방식

유형	핵심 내용
포맷 개발 시간	1~3개월 정도 소요
포맷 개발 참석자	1차: 사내 PD 2차: PD, 작가, AD 등 제작팀(기술팀 자문)
포맷 개발 절차	아이디어 제시 → 세부 프로그램 기획 → 코너별 아이디어회의 → 포맷 개발 → 파일럿 프로그램 제작
실험적 포맷의 유형	퀴즈, 미팅, 연성화된 시사프로그램 등 쌍방향형
양방향 수단	ARS, SMS, MMS, MO 서비스, 실시간 여론조사(Poll)
포맷 개발 시 고려사항	시청자 참여도, 제작비, 기술적 구현 가능성

콘텐츠로 적합해서 하나의 포맷으로 고착화될 가능성이 높다. 퀴즈 프로그램은 솔루션도 간단하고 제작하기 쉬운 장점이 있다. 시청자 참여형 프로그램은 시청자들의 참여 반응이 바로 오기 때문에 시청반응을 살펴보고 방송을 진행할 수 있다.

DMB콘텐츠 개발에는 보통 1~3개월 정도 시간이 소요된다. 사내 PD들이 아이디어 회의를 진행하여 포맷 개발에 나서고, 아이디어를 바탕으로 세부 프로그램을 따로 기획하고 프로그램 단위(코너)가 나눠지면 PD와 AD, 작가 등 제작팀이 참여하여 아이디어 회의를 진행하는 것도 기존 프로그램 포맷 개발방식과 비슷하다. 포맷이 개발되면 기존 프로그램 내에서 파일럿 프로그램을 만들어서 시청자들에게 선보여 실험하는 형식을 채택하고 있다. DMB콘텐츠 포맷은 대부분 모바일의 특성을 살릴 수 있는 시청자 참여의 양방향성 콘텐츠를 제작하는 방향으로 기획을 진행한다. 이런 양방향성 프로그램은 양방향이라는 기술적 기반이 필요하기 때문에 솔루션업체나 기술팀의 자문을 거친다. <표 5-1>은 DMB 포맷 개발방식에 대해서 정리한 것이다.

지상파DMB콘텐츠의 포맷 개발은 모바일의 특성인 양방향성과 이동성, 휴대성을 살리기 위해서 기존 지상파와 케이블에서 시도했던 양방향 수단인 ARS, SMS, MMS, MO 서비스 등을 접목하여 프로그램의 성격에 맞는 가장 적당한 포맷을 찾아내고 있다. 즉, 상담프로그램의 포맷은 ARS 전화통화 서비스를 활용하고, 간단한 단문을 이용한 댓글놀이에는 SMS를 사용하거나 미팅프로그램에는 사진과 간단한 소개말을 올릴 수 있는 MMS의 기술을 이용한다. DMB라는 매체의 특징, 멀티 디바이스(휴대전화, 내비게이션, PMP 등)라는 환경을 이용하여 양방향 프로그램이 최적화할 수 있는 형태의 기술적인 도구들이 도입되고 있다.

사업자들의 전용 콘텐츠 포맷의 개발을 위한 제작비 확보가 어려운 상황이기 때문에 포맷 개발 시 제작비를 우선적으로 고려하고 시청자들의 참여를 쉽게 하기 위한 코너의 구성과 포맷을 실현하기 위한 기술적 구현이 가능한지를 살펴본다. 결국 시청자들의 참여와 제작비가 고려사항이라면 DMB 포맷도 '시청자 참여형'의 양방향 서비스 구현이 가능한 포맷이 개발되고 발전하고 있다.

지상파DMB 단말기 보급이 적정 수준에 도달한 상태가 이동성과 쌍방향성을 살린 DMB 고유의 콘텐츠를 개발해야 할 시점이다. 지상파DMB사업자는 콘텐츠 제작 활성화와 관련하여 이동형 서비스를 도입한 입장에서 새로운 장르나 형식의 DMB용 콘텐츠 제작에 많은 제작비를 투자하는 데는 많은 부담이 따르기 때문에 정부의 지원으로 다양한 콘텐츠 형식을 실험하는 것이 필요하다는 의견을 제시했다.

결론적으로 지상파DMB사업자들은 모바일 특성을 살린 쌍방향 프로그램을 일부 시도하고 있지만 아직도 실험적인 DMB콘텐츠 제작에 그치고 있고 DMB 특성을 살린 포맷도 정착되지 않고 있다. 앞으로 지상파DMB콘텐츠도 쌍방향적 디지털 테크놀로지의 특성을 적극 활용하여 시청자들의 선택과 참여를 통한 쌍방향적 참여형 프로그램들이 적극 제작되어야 할 것으로 보인다.

(2) DMB콘텐츠 제작

지상파DMB는 위성방송이나 케이블TV처럼 자체 제작보다 콘텐츠를 구매하여 편성하는 방식을 취하고 있다. 자체 콘텐츠 제작비율은 사업자마다 다르지만 10~20% 안팎으로 자체 제작보다는 콘텐츠 구매에 의존하는 실정이다. 개별 사업자들이 2006년 방송위원회에 보고한 자료에 따르면, U-KBS STAR의 재전송률이 86%로 가장 높았고, mYTN이 72.9%, myMBC는 72%, U-KBS HEART 70.6%, SBSu 58.8% 순으로 나타났다. 반면 자체 콘텐츠 편성비율을 살펴보면, 비지상파 계열인 U1미디어와 1 to 1(UBS)은 기존 지상파나 케이블TV에서 구매하거나 자체 제작을 통해서 콘텐츠를 확보하고 있으며, SBSu가 41.2%로 자체 편성비율이 높았고, U-KBS HEART 29.4%, myMBC는 28%, U-KBS STAR 4.2% 순으로 자체 편성비율이 축소되는 경향을 보였다. 지상파 계열의 SBS는 DMB 전용 콘텐츠 비율이 41.2%로 지상파 3사 중 가장 높은 편이다. 1주간 전용 콘텐츠 편성시간이 3,810분(41.2%)로 이 중 신규 제작 콘텐츠는 3,170분(38%)이며 재가공 콘텐츠는 640분(3.1%)으로 나타났다. 비지상파 계열인 1 to 1의 프로그램 편성비율을 보면 외부구매 프로그램의 편성비율이 84%로 압도적으로 높고 나머지 16%는 자체 제작해서 편성하고 있는 것으로 나타났다. U1미디어는 54%를 자체 제작하고 있어 비지상파 계열 중 비교적 자체 제작비율이 높은 편이며, 나머지 46%는 외부에서 구매하여 프로그램을 조달하고 있다.

지상파DMB는 KBS, MBC, SBS가 운영하는 지상파 계열과 YTN, 한국 DMB(1 to 1), U1미디어가 운영하는 비지상파 계열로 나누어진다. 지상파 DMB의 주 수익모델로 광고수입이 전부인 상황에서 지상파 계열 사업자들은 기존 지상파TV 프로그램을 DMB 단말기를 통해 재전송하는 실정이다. 지상파 계열 사업자들은 DMB콘텐츠를 새로 제작하기보다는 기존 프로그램을 재구성하거나 재가공하여 프로그램을 편성하는 경우가 많다(<표 5-2> 참조).

반면, 프로그램 자원이 없는 비지상파 계열의 한국DMB와 U1미디어는 자체적으로 프로그램을 제작하거나 외부에서 프로그램을 구매해 편성하는 것으로 나타났다. 특히 한국DMB는 개국 초기 연예오락이 중심인 1 to 1채널을 운영해오다 2009년 4월부터 경제 중심의 종합편성채널인 'UBS'를 개국

<표 5-2> 지상파DMB 채널 구성 및 편성현황

구분	사업자	채널 명	편성특징	주요 프로그램
지상파 계열	KBS	KBS STAR	지상파TV 재전송 86%	<주머니 속 이야기>, <라이브 뮤직 홀릭>, <U KBS시사네트워크>, <5분 교통정보>, <VJ세상 엿보기>, <위클리 화제와 현장>
		KBS HEART	지상파TV 재전송 71%	<U KBS 스포츠하이라이트>, <생방송 퀴즈특급 ○×>, <연예의 발견 뻔뻔한 TV>
	MBC	myMBC	지상파TV 재전송 72%	<내 손안의 책>, <한국 최고의 맛-대동 맛지도>, <끈질긴 블로거>, <DMB로 보는 세상>
	SBS	SBSu	지상파TV 재전송 59%	<메트로 내비게이션>, <클릭 콕콕! 지식 팡팡!>, <JOB을 잡자! 친절한 모바일 C>, <웰컴투 UCC>, <VJ뮤직퍼레이드>, <SBS ⓤ뉴스>
비지상파 계열	YTN	mYTN	뉴스와 스포츠 중심의 재가공 콘텐츠	<손안의 점심메뉴>, <비바! 박지성>, <맨유 스페셜>, <mYTN 뉴스>, <책 읽는 댐비>, <상상초월>, <영상 다이어리>, <TBN 교통정보>
	한국 DMB	1 to 1 (UBS)	- 지상파 인기 프로그램을 구매해 편성 - 2009년 경제 채널인 UBS 로 편성 변경	<심심탈출 명랑고교>, <러브러브팅>, <생방송 FUN FUN 퀴즈>, <노컷연예>, <눌러봐 게임천국>, <뮤직시티>, <UBS 아이러브 stock>
	U1 미디어	U1	KBS2 재전송	<잡지 읽어주는 여자>, <U1 News Catch>, <생방송 퀴즈 100만원>, <Biz Buzz 잉글리쉬>, <필름 쇼케이스>, <U1 뮤직차트>, <Feel the DMB>, <U1 인터넷 캐치>, <U1쇼 도시락 경기장>, <U1쇼 도시락 극장>

했다. UBS는 MBN, 서울경제 TV, 머니투데이, 이데일리 등 국내 주요 경제 전문 방송사와 언론사들과 제휴를 맺고 증권, 금융분야는 물론 산업, 부동산, 취업, 창업 등 경제와 관련된 모든 분야의 종합정보를 전달하는 프로그램을 선보이고 있다. 한국DMB의 채널 변경은 DMB 초기 수용자를 10~20대 타깃의 젊은 시청자층 위주에서 실제 시청자층 중 광고활동에 도움이 되는

30~40대층을 공략하겠다는 의도에서 나온 전략의 변경이었다.

DMB와 같은 이동매체의 등장으로 인해 짧은 시간단위의 프로그램이 부각될 것이라는 초기의 예측은 빗나가고 있다.[2] 이동성으로 인해 5~8분 정도의 콘텐츠가 어울릴 것으로 예상했으나 30분 이상 드라마가 시청률 상위였으며, 메이저리그 야구, 월드컵 축구 등 스포츠에도 선호를 보였고, 또한 예상과 달리 뮤직비디오 등 음악방송은 시청률이 낮은 것으로 나타났다. 여전히 30분 혹은 60분을 넘는 드라마와 같은 보편적인 콘텐츠가 인기를 끌고 있다. 오락프로그램의 경우 콘텐츠를 활용하기 위해 기존 프로그램의 장르관습을 그대로 유지하면서 해당 프로그램의 주요 장면을 분절하거나 재편집하여 활용하는 경향이 나타나고 있다.

지상파DMB 프로그램에 대한 시청자들의 선호도를 조사한 결과 연예·오락이 가장 높은 선호도를 보였고, 다음으로 스포츠, 드라마, 코미디, 뉴스·시사, 영화, 정보·교양, 퀴즈·게임 순으로 나타났다. 그러나 퀴즈나 게임 프로그램과 같이 DMB방송이 갖는 특징인 양방향 서비스형 프로그램의 선호도가 낮게 나타나 시청자들이 여전히 수동적으로 보는 서비스에 만족하고 있는 것으로 나타났다(이만제, 2006). 이는 DMB방송이 갖는 이동성과 함께 부각되는 양방향성이 시청자들에게 중요하게 고려되지 않고 있음을 의미하며, 이들 콘텐츠의 정착화와 프로그램 개발에 대한 고려가 필요할 것으로 전망된다.

DMB사업 초기에는 U1미디어와 SBS, KBS 등이 DMB콘텐츠 제작에 열의를 보였으나, 적자누적에 따른 콘텐츠 투자여력 부족으로 자체 콘텐츠 제작비율을 점점 줄이게 되었다.[3] 각 사업자들마다 차별성을 보이지만 아직까지 DMB형 콘텐츠를 만들어 제공하지 못하고 있다. 또한 지상파DMB 시청률도 지상파TV와 비교하면 3~4% 수준에 불과하여 낮은 수준을 보이

---

2) TU미디어 2007년 조사와 동서리서치 2006년 조사 참조.

3) 개별 DMB사업자들은 콘텐츠 제작비용 부담으로 인해 1년에 3~5편 정도의 자체 콘텐츠를 제작하고 있다. 사업자들은 방송위원회가 해마다 지원하는 콘텐츠 제작지원 비용을 받아서 자체 제작비용으로 충당한 것으로 나타났다.

고 있다. 2008년 9월 4주차 TNS미디어코리아가 집계한 지상파DMB 시청률을 보면, myMBC 0.462%, SBSu 0.280%, U KBS HEART 0.247% 등으로 비교적 낮은 수준을 기록하고 있다.

각 지상파DMB사업자가 제공한 DMB전용 콘텐츠를 2007년부터 2009년도를 중심으로 살펴보면 다음과 같다.

- KBS: KBS는 양방향 서비스의 퀴즈 프로그램 <생방송 퀴즈쇼 ○×>, 현장 참여 시사프로그램 <D-라이브>, 교양 프로그램 <책 읽는 사람들>, <뮤직 & 메모리>, 정보 프로그램 <5분 교통정보>를 제공했다.
- MBC: MBC는 주로 교양 프로그램을 중심으로 DMB 전용 프로그램을 제작하고 있다. <내 손 안의 책>, <끈질긴 블로거>, <한국 최고의 맛 — 대동맛지도>, <DMB로 보는 세상> 등 전용 프로그램을 방영했다.
- SBS: SBS는 <메트로 내비게이션>, <틴틴톡톡 클리닉>, <주말정보쇼 레츠고>, <JOB을 잡자! 친절한 모바일C>, <고릴라TV>, <시네마 천국>, <리스닝 월드 투데이>, <아이디어 하우머치>, <대한민국 쿡> 등과 같은 교양정보 프로그램과 연성화된 뉴스인 <SBS U뉴스> 등의 전용 프로그램을 방영했다.
- YTN: YTN은 시청자 참여형 퓨전뉴스인 <별별 뉴스>, <알아야 돈 번다>, <상상초월 마이 애니>, <청년CEO 만들기>, <책 읽는 댐비>, <생생 뉴스 영어>, 스포츠 프로그램인 <비바! 박지성>, <맨유매치 하이라이트>, <맨유 스페셜>, 연성화된 뉴스코너인 <mYTN 뉴스> 등 전용 프로그램을 방영했다.
- 한국DMB(UBS): 생방송 프로그램으로 <러브러브팅>, <심심탈출 명랑고교>, <영화쿠폰 캡처를 잡아라>, <숟가락 퀴즈>, <게임 천국>, <1 to 1 바로보기>, <Must have>, <노컷뉴스>, <뮤직시티>, <UBS 아이러브 stock> 등의 프로그램을 방영했다.
- U1미디어: <U1쇼 차차차!>, <생방송 퀴즈 100만원>, <U1 인터넷 캐

치>, <Feel the DMB>, <U1 뮤직차트>, <필름 쇼케이스>, <U1쇼 도시
락 경기장>, <U1쇼 도시락 극장>, <U1쇼 도시락 Show>, <긴급처방
십전뮤직탕>, <뮤비쇼 M> 등 DMB 전용 프로그램을 방영했다.

지상파DMB는 이동수신에 최적화할 수 있는 새로운 콘텐츠에 대한 요구
가 있지만 새로운 콘텐츠를 제작하기에는 시장 형성이 안 되어 현실적으로
어려움이 있다. 하지만 기존의 프로그램 콘텐츠 외 신규 콘텐츠 및 정보
서비스가 지원되지 않는 한 지상파DMB의 경쟁력은 급격히 줄어들 것이다.
따라서 DMB라는 새로운 플랫폼이 성공하려면 현재의 방송환경에서 강력한
콘텐츠로만 승부를 걸 것이 아니라, 기술적 진보의 토대 위에 새로운 콘텐츠
를 적절한 시점에 내놓는 전략이 필요하다. DMB도 진입 초기에는 현존하는
콘텐츠 중 가장 강력한 콘텐츠에 대한 필요와 요구가 형성되었다. 그러나
중장기적으로 새로운 매체인 DMB만의 매체적 속성(기술)을 살릴 수 있는
콘텐츠를 제작해야 될 것이다. TPEG(지능형 교통정보시스템)이나 Bifs(TV채널
부가데이터 서비스)도 현재의 DMB환경에서 콘텐츠적 우월성을 바탕으로 기
술적 진보를 어떻게 수용하느냐가 사업 성공의 관건이 될 것이다. 결국 DMB
라는 새로운 플랫폼이 성공하려면 DMB와 같은 모바일 TV를 '습관'으로
만드는 것이 중요하고, 콘텐츠가 매력적이어야 한다. DMB콘텐츠는 일방적
인 기존 TV프로그램과 달리 시청자가 보고 싶을 때 프로그램을 능동적으로
선택하고 쉽게 찾아볼 수 있게 하는 킬러 콘텐츠를 개발해야 할 것이다.

2. 프로그램 편성전략

편성은 방송 내용의 전달과 관련하여 무엇을(방송 내용), 누구에게(방송
대상), 언제(방송 시간), 어떤 형식으로(방송 포맷), 얼마나(방송 분량) 들려주고
보여주느냐를 결정하고 배열하는 전 작업을 뜻하는 포괄적인 개념이다(차배

근, 1981: 142).

편성유형에 따라 방송유형을 구분할 수 있는데, 지상파 방송인 KBS, MBC, SBS 등은 다양한 방송분야를 편성하는 종합편성을 하고 있는 반면, 케이블 TV 채널은 특정 분야나 대상의 방송 프로그램을 전문적으로 편성하는 전문 편성 위주의 방송을 한다. 편성부분으로 방송을 구분하면, 종합편성 방송과 전문편성(specialization programming) 방송으로 나누어볼 수 있다. 현행「방송법」 제2조에 따르면 "종합편성이란 보도, 교양 등 다양한 방송분야 상호 간에 조화를 이루도록 방송을 편성하는 것"이고, "전문편성은 특정 분야나 대상의 방송 프로그램을 전문적으로 편성하는 것"을 지칭한다(방송위원회, 2005). 이처럼 전문채널이란 특정 분야나 대상을 전문편성하는 방송채널을 뜻한다. 이를 볼 때 다양한 방송분야 상호 간에 조화를 이룰 수 있게 편성하는 종합편성 채널에는 지상파 KBS, MBC, SBS가 있다면, 전문편성은 케이블 및 위성방송의 영화채널, 뉴스채널, 게임채널, 스포츠채널, 푸드채널 등과 같이 뉴미디어 방송의 채널편성 방향을 말한다고 할 것이다. 다채널시대에서 전문편성의 강화는 채널의 브랜드 인지도를 높이는 결과를 가져온다는 것이 케이블TV의 기본적인 편성전략이다(손창용·여현철, 2007: 297~302). 특히 케이블TV는 지상파 방송과 달리 가족시간대, 성인 시청시간대가 정해져 있지 않고 각 채널별로 분야별 프로그램을 전문적으로 편성하여 방송하고 있다. 케이블TV의 각 채널별 성격을 살펴보면 크게 프로그램 유형별(Q채널, YTN, MBN, 투니버스, SBS 스포츠, M.net 등), 시청 대상별(올리브, Xsports, 투니버스 등), 주제별(기독교TV, 의료·건강채널, JEI스스로방송, 불교텔레비전 등)로 나누어져 있다. 이런 테마편성전략은 차별화된 콘텐츠 제공을 통해서 시청자에게 뚜렷한 브랜드를 각인시킬 수 있다.

따라서 케이블TV의 장점은 무엇보다 소구대상이 세분화된 시청자층을 확보하고 있다는 것이다. 즉, 케이블TV는 특정 시청자를 타깃으로 특정 장르를 소구함으로써 시청자들에게 자체 채널에 대해 강력한 이미지와 연상을 떠오르게 하는 포지셔닝 전략을 수행하는 데 유리한 점이 있다. 이에 비해 기존 지상파TV는 백화점식의 종합편성전략을 구사하여 복합 프로그램 장르를 편성하기 때문에 케이블TV보다 시청자층을 세분화하거나 특정 타깃을 공략하기가 쉽지 않다.

일반적으로 프로그램의 개편은 현행 프로그램을 검토하는 일부터 시작된다. 즉, 인기가 있거나 평판이 좋은 프로그램은 그대로 존속되지만 방송사 내외의 여론수렴 결과 가망이 없는 프로그램은 후속 프로그램으로 대체되는 것이 통례이다. 실제로 상대 방송사와의 시청률 경쟁에서 밀리는 프로그램은 가차 없이 개편의 대상이 되고 마는 것이 현실이다.

편성작업 시에는 새로운 프로그램을 어떤 형식으로 어느 시간대에 얼마만한 시간으로 편성할 것인가의 문제를 중요하게 고려하고, 특히 출연자의 인기도에 따라 프로그램의 성공 여부가 좌우되는 현실에서 어떤 인물을 등장시킬 것인가를 결정하는 문제 또한 심각히 고려하지 않을 수 없다.

편성전략은 그 용어 자체를 경쟁적 구조하에서 사용되는 시장이라는 개념으로 보아야 한다. 경쟁구조하에서의 편성전략 수립은 수용자의 흐름을 고려하는 전체적인 편성 틀 안에서 이루어질 수밖에 없다.

우리나라도 1991년 SBS가 출범하면서 각 방송사 간 시청률 경쟁이 치열해지는 상황으로 전환되고, 과점체제에서의 제한적 경쟁구조에 따라 결과적으로 주 시청자 시간대와 주말 시간대에 집중적으로 경쟁적 편성전략이 구사되는 상황이 발생했다.

1) 편성전략의 주요 개념

편성전략에 관하여 사용되는 용어는 통일적으로 사용되는 합의된 개념이 없기 때문에 매우 다양하다. 여기에서는 경쟁적 시장구조하에서 개발된 편성전략을 '시청흐름에 따른 전략'과 '경쟁구조하의 전략' 등 두 가지로 구분하여 살펴보기로 한다. 전자는 공·민영 상업방송제도를 가릴 것 없이 프로그램의 효율적인 배열이라는 목표를 위해 방송편성의 가장 기본적인 전략으로

구사되는 것이고, 후자는 경쟁적인 방송환경이 조성되어 있는 시장구조하에
서 방송국 상호 간의 생존을 위한 전략으로 사용되는 것이라고 할 수 있다.

(1) 시청흐름에 따른 편성전략

① 줄띠편성

1주일에 5일 이상 동일한 시간대에 동일한 프로그램을 편성하는 기법을
줄띠편성(strip programming)이라고 한다. 초기부터 라디오방송이 가장 보편적
으로 사용해온 편성의 기본전략이 줄띠편성이다. 우리나라 라디오방송도 1927
년 2월 16일 일제하에서 처음으로 방송이 시작될 때부터 줄띠편성기법만을
사용한 것으로 되어 있다. 이러한 편성형식의 변화가 나타난 것은 1951년
12월 편성표부터인데, 이때부터 장기판 편성기법(checkerboard programming)이
부분적으로 시도되고 있다(한국방송공사, 1987: 324~330).

텔레비전 방송의 경우는 초창기인 1962년에 뉴스와 같은 극히 일부분의
프로그램만을 줄띠편성기법으로 편성했으나, 1967년 이후에는 상당부분 이
방법을 사용하고 있으며, 2000년 이후에도 뉴스와 드라마, 오락 프로그램
등 많은 프로그램들이 이 기법을 따르고 있다. 뉴스, 일일연속극 등이 대표적
인 줄띠편성을 하는 프로그램들인데, '수평적 편성' 혹은 '월경 편성'이라고
도 한다.

이 편성기법은 동일한 시간대에 동일한 프로그램을 편성함으로써 시청자
가 일정한 시청습관을 형성하게 만든다는 측면에서 효과적이지만, 한편으로
편성의 변화를 시도하기가 용이하지 않다는 문제점도 갖고 있다.

② 구획편성

하루를 몇 개의 시간대로 구분하여 구획(block)으로 나누고 각 구획마다
특정 시청대상을 위한 프로그램을 집중적으로 편성하는 기법을 구획편성
(block Programming)이라고 한다. 어린이를 위한 시간대, 주부시간대, 스포츠

시간대, 뉴스시간대 등의 구획을 정하여 편성하는 것이다. 예들 들면 오전의 주부시간대에 주부를 대상으로 한 아침 드라마, 대담프로그램, 상담프로그램, 요리 프로그램 등을 연속해서 편성하는 경우이다.

이런 구획편성 전략은 동일 시청자를 대상으로 유사 프로그램을 블록화하여 방영하는 편성기법을 통해 시청자를 계속해서 자신의 채널에 잡아두려는 전략이다. 구획편성을 다른 말로 '무드(mood)' 편성 또는 '수직적(vertical)' 편성이라고도 하는데, 비교적 성공적인 전략으로 평가되고 있다. 시간대를 몇 개의 구획으로 구분하여 형식이 다른 음악 프로그램으로 편성하는 우리나라의 FM라디오의 편성도 대표적인 구획편성전략이라고 할 수 있다.

③ 장기판 편성

앞서 살펴본 줄띠편성이나 구획편성처럼 매일 동일한 시간대에 동일한 프로그램을 편성하는 것이 아니라 격일 간격이나 주간 단위로 같은 프로그램을 편성하는 전략을 장기판 편성이라고 부른다. 줄띠편성이나 구획편성기법을 주로 사용하는 라디오방송과 달리 텔레비전 방송은 초창기부터 이 편성전략을 많이 사용해왔다. 기본편성표에 나타난 최근의 우리나라 텔레비전의 주요 편성전략도 장기판 편성기법이 주류를 이루고 있다.

이 전략은 특히 시청률이 높은 저녁 시간대에 두드러진 편성경향이라고 할 수 있다. 민영방송국의 등장 이후 각 방송사는 저녁 7시대 이후의 편성에서 이런 편성기법을 자주 사용하고 있다. 드라마도 일일연속극이 아니라 월·화 드라마, 수·목 드라마, 주말드라마 또는 미니시리즈라는 이름으로 일주일에 이틀씩 집중 편성하는 기법을 사용하는 경향이 나타난다. 이 편성전략은 다양한 프로그램을 편성함으로써 비교적 다양한 수용자의 욕구를 충족시킬 수 있다는 장점이 있다.

(2) 경쟁을 위한 편성전략

공익성을 추구해야 하는 공영방송이든 상업성을 강조하는 민영방송이든 현실적으로 높은 시청률을 추구해야 하기에 시청률 경쟁에서 자유롭지 못하다. 모든 방송사들은 상대 방송사와의 시청률 경쟁에서 이기기 위하여 여러 가지 편성전략을 개발하고 이를 효과적으로 상용하기 위하여 부단히 노력하고 있다.

여기서는 중복되는 개념을 고려하여 경쟁관계에 있는 방송사 간의 편성전략에 적용되는 기준을 시청자의 프로그램 유형 선택전략과 편성시간의 운용전략으로 구분하여 살펴보기로 한다. 프로그램 유형 선택전략은 실력편성과 대응편성으로 나눌 수 있고, 프로그램 시간운영전략은 선제편성, 엇물리기 편성, 끼워넣기 편성 등으로 구분할 수 있다.

① 실력편성

실력편성(power programming)이란 상대 방송사의 프로그램이 이미 높은 시청률을 확보하여 '요새화'된 시간대에 동일 시청자층을 대상으로 같은 유형의 프로그램을 맞물려 편성하는 정면도전 전략이다. 예를 들어 토요일 저녁 6시대 MBC가 <무한도전>이라는 예능 프로그램을 방송하여 높은 시청률을 확보한 상태에서 SBS가 <일요일이 좋다 — 패밀리가 떴다>라는 경쟁 프로그램을, KBS는 <해피선데이 — 1박 2일>이라는 비슷한 유형의 오락프로그램을 편성하는 전략을 구사하는 경우이다. 이렇게 되면 시청자는 여러 채널 중 하나만을 골라야 하기 때문에 시청자의 입장에서는 다른 유형의 프로그램을 선택할 수 있는 기회가 그만큼 줄어들게 된다.

실력편성과 유사한 개념으로 독자편성이라는 용어를 사용하기도 한다. 이는 상대방의 편성을 고려하지 않고 독자적인 판단에 따라 편성하는 것을 의미하는데, 대응편성에 대한 대립개념으로 사용된다.

② 대응편성

대응편성(counter programming)은 동일한 시청자를 대상으로 하고 상대

방송사와 맞선다는 점에서 실력편성과 같다. 그러나 대응편성은 같은 시청자를 두고 같은 유형의 프로그램을 내지 않고 전혀 다른 유형의 프로그램을 편성한다는 점이 다르다. 이를테면 쇼에는 드라마, 영화에는 스포츠를 대응하는 방식으로 다른 소구대상을 찾도록 하는 것인데, 이 전략은 시청자에게 선택의 폭을 넓혀 준다는 점에서 긍정적인 면이 있다.

③ 선제편성

선제편성이란 프로그램 배열 순서를 결정할 때 강력한 프로그램으로 주 시청시간대를 시작하여 아예 처음부터 최대한의 시청자를 확보하자는 전략이다. 프로그램 시간운용 차원에서 대형 쇼나 인기 높은 프로그램으로 저녁시간대를 시작하는 전략이라고 할 수 있는데, 주 시청시간대를 시작하는 첫 프로그램이 전체 저녁시간대의 시청률을 결정한다는 전제하에 사용되는 기법이다. 이 전략은 전체 저녁시간대의 성패를 좌우할 수 있을 뿐 아니라 나아가 한 주간의 시청률에도 어느 정도 영향을 미칠 수 있다.

④ 엇물리기 편성

엇물리기 편성(cross programming)이란 경쟁사의 프로그램과 시차를 두고 편성하는 전략으로서 시청자의 선택권을 의도적으로 제한하는 기법이다. 예컨대 경쟁사의 프로그램보다 조금 앞선 시간에 편성하거나 상대방 프로그램의 가운데쯤에 걸쳐서 강력한 프로그램을 내보내는 전략이다. 상대 프로그램을 처음부터 시청하지 못하도록 허리를 잘라놓는 기법이다.

⑤ 끼워넣기 편성

끼워넣기 편성(sandwich programming)이란 두 개의 강력한 인기 프로그램 사이에 불확실한 프로그램을 살짝 끼워 편성하여 인기 프로그램의 위력으로 시청자를 계속 잡아두거나 신설 프로그램을 확고한 위치로 올려놓기 위한 기법이다. 즉, 인기 프로그램 사이에 끼어서 묻혀 넘어가게 하는 전략이라고 할 수 있다. 이 전략은 기존 인기 프로그램의 위력이 떨어질 위험 부담도 안고 있다. 이 기법의 대안으로 개발된 또 다른 전략으로 한 개의 인기 프로그램 앞뒤에 새로운 프로그램을 각각 배치하는 이른바 '양면 걸치기(tent-poling)' 편성도 있다.

2) 콘텐츠 편성전략

콘텐츠 편성전략은 프로그램 내용의 전달과 관련하여 콘텐츠(내용)를 누구에게 어떤 형식으로 보여주느냐를 결정하고 배열하는 작업이다. 여기에서는 지상파 방송의 편성전략보다 마케팅 전략의 중요성이 강조되는 케이블TV의 편성전략을 중점적으로 살펴보기로 한다.

케이블TV에서 편성의 개념은 '프로그램 편성', '채널 편성', '부가서비스 편성'으로 구분할 수 있다. 프로그램 편성은 단일 채널을 구성하는 여러 프로그램의 편성을 의미하는 것으로 케이블 체제하에서 PP가 담당하는 분야라 할 수 있다. 채널 편성은 SO가 가입자를 확보하기 위해 채널들의 성격을 규정하고 몇 개의 채널을 묶어서 판매할 것인지를 결정하는 번들링에 해당된다. 번들링은 두 개 또는 두 개 이상의 재화를 하나의 패키지로 묶어 판매하는 행위로 SO 마케팅이 중심인 케이블TV에서 가장 중심적이고 기본적인 변수가 된다. 케이블TV가 가장 발달한 미국은 케이블TV 편성에 관한 논의가 두 번째인 SO의 채널묶음 편성 위주로 되어 있다. 부가서비스 편성전략은 케이블TV의 쌍방향 커뮤니케이션 등을 이용하여 정보를 제공하는 경우 이를 기획하고 수행하는 작업이다.

여기에서는 케이블TV 편성을 개별 채널 내 편성을 하는 PP의 편성전략과 SO가 채널을 묶어서 소비자들에게 공급하는 번들링(또는 티어링)으로 나눠서 살펴보기로 한다. 따라서 케이블TV의 편성전략은 PP의 편성과 지역의 SO가 편성할 프로그램을 묶어서 적절하게 배치하는 것으로 구분할 수 있다.

(1) PP의 편성전략

일반적으로 케이블TV와 관련하여 흔히 말하는 PP란 '케이블TV 전용 채널 제작, 편성권자'라고 협의로 정의되는 사업자이다(이준호, 2005: 112). 즉, 케이블TV 전송망을 통해서만 시청할 수 있는 케이블 전용 채널들에 자신들이 직접 제작하거나 방영허가를 받은 프로그램을 편성, 운영하는 사업자가 바로 협의의 케이블PP인 것이다. 이들은 기존 지상파처럼 백화점식 복합 프로그램 장르의 편성을 하는 경우도 있지만, 주로 특성화·전문화된 분야의 채널을 운영하는 경우가 많다. 예를 들어 보도전문채널(YTN)이라든지, 스포츠(SBS 스포츠), 영화(HBO, OCN), 어린이(대교방송), 여성(올리브), 문화/예술 등 한 채널마다 한정된 분야와 관련된 프로그램을 주로 편성하고 제작한다.

케이블TV의 PP에는 케이블 전용 네트워크 채널과 지역 독립방송국이 발전된 형태인 슈퍼스테이션, 그리고 유료채널 등이 있는데, 넓은 의미에서 보면 케이블TV 채널에 프로그램을 공급하는 위성채널, 지상파 방송 등 모든 TV사업자가 PP라고 할 수 있다. 여기에서는 기본채널과 유료채널로 구성되는 케이블 전용 네트워크만을 다루기로 한다. 현재 우리나라의 경우 16개 분야의 프로그램 장르에 따라 44개 PP가 전문성과 장르별 특성을 가지고 운영되고 있다. 그러나 케이블TV 채널만을 독립적인 기준에서 볼 때에는 그 주 편성 프로그램들의 내용이 가지는 특성에 따라 종합적인 내용(broad content)과 특수한 내용(narrow content)의 채널로 분류되며, 주된 소구대상이 되는 수용자들의 특성에 따라 광범위한 수용자와 협소한 범위의 수용자로 나눌 수 있다(이스트먼·퍼거슨·클레인, 2004).

<표 5-3>은 케이블PP들을 프로그램의 내용과 수용자의 특성이라는 두 가지 기준으로 구분하고 예를 보인 것이다. 이상과 같은 케이블TV 채널의 인위적 구분체계에 따르면 네 가지 유형의 채널군을 파악할 수 있는데, 케이블PP 채널들의 일반적인 특성상 종합적인 내용보다는 한두 가지 프로그램 장르로 편성을 하는 특수한 내용의 채널들이 많은 것이 보통이다. 그리고

<표 5-3> 케이블PP채널의 내용과 수용자에 따른 편성유형

구분		주제	
		특정 주제: 전문편성	광범위한 주제: 종합편성
수용자	특정 수용자 (narrow audience)	특정 수용자×전문편성	특정 수용자×종합편성
	전체 수용자 (broad audience)	전체 수용자×전문편성	전체 수용자×종합편성

자료: 이스트먼(Susan Tyler Eastman, 1998: 627) 재구성.

그 기준에 따라 달라지겠지만 전체 시청자들보다는 특정 부류의 시청자들에게 소구하는 편성전략을 가지고 있는 PP들이 대체로 많다.

우리나라 케이블TV 채널 가운데 '특정 수용자를 대상으로 하는 전문편성'을 하는 대표적인 채널로는 미국의 MTV처럼 젊은 층을 대상으로 뮤직비디오를 방송하는 M.net, KMTV, MTV, 채널V 등을 들 수 있다. '전체 가입자를 대상으로 하는 전문편성 채널'로는 일반 지상파 방송처럼 전체 가입자를 대상으로 하는 뉴스채널인 YTN, MBN과 영화 프로그램을 전문적으로 편성하지만 대상은 전체 가입자를 대상으로 하는 OCN, CGV 등을 들 수 있다.

케이블PP들은 시청자의 구미에 맞는 콘텐츠(프로그램)를 제공하기 위해서 차별화된 편성전략을 구사해야 한다. 케이블PP의 편성전략은 크게 두 가지 면에서 살펴볼 수 있다. 첫째는 일반적인 TV편성전략인 시간대, 수용자의 흐름(audience flow), 그리고 인기 프로그램에 따른 편성전략들이고, 둘째는 케이블TV의 특징적인 편성전략들인 테마편성, 짧은 틈새 프로그램의 편성, 그리고 마라톤편성 등이 있다.

여기에서는 케이블TV에 특징적으로 적용되고 있는 다음 세 가지의 편성전략에 관하여 설명하기로 한다.[4]

---

4) 일반적인 TV편성전략에 관한 사항은 한국방송학회에서 펴낸 『방송편성론』(나남출판,

① 테마편성(signature programming)

테마편성이라는 것은 각 채널이 가지고 있는 고유의 특성이나 긍정적 이미지를 부각시키는 '간판 프로그램'을 편성하여 시청자와 광고주로부터 긍정적인 반응과 기대를 불러 모으기 위한 것이다. 일반적으로 각 케이블PP 테마편성에 많이 이용되는 프로그램에는 세 가지 유형이 있다.

첫째, 다른 TV채널에 편성된 적이 없는 영화나 시리즈물이 있다. 둘째, 지상파 네트워크에 한두 번 방송된 적이 있으나 케이블 채널에서는 한 번도 편성된 적이 없는 프로그램이다. 셋째, 매우 한정된 주제의 프로그램 장르의 편성이다. 이는 주로 지상파TV가 선호하지 않는 홈쇼핑 프로그램이나 교육 프로그램, 또는 그 내용상 지상파TV에서 논란이 일어날 만한 성인취향을 가진 프로그램 등을 편성하여 일반적으로 지상파TV나 여타 케이블TV 채널 에서 미처 취급하지 못하는 종류의 프로그램으로 편성하는 방식이다.

② 프로그램 간 틈새편성(interstitial)

이는 미국의 케이블PP채널들에서 급속히 증가하고 있는 일종의 채널 프로 모션 프로그램으로, 한 프로그램이 끝나고 다음 프로그램이 시작되기 전에 5분 이내의 매우 짧은 독립적 프로그램을 편성하거나 홍보하려는 특정 프로 그램의 하이라이트 내지 메시지를 삽입하는 편성방식이다. 이런 편성방식은 주로 유료영화채널에서 프로그램 사이에 광고 대신 그 채널과 편성일정에 대한 안내와 홍보를 하는 것에 착안한 것인데, 이러한 편성방식의 주된 목적 은 채널의 특색과 이미지를 고양시키는 것 이외에도 특정 프로그램에 대한 관심을 유발시키는 것에 있다.

③ 마라톤편성(marathon programming)

이는 거의 하루 종일 또는 며칠에 걸쳐 드라마나 시리즈물과 같은 프로그램

1997)를 참고하기 바란다.

하나를 연속적으로 편성하는 것이다. 이러한 장시간의 마라톤편성은 슈퍼볼 미식축구 중계와 같은 지상파 방송의 특별 이벤트적 성격의 방송 프로그램이 있을 때 대응편성전략의 방법으로 이용되고 있으며, 연휴 때나 외출하기 힘든 날씨가 지속되는 경우 또는 TV시청자들의 시청시간이 길어지는 시점에 어느 때이든 이용된다. 마라톤편성에 주로 이용되는 프로그램은 인기 있었던 TV시리즈물과 드라마, 영화들이며, 마라톤편성 기간 중 실제로 시청률이 약 2배로 증가하는 현상을 보이고 있다.

(2) SO의 편성전략(번들링＝티어링)

케이블TV의 사업주체는 시청자들과 직접적인 상호관계를 맺어나가는 SO 이다. 그러므로 케이블TV산업의 마케팅은 각 지역 SO의 마케팅이라고 해도 과언이 아니다. SO의 편성전략에서는 많은 채널을 판매전략에 따라 일정한 묶음으로 만드는 '채널 묶기', 즉 '티어링'이 중요하다. 어떠한 방식과 기준에 서 채널을 묶어서 판매하느냐에 따라 케이블 수신가구의 수와 케이블업자들의 매출규모에 영향을 미치기 때문이다. SO 마케팅과 관련해서 채널 묶음을 만들고 판매하는 방식은 다음 몇 가지로 요약할 수 있다(이준호, 1999: 129~131).

① 단일묶음(single tier)

기본채널과 유료채널의 구분 없이 가입자들이 모두 같은 채널을 시청할 수 있게 하는 방식으로, 현실적으로 거의 존재하지 않는다.

② 단일기본묶음(one basic tier)

이는 현재 우리나라에서 대부분의 SO가 실시하는 방식으로, 기본채널 모두가 한 묶음 속에 들어가고, 가입자의 선택에 따라 유료채널을 추가비용으로 수신할 수 있는 방식이다.

③ 다단계기본묶음(multi-basic tier)

기본채널묶음을 여러 단계로 만들어 낮은 단계의 기본채널묶음을 수신해야 다음 단계의 기본채널묶음을 추가로 수신할 수 있는 방식으로, 미국에서는 일반화되어 있다. 가장 낮은 단계의 기본채널묶음만을 수신해도 유료채널을 추가신청할 수 있다.

④ 단일유료채널(a la carte pay channel)

기본채널을 수신하는 가구가 추가로 유료채널을 신청할 때 유료채널 하나하나에 각각 수신료가 부과되는 경우이다.

⑤ 유료채널묶음(pay channel grouping)

여러 개의 유료채널을 묶어서 하나의 판매단위로 만드는 방식이다. 각각 추가할 때보다 수신료가 할인되지만 각각의 개별 수신료보다는 높게 책정된다. 예를 들면 미국에서는 영화채널인 HBO, 쇼타임(Showtime), 노스탤지어(Nostalgia) 등을 한 묶음으로 하고 시네맥스(Cinemax), 더 무비채널(The Movie Channel) 등을 다른 묶음으로 만들어서 판매하는 경우가 많다.

⑥ 수신자 묶음

수신자가 일정한 선택범위 내에서 유료채널의 패키지를 스스로 만들어 수신을 신청하는 것인데, 매우 드문 방식으로 기술적인 어려움이 극복되면 수신자들의 만족도가 가장 커질 수 있는 방식이다.

묶음판매방식을 적절히 활용함으로써 기대할 수 있는 긍정적인 효과를 보면, 첫째 일단 케이블TV 서비스에 가입하는 데 대한 부담감을 줄여서 가입자 수를 증대시킬 수 있다는 것과, 둘째로 절대적인 판매수입을 올릴 수 있다는 것, 셋째로 하위묶음으로의 복귀는 많은 반면 전면적인 가입해지율은 많이 줄일 수 있다는 것과, 넷째로 묶음의 구성이 채널의 프로그램 특성별로 또는 주 시청자별로 의미 있게 이뤄지는 경우 시청자들의 추가선택이 쉬워지게 된다는 것이다.

결국 SO에게 가장 중요한 마케팅 전략은 어떤 채널을 묶어서 시청자에게 티어링할 것인가에 달려 있다. 각 채널에 대한 소비자 선호의 성격을 파악하여 채널묶음을 어떤 식으로 구성하는가가 수익성 정도를 판가름할 것이다.

3) 지상파TV 콘텐츠 편성전략

TV시청자들이 특정 방송을 자주 보는 이유는 한마디로 콘텐츠의 막강한 대중 지배력인 '킬러 콘텐츠' 때문이다. 만약 시청자들이 KBS를 자주 보는 이유가 뉴스 때문이라면 '뉴스'가 킬러 콘텐츠가 될 것이고, MBC의 드라마를 선호한다면 '드라마'가 킬러 콘텐츠 역할을 해주고 있는 것이다. 이처럼 개별 방송사들은 성공 프로그램을 찾기 위해서 나름대로의 편성전략을 구사해나간다. 편성전략은 프로그램들을 그 특성들과 함께 일람표로 만들어서 전체로서 마케팅하는 전략이다. 혁신적이고 개성 있는 스타일의 뉴스 보도를 하는 CNN은 이 방법을 채택하여 성공할 수 있었다. 방송사들은 편성전략을 수립하면서 시청점유율을 높이기 위해 킬러 콘텐츠의 편성에 신경을 쓴다.

킬러 콘텐츠의 힘은 실로 막강해서 당시의 유행을 선도하거나 여론을 조성하고 심지어 다른 프로그램의 시청률에 영향을 미치기도 한다. 예를 들어 드라마 <대장금>의 경우 전 국민에게 요리에 대한 관심을 갖게 했고 한국음식을 세계에 알리는 촉매제의 역할을 했으며, <주몽>은 고구려의 시조 동명성왕의 건국 이야기를 그려 고구려 역사에 대한 인식을 시청자에게 새롭게 심어주는 계기가 되었다. 또한 시트콤 <세친구>, <거침없이 하이킥>을 비롯해 드라마 <커피프린스 1호점>, <쩐의 전쟁>, <온에어>, <조강지처 클럽>, <내 생애 마지막 스캔들>, <하얀거탑>, <꽃보다 남자> 등 트렌디한 작품들도 시청자의 관심과 인기를 끌었다.

이 같은 킬러 콘텐츠를 제작하고 편성하는 데도 각 방송사들마다 독특한 편성전략이 뒤따라야 한다. 편성단계는 시간대별 시청자의 구성에 맞게 프로그램을 배열하는 단계이다. 따라서 주로 시간대별 시청률 자료가 많이 활용된다. 이 단계에서 가장 관심을 기울이는 것은 동일한 프로그램을 다른 시간대에 편성할 경우 동일한 시청률을 기대할 수 있을까 하는 점이다. 그러나 프로그램의 시청률은 언제 방영되느냐에 따라 많은 차이가 난다. 그리고 시청자의 시청형태에 맞게 프로그램을 적절히 배치했느냐 하는 문제가 시청

<그림 5-3> <커피프린스 1호점>의 주인공들(가운데 여자주인공 윤은혜)

률로 구체화되면서 편성의 성패가 결정된다.

또한 이 단계에서 편성책임자들은 수용자의 이용가능성, 수용자의 활동상황, 요일에 따라 변화하는 수용자의 욕구와 취향, 시간과 계절에 따른 시청행위의 독특성, 경쟁 방송사의 프로그램 편성상황 등을 고려해야 한다.

우리나라의 경우 일반적으로 남성보다는 여성이 텔레비전을 많이 시청하고 50대 이상은 모든 시간대에서 가장 높은 시청률을 보인다. 반대로 텔레비전을 가장 적게 보는 계층은 20대 남성으로 나타났다. 이럴 경우 텔레비전 시청률을 높이는 방안으로 두 가지를 생각해볼 수 있는데, 하나는 남성보다는 여성을, 저연령층보다는 고연령층을 대상으로 프로그램을 개발할 경우 위험부담 없이 상대적으로 높은 시청률을 기대할 수 있다는 것이다. 다른 측면에서 생각해보면, 20대 남성까지 즐겨 시청할 수 있는 프로그램을 개발하면 위험부담은 있지만 성공하기만 하면 의외로 높은 시청률을 기록할 수 있다. 바로

<표 5-4> 드라마 <허준>의 시청자별 시청점유율 추이

	40% 미만이었을 때	40%대였을 때	50% 이상이었을 때
남자 20~34세	50	68	82
남자 35~49세	43	65	75
남자 50세 이상	29	53	75
여자 20~34세	38	59	73
여자 35~49세	39	56	71
여자 50세 이상	32	50	71

자료: AC닐슨, MBC특별기획 <허준> 방송 대상 자료(2000).

대표적인 예가 드라마 <허준>이다(한국방송통신대 방송정보학과, 2001: 36).

드라마 <허준>은 사극이다. 사극은 일반적으로 남성이면서 50세 이상에서 선호도가 높은 장르이다. 그런데 제작진은 사극이 얻을 수 있는 일반적인 시청률에 만족하지 않고, 드라마의 목표 시청자층을 젊은 층으로 넓혔다. 그래서 일반 사극과는 달리 음악, 내용구성 등에 트렌디 드라마적 요소와 멜로 드라마적 요소를 가미했다.

연출자 스스로 밝혔듯이 드라마 <허준>은 젊다. 등장인물만 현대인으로 바꾸어놓으면 현대물이 된다. 이러한 제작방향은 시청률에서도 그대로 드러나는데, <허준>은 사극이면서도 <표 5-4>에서 보는 바와 같이 젊은 층에서 인기가 높았던 것으로 나타났다.

드라마 초반 <허준>의 시청률이 40% 미만일 때 남자 20~34세 시청자 중에서 100명 중 <허준>을 본 사람이 50명이었다면, 남자 50세 이상에서는 100명 중 이를 본 사람이 29명뿐이었다. 이러한 추세는 <허준>의 시청률이 40%대로 진입하면서도 바뀌지 않아, 남자 20~34세에서는 100명 중 <허준>을 본 사람이 68명인 반면 50세 이상 남자에서는 53명이었다. 이러한 현상은 여성 시청층에서도 그대로 나타났다. 이렇게 시청률 자료는 프로그램의 전체적인 기획방향을 잡는 데 유용한 길잡이가 된다.

4) 콘텐츠 교환

지상파 계열 케이블TV나 CJ 계열, 온미디어 계열의 케이블 채널은 자체 콘텐츠의 부족을 해결하기 위하여 콘텐츠 교환(contents swapping)이나 교류를 통해 효율적인 콘텐츠를 재활용하거나 제작비를 절감시키고, 내부적인 동질감을 회복하는 등 시너지 효과를 높이는 계기로 삼고 있다. 그러나 콘텐츠 교환은 특정 채널의 정체성을 유지하거나 그 채널의 특성이나 개성을 포지셔닝하는 데 약점으로 작용할 수도 있다. 실제로 CJ미디어는 현재 17개 채널을 운영하면서 계열 채널들 간 콘텐츠 교환이나 교류를 하고 있는데, 최근 라이프스타일 채널인 '올리브'에 tvN 자체 제작 프로그램인 ENews를 공급했으나 올리브 채널 콘셉트에 맞지 않고 연예오락채널인 tvN 고유의 정체성을 유지하기 힘들어 시너지 효과가 적은 것으로 평가받고 있다. 온미디어 계열의 영화채널 OCN은 자매 채널인 Catch On, Story On, SUPER Action에 영화 콘텐츠를 제공하여 콘텐츠 부족을 메우고 효율적인 콘텐츠 재활용을 하고 있다. OCN의 영화는 보통 1~2개월이 지나면 SUPER Action이나 Story On에서 볼 수 있다. OCN은 콘텐츠 교환뿐 아니라 프로모션까지 다른 계열 채널에서 진행하는 방식으로 시너지 효과를 거두고 있다. MBC 케이블채널 계열인 MBC 드라마넷의 콘텐츠들도 버라이어티 채널인 MBC every1에 공급되면서 정체성을 훼손하지 않고 채널의 특성이나 개성에 나쁜 영향을 미치지 않아 성공적인 콘텐츠의 교류 사례로 꼽히고 있다. MBC 드라마넷의 <식신원정대>는 계열 채널인 MBC every1에서도 방송되자 <식신원정대>라는 개별 프로그램의 높은 인지도가 자연스럽게 MBC every1에 전이되면서 2%대의 높은 시청률을 견인하는 효과를 거두고 있다.

3. 채널 패키지 구성

채널 패키지 구성은 위성방송인 스카이라이프와 위성DMB인 TU미디어의 사례를 중심으로 살펴보기로 한다. 케이블TV의 패키지 구성은 가격과 상품이 묶인 번들링으로 제공하기 때문에 제7장 콘텐츠 가격관리에서 집중적으로 다룰 예정이다.

1) 위성방송의 채널 패키지 구성

(1) 콘텐츠 제작과 수급

위성방송 사업추진에서 가장 큰 문제는 국내의 영상프로그램 공급이 인프라가 허약하다는 점이다. 위성방송도 케이블TV와 마찬가지로 콘텐츠의 제작과 공급이 가장 큰 문제가 되고 있다. 초기 위성방송은 약 70개의 채널로 출발하지만 시장수요 측면을 고려하여 중장기적으로는 무궁화위성의 가용 채널인 170여 개 채널이 서비스될 것으로 보인다.

결국 170개 채널을 메울 수 있는 콘텐츠(프로그램)의 공급능력이 있느냐가 문제된다. 콘텐츠의 원활한 공급을 위해서는 독립프로덕션과 PP의 역할이 중요해질 것이다. 국내 방송시장 여건상 대다수의 프로그램 공급업자가 위성방송은 물론 케이블TV와 동시에 프로그램을 공급할 수 있다는 점에서 채널 차별화의 문제가 중요하게 제기되고 있다.

가입자의 시청료에 기반을 둔 유료방송의 운영구조는 기존의 지상파 방송이 프로그램 제작에 큰 비중을 두고 운영하는 체계와 달리 주로 아웃소싱을 통해 프로그램 공급을 해결할 것이다.

콘텐츠 제작 못지않게 중요한 것은 콘텐츠의 확보일 것이다. 특히 기존 다채널방송인 케이블TV와의 차별성을 확보하기 위한 영화, 스포츠 등 전략채널의 강화와 보다 세분화된 틈새채널의 확보, 기존의 해외 위성채널 시청자의 유인을 위한 우수한 해외 위성채널의 확보 등이 필요하다. 그 결과 스카이라이프는 콘텐츠회사를 공동으로 설립하는 등 콘텐츠 확보에 관심을 기울이고 있다. 스카이라이프는 콘텐츠 제작을 강화하기 위해서 'Every Show'를 설립했다. Every Show는 IB스포츠가 35억 5,000만 원, 스카이라이프가 20억 원, KT가 15억 원을 투자해 초기자본 70억 5,000만 원으로 출발했고, 2008년 10월 유상증자를 통해 안정적 자본을 구축했다. 이 회사의 경영은 IB스포츠가 담당하는데, 이 회사는 콘텐츠의 제작, 투자 및 구매를 통해서 국내의 다양한 플랫폼에 콘텐츠를 유통하려고 한다. 그리고 Every Show는 콘텐츠의 제작과 투자를 위해서 300억 원 정도의 펀드를 조성하고 있으며, 콘텐츠 가운데 드라마를 주력으로 하고 엔데몰(Endemol) 모델5)을 지향하고 있다. 이 회사는 외국의 포맷을 수입하여 국내에 유통하는 역할도 할 것이다.

IPTV서비스의 등장에 대해서 스카이라이프는 고화질TV(HD)에 초점을 둔 콘텐츠를 적극적으로 제작하고 또한 위성방송과 IPTV사업자 간의 제휴를 강조하고 있다. 스카이라이프는 2008년 4월에 HD 셋톱박스를 출시했으며, 현재 지상파 5개 채널, PP 3개(OCN, 캐치원, Sky HD)를 포함한 30개의 채널을 HD로 송출하고 있다. 2009년까지 HD채널을 45개로 확대할 계획이다.

텔레비전 수상기를 통한 쌍방향 서비스가 아직까지 성공적이었다는 보고는 없다. 7~8년 전에 영국에서 경마, 게임, 피자주문과 같은 데이터 방송서비스가 어느 정도 가능성을 보였다는 보고가 있었지만, 이러한 쌍방향 서비스가 아직까지는 활성화되지 못한 것으로 파악된다. 한국에서는 스카이라이프가 2003년경에 게임 등의 몇 가지 쌍방향 서비스를 제공했지만 그다지 성공적이지 못했고, 2005년에는 CJ케이블넷과 강남 케이블TV가 쌍방향 서비스를 도입했지만 이들 서비스의 이용이 많지 않았으며 CJ케이블넷은 결국 쌍방향

5) 프로그램 포맷의 국제 유통시장에서 선두를 다투고 있는 네덜란드 기업이다. 1999년부터 리얼리티 서바이벌 프로그램인 'Big Brother'의 라이선스를 보유하여 7번째 시즌까지 제작했으며 전 세계 65개국에 포맷을 판매하고 있다. KBS의 '1대 100'은 엔데몰 사의 포맷이며, 케이블 방송사인 tvN도 엔데몰이 판권을 갖고 있던 'Deal or No Deal'을 'Yes or No'라는 이름으로 방영했다.

서비스의 종류를 줄였다.

(2) 채널 구성 전략

① 프로그램 패키지 구성

위성방송의 프로그램 패키지는 상품과 서비스의 형태에 따라 기본형, 경제형, 보급형, 선택형 패키지로 구분되며, 프리미엄과 쌍방향 서비스(Sky Touch) 등 부가적인 유형이 있다.

스카이라이프의 채널 구성을 보면 오락, 스포츠, 레저, 홈쇼핑 등 오락성과 수익성이 높은 장르가 많다. 총 208개의 채널(지상파 44개, PPV채널 100개, 음악채널 60개, 예비채널 4개)을 제공하고 있는데, 채널의 구성은 기본채널과 프리미엄채널로 이루어져 있으며 기본채널인 Sky Family의 구성은 Sky Movie(비디오 51개, 오디오 10개, Sky Touch 20개), Sky On+(비디오 44개, 오디오 10개, Sky Touch 20개), Time & Sports(15개), Kids & Mom(13개), Sky Sound(디지털 오디오 15개)로 구성되어 있다.

프리미엄(유료채널) 채널은 Sky Choice(영화 16개 채널), Catch On/Catch On+(2개 채널), Kids TalkTalk(1개 채널), Sky HD(1개 채널), 스파이스TV(1개 채널), Midnight(1개 채널)로 구성된다. Sky Family는 월 2만 원, Sky Movie+는 월 1만 4,000원, Sky On+는 월 1만 원, 선택형 패키지인 Time & Sports와 Kids & Mom은 각각 월 3,000원을 받고 있다. 프리미엄채널은 영화, 성인영화, HD채널 등 고급서비스를 지향하는 마니아 고객에 대해 차별적인 콘텐츠를 제공하면서 부가된 요금을 받고 있다. 유료채널인 Sky Choice의 경우 영화 한 편당 1,400원이며 Catch On/Catch On+는 7,800원, 스파이스TV와 Midnight은 각각 7,500원, 5,000원의 가격대를 보이고 있다.

한편, 비즈니스 상품의 구성 패키지는 Biz-Plus(비디오 32개, 오디오 40개)가 월 5,000원, Biz-On(비디오 19개, 오디오 40개)이 3,000원, PRO-Sound(오디오 60개 채널)가 1만 8,000원이었다. PPV서비스를 제공하는 Sky Choice(15개 채널)의 이용료는 1,600원이며 월 판매건수는 48만 건에 이르고 있다. 이와

<표 5-5> 스카이라이프 채널 운영현황

상품명		서비스 내용	월 수신료
기본형(Sky Family)		비디오 78채널, 오디오 40채널	20,000원
경제형(Sky Movie)		비디오 51채널, 오디오 10채널	14,000원
보급형(Sky On)		비디오 44채널, 오디오 10채널	10,000원
선택형 패키지	선택1(Times & Sports)	CNN, NHK, 히스토리채널, 스포츠 등	3,000원 이하
	선택2 (Kid & Mom)	디즈니 채널, JEI재능방송, KMTV 등	3,000원 이하
프리미엄		Catch On/Catch On+	7,800원
		스파이스TV	7,500원
		Midnight	5,000원
		Sky HD(24시간 전용채널)	16,000원
쌍방향서비스 (Sky Touch)		정보, 운세, 문자메시지 등	2,000원

같은 스카이라이프 채널 운영현황은 <표 5-5>와 같다.

사업자 측면에서 스카이라이프에 참여한 주주는 KT와 KBS, MBC, SBS 등으로 방송과 통신분야에서 최고 경쟁력을 지닌 기업들이다. 이들 기업이 자본과 영업, 콘텐츠 분야에서 서로 장점을 살려 시너지효과를 발휘할 경우 유료방송시장에서 스카이라이프의 경쟁력은 중소기업 규모로 분할된 케이블TV SO에 비해 비교우위를 점할 수 있다. 그러나 MSO의 성장, SO 가입자수의 증가로 위성방송은 케이블TV와의 경쟁에 어려움을 겪고 있다.

유료방송시장 성장에 영향을 미치는 요소로 정부의 규제 및 정책, 콘텐츠, 마케팅, 신규 서비스, 기술 등 다양한 변수들이 있다. 특히 위성방송은 케이블TV처럼 수신료를 받는 유료방송이기 때문에 유료가입자를 얼마나 많이 확보하느냐가 사업 승패의 열쇠가 될 것이다.

따라서 스카이라이프가 가입자 기반을 확충하기 위해서는 케이블TV와 차별화된 서비스, 데이터 방송 등 방송·통합 융합형 서비스 등을 제공하여 시청자들이 유료방송을 통해 얻는 만족을 극대화해야 할 것이다.

2) 위성DMB의 채널 패키지

위성DMB사업자인 TU미디어는 2006년 9월 현재 12개의 비디오 채널과 26개의 오디오 채널 등 모두 38개의 채널을 운영하고 있다. 자체 채널인 채널 블루(채널 7)와 드라마, 영화, 애니메이션 채널을 제외하고 대부분의 편성이 케이블TV와 유사하여 차별화되어 있지 않다. 케이블TV와 동시간대 차별 편성을 보이는 채널은 SBS와 MBC의 드라마 채널, 영화채널, 애니메이션 채널 등으로 케이블TV와 다른 콘텐츠를 공급함으로써 매체를 차별화하려는 전략으로 볼 수 있다. 음악채널(M.net)과 게임채널(온게임넷)은 일부분 케이블TV 편성시간과 일치하며, 경제보도채널(MBN)도 동시간대 케이블TV와의 대부분 프로그램 내용이 일치한다.

그 밖에 교육채널인 EBSu는 EBS 플러스1과 EBS 플러스2를 혼합편성하고 있으며, 스포츠채널은 MBC ESPN과 SBS 스포츠의 양사 프로그램을 시분할로 편성했으나 2006년 6월 스포츠채널 확대운영에 따라 SBS 스포츠(채널 9), MBC 스포츠(채널 14)로 채널을 독립적으로 운영하고 있다. '움직이는 극장'을 표방한 TUBOX(채널 10)는 최신 개봉영화를 시청자들에게 제공하는 DMB전용 최신영화채널로 자리를 잡아가고 있다.

또한 DMB전용 종합오락채널로 내세웠던 '채널 블루(채널 7)'는 대형 이벤트 스포츠 중계와 실험적인 신규 콘텐츠, 국내외 구매 프로그램으로 구성하여 시청자들의 호응을 얻었다. 채널 블루는 WBC중계와 월드컵 중계로 시청자들의 관심을 높였으며, 미국 메이저리그 중계, KCC 프로농구와 같은 대형 이벤트 스포츠를 프라임타임대에 편성하여 시청자를 끌어들이고 있다.

TU미디어는 2006년 11월 지상파TV 재송신에 대비해 비워놓았던 3개 비디오 채널에 신규 채널을 론칭하는 등 대규모 채널 개편도 단행했다. 40대 고객을 타깃으로 하는 '채널 그린'을 추가하여 골프, 낚시, 바둑 등 레저와 재테크 정보를 보여줄 계획이며, 케이블·위성채널인 온스타일(해외 인기드라마, 영화)과 내셔널지오그래픽(다큐멘터리)도 추가된다. 이에 따라 기존 비디오

<표 5-6> TU미디어 비디오 채널

채널 명(번호)	프로그램 내용	방송시간
Ch 1. MBC every1	MBC의 인기 드라마와 시트콤, 다양한 오락 프로그램을 엄선하여 제공하는 드라마·오락프로그램 전문 채널	24시간
Ch 2. SBS 드라마	SBS의 최신 드라마와 인기 오락프로그램을 방영하는 오락·드라마전문채널	24시간
Ch 3. TU 엔터테인먼트	<C.S.I>, <프리즌브레이크> 등 인기 미국 드라마부터 <1박 2일>, <개그콘서트>, <해피투게더> 등 인기 프로그램을 엄선하여 제공하는 DMB 전용 종합 엔터테인먼트채널	24시간
Ch 4. tvN	리얼리티쇼, 드라마부터 각종 토크쇼까지 다양하게 즐길 수 있는 종합 버라이어티 채널	24시간
Ch 5. CGV	한국 대표 영화채널로 화제가 되는 영화 및 최신 영화 정보, 시리즈 등을 제공하는 영화전문채널	24시간
Ch 7. TU 스포츠	잉글리시 프리미어리그(EPL), 한국 프로야구, 한국 프로농구 등 국내외 스포츠를 생중계하는 DMB 전용 프리미엄 스포츠채널	24시간
Ch 8. EBSu	국내 최고 미디어 엔터테인먼트 기업 CJ미디어의 M.net, tvN, KM, Olive 등 대표 오락프로그램을 엄선한 종합 엔터테인먼트전문채널 24시간	24시간
Ch 8. NGC	오직 TU에서만 즐길 수 있으며, 보고 싶은 최신 개봉영화를 제공하는 DMB 전용 최신 영화 채널	24시간
Ch 9. mbn	증권, 부동산 등 경제에 대한 다양하고 실속 있는 정보가 가득한 MBN의 경제정보 전문 채널	24시간
Ch 9. BBC	전 세계 200여 개국을 대상으로 한 국제뉴스, 스포츠, 경제, 시사, 다큐멘터리 등 다양한 프로그램을 실시간으로 제공하는 국제뉴스정보 채널	24시간
Ch10. TUBOX (프리미엄채널)	대한민국 대표영화채널 채널CGV의 인기 화제작 및 최신 영화 정보가 제공되는 영화 전문 채널	24시간
Ch 11. My MBC	MBC 프로그램과 DMB 전용 제작 프로그램까지 실시간으로 제공되는 종합 방송 채널	24시간
Ch 12. YTN	언제 어디서나 YTN의 빠르고 알찬 뉴스를 실시간으로 제공하는 24시간 뉴스 전문 채널	24시간
Ch 13. 애니박스	청소년과 키덜트족을 위한 OVA, 극장판 애니메이션 등이 다양하게 제공되는 신개념 고품격 애니메이션 전문 채널	24시간
Ch 14. CNN	세계 각국에서 발생하는 톱뉴스 및 돌발뉴스, 실황생중계 등 다양한 방식으로 소식을 전하는 국제 뉴스 전문 채널	24시간
Ch 15. 온게임넷	스타크래프트, 카트라이더 등 ongamenet 최고의 프로게임리그를 생중계하는 게임 전문 채널	24시간
Ch 16. 코미디TV	건강한 웃음과 즐거움이 가득한 코미디TV, YTN Star에서 제공하는 연예·오락·버라이어티 쇼 프로그램부터 게임 생중계까지 방송하는 토털 엔터테인먼트채널	24시간
Ch 17. SBS 골프 & 스포츠	이승엽 출전 일본 프로야구 생중계 및 PGA 등 국내외 골프투어 중계, 골프 레슨, 각종 스포츠정보를 제공하는 스포츠 전문 채널	24시간
Ch 17. 한국경제TV	빠르고 신속한 증권, 투자정보를 제공하는 특화된 경제 전문 채널	24시간
Ch 18. 채널N.돌핀	인터넷 UCC 방송	12시간 (16시~익일 04시)
Ch 19. 프리미엄 19+(프리미엄채널)	성인 시청자만을 대상으로 국내외 우수 영화를 엄선하여 방영하는 성인 전용 영화 전문 채널	24시간

자료: TU미디어 홈페이지.

채널을 3개 추가하여 15개 비디오 채널을 풀가동하고, 26개 오디오 채널은 19개로 통합·운영키로 했다(≪한국일보≫, 2006년 10월 30일자).

2008년 6월에 채널개편을 단행해 비디오 채널의 경우 내셔널지오그래픽 채널과 BBC 월드뉴스(World News), 코미디TV, 증권라이브, J골프 등 5개 채널과 오디오 1개 채널을 신설하고 주요 채널방송 시간대를 변경했다. 2008년 11월에는 인터넷 UCC방송인 채널N.돌핀을 추가로 신설했다. 이에 따라 성인전용 영화채널인 프리미엄 19+와 영화전문채널 TUBOX 등 2개의 프리미엄채널을 비롯해 모두 21개의 비디오 채널을 구성하여 시청자에게 선보이고 있다.

TU미디어는 위성DMB 도입 초기부터 자체 제작 프로그램을 제작·편성하고 있다. <약간 위험한 방송>, <시티헌터>, <원미닛>, <영화야 놀자>, <10대 무서운 아이들> 등 TU에서만 즐길 수 있는 자체 제작 프로그램을 방영하는 등 실험적 콘텐츠를 선보이고 있다.

이와 같은 실험적 콘텐츠는 20~30대 젊은 감성을 가진 시청자들을 타깃으로 제작비가 적게 들고, 흥미와 오락 위주의 내용을 담고 있다. <원미닛>은 1분 만에 모든 스토리가 완결되는 특성을 지닌 프로그램으로서 감각적이고도 기존 상식을 뛰어넘는다는 평을 얻으며 인기를 끌고 있다. <시티헌터>나 <10대 무서운 아이들> 등은 개인적 관심사와 일탈의 즐거움을 주는 포맷으로 기존 방송에서는 볼 수 없는 색다른 면모를 보여준다.

채널 블루의 도입 초기인 2005년 7월 편성에서 메이저리그 중계 및 영화 프로그램을 제외한 대부분의 프로그램이 10~30분 이내의 짧은 콘텐츠였으나, 1년이 지난 시점에서는 이들 콘텐츠가 대체로 1시간 분량의 신규 제작, 구매 콘텐츠로 대체되었다. 이는 DMB 도입 초기 예측과 달리 이용자들이 긴 길이의 콘텐츠를 선호하고 있고, 콘텐츠를 다른 매체에 유통시키는 전략 차원에서 짧은 콘텐츠보다 긴 콘텐츠 제작과 편성을 선호하기 때문이다. TU미디어도 광고주의 선호 면에서 아직까지 긴 콘텐츠가 유리하고, 비즈니스 차원에서도 짧은 콘텐츠는 영업상으로 불리하다고 설명한다. 실제로 도입

<그림 5-4> TU미디어의 채널 구성

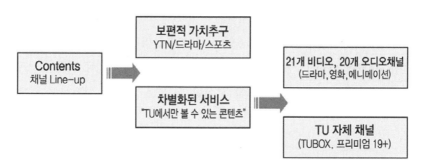

자료: TU미디어 내부자료.

초기의 <무빙카툰>, <포켓드라마>, <다짜고짜 테스트쇼> 등은 20~30분 분량의 짧은 콘텐츠 위주로 시청자들의 주목은 받았지만 광고수주 등 영업 차원에서는 실패작이었다.

TU미디어는 2009년 5월 네티즌들의 다양한 단편영화 창작을 위한 '제1회 스토리투필름닷컴 단편영화 사전제작지원' 프로그램을 후원했다. 사전제작 지원은 네티즌들이 응모한 시나리오를 네티즌 평가와 전문심사위원들의 심사를 통해 우수작을 선정하고, 선정된 시나리오를 촬영·편집·제작할 수 있도록 지원하는 단편영화 사전제작 프로그램으로 관심을 모았다.

TU미디어는 2009년 6월 숙원사업이었던 KBS 오락 프로그램 송출문제를 해결했다. 그동안 지상파 3사 중 MBC와 SBS는 실시간 및 드라마 채널로 프로그램을 송출하고 있었지만 KBS 프로그램은 방송권역 문제로 방영 자체가 힘들었다. TU미디어는 KBS 미디어와 콘텐츠 수급계약을 맺고 6월 22일부터 <해피선데이>, <개그콘서트>, <해피투게더3>, <상상플러스>, <미녀들의 수다>, <스타골든벨>, <천하무적 토요일> 등 7개 예능 프로그램을 위성DMB 대표채널 TU엔터테인먼트(ch.3)와 TU스포츠(ch.7)에서 방영하기로 합의했다. 이들 7개 프로그램은 케이블TV 등 기존 방송과의 충돌을 피하기 위해 1~2주 정도의 방송지연(홀드백) 기간을 거쳐 방송되지만 해당 작품이 KBS의 대표적인 간판 예능 프로그램이라는 점에서 가입자 유입 효과가 클 전망이다(≪전자신문≫, 2009년 6월 18일자).

위성DMB 가입자는 2009년 6월 현재 200만 명을 돌파했다. TU미디어 측은 2009년 하반기 6종의 위성DMB 지원 휴대전화가 추가로 나올 것으로 보여 연말에는 230만 명 목표를 달성할 수 있을 것으로 판단하고 있다.

MEDIA MARKETING

제6장 채널 브랜드 관리

1. 채널 브랜드의 개념 정의

'브랜드(Brand)'라는 단어의 어원은 노르웨이의 'Brandr(굽다)'에서 나온 것으로, 가축의 등에 소유주를 표시하기 위해 찍던 낙인에서 시작되었다.

미국마케팅학회(American Marketing Association)는 브랜드를 이름, 용어, 기호, 상징, 디자인, 혹은 이들의 조합으로서 어느 하나 또는 일군의 판매업자들의 제품이나 서비스임을 나타내주는 수단이며, 경쟁업자들의 제품이나 서비스와 차별화시켜주는 것이라고 정의하고 있다. 이런 정의를 종합할 때 브랜드의 핵심은 한 제품을 다른 제품과 구별해주는 이름(name), 로고, 상징(symbol) 또는 이들의 집합체라고 할 수 있다. 방송사에서 브랜드 네임은 '방송사가 보유하고 있는 채널 명'을 의미한다. KBS, MBC, SBS, 투니버스, HBO, BBC, CNN 등이 바로 그것이다.

개별 방송사 채널을 하나의 브랜드로 본다면 채널 브랜드라는 명칭을 부여할 수 있다. 방송사가 개별 채널을 브랜드로 구분하는 것은 시청자의 인식과 판단의 차별화를 통해서 채널 선호도나 재시청 의도를 유지하려는 것이다. 방송 프로그램은 전형적인 경험재로서 상품이 소비되기 전에 소비자가 그 효용을 가늠하기 어렵고 따라서 상품(프로그램)의 브랜드에 따라 좌우될 가능성이 많은 상품 유형에 속한다고 한다(Shapiro and Varian, 1999).

이 같은 이유에서 과거 Brand=ID, 즉 브랜드를 단지 방송사 정체성의 표현체로 보았지만 지금은 Brand=EX라는 동태성으로 성격이 바뀌었다(손대현, 2004). 즉, 브랜드 자체가 강렬한 '경험 제공체(experience provider)'로 전략화하는 것이다. 다시 말해 <그림 6-1>과 같이 브랜드는 경험 제공체의 덩어리로서 명칭과 로고, 슬로건, 색상, 이벤트, 기타 고객 접촉 등을 포함하며 체험 마케팅의 경험 영역인 감각, 감성, 지성, 행동, 관계의 각각의 경험이 소비자의 마음속에 자신의 브랜드에 대한 인상을 남기는 것이다.

미국의 경제학자 조셉 파인(Joseph Pine)은 21세기 경제를 설명하면서 경제적 가치가 필수품에서 상품으로, 상품에서 서비스로, 서비스에서 경험으로

<그림 6-1> 브랜드=EX모델의 스마트 마케팅

Brand=ID ⇨ Brand=EX
=
브랜드 경험 제공(명칭, 로고, 슬로건, 색상, 이벤트, 고객 접촉)
+
체험 마케팅 다섯 가지 유형(감각, 감성, 지성, 행동, 관계)

자료: 손대현(2004: 95).

진화해간다고 설명한 바 있다(서용구, 2006). 그의 말처럼 '서비스'와 '고객 체험'이 중요한 고객가치를 형성하는 경제 패러다임에서는 브랜드가 가장 근본적이고 핵심적인 가치창출 요인이라고 할 수 있다. 브랜드가 소비자의 기억과 학습, 선택과 제품 평가에서 가장 무의식적으로 작용하는 요인이기 때문이다. 브랜드 경험(체험)은 마케팅 커뮤니케이션의 접점에서 개인의 감성이나 경험을 자극함으로써 기업 혹은 제품의 브랜드 정체성을 각인시키고, 고객에게 이제까지 경험하지 못한 제품의 브랜드 가치를 전달하여 고객과의 장기적 관계 구축에 중요한 역할을 하고 있다.

이렇듯 방송 브랜드도 시청자의 상품(프로그램) 사용 경험으로 형성된다. 하지만 방송에서 채널 브랜드의 개념이 도입된 것은 최근이므로 아직까지 채널 브랜드 개념이 명확하게 정립되지 않고 있다.[1] 아직까지 우리나라 방송에서 채널 브랜딩이라는 것 자체가 낯선 개념이라고 할 수 있다. 우리나라의 경우 프로그램의 형식 및 획일성으로 인해 각 방송사가 브랜드 가치를 인식하고 자신들의 방송 이념과 철학을 프로그램에 독특하게 반영하는 작업을 하고 있지 않기 때문이다(한진만, 1995).

'채널 브랜드'는 판매자나 판매자 집단이 그들의 상품과 서비스를 경쟁자의 그것과 차별화하기 위해 사용하는 특정적인 이름이나 상징을 뜻하는 전통적 마케팅 의미로 사용되고 있다.

---

1) 브랜딩 개념이 미국 방송산업에 처음으로 소개된 것은 1990년대에 들어서이다.

토드리아스는 채널 브랜드란 시청자의 마음속에 그려지는, 편성표에 나타나는 프로그램들의 단순한 총합 이상이라고 정의했다(Todreas, 1999: 174). 이는 시청자에게 독특한 경험을 제공하는, 즉 다른 채널들과는 구별되는 그 무엇인 것이다. 특정 채널은 서로 다른 인구통계학적 집단에게 서로 다른 시간대에 서로 다른 장르의 프로그램들을 제공함으로써 스스로를 차별화한다. 또한 각각은 독특한 워드마크와 심벌 등의 시각적 로고, 사운드 로고, 로고송[=jingle(징글)], 캐치프레이즈 등으로 구성되는 독특한 일련의 개성(personality)을 갖고 있고 이것이 각 채널 브랜드만의 이미지를 갖도록 해준다.

벨라미와 트라우드트는 일반 상품의 브랜드와 구별되는 텔레비전 채널 브랜드만이 지닌 특성을 다음 네 가지로 지적했다(Bellamy and Traudt, 2000: 137).

첫째, 거의 하루 종일 계속되는 방송의 속성상 프로그램에 삽입되는 채널 브랜드의 시각적 로고 등을 통해 지속적인 프로모션이 가능하다는 것이다. 요즘 대부분의 채널에서 정규 프로그램이 방송되는 동안 화면 우측 상단 등에 채널 로고를 계속 표시하는 것이 관행화되어 있다. 이때 다른 제품이나 서비스와 다른 점은 브랜드 프로모션 장소(텔레비전 화면)가 바로 브랜드의 구매나 선택이 발생하는 장소라는 점이다. 이런 이유 때문에 채널 브랜드 관리작업의 상당 부분이 자체 채널을 통한 온에어 마케팅에 의존하고 있지만, 웹 사이트를 통한 마케팅, 신문 등 기타 매체를 통한 광고, 크로스 채널 프로모션, 프로그램 가이드지, 스티커 및 머그잔의 판촉물 등 오프에어 마케팅의 비중도 점차 증대되고 있다.

둘째, 텔레비전 채널 브랜드는 제품 선택(구매) 시 가격이 고려 대상이 아니라는 특성을 지닌다. 물론 앞에 언급한 바와 같이 투자한 시간 개념에서 본다면 가격이 주요 요인일 수 있다. 프리미엄 영화채널인 Catch On, 스파이스TV, Midnight Movie 채널 같은 일부 유료영화채널의 경우 점차 채널별 판매방식인 '알라카르트(A la carte)' 방식으로 전환하고 있고, 채널들이 새로운 수익원을 개발하면서 변화하고는 있으나, 기본적으로 소비자 입장에서 개별 채널의 가격은 다른 일반 소비재 브랜드에 비해 구매 시 고려 대상이 되지 않는다고 할 수 있다.

셋째, 소비자의 브랜드 충성도에 관한 것이다. 브랜딩의 주요 편익 가운데 하나는 브랜드 충성도의 구축이다. 브랜드 충성도는 브랜드에 대한 소비자의 배타적인 선호현상으로 설명할 수 있다(Aaker, 1996). 즉, 브랜드 충성도가 높다는 것은 가격이 얼마이든 그 브랜드가 아니면 구매하지 않는다는 것을 의미한다. 그러나 채널 브랜드의 경우 이런 종류의 충성도는 존재하지 않는다. 즉, 채널 소비자에게는 브랜드 전환이 쉽게 일어난다. 채널 브랜드는 시청자들이 종종 다른 채널을 볼 것(수많은 채널 등장과 내비게이션 장치 개발)이라는 가정하에서 움직인다. 따라서 특정 채널의 시장점유율은 한 브랜드만을 고집하는 소비자의 수로 측정되는 것이 아니라 잠시 머무르면서 여기저기를 둘러보는 시청자의 수와 유형에 의해 좌우된다.

넷째, 텔레비전은 다른 어느 제품이나 서비스보다 순간적이며 무형적이다. 따라서 브랜드 인지도와 이미지는 본질적으로 텔레비전 채널이 창조해서 시청자들에게 판매할 수 있는 모든 것에 해당하기 때문에 브랜딩이 다른 어느 산업에서보다 중요하다고 할 수 있다.

요컨대 지속적인 프로모션이 가능하고, 가격이 고려 대상이 아니며, 일반적 의미의 브랜드 충성도를 기대할 수 없고, 순간적이며 무형적인 서비스라는 특성은 채널 브랜드를 여타의 브랜드와 구별시켜 준다고 할 수 있다.

김영미(2002)는 채널 브랜드를 대(對)시청자 견지에서 이룩하는 채널 이미지이며, 그 채널에 종사하는 모든 구성원들의 시각 언어로서의 커뮤니케이션을 이루고 채널 문화를 만들어가는 것이라고 정의했다. 즉, 채널 안에서 방송의 목적과 이념을 명확하게 공유하는 비주얼 커뮤니케이션이자 채널의 문화라는 것이다.

또한 윤홍근(2005)은 채널 브랜드를 방송사가 다양한 브랜드 프로모션과 커뮤니케이션 수행을 통하여 시청자들에게 다른 채널과 구별되게 이미지를 형성하고 채널의 정체성과 개성을 찾아가는 과정이라고 설명했다.

결국 방송채널 브랜드란 채널의 브랜드전략을 통하여 방송되는 프로그램의 내용들과 그 채널이 갖고 있는 사회적·문화적 역할의 성격과 차별화된 특성의 누적 결과로 시청자들이 갖게 되는 채널에 대한 선택적 감정 또는 감상이라 할 수 있다.

이러한 채널 브랜드전략의 도입은 거시적으로 채널 이미지의 차별화를 이루며 미시적으로 단위 프로그램 제작자들 간의 원활한 커뮤니케이션을 이루는 도구로서 프로그램의 품격 향상에 영향을 미친다. 따라서 채널 브랜드는 시청 형태의 변화에 영향을 미치는 주요 요인이 된다.

다채널시대에 시청자 선택의 폭이 폭발적으로 증가할 경우 브랜드가 강한 방송사만 살아남게 될 확률이 크다. 시청자들이 접근 가능한 모든 채널을 검색한 뒤 소비를 결정하기보다는 신뢰할 수 있는 몇 개의 채널 브랜드에 의존해서 채널을 선택할 것이기 때문이다.

세계적으로 미디어기업의 자본집중화가 진행되고 소수 미디어기업의 시장지배력이 확대되는 미디어시장 환경의 변화에 따라 방송기업의 브랜드 관리의 중요성은 더욱 증대되고 있다. 우리나라도 케이블(1995년)과 위성방송(2002년), DMB(2005년) 등의 본격적인 출발로 다채널시대를 맞아 다수의 채널들이 시장에서 시청자 확보를 위해 치열한 경쟁을 벌여야 할 상황에 놓여 있다.

수백 개를 헤아리는 많은 방송채널들과의 경쟁 안에서 시청자에게 만족도가 높은 채널이라는 이미지를 제고하기 위해서는 철저히 생존을 위한 비즈니스 관점에서 마케팅이 선결된 브랜드 아이덴티티 전략이 진행되어야 한다. 다채널시대에 선호 채널이 되기 위해 구축되어야 하는 채널 브랜드는 시청자에게 각인되는 차별화된 채널의 이미지다.

우선 방송채널은 어떤 시청자에게 어떤 방송사로, 어떤 채널로 인식될 것인가에 대한 개념과 비전을 구체화시키는 채널 브랜드와 채널 아이덴티티를 정한 후, 이를 각 프로그램을 비롯하여 채널 전체에 일관되게 적용·유지시키는 것이 강력한 브랜드 형성의 출발점이라 하겠다. 따라서 강력한 채널 브랜드 구축과 다양한 브랜드 커뮤니케이션 활동은 제한된 시장을 두고 경쟁에 참여하는 모든 방송기업의 중요한 경영분야로 자리 잡기 시작했다.

2. 채널 브랜드의 구성요소

시각적 요소나 다른 감각적 요소를 통하여 아이덴티티를 잘 관리하는 것은 회사나 브랜드의 이미지에 영향을 미친다(Schmitt, 2000: 46). 채널 브랜드는 방송과 채널에 대한 차별화된 아이덴티티를 방송 프로모션(station ID)을 통해 시청자에게 전달하는 채널 커뮤니케이션 활동의 일환으로, 해당 채널에 대해 기억하고 긍정적인 이미지를 떠올릴 수 있도록 채널의 다양한 연상요소에 대한 체계적인 관리를 필요로 한다.

브랜드의 대가인 켈러는 브랜드 아이덴티티를 이루는 구성요소(brand elements)로 브랜드 네임, 로고, 심벌, 캐릭터, 슬로건, 로고송, 패키지 디자인을 예로 들었다(Keller, 1998: 1~10). 이와 관련하여 채널 브랜드의 요소는 방송의 특성상 커뮤니케이션의 구성요소와 다소 다르지만 아이덴티티의 구성요소와는 크게 다르지 않다. 브랜드 아이덴티티의 구성요소 중에서 제품을 포장하기 위해 필요한 패키지 디자인의 역할을 하는 요소가 '네트워크 디자인(network design)'이라고 할 수 있다. 기업에서 생산하는 제품의 질이 무엇보다 중요하듯 방송에 담기는 방송의 콘텐츠가 가장 중요한 브랜드 요소로 작용한다. 따라서 방송채널의 특정한 속성이나 개성이 채널 브랜드 이미지를 확립하는 데에 무엇보다 중요한 요소가 된다.

이와 같이 시청자에게 효과적으로 채널 브랜드를 알리기 위해 방송사들은 시청자의 기억에 남는 단서를 만들고자 노력한다. 채널 브랜드 개성을 구성하고 있는 외적 요소로는 브랜드 네임, 로고와 심벌, 캐릭터, 슬로건, 컬러, 로고송, 스팟(spot: 1분 내외의 짧은 영상물)과 스테이션 ID(Station ID: 방송국명 고지)[2]를 포함한 프로모션, 추가되는 브랜드 구성요소 등으로 세분할 수

<그림 6-2> 채널 브랜드의 구성요소

있다(<그림 6-2> 참조). 채널 브랜드는 방송사가 목표 시청자의 마음속에 심어주고 싶은 바람직한 연상들을 구축하기 위해서 브랜드 네임, 심벌, 슬로건, 스테이션 ID, 이벤트, PR 등과 같은 모든 수단을 통합적으로 관리하는 과정을 의미한다.

채널 브랜드 개성을 형성하는 데 간접적인 영향을 주는 외부적인 구성요소들은 다음과 같이 살펴볼 수 있다(윤홍근, 2005: 7~11).

1) 브랜드 네임

방송사에서 브랜드 네임은 '방송사가 보유하고 있는 채널 명'을 의미한다. BBC와 CNN처럼 세계적인 방송사들은 대부분 방송사의 풀네임(full name) 중 이니셜(initial) 문자만을 따서 심플하면서 강력한 상징이 될 수 있는 브랜드 네임을 사용하는 추세이다.

---

2) 스테이션 ID는 TV방송에서 자사의 채널을 알리기 위한 영상으로 로고, 심벌, 캐릭터, 컬러 등에 채널 아이덴티티를 창조적으로 담아 영상화한 것이다.

우리나라의 경우 KBS는 'Korean Broadcasting System'의 약칭으로 한국을 대표하는 공영방송을 의미한다. MBC는 'Munhwa Broadcasting Corpora-tion'이라는 영문 이니셜의 첫 글자를 따서 브랜드 네임을 만들었으며, SBS는 'Seoul Broadcasting System'의 약칭으로 서울방송을 의미한다. 해외나 국내에서 채널 브랜드 네임은 채널 특성을 담은 일반명사를 앞세운 영문 약자로 채널 명을 표기하는 것이 일반적이다.

2) 로고와 심벌

로고와 심벌은 브랜드 요소 중 시각적인 요소로서, 방송사를 알리는 차별화된 표식이다. 이것들은 브랜드 네임을 뒷받침해주는 데 중요한 역할을 하며, 브랜드 네임과 동일하게 소비자에게 브랜드에 대한 회상을 불러일으킴으로써 기억하기 쉽도록 도와준다.

우리나라 방송사의 채널 로고는 대부분 영문자를 사용하는 '문자형' 형태를 띤다.3) 배상원(2004)이 지상파와 케이블 MPP채널 로고의 구성특징을 분석한 결과, 36개의 채널 로고 가운데 영문자로 구성된 로고가 29개(80%)이며 심벌과 영문자만 사용하는 로고 4개(11%)를 합하면 33개(91%)를 차지해 영문이거나 영문을 가공하여 디자인한 로고가 대부분이었다.

KBS의 로고는 1986년 '디자인 포커스'가 제작한 것으로 모양이 둥근 지구 형태는 급속히 발전하는 세계 속의 KBS를 의미하고 있다. 지구 안에 좌우로 흐르는 선은 KBS가 수집, 전달하는 국내외 각종 정보의 흐름을 표시한다.

MBC는 2005년 1월 빨간색 네모를 모티브로 한 간결한 검은색 워드마크 형태의 새로운 로고를 선보였다. MBC는 영문자 'MBC'를 시각화한 워드마

---

3) 채널 로고의 형태별 구분은 문자형, 심벌형, 문자·심벌 혼합형 등 세 가지로 구분할 수 있으며, 문자형은 한글문자형과 영어문자형으로 나누어 구분할 수 있다.

크로 채택했으며 세계적인 방송사로 도약하기 위해 글로벌 커뮤니케이션 비전을 담은 유연하고 친근한 채널 브랜드전략의 일환이라고 밝히고 있다.

SBS의 로고는 2000년 12월 9일 창사 10주년을 기념하여 디자인 회사 '인피니트(INFINITE)'가 제작한 것이다. '배아' 모형의 로고는 세 개의 원을 인간중심, 문화창조, 미래지향이라는 경영철학을 각각 상징하는 색상으로 나타냈으며 '생명'과 '문명의 씨앗'을 중심 주제로 하고 있다.

3) 캐릭터

캐릭터는 브랜드가 가지고 있는 개성을 가상의 살아 움직이는 존재를 통해 표현하는 것을 말한다. 캐릭터는 브랜드를 의인화하여 표현하기 때문에 브랜드를 더욱 친숙하고 편안하게 느끼게 한다.

KBS 2TV는 '젊은 채널'이라는 이미지를 심기 위해서 캐릭터 볼인 '귤빛 공'을 하루 평균 30회 정도 노출시키는데, '귤빛 공'은 2003년 12월 겨울부터 스케이트를 탄 귤빛 공으로 재미있게 표현하면서 캐릭터화되었다. MBC는 2005년 CI의 전면개정 직후 빛의 요정 콘셉트인 '로미(ROMY)', '가비(GARBY)', '버티(BUTTY)' 등 세 가지 캐릭터를 선보였다. 그 후 2년 정도 지나 다시 '엠빅(Mbic: MBC beyond imagination contents)'으로 변경되어 현재까지 사용하고 있다. 엠빅은 2008년 베이징 올림픽 방송의 종목 소개화면에 이어 MBC의 각종 스테이션 ID에서 애니메이션 형태로 자주 소개되며 시청자에게 친밀감과 재미를 느끼게 해주고 있다(<그림 6-3> 참조).

SBS는 대표하는 캐릭터로 '고미'라는 반달곰을 들고 나왔다. SBS가 2001년 멸종위기의 반달가슴곰을 되살리기 위한 프로젝트로 제작한 다큐멘터리 <자연으로 돌아간 반달곰>[4]이라는 프로그램에서 반달곰의 전통적인 이미

---

4) 이 프로그램은 2001년 2월 11일 1회 '아기곰 네 마리의 도전'을 시작으로 2004년 9월 18일 5회 '장군이의 귀환'까지 5회에 걸쳐서 시리즈로 방송되었다.

<그림 6-3> MBC 로고와 그 의미

지를 방송사와 연관하여 개발한 캐릭터가 바로 '고미'이다. SBS는 2004년 아테네 올림픽과 2008년 베이징 올림픽에서 고미 캐릭터를 각 경기 소개 때마다 선보였으며, 2005년부터는 스크롤이나 일부 프로그램(날씨와 생활건강, 고미의 만화 호기심 천국) 내에서 노출시키고 있다. 캐릭터 고미는 프로그램의 끝부분이나 흐름 자막에 노출됨으로써 시청자들이 현재 시청하는 방송이 SBS라는 것을 각인시켜준다.

4) 슬로건

슬로건은 방송이 지향하는 목표를 간결한 문구로 나타내는 것으로, 시청자들의 채널에 대한 이미지를 더욱 강하게 하여 시청률을 높이기 위한 수단으로 활용된다. 슬로건은 간단하고 친근감이 있어야 하며, 채널의 특성을 살리되 과장되지 않아야 한다. 슬로건은 단순한 바람의 나열의 아니며, 해당 채널이 나아갈 방향을 인식하여 그것을 시각적으로 또는 핵심 단어로 표현한 것이다. 따라서 슬로건은 의사전달 시 차별화 수단으로 브랜드 포지셔닝을 강화

256 미디어 마케팅

하는 데 큰 도움이 된다.

KBS는 2004년부터 공영방송의 이미지 강화를 위해서 '국민의 방송'과 '한국인의 중심 채널'이라는 슬로건을 스테이션 ID를 통해서 고지하고 있다. MBC는 2005년을 디지털 원년으로 삼고 새로운 슬로건으로 '좋은 친구 MBC'를 선보이며 시청자를 생각하고 시청자의 삶 속에 파고드는 방송철학을 전파하겠다고 밝혔다. SBS의 슬로건은 2000년 창사 10주년 행사 때 CI를 제정하면서 'Humanism thru Digital'이라는 테마를 만들었다. 이 슬로건은 21세기 디지털시대의 첨단기술력을 바탕으로 고품질, 고품격의 방송을 만들겠다는 SBS의 의지를 표현한 것이다. 이 밖에 24시간 케이블 뉴스채널인 YTN도 '살아 있는 뉴스, 깨어 있는 방송'이란 슬로건으로 시청자들에게 신뢰감을 심어주고 있다.

5) 로고송

로고송은 브랜드 요소 중 청각적인 요소로서, 브랜드 네임이나 음악적인 메시지로 표현된다. 우리나라에서는 라디오나 TV 광고에서 쓰이는 CM송을 로고송의 개념으로 보고 있는데, 이 로고송은 음악적인 부분에 기초하여 브랜드의 속성을 나타내주며 시청자의 기억 단서로서 훌륭한 역할을 담당하고 있다. 지상파 방송3사들도 시청자들이 반복해서 듣게 되고 쉽게 따라 부를 수 있는 로고송을 선보이며 브랜드에 대한 잠재적인 연상작용을 불러일으키고 있다. MBC의 '만나면 좋은 친구~ MBC 문화방송'이라는 짧은 음률은 친구처럼 친근하다는 문화방송의 메시지를 효과적으로 전달한 사례이다. KBS 1TV는 '정성을 다하는 국민의 방송 KBS 한국방송'이라는 로고송으로 공영방송이라는 이미지를 표현하고 있다. KBS 2TV도 가수 비가 부른 'KBS~ KBS~ KBS 한국방송' 로고송을 고지하며 '젊은 채널'이라는 인식을 시청자에게 심어주고 있다. SBS도 지난 2004년 3월 1일부터 가수 보아가 부른 '기쁨주고 사랑받는 SBS'를 '기쁨주고 행복을 드려요 사랑받는 SBS'로

<표 6-1> 지상파 방송3사 로고송

방송사	로고송	작곡자 및 가수
KBS1	정성을 다하는 국민의 방송 KBS 한국방송	작곡: 김수철
KBS2	KBS~ KBS~ KBS 한국방송 사랑해~	작곡: 박진영 가수: 비, 정채은, 장나라, 옥주현
MBC	늘 곁에 있는 언제나 좋은 친구 MBC	
SBS	기쁨주고 행복을 드려요 사랑받는 SBS	작곡: 정기송 가수: 보아

로고송을 수정해 TV와 라디오를 통해 선보였다.

케이블 영화채널인 OCN은 2003년부터 채널송(channel song)을 선보이면서 채널 브랜드이미지에 본격적인 관심과 노력을 기울이기 시작했다. 온미디어 비주얼아트팀이 제작한 이 채널송은 1분짜리 영상에 'only wanna be with you(오직 당신과 함께 있고 싶어요)'를 삽입한 것으로 다른 채널의 벤치마킹 대상이 되었으며 시청자들에게도 좋은 평가를 받았다. <표 6-1>은 우리나라 지상파 방송3사의 로고송을 비교한 것이다.

6) 프로모션

프로모션은 채널 브랜드 커뮤니케이션을 수행하는 실질적인 활동으로 채널 브랜드 인지 및 개별 프로그램의 일차적 시장진출을 돕는다.[5]

방송기업의 수용자 프로모션(audience promotion)은 매체에 따라 크게 온에어와 오프에어 프로모션으로 구분된다. 자사 방송시간을 이용하여 행해지는 방송사의 온에어 프로모션(on-air promotion)은 방송사의 재량에 의해 이루어질 수 있는 가장 중요한 커뮤니케이션 도구이다. 무엇보다 온에어 프로모션에

---

5) 지상파 방송들은 프로모션이라는 용어를 사용하지만 케이블TV에서는 일반적으로 마케팅이라는 용어를 사용하고 있다.

는 채널의 위치와 이미지를 강조하는 각종 이미지 스팟과 스테이션 ID 등이 주요하게 사용된다. 효과적인 커뮤니케이션을 위한 온에어 프로모션에서는 기본적으로 채널 브랜드 아이덴티티를 구성하는 브랜드 요소인 로고와 심벌, 슬로건 등을 시각적으로 표현해주어야 한다.

오프에어 프로모션(off-air promotion)은 자사 방송시간 이외에 다른 매체를 통해 수행하는 프로모션 활동으로 타 매체(신문, 잡지, 인터넷, 옥외매체)를 통한 매체광고가 주를 이룬다. 이 밖에 같은 미디어기업 내 다른 매체를 이용하는 크로스 프로모션(cross promotion), 머천다이징 상품, 온라인을 통한 프로모션 등이 있다(박주연, 2005: 171). 특히 크로스 프로모션은 채널을 여러 개 소유한 방송사들이 교차적으로 행하는 프로모션 전략으로서 KBS2에서 방송예정인 드라마를 KBS1에서 대신 홍보해주는 방식을 말하며, 여러 개의 채널을 소유한 케이블 MPP의 경우 같은 계열의 프로그램을 프로모션을 해주는 크로스 프로모션이 일반화되어 있다.

7) 기타 요소

방송사들은 브랜드 네임이나 캐릭터, 로고송, 캠페인, 프로모션 등을 통해 자사의 이념, 목표, 정체성을 알리고 홍보한다. 또한 자체 로고를 드러내는 많은 요소, 즉 명함이나 봉투, 사기(社旗) 등의 서식류, 기념품과 포장지, 카탈로그, 각종 포스트, 옥외광고 등은 오감을 자극하여 특정 방송사를 연상시키는 채널 브랜드 구축에 직·간접적으로 영향을 끼친다.

명함을 포함과 각종 서식과 업무용, 중계용 차량에 사용한 로고나 심벌, 캐릭터 등은 구성원의 자존심을 살려주는 데 기여하고, 차량랩핑광고는 프로그램 홍보나 캠페인 수행 때마다 CI의 그래픽 이미지를 활용하여 주목도를 높이고 있다.

반면, 각 방송사의 기념품 매장은 시청자들의 견학이나 탐방코스로 선물이나 기념품을 마련하고 있지만, 로고를 사용한 열쇠고리와 수첩, 시계 등 조악한 상품을 내놓아 방송사의 이미지를 떨어뜨리고 있다. 미국이나 일본의 기념품 매장과 비교해볼 때 아이템 선정이나 품질관리가 우선되어야 하고, 매장 인테리어까지 신경을 써야 할 것으로 보인다(≪MBC 미술인협회보≫, 2008년 10월 15일자).

3. 미디어기업의 채널 브랜드 관리

1) 세계적인 방송사의 브랜드 관리

미디어기술의 발전과 다채널·다매체의 급변하는 방송환경 속에서 세계적인 미디어기업은 자신의 제품이나 서비스를 시청자(수용자)에게 효과적으로 광고 하고 판매하는 데 치중하면서 미디어 브랜드에 관심을 기울이기 시작했다.

이 책에서는 CNN과 같은 글로벌 브랜드와 MTV, BBC 등 브랜드 전문조 사기관 '인터브랜드 컨설팅'이 조사한 세계에서 가장 영향력 있는 미디어들 의 채널 브랜드 성공사례를 중심으로 살펴보고자 한다.

(1) CNN

CNN은 걸프전 실황을 생중계하면서 모든 방송사에 CNN이 만든 영상을 송출하여 전 세계를 대상으로 하는 24시간 뉴스채널이라는 사실을 확실히 인지시켰다. 내셔널 지오그래픽(National Geographic)은 동·식물, 자연환경 등 과 관련된 독보적인 케이블 채널로 자리 잡았고, 블룸버그는 가장 빠르게 경제뉴스를 송출하는 방송으로 알려져 있다. 이렇게 글로벌 미디어사들은 자신만의 독자적인 브랜드전략을 가지고 독자적인 영역을 구축하여 다른 미디어사들이 따라잡을 수 없는 독특한 장점을 브랜드전략을 통해서 강화하 고 있다. 특히, 미국 텔레비전 산업은 1980년대 중반까지 NBC, CBS, ABC라 는 거대한 3대 네트워크가 수십 년 동안 과점체제를 형성하다가 1985년

폭스가 4번째 네트워크로 개국하고 이어 1995년 UPN과 WB가 지상파 방송을 실시함에 따라 새로운 경쟁체제가 이루어졌다. 기존 3대 네트워크는 브랜드 네임과 브랜드 충성도에서 인지도가 높은 상태에서 현실체제에 안주하다 후발 네트워크의 추격으로 비로소 채널 브랜드에 대해 인식하는 계기가 되었다.

오랜 기간 지상파TV에 편승하여 거저먹기 식으로 운영해왔던 케이블TV 업계도 결국 새로운 채널 브랜드를 도입하고 그 인지도를 높여 폭발적으로 난립해 있는 100개 이상의 케이블 채널 중 자사를 부각시키기 위한 효과적인 마케팅 도입이 필수 불가결하다고 판단했다. 특히, 1980년 개국한 CNN은 뉴스도 하나의 상품이기 때문에 브랜드 마케팅이 중요하다는 사실을 깨닫고 전 세계를 대상으로 글로벌 뉴스시장을 개척했다.

하지만 미디어기업들은 CNN(계열 브랜드)이 지주 브랜드인 타임워너와의 집중된 소유관계를 숨기는 전술이 추가적인 편리한 장점을 가지고 있다 (Aaker and Joachimsthaler, 2000)고 말한다. 디즈니는 스포츠채널인 ESPN이나 예술영화 스튜디오인 미라맥스에 프로모션을 할 때 가족친화적인 주요 브랜드를 함축하는 내용을 회피하여 대중의 마음에 ESPN과 미라맥스를 독립기업으로서 성공적으로 포지셔닝할 수 있었다. 결국, 개별 소유 브랜드(워너 브러더스, HBO, DC Comics)는 자회사 기업에 초점을 맞추기 위하여 지배 브랜드(타임워너)가 글로벌 미디어기업을 강조하는 것은 크게 벗어나려고 한다. 글로벌 미디어기업들은 지배 브랜드(타임워너)를 강조하기보다는 자신의 소유 브랜드로서 자회사 기업(워너 브러더스, HBO, DC Comics)에 초점을 맞추거나 브랜드 핵심(섹스 앤 시티, 해리포터)으로서 특별한 미디어 자산이나 특성들을 강조하려고 한다(Murray, 2005: 422~423).

1980년 6월 1일 미국 내 시청자들을 대상으로 출발한 CNN은 24시간 뉴스 전문채널이다. 개국 당시 170만 가구를 대상으로 사업을 시작하여 현재는 뉴스 하면 CNN을 떠올릴 만큼 강력한 브랜드를 지닌 거대 국제 뉴스채널로 성장했다. 애틀랜타 CNN본부에는 50여 개국에서 파견된 기자

<그림 6-4> 세계적 미디어기업들의 로고

들이 근무하며, 전 세계적으로 4,000여 명의 직원과 39개의 지국을 두고 있다. TV 채널과 웹, 라디오, 모바일 뉴스 서비스까지 포함하면 CNN은 현재 전 세계 10억 명의 인구와 연결될 수 있는 능력을 지닌 브랜드라 할 수 있다. 세계 2억 5,000만 가구를 대상으로 뉴스를 제공하는 CNN은 16개의 네트워크 체계를 갖춘 거대기업으로 성장했다.

1991년 걸프전의 발발은 CNN을 전 세계로 알릴 수 있는 계기가 되었다. 걸프전 보도는 소위 'CNN 효과'라는 현상을 만들어냈으며, 대형사건이 터질 때마다 사람들이 가장 빠르고 생생한 뉴스를 보리라는 기대감을 갖게 되었다. CNN의 대변신은 1989년부터 1991년 사이에 이슈가 되는 큰 사건들이 터지면서 시작되었다. 1989년 6월에 중국에서 천안문 사건이 일어났고, 가을에는 동서 베를린을 갈라놓았던 장벽이 무너졌다. 폴란드, 체코슬로바키아, 헝가리, 루마니아 등 동유럽 각국에서 혁명이 일어났으며, 그해 12월에 루마니아의 차우세스쿠 대통령이 총살되었다. 또 1990년이 되자 구소련 연방이 붕괴되기 시작했으며 고르바초프 서기장이 잠깐 감금되었다가 풀려나기도 했다. 마침내 선거를 통해 옐친이 대통령으로 당선되었다. 그러나 루츠코이 부통령이 반기를 들어 화이트 하우스라고 부르던 의사당을 둘러싸고 모스크바에서 총격전이 거듭되었다. 게다가 1990년부터 1991년에 걸쳐서는 걸프전쟁이 일어나 영화를 방불케 하는 첨단기술을 이용한 전쟁으로 'TV War'라고 부를 만큼 전 세계의 이목이 집중되었다. 이같이 전 세계에서 끊임없이 발생되는 사건들을 뉴스화하면서 전 세계 사람들이 CNN에 열중하기 시작했던 것이다. 결국 CNN의 가장 강력한 강점은 '가장 빠르고 생생한 브레이킹 뉴스(breaking News)'라고 말할 수 있다.

이러한 일련의 과정을 바탕으로 CNN은 유럽을 중심으로 해외시장 개척에 적극적으로 나섰으며, 1997년부터는 남미시장을 공략하기 위해 스페인어 채널인 'CNN 에스파뇰(Español)'을 출범시켰다. CNN 인터내셔널(CNN International)은 유럽, 아시아·태평양, 남아시아, 남미, 북미 등 다섯 개 권역별로 나눠 지역에 맞는 서비스를 편성하기 시작했다.[6]

CNN은 자신의 브랜드를 확장하면서 브랜드 파워를 키워나가는 데에도 성공했다. 미국 케이블TV의 경우 2005년 기준으로 312개의 채널 중 37%인 115개 채널이 브랜드 확장채널인 것으로 밝혀져 브랜드 확장전략이 광범위하게 사용되고 있는 것으로 나타났다. 24시간 방송사인 CNN이 CNN 헤드라인 뉴스를 도입했을 때 'CNN 헤드라인 뉴스'는 하위 브랜드가 되며 CNN은 모 브랜드(parent brand)라고 할 수 있다. CNN이 미국 내 히스패닉을 공략하는 CNN 에스파뇰에 진출했다면 CNN은 가족 브랜드(family brand)가 되는 것이다. 결국 CNN은 CNN U.S., CNN 헤드라인 뉴스, CNN 인터내셔널, CNNfn, CNN/스포츠(Sports Illustrated), CNN 에스파뇰 등 6개 케이블 네트워크로 브랜드를 확장한 것이다. 가족 브랜드인 CNN 인터내셔널과 CNN U.S.[7] 등 CNN채널들은 모두 방송 자체에 의한 브랜드 홍보를 매우

---

6) CNN U.S.는 '폭스뉴스'와 경쟁하기 위해 보다 매끄러운 진행과 긴급한 편집, 풍부한 화면 등으로 미국 내 시청자들에게 접근한 반면, CNN 인터내셔널은 침착하고 차분한 분위기로 전 세계인을 대상으로 방송을 하고 있다.

7) CNN 인터내셔널과 CNN U.S.는 그들만의 독특한 정체성을 지니고 있다. CNN U.S.의 슬로건은 '가장 믿을 만한 뉴스'이고, CNN 인터내셔널의 슬로건은 '가장

중요시하며, 시청자들에게 어떤 프로그램이 방송되는지를 알려주는 '프로그램 안내'와 시청자들의 마음속에 CNN의 이미지를 심어주는 '브랜드 홍보'에 주력하고 있다. CNN 브랜드 홍보의 중요한 포인트는 정확성, 신뢰성, 경험 등이며, 특히 경험을 강조할 때 기자들의 경험을 활용하는데 이는 브랜드에 인간적인 요소를 가미하고 있다(턴게이트, 2007: 41).

CNN 뉴스그룹의 이사장이자 사장이었던 톰 존슨은 "CNN은 세계 최고의 뉴스 브랜드다. 우리는 이 브랜드를 세계 정상에 올리려고 한다"고 말한 바 있다(큉 샌클만, 2001: 220). 브랜드 확장을 통한 융합이 가져오는 결과 중 하나는 브랜드의 전략적 중요성이 증가한다는 것이다. 브랜드가 더 중요해지는 이유는 채널이 분화되고 경쟁이 심화됨에 따라 브랜드가 고객의 충성도를 유지하는 데 매우 중요하기 때문이다. 이러한 점에서 CNN은 세계에 가장 잘 알려진 브랜드를 가지고 있어 전략적으로 매우 유리하다(큉 샌클만, 2001).

미국 브랜드의 대가인 제니퍼 아커도 CNN의 브랜드 개성을 '성공적이고 지적이며 신뢰할 수 있는' 채널로 정의하며, '능력'이라는 채널 개성을 가지고 있다고 설명했다. 이러한 핵심 아이덴티티를 명확히 해주는 확장 아이덴티티는 CNN 뉴스가 세계적인 즉시성 및 극적 효과와 함께 '글로벌 정보회사'로 강력한 브랜드를 형성하는 데 도움이 되었다. 즉, CNN의 채널 아이덴티티는 한마디로 '세계 최초의 24시간 뉴스채널' 또는 '글로벌 정보회사'로 정의할 수 있다(윤홍근, 2005: 25).

미국의 한 연구는 CNN이 텔레비전 네트워크들 가운데 '가장 믿을 만하고' 전체적으로는 월스트리트 저널에 다음 가는 신뢰도를 가진다고 발표했다(큉 샌클만, 2001). CNN은 지난 2000년 영국의 맥밀란 비즈니스(MACMILLAN Business)가 세계 유명 브랜드를 선정하여 출판한 『세계 최고의 브랜드(The World's Greatest Brand)』에서 33위를 차지해 세계 100대 브랜드 안에 포함되고 있다. 또한 미국 내 모든 매체를 통틀어서 CNN은 가장 믿을 만한 뉴스 매체로

빠른 뉴스'로 서로 다른 접근방식을 취하고 있는 것이다.

각인되어 있는 것으로 나타났다. 퓨(PEW) 연구소가 2004년 발표한 조사에 따르면, 미국인들의 29%가 CNN에 최고 점수를 주었다(≪미디어 월드와이드≫, 2005년 6월호: 84).

(2) BBC

세계에서 가장 영향력 있는 방송사인 영국의 BBC방송은 1922년 초대 국장이었던 존 리스(John C. W. Reith)와 마르코니(G. Marconi)를 비롯한 당시 몇몇 주도적인 무선통신업자들에 의해 창설되었다. 이후 1927년 BBC는 정부의 규제를 받는 공사(Corporation)로 바뀌어 지금까지 이 지위를 계속 유지하고 있다.

라디오방송에서 출발한 BBC는 1930년 지방방송, 1932년에 이른바 '제국 서비스(the Empire Service)'군 방송 등을 주도하면서 조직을 확대시켰다. 1936년에는 TV방송을 개시한 이후 BBC1과 BBC2를 보유하면서 BBC3, BBC4까지 채널을 확장했다. 세계 최초의 공영방송인 BBC는 영국을 포함한 전 세계 사람들에게 고급 방송서비스를 전달하는 것을 목표로 삼고 있다. 전통적으로 BBC는 뉴스와 다큐멘터리 프로그램에서 양적·질적으로 그 수준을 인정받아왔다. 또한 각종 수상 경력에서도 알 수 있듯이 다큐멘터리와 시사 부분에 강한 프로그램 제작능력도 BBC만의 강점이다.

BBC의 경우 자사의 주력 품목이자 국제적인 경쟁력이 있는 상품이 뉴스이고, 직접적인 결과물이 'BBC 월드'나 'BBC News24'였다고 할 수 있다. BBC 월드는 1994년부터 위성을 통해 전 세계 144개국에 송출되는 국제적 채널인 반면, BBC News24는 영국 자국민을 대상으로 하는 24시간 뉴스채널로 1997년에 방송을 시작했다. 또한 2002년 6월에는 BBC와 'BSkyB', '크라운 캐슬' 3자가 컨소시엄을 구성해 방송 송출회사를 만들었고, '프리뷰(Freeview)'라는 디지털방송을 2002년부터 무료로 송출하기 시작했으며, 8개 이상의 BBC TV채널과 쌍방향 라디오 서비스를 제공하고 있다.

이처럼 질 높은 방송을 유지해온 BBC는 공정성과 전문성, 품질의 완성도

면에서 최고의 브랜드로 평가를 받아왔다. 즉, BBC 브랜드는 '독립성과 성실함, 우수한 품질'을 갖춘 독특한 채널 개성을 구축한 것이다. BBC 브랜드의 장점에 대해 마케팅 책임자 제인 고라드는 이렇게 말했다(턴게이트, 2007, 64).

> 우리는 외부의 어떤 영향력이나 세력과 결탁하지 않는다는 이미지를 갖고 있어요. 우리는 다른 어떤 언론사보다도 뉴스에 더 많은 투자를 하고 어떤 사건이 벌어져도 항상 현장에 기자들이 가 있으며 다른 어떤 경쟁사들보다도 그 사건의 내막에 더 가까이 접근해서 잘 알고 있는 경우가 많죠. BBC 브랜드 전체가 오랜 세월 그런 이미지를 유지해왔어요.

이와 같이 국제적인 미디어 브랜드로서 BBC는 '빕(BEEB)'이란 애칭으로 영국민의 사랑을 받고 있으며, 정확하고 믿을 수 있고 수준 높은 방송사로 자리를 잡았다. 그리하여 다채널 경쟁체제에서도 BBC는 최고 품질의 프로그램을 제작하면서 브랜드 충성도를 유지해왔다. BBC 역시 『세계 최고의 브랜드』에서 세계 톱 100대 브랜드 안에 포함되어 있다. 2000년도 영국의 맥밀란 비즈니스가 조사한 자료에 따르면 BBC는 50위(667점)를 기록하여 미국의 CNN(33위, 689점)보다 순위나 점수 면에서 약간 뒤졌다.

BBC는 국제적인 미디어 브랜드로서 CNN 등과 여러 시장에서 시청자를 놓고 경쟁을 벌이고 있다. 이런 변화된 환경에서 영국 방송통신규제기구인 오프콤(Ofcom)은 BBC를 방송사로 규정하는 데에 한계가 왔다며 보다 넓고 유연한 의미의 '발행자(public service publisher)'라는 개념으로 재정립하는 작업을 진행하고 있다. 이는 BBC를 인터넷을 포함한 모든 분야에서 세계 최고의 글로벌 브랜드 미디어그룹으로 키우기 위한 영국의 의지를 반영한 것으로 풀이되고 있다(SBS 서울디지털포럼 사무국 IT기자클럽, 2006: 268).

(3) MTV

MTV는 전 세계 3억 8,500만 가구가 시청하는 진정한 의미의 10대와

20대를 위한 세대별 브랜드로 자리 잡고 있다. 2007년 현재 MTV는 전세계에 퍼져 있는 166개의 국가와 지역에 방송을 하고 있는데, 이는 212개국에 방송되는 CNN보다는 적지만 상당한 숫자이다.

MTV는 음악계의 혁명으로까지 비유되면서 '듣는 음악'이 아니라 '보는 음악'으로의 전환을 의미하는 미국의 케이블TV 음악채널이다. 지난 20년간 범세계적인 뮤직비디오의 중심지였던 MTV는 전 세계 음악팬들의 입맛을 장악했을 뿐 아니라 감각적 색채와 다채로운 화면을 무기로 젊은이들의 정신문화까지 좌우하게 되었다. 기본적으로 '아이디어 사업'으로 출발한 MTV의 연간 이익과 성장은 실로 대단한 것이었다.

이런 기업가치에 힘입어 MTV는 2008년에 인터브랜드가 매년 발표하는 '세계에서 가장 영향력 있는 100대 브랜드' 중에서 47위를 차지했다. 미디어 브랜드 중 가장 앞선 순위이고 자산가치도 71.9억 달러로 전년보다 5% 증가했다.[8] 이처럼 MTV가 높은 브랜드 인지도를 갖고 있는 것은 'TV와 음악의 결합'을 시도했기 때문이다. 그 시점이 비디오 시대의 도래와 맞물리게 됐던 만큼 MTV를 빼놓고는 팝음악이 패권을 장악했던 1980년대를 설명할 수 없을 것이다. 시청자들이 MTV를 봤을 때 음악인지 비디오인지 아니면 영화의 일부분을 보는 것인지 구분하기 힘들 정도로 MTV 자체가 브랜드화된 텔레비전이며 동시에 자본주의 속성을 반영한 '마케팅 텔레비전(marketing television)'이다(김영찬, 2002: 172).

MTV는 단순히 록음악을 영상화한 뮤직 텔레비전이 아니라 마케팅활동이 끊임없이 이뤄지는 케이블 채널이다. 이에 따라 MTV는 MTV 무비 어워즈를 비롯해 MTV 아시아 어워즈, MTV 유럽 어워즈 등 이벤트를 통해서 다양한 마케팅과 판촉활동이 생성되는 공간이 되고 있다. 이런 '뮤직대상 페스티벌'

---

8) 비즈니스 위크와 브랜드가치평가 전문회사인 인터브랜드그룹이 공동으로 발표한 「2008 세계 글로벌 브랜드 순위(2008 The Global brand Scoreboard)」 참조(MTV는 2003년도 46위, 2004년 47위, 2005년 48위, 2006년 50위, 2007년 53위를 기록했다).

<표 6-2> BBC와 CNN, MTV의 채널 브랜드전략 비교

브랜드 명	BBC	CNN	MTV
창립연도	1922년	1980년	1981년
채널 성격	세계 최초의 공영방송	세계 최초의 케이블 뉴스채널	세계 최대, 최고의 글로벌 음악채널 브랜드
채널 아이덴티티	영국민의 대표채널	글로벌 정보회사	브랜드화된 음악채널
채널 개성	독립성, 성실함, 창의성	신뢰성, 능력	젊음, 에너지, 열정
채널 브랜드 포지셔닝	공영방송의 대표주자	24시간 뉴스채널	마케팅 텔레비전
시청자 수	전 세계 2억 8,000만 가구	전 세계 2억 5,000만 가구	166개국 4억 가구

같은 통합적인 프로그램은 각국에서 공유되면서 전체적으로 MTV 브랜드를 유지해나가고 있다.

MTV의 브랜드는 젊음과 에너지 그리고 흥미를 바탕으로 자신의 수용자인 청소년과 특정한 방식의 관계를 구축함으로써 청소년 하위문화를 규정하고 있다. 켈러(Keller, 1998)는 MTV가 '흥미'라는 요인의 채널 개성을 가지고 있다고 설명하고, 대담하고 생기 있고 상상적이며 현대적인 이미지를 공유하고 있다고 보았다.

결국 MTV는 미국문화를 수출하는 사업이 아니라, 젊음과 에너지, 열정, 그리고 약간의 불손함을 상품으로 모든 채널을 지역별로 운영하면서 자유롭게 그 지역에 맞게 브랜드를 변형하면서 브랜드 확장전략을 실행하고 있다(틴게이트, 2007: 93).

2) 세계적인 잡지의 브랜드 관리

앞에서 설명한 유명 방송사뿐 아니라 세계적으로 유명한 잡지들도 사람처럼 개성을 갖고 있고 브랜드 개성을 살려서 독자들을 적극적으로 유인하고 있다. '브랜드 개성(brand personality)'이란 브랜드에 대해 소비자가 느끼는 인간적 이미지이다. 독자들도 잡지에 대해 마치 살아 있는 대상인 것처럼 인간적 특성, 개성을 부여한다는 것이다.

(1) ≪타임≫

세계 최초의 국제적인 시사주간지인 ≪타임(Time)≫은 '정확성'과 '권위', '균형 잡힌 저널리즘'이라는 브랜드 특성을 갖고 있다. 매년 12월이면 '올해의 인물'을 선정하며, 표지에 빨간 테두리를 하여 금방 눈에 띄는 잡지로서 일관된 브랜드 정체성을 부여하고 있다.

≪타임≫은 CNN과 같은 타임워너 계열사로 타임사가 소유하고 있으며 전 세계를 상대로 하여 550만 부의 발행부수를 자랑한다. 타임워너 계열사에 속해 있어서 잡지에 실린 기사를 보도하기 위해 ≪타임≫지의 기자들이 TV초청 평론가로 출연하여 CNN과 긴밀하게 협력하는 크로스 프로모션 마케팅도 적극 펼치고 있다. 타임사의 에일린 노튼은 ≪타임≫지가 빨간 테두리를 가지고 있어서 모든 호를 한데 묶어줄 뿐 아니라 일관된 브랜드 정체성을 부여해주고 있다면서, ≪타임≫의 빨간 표지는 '정확성'과 '권위'와 '균형잡힌 저널리즘'을 상징한다고 말했다(턴게이트, 2007).

이 잡지는 교육수준이 높고 교양 있고 부유하며 35~45세인 연령대 사람들이 주요 타깃이며, 판매부수의 98%가 정기구독일 만큼 충성도가 높다. ≪타임≫지의 '올해의 인물(Man of the Year)'은 늘 수많은 언론의 조명을 받으며 하나의 명물이 되고 있다. ≪타임≫은 1940년대 히틀러와 스탈린을 올해의 인물로 선정한 바 있고, 1979년에는 이란 혁명의 지도자 호메이니를, 2001년에는 오사마 빈 라덴을 올해의 인물로 선정했다.

(2) ≪이코노미스트≫

영국의 유명한 비즈니스 잡지인 ≪이코노미스트(Economist)≫는 지적인 엄격함과 독립성, 도발성, 국제적 시각의 엘리트주의를 지향하는 브랜드 개성을 갖고 있으며, 빨간 바탕에 하얀 글씨의 로고는 빨간 버스만큼이나 런던의 명물로 자리 잡았다. 1843년 일개 모자 제조업자인 윌슨(J. Wilson)이 정치, 상업, 농업, 자유무역을 내용으로 하는 잡지인 ≪이코노미스트≫를 창간했다. 잡지의 창간 목적에 대해 그는 이 나라에서 권리를 가지고 있는 모든 사람들이 공적인 일에 대해 스스로 탐구하고 배울 수 있도록 하기 위해서라고 밝혔다.

≪이코노미스트≫는 전통을 지닌 유명 브랜드로서 지적인 엄격함, 독립성, 도발성, 국제적 시각과 같은 잡지에서 풍겨나는 모든 특성이 마케팅을 통해 전달되고 있다. ≪이코노미스트≫를 신문으로 칭하기도 하는데, 형식적 면에서 분명 잡지이지만 이 잡지가 뉴스를 다루고 신문처럼 기사 마감제를 채택하기 때문이다. ≪이코노미스트≫의 빨간색 광고 시리즈는 여전히 브랜드 홍보의 가장 강력한 수단이 되고 있다. 시대상을 반영하는 임팩트 강한 광고 문구가 ≪이코노미스트≫의 독자를 끌어들여 정기구독자를 유지하고 발생시키는 데 효과적인 마케팅 방법으로 활용되는 것이다. ≪이코노미스트≫의 이런 개성 있는 광고는 다른 영역으로 브랜드를 확장하는 데에도 도움이 되었다. 런던의 리전트 거리에 있는 '이코노미스트 브랜드 숍'에는 익숙한 로고가 새겨진 여러 종류의 경제서적과 다이어리를 판매하고 있다. 게다가 ≪이코노미스트≫는 이용료와 광고료로 운영되는 성공적인 웹사이트인 'Economist.com'도 가지고 있다. 별도의 사업체인 '이코노미스트 지식사업단'은 지구 곳곳의 경제상황에 대한 자세한 보고와 분석을 통해 비즈니스와 산업계에 정보를 제공한다.

(3) ≪내셔널 지오그래픽≫

노란색 테두리 표지를 특징으로 하는 ≪내셔널 지오그래픽(National Geographic)≫은 주변 세계에 대한 생생하고 공평한 자료를 제공하는 정확성과 순수한 열정이라는 개성을 바탕으로 케이블TV와 다큐멘터리, 영화, 자매지 발간을 통해 브랜드를 확장하고 있다.

≪내셔널 지오그래픽≫은 복고풍 활자체와 자세하고 유익한 글, 탁월한 사진 등이 독자들에게 감미로운 만족감을 준다. 이 잡지는 품위 있는 독특한 잡지로서, 여행에 관한 잡지도, 야생에 관한 잡지도, 그렇다고 고고학적인 잡지도 아니면서 이 세 가지를 모두를 포함하고 있다(턴게이트, 2007). 탐험가들이 설립한 지 118년이 된 이 잡지는 24개 지역판에 발생부수 900만 부를 자랑한다. ≪내셔널 지오그래픽≫의 편집장인 빌 앨런은 ≪내셔널 지오그래픽≫의 대표 이미지에 대해 "우리의 주요 특성은 정확성으로 우리 주변의 세계에 대해 완벽하리만큼 생생하고, 공평하고, 진실한 자료를 제공하는 것을 의미한다"고 말했다(턴게이트, 2007: 273).

≪내셔널 지오그래픽≫은 영화제작팀이 작가와 함께 동행 취재하면서 '내셔널 지오그래픽 텔레비전 앤 필름'의 다큐멘터리로 제작되도록 다매체 브랜드전략을 구사하기도 한다. 또한 케이블TV나 네트워크 등 ≪내셔널 지오그래픽≫이 가진 매체들을 이용하여 잡지를 홍보하거나 새로운 독자를 창출하기 위해 직접 우편을 보내는 등 직접마케팅을 적극 활용하고 있다.

내셔널 지오그래픽 소사이어티의 사명은 브랜드가 추구하는 목표를 분명히 말하고 있다.[9]

100년 이상 연륜을 쌓아왔지만, 지금 내셔널 지오그래픽 소사이어티는 새로운 관심사에 직면해 있다. 오늘날 젊은 세대들의 지리학 지식의 결여가 우려할 만한 수준이라는 점과 지구의 자연자원을 보호해야 할 필요성이 그 어느 때보다 커져 있다는 사실이다.

---

9) www.nationalgeographic.com 참조.

≪내셔널 지오그래픽≫은 자매지로 ≪어드벤처≫와 ≪트레블러≫가 있으며, 케이블TV와 네트워크를 통해서 풀 HD급 다큐멘터리 화면을 내보낸다. 또한 영화와 다큐멘터리 제작, 책·지도·비디오와 DVD 판매, 디지털 사진 자료실 운영, 여행용 가방과 기념품 판매 등으로 브랜드를 확장해나가고 있다.

(4) ≪플레이보이≫

개방적이고 낭만적인 남자들이 찾는 ≪플레이보이(Playboy)≫는 개인의 해방과 자유를 옹호하며 청교도적 억압에 대항하는 저항정신을 갖춘 브랜드 개성으로 전 세계 남성들에게 성적 호기심을 파는 데에 성공을 거두었다. 1953년 창간된 ≪플레이보이≫는 섹스를 상품화하여 성공한 글로벌 브랜드 잡지이다. ≪플레이보이≫지 창시자인 휴 헤프너(Hugh M. Hefner)는 1995년 유명한 토끼머리 로고가 새겨진 커프스 단추를 출시한 이후 DVD, 비디오, 책, 액세서리 등 현재 1,500종의 ≪플레이보이≫ 브랜드를 전 세계에 판매했고, '플레보이 TV'와 '플레이보이 온라인'으로 사업영역을 확장하고 있다.

≪플레이보이≫의 상징인 토끼머리 로고는 잡지의 미술담당인 아서 폴이 디자인한 것으로 오늘날 모조품이 가장 빠르게 확산되어 저작권 침해와 관련하여 각 나라 정부에 적극 소송을 제기하면서 브랜드 가치를 보호하고 있다. ≪플레이보이≫는 1989년 유료 TV서비스와 비디오테이프를 동시에 출시하면서 현재 수익의 대부분을 벌어들이고 있으며, 웹사이트인 'playboy.com'도 빠른 속도로 성장하고 있다. ≪플레이보이≫ 경영진은 홈비디오와 케이블TV 시장에서 나타난 ≪플레이보이≫ 브랜드의 인기도를 보면서 성에 대한 호기심이 새로운 매체를 쫓아간다는 사실을 간파하고 1994년 'playboy.com'을 개설하여 웹상의 전국 잡지로서 영향력을 확장했다. 또 이후 유료 회원제 사이트인 '플레이보이 사이버 클럽'도 개설했다.

후계자인 크리스트 헤프너는 초창기의 ≪플레이보이≫는 도달할 수 없는 환상을 심어주는 '꿈의 나라'였지만 오늘날에는 차라리 가이드북에 가깝다

<표 6-3> 세계적 잡지의 브랜드 특성

잡지명	≪타임≫	≪이코노미스트≫	≪내셔널 지오그래픽≫	≪플레이보이≫
창간 연도	1923년	1843년	1888년	1953년
창간자	헨리 루스, 브리튼 헤이든	제임스 윌슨	가디너 그린 허버 드	휴 헤프너
브랜드 개성	정확성, 권위	지적임, 독립성, 엘리트주의	품위, 정확성, 열정	해방, 자유, 낭만
고객 타깃	35~45세, 부유하고 교양 있 는 사람	경제에 관심 있는 30~55세 CEO	38~50세, 교육수준이 높은 층	18~34세, 개방적인 남성
브랜드 홍보 전략	크로스 프로모션	브랜드 숍, 지식 사업단	다매체 브랜드전략	TV와 온라인 확장

고 말한다(턴게이트, 2007).

오늘날 우리 잡지는 젊은 남자들이 인생에서 최대한 많은 것을 얻을 수 있도록, 또 특별하지만 이룰 수 있는 것을 추구하도록 안내하고 격려한다. 이 잡지는 또 다음 세대의 독자들과 관계를 맺기 위해 진화의 과정도 겪고 있다.

이처럼 세계적인 잡지회사들은 자신의 제품을 최고의 마케팅 도구를 활용하여 품질로 승부를 거는 전략을 선택했으며, 잡지라는 틀에 안주하지 않고 자매지 발간, TV, 인터넷, 모바일 서비스 등 다매체 브랜드화를 꾀하고 있다. 유사한 제품들이 수도 없이 시장에 쏟아지는 상황에서 세계적인 잡지사들은 자신만의 장점인 브랜드 개성을 살려 경쟁제품과 차별화시킴으로써 효율적으로 대응하고 있다.

3) 미디어 브랜드 확장

브랜드 확장은 기업이 기존 브랜드 네임을 사용하여 신제품을 출시하는 것을 말한다. 새로운 브랜드가 기존 브랜드와 결합될 때 브랜드 확장은 하위 브랜드라고도 할 수 있다. 브랜드 확장을 낳는 기존 브랜드는 모 브랜드(parent brand)라고 불리며, 모 브랜드가 확장 브랜드를 통해 다수의 제품과 연관되어 있을 경우 패밀리 브랜드라고 불린다.

최근 미디어기업들도 일련의 개별 브랜드를 지원하기보다는 기업 브랜딩으로 전환하고 있다. 즉, 모 브랜드 아래에 모든 상품과 서비스를 한데 모으고자 하는 시도이다.

실제로 브랜드 확장의 개념을 뉴스 브랜드인 CNN에 적용할 수 있다. 모 브랜드인 CNN이 헤드라인 뉴스를 도입했을 때 'CNN 헤드라인 뉴스'는 하위브랜드가 된다. CNN은 이후 미국 내 히스패닉을 공략하는 CNN 에스파놀에 진출하여 CNN은 가족 브랜드가 되었다. CNN은 CNN/U.S, CNN 헤드라인 뉴스, CNN 인터내셔널, CNNfn, CNN/Sports Illustated, CNN 에스파놀 등 6개 케이블 네크워크로 브랜드를 확장한 것이다.

이와 같은 브랜드 확장은 라인 확장(Line expansion)과 범주 확장(Category expansion)으로 구분할 수 있다(Peter Farquhar, 1989). 우선, 라인 확장은 현재 모 브랜드가 판매하는 제품의 범주 내에 새로운 세분시장을 겨냥하여 신제품을 브랜딩하는 경우를 의미한다. 앞에서 언급한 예처럼 CNN이 6개 채널로 확장한 것이 이런 라인 확장의 사례라고 할 수 있다.

이와 함께 범주 확장이란 현재 모 브랜드가 판매되는 제품 범주와 다른 제품 범주에 진출하기 위해 모 브랜드를 사용하는 경우를 말한다. 대표적인 사례로 스포츠 채널인 ESPN은 브랜드 특유의 이미지나 명성을 활용하여 ESPN 식당 프랜차이즈나 ESPN 매거진 등으로 브랜드를 무한 복제하려는 경향을 보인다.

이러한 브랜드 확장을 효과적으로 계획하고 실행하면 기업들은 많은 이익을 얻을 수 있다. 즉, 신제품 수용을 촉진할 수 있고, 모 브랜드 또는 기업 전체에 피드백 편익을 제공할 수 있다는 두 가지 측면의 이익이 있다. 먼저 신제품 수용촉진 측면에서 브랜드 확장은 고객이 인지하는 리스크 감소와 프로모션 지출 효율 증대, 새로운 브랜드 개발비용 절감효과 증대, 소비자의 다양성 추구보장 등의 효과를 거둘 수 있다. 모 브랜드에 피드백 편익을 제공한다는 차원을 보면, 브랜드 확장은 브랜드 의미를 명확하게 전달하고 해당 브랜드가 경쟁시장을 정의하는 데 도움을 주며 모 브랜드의 이미지 확충과 브랜드 재활성화의 수단이나 후속 확장 브랜드의 근거를 제공하는 데 유리하다(임채숙·임양택, 2007: 329~333).

공동 브랜딩(co-branding)은 브랜드 확장의 특별한 사례로 이는 두 개의 확고한 브랜드가 새로운 상품으로 확장되는 것이다(Leuthesser, Kohli and Suri, 2003). 미디어 사례로는 마이크로소프트와 NBC의 제휴로 형성된 MSNBC 가 그 예이다. 브랜드 확장과 공동 브랜딩은 동일한 근본적인 문제를 야기하는데, 그것은 원래 브랜드 가치에 해를 끼치지 않고 어떻게 확장을 활용할 수 있는가이다.

미국과 마찬가지로 국내 케이블과 지상파 방송사에서도 브랜드 확장전략이 활성화되고 있다(장병희·김영기·이선희, 2008). 예를 들어 온미디어가 보유한 11개의 채널 중 7개의 채널에 'on'을 넣음으로써 이 채널들이 온미디어의 확장된 브랜드 중 하나임을 소비자가 알 수 있게 했다. 그리고 지상파TV의 경우에도 MBC의 경우 방송채널사업을 전담할 MBC플러스를 설립한 이후 유한회사인 MBC 스포츠를 미국 스포츠 채널 ESPN과 합작으로 설립했고, 드라마 채널을 인수하여 MBC 드라마넷으로, 패션채널을 인수하여 게임전문 채널인 MBC game으로 공급사를 전환했다. KBS의 경우에는 스포츠와 드라마 채널을 케이블과 위성에 공급하는 스카이 KBS를 소유하고 있다. 그리고 SBS는 SBS 골프와 SBS 드라마플러스, SBS 스포츠 등 3개의 케이블 채널을 운영하고, 위성방송인 SBS 위성 골프와 SBS 위성 스포츠 등 위성채널까지 영역을 확장하고 있다.

이 같은 채널 브랜드 확장전략이 케이블과 위성방송 등 다른 플랫폼 진출에 유리한 것으로 평가받고 있다. 우리나라에서도 미디어 확장에 대한 학술적 연구가 드물지만 점차 확대되고 있다. 장병희·김영기·이선희(2008)는 지상파 방송사가 브랜드 확장전략을 활용하여 새로운 플랫폼에서 신규 채널을 도입할 경우 브랜드 확장 채널에 대한 평가에 어떠한 요인들이 영향을 미치는 지를 실증분석했다. 연구결과 지상파 방송3사 채널이 케이블TV와 위성방송에 신규 채널을 제공할 경우[10] 모 브랜드의 브랜드 자산으로 설정한 모 브랜드 평가와 브랜드 포트폴리오 품질 변량, 지각된 적합성 등이 유의미하게 영향을 미치는 것으로 밝혀졌다. 즉, 미디어 브랜드에 대한 평가 시 모 브랜드의 자산이 강력한 영향을 미친다는 사실을 확인할 수 있었다. 이러한 브랜드 확장전략은 기존 채널 브랜드 명성이 호의적이라면 브랜드를 공유함으로써 모 브랜드의 긍정적 연상을 확장된 프로그램으로 연결할 수 있다는 강점이 있어 케이블이나 위성방송 진출 시 자주 이용되고 있고, 시장진입 측면에서 대체로 성공적이라는 평가를 받고 있다.

미국에서도 잘 알려진 명성 있는 브랜드가 어떻게 그들의 자산을 새로운 상품으로 확장했는가에 대한 긍정적 측면의 연구들(Aaker and Keller 1990; Hoeffler and Keller, 2003)이 있는 반면, 부실하게 실행된 브랜드 확장의 잠재적 위험을 부정적 측면에서 입증하는 연구들도 있다(John, Loken and Joiner, 1998; Martinez and Pina, 2003).

대부분의 브랜드 확장 연구는 간결한 용어로 적합성(fit)의 개념에 집중한다. 유사성, 일관성, 일치도와 같은 용어를 사용하기도 하는데, 이러한 연구들에 흐르는 보편적인 이론적 주제는 신상품이 브랜드 확장의 이익을 보기 위해서는 원래 브랜드의 자산 내에서 적절하게 어울려야 한다는 것이다. 그렇지 않으면 새롭게 확장된 브랜드는 경쟁이 심한 시장에서 신상품을 추동할 만한 충분한 자산을 물려받지 못하고, 최악의 경우 원래의 브랜드까지 오염시킬 수 있다. 따라서 미디어산업 측면에서 브랜드 확장은 출발점인 모 브랜드의 브랜드 자산을 우선적으로 강화시켜야 가족브랜드를 포함한

---

10) 모 채널별로 가상의 브랜드 확장 채널 리스트를 선정한 뒤 70여 명에게 설문조사를 실시하여 KBS와 가장 잘 어울리는 확장 채널은 KBS 히스토리, MBC는 MBC 뉴스, SBS는 SBS 엔터테인먼트로 각각 조사됐다.

확장 채널에도 긍정적인 영향을 미칠 수 있으므로, 방송사가 브랜드 포트폴리오 수에 대한 적절한 확산의 수를 조사하여 브랜드 확장 채널을 순차적으로 도입하는 전략이 필요하다.

결과적으로 기업들은 특정 브랜드가 다른 상품군으로 확장될 수 있도록 추상적이고 무형인 연상에 집중하는 브랜드 커뮤니케이션 전략을 활성화시킬 필요가 있다.

4. 한국방송사의 채널 브랜드전략

1) 지상파의 채널 브랜드 관리

채널 경쟁상황이 치열해질수록 강력한 채널 브랜드 구축은 방송기업의 입장에서 가치와 수익창출의 핵심자산으로, 시청자에게는 프로그램 시청의 본원적 기능에 대한 욕구 충족뿐 아니라 특별한 경험을 창출해주는 수단으로 중요성을 나타내고 있다. 그러므로 신규 서비스나 신규 채널이 진출할 때 강력한 브랜드 자산을 갖고 있다면 시장진입의 장벽을 낮추는 무기를 가진 것이며(Todreas, 1999), 경쟁사의 시장진입을 막는 강력한 장벽이 될 수 있다.

방송사가 강력한 브랜드를 구축·관리해나갈 경우 고객의 충성도 및 높은 수익을 보장받을 수 있으며, 경쟁사들의 공격으로부터도 어느 정도 안정적으로 방어할 수 있어 시장에서의 위치를 유지할 수 있게 해준다. 강력한 브랜드 자산을 지닌 텔레비전 채널은 시장성과가 안정적이고 예측가능하다고 할 수 있다. 즉, 이들은 시청률도 높지만 시청률의 변동도 적다. 방송사가 새로운 사업분야에 진출하거나 인터넷과 쌍방향 TV 서비스 등의 부가서비스를 도입할 때 모 기업의 브랜드를 확장하는 것은 일반적인 사례이며, 강력한 브랜드는 기업의 사업다각화를 위한 브랜드 확장에 힘을 발휘한다(박주연, 2005: 169).

국내 지상파 방송사의 경우 케이블TV나 위성방송 등 신규 사업영역에 진출할 때 채널 브랜드 확장전략을 활용할 경우 유리할 것이라고 평가받고 있다(장병희·김영기·이선희, 2008: 296~300). 지상파 채널인 KBS, MBC, SBS 등 국내 지상파 방송3사가 케이블TV나 위성방송 등 플랫폼으로 채널을 확장할 경우 시청자들의 평가에 긍정적인 영향을 미치는 것으로 나타났다. 이런 브랜드 확장전략은 기존 채널의 브랜드 명성이 호의적이라는 가정하에서 브랜드를 공유함으로써 모 브랜드의 긍정적 연상을 확장된 프로그램으로 연결할 수 있다는 강점이 있기 때문에 케이블이나 위성방송 진출 시 자주 이용되었고, 시장 진입 측면에서 대체로 성공적이라는 평가를 받고 있다.

앞서 언급한 바와 같이 다채널시대에 방송사 간 경쟁이 치열해지면서 채널 브랜드의 중요성은 다각적인 측면에서 현실적으로 부각되고 있다. 우리 나라 방송산업에서 SBS 개국과 케이블TV라는 배급채널의 등장은 시장에서의 경쟁자 수를 증가시키고 시장구조 변화에 따른 브랜드 관리 중요성을 인식하는 계기가 되었다. 이런 인식을 바탕으로 특정 채널들은 채널 브랜드의 통합적 관리를 통해 강력한 브랜드 충성도(선호도)를 확보할 수 있었다.

다매체·다채널시대와 함께 시청자의 분할현상은 필연적인 것이다. 그런 분할현상에도 불구하고 모든 사람들을 대상으로 무한대의 시청률 경쟁을 벌이는 것은 무의미한 일이다. 따라서 개별 방송사가 정체성에 맞는 채널 브랜드 관리를 꾸준히 해나간다면 시청자 분할을 통한 강력한 브랜드 충성도를 확보할 수 있을 것이다.

KBS는 현재 2개의 지상파TV 채널을 중심으로 차별화된 브랜드전략을 구사하고 있다(<표 6-4> 참조). KBS 1TV는 정보지향성의 공적 서비스 채널을 통해 공영방송으로서 KBS의 브랜드 이미지를 안정적으로 구축하고 있고 가족오락을 지향하는 KBS 2TV는 대중성을 확보하는 데 주력하고 있다. 실제로 지난 2002년 9월 실시한 기업이미지 조사결과 시청자들의 KBS에 대한 기대치는 KBS 1TV의 경우 정직과 신뢰를 바탕으로 한 공영방송 이미지로서 40대 이상의 남성적 이미지를 지닌 채널로, KBS 2TV는 가족문화채널로서 따뜻하고 발랄한 20~30대 여성의 이미지를 지닌 채널로 나타났다(김

<표 6-4> 지상파 3사의 브랜드전략

	KBS1	KBS2	MBC	SBS
창립연도	1961년	1980년	1969년	1991년
현 사장	이병순	이병순	엄기영	하금열
현 소유주	공영방송	공영방송	방송문화진흥회, 정수장학회	(주)태영
채널 개성	공공성, 정직, 신뢰	젊음, 재미, 발랄	친근함, 따뜻함	흥미, 오락성
채널 브랜드 포지셔닝	한국의 대표기간 채널	건전한 가정문화 채널	친근한 채널	오락중심 채널
슬로건	'한국인의 중심 채널'	'젊은 채널'	'좋은 친구 MBC'	'Humanism thru Digital'
시청 타깃	일반(18~49세)	10~20대 젊은 층/주부	일반(18~49세)	일반(18~49세)
대표 프로그램	<태조왕건> <KBS 9시 뉴스> <왕과 비>	<첫사랑> <겨울연가> <대조영>	<허준> <대장금> <주몽> <내이름은 김삼순>	<모래시계> <파리의 연인> <천국의 계단> <쩐의 전쟁>

정현·김자경, 2004).

KBS의 채널별 브랜드전략을 살펴보면, KBS 1TV는 한국을 대표하는 기간채널로서 보도, 시사정보, 스포츠, 교양 등을 모든 시청자에게 보편적 서비스를 제공한다는 '공영방송의 철학'을 원칙으로 삼고 있다. 이에 따라 KBS는 1TV의 시청타깃을 18~49세의 일반인으로 설정하고, 채널 성격을 공공방송의 가치를 입증시킬 '한국인의 중심 채널'로 포지셔닝하고 있다.

반면 KBS 2TV는 건전한 오락과 문화는 물론 정보와 교양을 전달하는 제2국가기간채널로서의 성격을 가지고 있다. 드라마와 연예·오락 프로그램을 편성하고 있는 KBS 2TV는 '건전한 가족문화채널'로서 특성화하고 있다. 이에 KBS 2TV는 편성 프로그램을 연예와 오락에 집중하면서 주요 시청타깃을 10~20대 젊은 층 또는 주부들로 세분화했다.

MBC의 채널 이미지는 현재 공영방송과 상업방송의 중간 영역에 자리를 잡고 있다. 이런 결과는 MBC가 개발한 프로그램 품질평가지수(QI)에 따른 시청자 이미지 조사에서 나온 것이다. 지상파 방송3사의 이미지 비교결과에 따르면 KBS는 전통적인 공영방송으로, SBS는 전형적인 상업방송의 이미지로 생각되고 있으며, MBC는 양자의 중간 영역에 존재하는 것으로 인식된다 (≪MBC 사보≫, 2005년 6월호: 46).

MBC는 양자의 중간 영역에서 가장 적절한 위치를 차지하지만 다른 한편으로 개성과 색깔이 없는 것으로 평가되고 있다. 이런 지적이 있지만 그래도 MBC에 대해서 대부분의 시청자들은 따뜻하고 친근한 채널, 대한민국 사람들의 주류를 따라가는 방송, 믿을 수 있는 방송이라는 가장 긍정적인 이미지를 가지고 있다. 이런 이미지는 이준웅(1998)의 연구에서 볼 수 있는데, 교차분석을 통해 방송사와 이미지 관계를 알아본 결과 MBC는 '친근하다'라는 내용이 가까워 친근한 채널로서 포지셔닝되고 있음을 알 수 있었다. 또한 스테이션 이미지도 드라마(14.8%), 광고가 많다(5.1%), 상업적(3.8%) 순으로 조사되어 MBC가 상업적이며 드라마 중심적인 방송사로 인식된다고 했다.

MBC의 프로그램 품질평가지수에 따른 시청자 이미지 조사결과, 남자 20~30세 집단에서는 다큐멘터리나 특별기획 프로그램에서 다른 방송사와 차별화되는 독특성을 가지고 있다고 평가하기도 했다.

MBC 이미지 형성에 영향을 미치는 장르로는 먼저 뉴스 프로그램을 살펴볼 수 있다. 1970년 초 MBC는 앵커시스템을 도입하면서 <뉴스데스크>를 처음으로 선보여 TV뉴스의 새로운 방향을 제시했다. <뉴스데스크>는 중간에 타이틀이 변경되기도 했지만 이득렬, 엄기영 등 개성 있는 앵커맨을 기용하여 현재까지 그 명맥을 유지하며 '9시 종합뉴스'의 대명사가 되었다. 또한 MBC는 시청자들에게 '드라마 왕국'이라고 홍보하면서 MBC의 브랜드 이미지를 강하게 심으려는 경향이 있다. 실제로 한국 TV 방송사상 최고 오랜 기간 방영되었던 드라마 <전원일기>는 1980년 10월 '박수칠 때 떠나라'로 첫 방송을 한 이후 2002년 12월 종영 때까지 22년 2개월 동안 가장 공익적이면서도 인기 있는 드라마로 사랑을 받았다.

SBS는 출범 초기 상업방송이라는 특성을 살려 드라마와 쇼 등 '오락 중심의 방송사'로 이미지를 심기 위해 노력해왔다. SBS의 경우 초기 <모래시계>가 방송국으로서 나름대로의 위치를 확보하는 데 결정적인 역할을 했다. 1995년 방영되었던 이 드라마는 광주항쟁과 삼청교육대, 폭력조직과 정치권력의 공생관계 등 금기사항으로 여겨왔던 영역을 다루어 많은 사람의 관심을 끌었다. 이 드라마는 1995년 1월 9일 첫 방영을 시작한 이후 방송가에서 마지노선이라 불렀던 시청률 50%를 단번에 돌파해 61.6%까지 끌어올렸으며, 그동안 거의 드라마를 보지 않던 직장인들의 귀가길을 재촉하여 '<모래시계>=귀가시계'라는 말까지 유행시켰다. 이후 <파리의 연인>, <프라하의 연인>, <쩐의 전쟁> 등의 히트작을 계기로 트랜드 세팅능력을 인정받고 있다. SBS는 부대사업 차원에서 영화사업에 대한 관심을 기울여 SBS프로덕션 등 자회사를 통해 영화투자도 활발히 하고 있다.

하지만 SBS의 이미지는 '상업오락적 채널'이라는 인식이 강한 것으로 나타났다. 이준웅(1998)이 교차분석을 통해 지상파 3개 방송사의 스테이션 이미지를 분석한 결과, SBS는 '상업적이고 선정적이다'라는 이미지에 가깝다고 분석했다.

또 다른 연구자인 김영욱(2003)은 KBS, KBS 2, MBC, SBS 등 방송채널의 브랜드 자산 평가에서 SBS가 흥미성과 건전한 오락성 부분에서 높은 점수를 받았다고 분석했다. 그는 탐색적 요인분석을 사용하여 프로그램의 질, 보도 프로그램의 여론주도성, 견실한 경영, 시청자 존중, 흥미성 및 건전한 오락성, 프로그램 다양성 등 6가지 항목을 측정했다. 그 결과 흥미성 및 건전한 오락성 부문에서 MBC-SBS-KBS 2-KBS 순으로 나타났다. 하지만 프로그램의 질과 여론 주도성, 견실한 경영 등 다른 측면은 SBS가 낮은 점수를 받아 상대적으로 열세를 보였다. 따라서 SBS는 흥미성과 건전한 오락성을 중심으로 브랜드 이미지를 제고하고 있는 것으로 나타났다. 2005년부터는 캐릭터인 고미를 모든 프로그램의 끝부분에 노출시킴으로써 반달곰 '고미'의 친근한 이미지를 SBS의 전체 이미지로 전이시키려는 노력을 하고 있다.

SBS는 2008년 3월 지주회사로 전환했다. 방송부문을 담당할 SBS와 투자사업부문을 담당할 SBS미디어홀딩스로 회사를 분할했다. 지주회사로 전환하면서 SBS 최대주주는 (주)태영건설에서 홀딩스로 바뀌었고, 태영은 홀딩스의 최대주주가 되었다. 그러나 SBS가 지주회사로 출범했지만 경영의 투명성과 소유·경영 분리는 여전히 미흡하다는 지적과 함께 세습지배에 대한 비판이 제기되면서 SBS 개혁은 여전히 해결해야 할 과제로 남아 있다(《시사IN》, 2009년 3월 21일자: 47).

2) 케이블TV의 채널 브랜드 관리

세계적인 미디어 브랜드에 비해 우리나라의 지상파 방송이나 케이블 채널들의 브랜드 가치 및 인지도는 매우 미비한 편이다. 하지만 1995년 케이블TV가 출범한 이후 수십 개의 채널이 늘어나면서 경쟁에서 이기기 위한 채널 인지도와 이미지 제고 차원에서 채널 브랜드 관리에 관심을 쏟기 시작했다. 지상파 방송사들도 채널 브랜드 가치를 키우자는 취지에서 브랜드 위원회를 출범시켜 적극적인 브랜드 관리에 나서고 있다.

CJ미디어는 지난 1995년 음악채널 M.net으로 출발했으며 우리나라 케이블TV의 역사와 함께 한 국내 최대 MPP다. CJ미디어의 핵심 가치는 콘텐츠 역량 강화를 바탕으로 시청자에게 최고의 콘텐츠를 제공하여 차별화된 새로움과 즐거움을 주는 아시아 넘버 원(No.1) 콘텐츠 그룹이 될 것을 목표로 하고 있다. CJ미디어는 킬러 콘텐츠와 브랜드 파워만이 핵심 경쟁력이라고 판단하고 오락채널인 tvN과 영화채널 CGV 등의 자체 제작 비율을 더욱 높이는 등 채널의 역량 강화에 나서고 있다.

tvN은 오는 2010년 케이블TV 시청률 1위를 목표로 2008년부터 킬러 콘텐츠를 꾸준하게 제작하여 케이블TV 시청률 순위 10위권에 진입했다. 이런 노력에 힘입어 tvN은 2008년 AGB닐슨 코리아가 조사한 케이블TV 시청률 순위에서 시청률 0.54(점유율 3.41)로 전년보다 3계단이나 오른 8위를 차지했다. tvN은 <마이캅>, <막돼먹은 영애씨 시즌3>, <쩐의 전쟁>, <범죄의 재구성> 등을 연속하여 선보이고 있다. 특히 <쩐의 전쟁>은 2007년 SBS에서 방송된 것과 같은 소재를 사용했지만 케이블TV 시청 행태에 맞게 옴니버스 형식으로 재구성하는 파격을 시도했다. tvN의 자체 제작 비중은 해마다 늘고 있다. 지난 2006년 17편에 불과했던 자체 제작 프로그램이 2007년 26편으로 늘었고 극심한 경제 위기로 인한 하반기 제작 축소로 2008년에는 18편만 증가했다.

XTM은 CJ미디어 계열의 텔레비전 영화채널이다. 이 채널은 CJ미디어에서 일본의 AXN을 모델로 삼아 론칭한 액션영화채널로서 2003년 개국했으며 당시 국내 최초로 돌비5.1 방송을 시작했다. XTM은 타깃 연령층이 18~34세이며, 슬로건 '끝까지'는 젊은 세대들이 무엇이든 좋아하면 마니아가 되어 열성적으로 빠져든다는 데 착안한 것이다. 슬로건처럼 XTM은 시청자가 원하는 것이 '단순한 재미'라면 그것을 끝까지 보여주기 위해 고민하며, 생활 속에서 '1834'가 즐기는 미디어 브랜드의 대표가 되는 것을 목표로 하고 있다. TV에서는 시청자가 보고 싶어 하는 시리즈와 영화로 가득 채우고 TV 밖에서는 그들이 건전하게 놀거리, 즐길거리를 쉼 없이 마련해주는 것이 XTM의 채널 마케팅 전략이다.

XTM이라는 브랜드 네임은 'Extreme'이라는 단어에서 기인한 것으로 '극한적인', '극도의'라는 의미를 포함한다. 이 단어에서는 밋밋한 것은 싫다, 짜릿한 즐거움을 원한다는 요즘 젊은 세대의 기호를 유추해낼 수 있다. XTM의 이미지 키워드 3개는 익스트림(extreme), 스피디(speedy), 하이엔드(high-end)이다. 이 세 가지 키워드에는 극한적이며 속도감이 느껴지는 것을 좋아하고, 유치하지 않고 고품격을 지향하는 1834의 트렌드가 반영되어 있다(≪케이블TV≫, 2004년 1월 15일자: 27).

극한 재미와 극한 감동을 추구하는 영화·오락전문채널인 XTM은 2008년 상반기 미국을 뜨겁게 달군 <터미네이터: 사라 코너 연대기(Terminator: Sarah Connor Chronicles)>, <성범죄수사대: SVU9>, 로맨틱 판타지 수사 시리즈

<푸싱 데이지(Pushing Daisies)> 등 액션과 스릴러 위주의 TV 시리즈를 선보이고 있다. 특히 2007년 3월부터 2010년 3월까지 3년간 월드 그랑프리, 맥스, 히어로즈, 다이너마이트 등 K-1의 전 브랜드를 한국에 독점공급하기로 방송권리자인 FEG와 합의했다. 최홍만, 추성훈, 윤동식을 앞세워 국내에서 큰 인기를 끌고 있는 K-1시리즈가 XTM을 통해 방영되면서 케이블TV 사상 최고의 시청률을 기록하기도 했다. 격투기를 거의 취급하지 않았던 3대 지상파 방송사들이 최홍만의 시합을 스포츠 뉴스 톱으로 보도하는 등 격투기 스포츠가 인기 스포츠로 새롭게 자리매김하게 되었다. 또한 XTM은 2007년에 비해 2배 늘어난 15편의 자체 제작 프로그램을 계획했으며, 2008년에 <점프 2: 눈의 전쟁>, <신데릴사위>, <스타 앤 더 시티>, <옴므>, <앙녀쟁투> 등 5편의 자체 제작물을 제작했다. 지난 2005년 스카이라이프 공급중단 사태가 발생하기도 했으나 스카이라이프가 제출한 공급중단취소 가처분신청을 법원이 받아들임으로써 XTM 공급이 재개되었다.

올리브 채널은 25～34세 여성들의 니즈에 부합한 라이프스타일 채널로서 한국 여성의 니즈에 맞춘 콘텐츠를 지속적으로 늘리고 있다. 또 채널CGV의 <정조암살 미스터리 8일>, tvN의 <휴먼다큐 소풍> 등 선정성보다 작품성에 중점을 둔 프로그램을 발굴하고 각 플랫폼에 맞는 다양한 형식을 시도해 나갈 계획이다.

이 밖에 스포츠 마니아에게 최고의 인기 채널로 각광받는 'Xports'는 앞으로 계속 국내외 다양한 스포츠 이벤트를 시청자에게 전달할 계획이다. KBL 프로농구를 비롯하여 토종 격투기의 최강자를 가리는 스피릿MC 주요 경기 하이라이트, 미국 최대의 자동차경주대회 나스카경기 등을 포함하여 시청자가 참여하는 패밀리 골프 최강전 등 다채로운 프로그램을 선보이고 있다.

CJ미디어는 채널 브랜드 이미지 구축을 위해서 OAP(On-Air Promotion)국을 구성하여 운영하고 있다. OAP국은 초창기의 CG실 개념으로 프로그램을 지원하는 일을 하다가 캠페인이나 스테이션 아이디를 전략적으로 제작하거나 해당 채널의 콘셉트에 부합되는 채널 이미지를 구축하는 작업을 하고 있다. 즉, MBC 미술센터나 SBS 미술센터처럼 지상파 방송사의 아트센터(art center) 같은 역할을 담당하는 것이다. OAP국은 채널 디자인 측면에서의 역할을 담당하는 MVS(Marketing Visual Solution)팀과 OAP팀으로 나눠져 있고, OAP팀 아래에는 Olive, XTM, CGV 등 CJ 각 채널별 전담 OAP요원이 편성 쪽에서 긴급 프로그램의 캠페인 제작이나 프로그램의 타이틀을 디자인하는 일을 담당한다. MVS팀은 광고주에게 의뢰받은 광고를 제작하는 CS(Costumer Service) 파트와 홍보 영상물 등 일종의 기업 PR영상물을 제작하는 CP(Corporation Promoter)팀, 인쇄물의 디자인을 지원하는 PS(Print Service)팀 등으로 역할이 분담되어 있다.

CJ미디어는 모든 디자인적인 요소를 OAP 산하에 두고 전체 팀을 통합관리하여 전체적인 시너지를 형성하게 되어 있다. 예를 들어 PS팀에서 프로그램 타이틀 로고 타입을 스틸 이미지로 제작하면 CP팀에서 넘겨받아 타이틀로 만든 결과물을 가지고 다시 스틸 이미지로 변환해 책을 만들거나 포스터, 공개용 배너, 티켓, 브로슈어로 제작하는 토털 디자인 아트워크가 이뤄지는 것이다.

음악채널인 M.net은 초창기부터 젊은 채널로서 신선하고 실험적이며 전위적이면서도 트렌디한 채널이어야 한다는 전략으로 다양한 스테이션 아이디를 제작했다. 하지만 이럴 경우 스테이션 아이디 제작에 많은 비용이 들고 시청자들에게 분산된 이미지를 주기 때문에 핵심적인 콘셉트만을 고지하여 일관성 있는 이미지를 제공하는 것으로 전환되었다.

CJ미디어 계열의 '종합연예오락채널'인 tvN은 개국 4주년을 맞았다. 2006년 10월 9일 개국한 tvN은 CJ의 계열사인 CJ미디어그룹의 자회사 'Total Variety Network'의 약자를 따서 tvN이 되었으며, 2006년에는 자체 제작 콘텐츠가 40%였는데 현재는 60%에 달한다. 드라마, 영화, 버라이어티 쇼, 스포츠 등 다양한 엔터테인먼트 방송을 편성·제작하는 종합미디어 방송 업체로, "Contents is King!! 미디어계의 신화창조! tvN"이라는 슬로건을 표방한다. 또한 기존 KMTV 채널에 100% 자체 제작을 표방하며 지상파에서 시도하지 못했던 다양한 포맷으로 실험적인 방송을 하고 있다. tvN의 스테이션 ID인 '색다른 ID' 시리즈는 tvN의 슬로건 색다른 TV를 위트 있게 표현한 아이디로 tvN이 독특한 컬러를 가졌음을 의미하면서 또한 다른 방송채널과 다름을 지향한다는 의미도 포함한다.

이하에서는 지상파 방송보다 채널의 차별적 이미지 구축이 가능한 케이블TV들의 미디어 브랜드 도입사례에 대해서 살펴보기로 한다. 특히 케이블TV의 인기장르 채널인 OCN을 비롯해 YTN, MBC ESPN, MBC every1, M.net 등 5개 채널의 브랜드 구축사례를 중심으로 고찰하고자 한다.

OCN은 미디어그룹 온미디어의 영화전문채널로 '대한민국 No. 1채널'이라는 슬로건을 표방하며 다양한 영화와 최신 시리즈물을 방영하며 시청자들에게 즐거움을 주는 방송이다. 연간 3,000편 이상의 국내외 영화를 24시간 방송하고 있으며 풍부한 콘텐츠로 부동의 시청률 1위를 차지하고 있다. 또한 2004년 국내 최초 TV영화 <동상이몽>을 제작·방영한 데 이어 <가족연애사>, <코마>, <가족연애사 2>, <썸데이>, SUPER Action은 <시리즈 다세포소녀>를 자체 제작·방송했으며, 2007년에도 OCN <키드갱>, <이브의 유혹>, <직장연애사>, <여사부일체> 등 다양한 작품들을 선보였다. OCN은 영화전문채널답게 'TV영화'라는 콘셉트를 지향했고, 일부 자체 드라마에 봉만대와 김경용 등 영화감독을 투입했다.

YTN은 미국의 CNN처럼 '한국의 24시간 뉴스채널'을 표방하는 뉴스 전문채널로, 현장성과 신속성을 특징으로 한다. YTN의 기본 편성축은 YTN 24와 YTN 인터내셔널이다. 전자는 국내뉴스를, 후자는 국제뉴스를 맡고 있다. 국내부문에 비해 상대적으로 취약하게 받아들여지고 있는 YTN 인터내셔널은 케이블 및 위성방송과 연계되면 외국과의 활발한 뉴스 교류가 이뤄질 것으로 전망된다. YTN은 기존의 인력과 시설을 활용하여 위성방송 사업을 출구의 다원화 차원에서 접근하고 있다. 또한 지상파DMB와 수도권 FM라디오 진출 등을 통해 기존 프로그램이나 뉴스 자료의 '원소스 멀티유스'가 가능해지면 광고수익이나 시청자 확보 측면에서 시너지 효과를 얻을 수 있을 것으로 보인다.

MBC ESPN은 스포츠 프로그램 전문채널로 2001년 ESPN Starsports와 합작하여 설립되었다. 편성은 프로야구, 유럽 축구, EPL, NBA, 격투기 중계가 중심이며 30~40대 남성층을 주요 타깃으로 공략하고 있다. MBC ESPN은 MBC 플러스 미디어가 관리하는 계열사 채널로 MBC 드라마, MBC 게임, MBC every1, MBC 플러스와 함께 MBC 계열 케이블 채널로 관리되고 있다. MBC ESPN의 채널 브랜드 관리도 MBC 플러스 미디어의 채널마케팅팀이나 OAP팀이 캠페인이나 스테이션 ID를 전략적으로 관리하며 구축해나가고 있다.

MBC ESPN은 켈러(Keller)의 브랜드 관리모델에서 '부차적 연상의 활용' 차원을 활용하여 브랜드 자산가치를 높이는 전략을 이용하고 있다. 즉, 미국의 대표적인 채널인 ESPN과 제휴함으로써 MBC 스포츠의 자산가치를 높이려고 한 것이다(안광호, 2007: 460). 미국 ESPN은 'ESPN=스포츠 네트워크 TV'라는 인식을 심는 데 어느 정도 성공한 이후, 덜 대중적인 스포츠를 중심으로 방영하는 'ESPN 2'와 흘러간 명경기, 명선수들을 재방영·재조명하는 'ESPN 클래식' 채널을 잇달아 성공적으로 출범시켰다. 그리고 TV를 떠나 '≪ESPN 매거진≫'과 'ESPN 바 & 레스토랑' 'ESPN 숍' 등 스포츠라는 자신의 브랜드 아이덴티티와 연결고리를 만들면서 연관이 없는 다른 사업영역까지 진출하고 있다.

또 다른 MBC 계열의 케이블TV 채널들도 특정 시청자를 타깃으로 특정 장르를 소구함으로써 시청자에게 바람직한 연상을 떠오르게 하고 있다. MBC 플러스 미디어는 10대 어린이를 타깃으로 하는 MBC 게임, 10~20대 여성층을 공략하는 MBC every1, 아줌마들을 타깃으로 하는 MBC 드라마넷, 30~40대 장년층을 겨냥한 스포츠채널인 MBC ESPN 등을 운영하면서 4개 채널이 지상파인 MBC 계열의 선정성이 없는 '가족 채널'로 포지셔닝하여 개별 채널들의 차별성을 강화하고 있다.

MBC every1은 기존의 영화전문채널이었던 MBC 무비스에서 지난 2007

년 오락 채널로 재탄생된 것으로 버라이어티 프로그램과 드라마, 영화 등의 프로그램을 주로 편성하고 있다. MBC every1은 <무한 걸스>, <복불복 쇼>, <매거진 원>, <러브 에스코트> 등 케이블 채널을 위해 새롭게 제작된 프로그램을 방영하는 것이 특징이다.

공영방송이면서 오락프로그램이 강한 MBC에 MBC every1은 전략적 브랜드로서 지상파 계열 채널의 재방 채널 이미지를 희석시키며, MBC 오락 프로그램의 브랜드 가치를 유지시키려는 노력을 하고 있다고 할 수 있다. 특히 <별순검>과 같은 신규 프로그램뿐 아니라 <무한도전>의 콘셉트를 패러디한 <무한 걸스> 등 자체 프로그램을 제작함으로써 MBC의 전체 PP에 활력을 불어넣은 '브랜드 에너자이저(Branded Energizer)' 역할을 하고 있다고 할 수 있다(이문행, 2008).

MBC 드라마넷의 콘텐츠들 또한 MBC every1에 공급되었는데 정체성을 훼손하지 않고 채널의 특성이나 개성에 나쁜 영향을 미치지 않아 성공적인 콘텐츠의 교류 사례로 꼽힌다. MBC 드라마넷의 <식신원정대>는 계열 채널인 MBC every1에도 방송되면서 <식신원정대>라는 개별 프로그램의 높은 인지도가 자연스럽게 MBC every1에 전이되어 2%대의 높은 시청률을 견인하는 효과를 거두었다.

M.net은 CJ미디어 계열의 PP로 국내 케이블TV 채널 음악부분에서 10대와 20대의 전폭적인 지지를 받고 있다. M.net은 채널의 기본 요소인 음악을 주 소재로 하여 개그, 다큐멘터리, 파티 등 다채로운 프로그램을 제작하면서 10~20대 젊은 층의 인기를 얻고 있으며, 매년 40회 이상, 200만 명의 집객률을 보이는 대형 쇼와 이벤트로 국내 청소년은 물론 한류열풍에도 기여하는 강력한 브랜드 파워를 자랑하고 있다. 최근에는 주요 시청층인 10대와 20대를 겨냥한 드라마 제작을 시도하고 있다. M.net은 2005년부터 자체 제작으로 편성을 채우고 110개의 SO에 방송을 송출하고 있다. M.net의 인기 프로그램들은 일본, 홍콩, 대만, 중국 등 해외채널에 정규 편성되어 해외에 한국 대중음악과 문화를 소개하는 교두보 역할을 하고 있다.

국내 최고의 음악시상식인 'M.net KM 뮤직비디오 페스티벌'은 일본 뮤직온TV와 홍콩케이블TV, 대만동풍TV, 미국 KSCI-TV 등 전 세계에 방영되어 한국 음악의 우수한 콘텐츠를 알리는 기회를 마련하고 있다.

3) 개인미디어의 브랜드 관리

블로그나 미니홈피는 개인이 콘텐츠와 네트워크를 장악한 1인 미디어다. 다수의 고정 방문자가 있는 인기 블로그는 그 분야의 여론에 영향을 미칠 수 있는 강력한 미디어다.

조선일보의 군사 전문기자인 유용원 기자가 운영하는 군사 전문 웹사이트 '유용원의 군사세계(bemil.chosun.com)'는 직업기자의 1인 미디어라는 점에서 대표적인 성공사례로 꼽힌다. 매일 6만 명 정도가 방문하며, 2009년 4월 현재 사이트 오픈 8년 만에 누적 방문자 수가 1억 명을 돌파했다. 또한 조선일보의 영화 담당기자였던 이동진 기자는 네이버에 블로그 '이동진 닷컴'을 개설하고 '이동진의 영화 풍경'이라는 타이틀로 기사를 제공하고 있다. 그는 네이버와 독점계약을 맺어 자신의 1인 미디어를 운영하면서 자신만의 영화비평을 쏟아내며 영화 전문기자로서 위상을 정립하고 있다.

생활건강, 의료나 환경전문, 경제, 축구, 게이머 전문기자 등도 전문성을 갖추면서 단순한 사실 전달을 넘어서 보다 전문화되고 품격 높은 정보와 논설을 풀어 팔리는 상품을 생산하고 있다. 블로그가 기존 매체를 대체할지는 불투명하지만, 전문분야에서는 기존 미디어의 부족한 부분을 메우는 데 큰 도움이 되고 있다.

방송 프로그램과 신문기사들을 사들인 포털들은 이제 UCC라는 이름으로 개인 콘텐츠 확보에 적극 나서고 있다. 개인에게 이메일과 블로그, 각종 정보와 영상, 동영상 편집기를 무료로 제공하며 콘텐츠 생산을 독려하고 있는데 이는 콘텐츠를 확보하려는 네트워크의 갈망에서 비롯된 것이다. 반면 개인은 자신들의 콘텐츠를 제공하는 대가로 이를 널리 퍼뜨릴 수 있는 편리한 네트워크를 확보했다. 블로그나 미니홈피는 개인과 포털이 각기 지분을 갖고 콘텐츠와 네트워크를 공유하는 것이라고 할 수 있다. 이로써 개인과 비즈니스 세력은 공조를 통해 서로의 미디어 파워를 확장했다. 매스 미디어라는 승자에 대항하는 두 신흥세력의 연합전선이 이뤄진 셈이다.

이 상황에서 가장 초조해진 것은 매스 미디어다. 타의 추종을 불허했던 매스 미디어의 네트워크와 콘텐츠가 두 세력의 연합전선 앞에서 갈수록 무기력해지는 느낌이다. 이렇듯 신문과 방송 등 전통 언론이 갖게 된 총체적 위기의식은 지금 미디어 세상의 뚜렷한 특징 가운데 하나다. 협공을 당하고 있는 전통 언론의 생존전략은 무엇인가? 포털과 개인들은 어떤 새로운 미디어 세상을 만들어낼 수 있을까?

MEDIA MARKETING

제7장 콘텐츠 가격관리

1. 미디어의 주요 수입원

미디어시장에서 가격은 상품 판매를 좌우하는 중요한 요인이다. 지상파 방송의 경우 일률적인 수신료가 책정되어 있지만 케이블TV를 포함하는 유료 매체의 경우 광고수입과 수신료 수입은 중요한 부분이다. 케이블TV의 채널 묶음판매제인 '채널 티어링'은 보다 많은 이윤을 창출하기 위한 차별화된 가격전략인 셈이다. 광고시간의 가격은 시급과 서비스 범주에 따라 결정된다. 시급의 경우 보통 SA급·A급·B급·C급으로 구분되어 가격이 책정되며, 서비스 범주는 지역광고와 전국광고로 나뉜다. 지상파TV의 경우 프로그램을 시청자들에게 전달하면서 수신료와 광고수입을 통해서 방송국을 운영해나간다.

1) 수신료

지상파TV방송은 콘텐츠의 제작과 유통을 기반으로 하는 산업이지만 이것만으로 돈을 벌 수 없다. 콘텐츠의 생산과 유통에 투입된 비용은 일차적으로 시청자를 통해 보전할 수밖에 없다. 오히려 콘텐츠의 광범위한 확산이 콘텐츠에 대한 부가가치를 높인다. 때문에 그들은 소비비용을 내지 않은 사람들(무임승차 수용자)에게 콘텐츠를 광범위하게 유통시켰고, 그 사회적 확장을 통해 돈을 벌 수 있었다. 직접적인 소비자가 아닌 사회적 유통자본에 개입함으로써 돈을 벌게 되는 것이다. 즉, 콘텐츠 비용을 보전해줄 '광고'를 통해 자본회전율을 빠르게 해줌으로써 방송사는 이윤율을 증대시키고 시청자는 싼 가격으로 콘텐츠를 제공받을 수 있었다.

자신의 필요와 욕구의 충족을 위해 제품을 구입하려 할 때 소비자는 그에 상응하는 대가를 지불하게 되는데, 이러한 금전적 대가가 곧 기업이 제시한 가격이라고 할 수 있다. 방송산업에서 제시되는 가격은 일반적으로 시청료, 수신료, 광고료 등으로 부른다.

<표 7-1> 여러 가지 방송서비스 가격의 용어

방송사 형태	용어
공영방송(KBS)	시청료
상업방송(SBS)/지상파DMB	광고료
케이블방송(SO)	수신료
케이블방송(PP-YTN, OCN)	수신료
위성방송(스카이라이프)/위성DMB	수신료
케이블, 위성방송, DMB, IPTV	광고료, 부가상품(HD 상품, TPS)

방송서비스 산업에서 제시되는 가격은 <표 7-1>에서 볼 수 있다. 따라서 방송사는 시청료나 광고료를 받는 반대급부로 기사나 프로그램을 제작하여 전달하고, 수용자는 미디어를 소비함으로써 광고주가 만든 특정 상품의 소비를 촉진하게 된다.

방송서비스의 가격은 매우 다양한 구조를 갖고 있다. 국내 유료방송사업자는 프로그램 공급자(독립제작사), 해외 프로그램 제작자, 제작(PP, 지상파 방송사업자), 편성(SO, RO, 위성방송사업자, DMB사업자), 전송(NO, 무궁화위성)으로 구분할 수 있다. SO와 RO, 위성방송사업자, 위성DMB사업자는 서비스 제공의 대가로 가입자로부터 수신료를 받는다. SO의 경우 가입자로부터 받은 수신료가 매출액의 주요 부분을 구성한다. PP와 SO, 위성방송, DMB, IPTV 등 대부분의 유료방송사업자들에게 광고는 매우 중요한 수입이 된다. 특히 지상파DMB사업자는 무료 사업자로서 주 수입원을 광고에 의존하므로 광고 수입 의존도가 절대적이다.

공영방송의 주 재원은 수신료와 광고료이다. 우리나라의 KBS와 MBC는 명색이 공영방송이지 사실상 모든 면에서 민영방송이나 다름없이 운영되고 있다. KBS1만이 1995년부터 광고방송을 안하면서 재원구조 면에서 공영방송의 명분을 유지하고 있을 뿐이다.

KBS는 1963년부터 시청료 명목으로 TV방송 수신료를 받고 있다. 수신료는 1963년 1월 100원으로 출발해 1981년 4월 컬러텔레비전 2,500원, 흑백텔레비전 800원(1984년 12월부터 없어짐)으로 오른 뒤, 1980년대 후반 시청료거부파동 등을 거치면서 1994년 10월부터는 전기요금과 함께 징수되어왔다. 「방송법」 제64조는 "텔레비전방송을 수신하기 위하여 수상기를 소지한 자는 수상기를 등록하고 수신료를 납부하여야 한다"고 징수근거를 밝히고 있다. 따라서 대한민국에 거주하는 사람은 내·외국인을 막론하고 수신료를 납부해야 한다. 징수된 수신료는 KBS 라디오와 TV 운영과 제3라디오, KBS 교향악단, 기술연구소의 재원 등으로 사용되며, 「방송법 시행령」 제49조의 규정에 따라 매년 수신료 수입의 3%가 한국교육방송공사(EBS)의 재원으로 직접 지원되고 있다. KBS의 2007년 결산감사의견을 보면, KBS는 2006년 수신료로 5,372억 원을 벌었는데 이는 전년 대비 68억 원이나 증가한 것으로 나타났다.

그런데 각국에서 수신료는 사실상 수명이 다된 재원으로 인식되고 있어서 공영방송 재정구조는 더욱 어려워질 전망이다. 앞으로 시청자들은 더욱더 수신료를 거부할 것으로 예상되며, 수상기 보급이 정체되고 있는데다가 수신요금 인상률도 물가인상률보다 떨어지는 등 부정적인 요소가 많아 수신료 재원은 갈수록 고갈될 전망이다.

수신료는 수신허가설, 조세설(준조세설), 수익자 부담설, 공공시설 이용요금설, 공공부담금설, 계약설 등 나라마다 각기 독특한 법논리에 기초한다. KBS의 경우 수신료를 거둬들이는 명분으로 '공공부담금설'을 수용하고 있는데, 이는 공공복지서비스를 위해 시청자들이 일정한 부담금을 내야 한다는 이론이다. 이 같은 주장은 NHK의 경우와 유사하게 준조세성 공적 부담금으로 해석된다.

30년간 동결되어 논란을 빚어왔던 KBS의 수신료가 오를 것으로 보인다. 최근 최시중 방송통신위원장이 2010년에 KBS 수신료 인상을 추진하겠다고 밝혔다(≪미디어 오늘≫, 2009년 5월 6일자). 최시중 위원장은 2009년 5월 4일 한국 언론의 워싱턴 특파원들과의 간담회에서 "6월 미디어 관계법을 비롯해 공영방송법이 연내 국회를 통과하면 내년에는 KBS 수신료 인상을 추진하겠다"고 밝혔다. 최 위원장은 "영국 등 다른 나라의 공영방송 수신료는 1년에 3만 원 정도인데, 이는 KBS에 비해 9~10배 높다"며 "KBS 수신료를 인상해 민영방송과 시청률 경쟁을 벌이지 않고 국민의 정신적 지주 역할을 하는 미디어로 만들어야 한다"고 말했다. 최 위원장은 또 "수신료 인상에 따라 KBS 2TV 광고의 70~80%는 민방 영역으로 흘러들어가 방송광고시장 활성화에 도움을 줄 것"이라며 "국내총생산(GDP) 대비 0.8%에 불과한 국내 미디어 광고시장을 선진국처럼 1% 이상으로 키워 5조 원대 이상으로 만드는데 힘쓰겠다"고 덧붙였다.

광고수입도 공영방송의 중요한 수입원이다. 시청자들이 공영방송의 광고에 대해서 부정적인 인식을 하고 있지만 수신료만으로 운영하기에는 국민의 직접부담이 커지기 때문에 공영방송도 불가피하게 광고를 해오고 있다. KBS는 현재 국가기관 공영방송사로서 그 재원을 수신료와 광고수입으로 충당하고 있다. 하지만 수신료 징수가 원활하지 못해 결국은 광고수입에 운영재원의 상당부분을 의존하는 실정이다. 그러나 지나친 광고의존도는 공영방송에 나쁜 영향을 줄 뿐 아니라 공영방송의 이념구현에 큰 장애가 될 수밖에 없다. 2007년의 경우 KBS는 광고수입이 7,836억 원으로 전체 수입 1조 3,301억 원 가운데 58.9%를 차지하고 있다. 2003년도는 KBS의 광고수입이 전체 수입의 60.6%까지 올라가 매년 광고수입이 비율이 높아지고 있는 것을 알 수 있었다.

2) 광고수입

방송사는 최대의 수용자를 확보하여 광고수입을 극대화하려고 한다. 따라서 광고에 의존하는 방송은 시청률에 매달릴 수밖에 없다. 이러한 재정방식은 자본주의 시장경제체제하에서 광고에 대한 민영방송 간의 뜨거운 경쟁을 초래한다. 광고는 국민이 수신료처럼 직접적인 부담을 느끼지 않으며 채널경쟁이 원만하다면 안정된 재원이다. 그리고 시청률이라는 확실한 기준이 있고 이를 통해 수용자의 규모를 측정할 수 있으므로 방송제작이나 방송경영에 편리한 점도 있다. 반면에 광고주가 원하는 시청자를 끌어들이기에 급급하여 프로그램의 저질화를 초래할 수 있으며 상업주의 폐해가 나타나게 된다.

(1) 방송광고시장 규모

1990년대 중반까지만 하더라도 대안 미디어의 부족으로 4대 미디어(TV, 라디오, 신문, 잡지)의 광고영향력 및 활용도는 매우 높았다. 그 후 케이블TV의 개국, 인터넷의 등장과 위성·지상파DMB의 상용서비스 및 옥외 미디어들의 활성화로 다양하고 효과적인 미디어를 우리 주변에서 활용할 수 있게 되었다. 광고시장에서의 점유 비율은 4대 미디어의 경우 2000년 78.7%에서 2006년 60.6%로 18.1%포인트나 감소했으나, 인터넷은 2000년 2.3%에서 2006년 10.2%, 케이블TV는 2000년 3.0%에서 2006년 8.8%로 매년 큰 폭으로 성장했다. 이렇듯 미디어들의 구성비 추이를 통해 그 변화와 영향력을 파악할 수 있다.

<표 7-2>는 연도별 미디어별 광고비 및 구성비를 살펴본 것이다. 2006년 지상파TV와 라디오를 합친 방송광고시장 규모는 2조 4,638억 원으로 2006년 전체 광고시장 규모인 7조 6,340억 원의 32.3%를 차지했다. 이것은 신문 또는 잡지 광고시장 규모보다 큰 것이다. 특히 2006년 지상파TV 광고시장 점유율은 28.6%이고 라디오는 3.7%를 차지했다. 한편, 2003년에는 방송광고시장 점유율이 39.6%로 나타났으며, 2006년 방송광고시장 규모는 전체 광고시장 규모의 32.3%를 차지하고 있는 것으로 나타났다. 이 같은 수치는 방송광고시장 규모가 해마다 줄어들고 있는 추세를 의미한다.

하지만 뉴미디어인 케이블TV 광고시장 규모와 인터넷 광고시장 규모는 해마다 증가하는 추세로 나타났다. 케이블TV 광고시장 규모의 경우, 2006년에는 6,721억 원으로 산출되었으며 이는 전체 광고시장 규모를 기준으로 8.8%를 점유한 수치이다. 2000년의 3.0%, 2003년의 4.3%에 비해 매우

<표 7-2> 연도별 미디어별 광고비 및 구성비

미디어	광고비(억 원)			구성비(%)		
	2000	2003	2006	2000	2003	2006
지상파TV	20,687	23,671	21,839	35.4	33.9	28.6
라디오	2,504	2,751	2,799	4.3	3.9	3.7
신문	21,214	18,900	17,013	36.2	27.1	22.3
잡지	1,634	5,006	4,591	2.8	7.2	6.0
4대 미디어	46,038	50,328	46,242	78.7	72.0	60.6
케이블	1,736	2,975	6,721	3.0	4.3	8.8
인터넷	1,360	2,700	7,790	2.3	3.9	10.2
기타	9,399	13,865	15,587	16.1	19.8	20.4
합계	58,534	76,340	76,340	100	100	100

주: '기타'는 옥외광고, 제작비 등 포함임.
자료: 광고연감.

큰 폭으로 성장한 것이다.

광고매체를 집행하는 광고주의 입장에서는 매체별 비용효용성보다 타깃별 비용효율성을 고려하여 어느 미디어를 활용하고 그 비중을 얼마로 할 것인가에 대한 미디어 믹스를 결정하는 것이 중요하다. 따라서 광고주는 타깃들의 미디어 접촉량(media consumption)을 살펴보고, 미디어 믹스를 결정해야 한다.

<표 7-3>에서와 같이 2000년부터 2006년까지 개인 전체 기준으로(남녀 11~59세) 미디어별 접촉률을 보면 지상파TV가 가장 높고 인터넷, 케이블TV가 그 뒤를 따르고 있다. 하지만 접촉률의 변화를 보면 지상파TV와 잡지는 정체되어 있는 상황이고 신문과 라디오는 하락 추세이다. 반면 인터넷과 케이블TV는 매년 큰 폭으로 늘어났다. 지상파TV의 경우 2000년 91.9%에서 2003년 91.8%, 2006년 91.3%로 해마다 감소하고 있고, 20대의 미디어 접촉률도 2000년 89.6%에서 2003년 88.6%, 2006년 88.2%로 감소세를 보이고 있다. 반면, 케이블TV의 경우 전체 미디어 접촉률은 2000년 16.6%

<표 7-3> 미디어별 접촉률 트렌드

(단위: %)

미디어	개인 전체			남녀 20대		
	2000	2003	2006	2000	2003	2006
지상파TV	91.9	91.8	91.3	89.6	88.6	88.2
라디오	36.7	34.7	33.3	39.7	30.2	27.5
신문	52.8	49.9	46.5	54.7	45.8	37.7
월간지	41.6	38.3	42.2	52.8	44.7	46.5
케이블TV	16.6	45.0	63.5	17.2	44.7	63.0
인터넷	18.5	65.0	68.1	26.8	83.6	87.9

자료: HRC Media index.

에서 2003년 45%로, 2006년 63.5%로 크게 증가했고, 20대의 미디어 접촉률도 2000년 17.2%, 2003년 44.7%, 2006년 63%로 해마다 늘어나는 추세이다.

타깃에 따라 접촉률도 큰 차이를 보이는데, 20대의 경우 전체에 비해 라디오와 신문의 접촉량이 적고, 인터넷은 매일 이용하는 비율이 88%나 된다. 즉, 소구 대상이 누구냐에 따라 미디어의 활용도 달라지게 된다.

(2) 방송광고의 특성과 종류

흔히 4대 광고매체라고 하면 TV, 라디오, 신문, 잡지를 말한다. 이 중에서 TV와 라디오가 갖는 기본적인 특징은 다음과 같다.

첫째, 라디오와 TV는 국민 대다수가 가지고 있는 보편적 매체이다.

둘째, 사람들은 보통 일과 수면에 소비하는 시간을 제외하면 TV시청에 가장 많은 시간을 투자하고 있다. 이런 이유 때문에 TV와 라디오는 대중성을 갖고 있다.

셋째, 라디오와 TV 모두 공간지향적이기보다는 시간지향적 매체이기 때문에 수용자에게 메시지가 직접 전달되며, 결정적인 시점에 광고스케줄을 변경하기가 용이하다.

넷째, 사람의 음성은 광고의 신뢰도와 관심도를 높여 설득적인 판매를 하는 데 효과적이다.

다섯째, 광고(메시지)가 프로그램의 일부로 통합되기 때문에 주목률을 높이는 데 효과를 볼 수 있다.

특히 기업들이 TV 광고에 많은 비용을 투입하는 이유는 다음과 같은 TV 광고의 장점 때문이다. TV 광고는 우선 시청각매체로서 호소력이 크기 때문에 광고효과가 크다. 영상과 소리를 통해 여러 가지 브랜드를 안방에 직접 소개함으로써 어느 매체보다도 방문판매의 역할을 잘 행한다. 또한 TV 광고는 글을 모르는 사람에게도 전달이 가능한 매스 미디어일 뿐 아니라 아직 세분화가 안 된 집단적 종합매체이기 때문에 어느 수준의 프로그램만 방영하면 핵심 수용자를 끌어들일 수 있다.

방송광고의 종류는 크게 텔레비전 광고와 라디오 광고로 대별된다. 또한 방송광고는 판매유형상 프로그램 광고, 토막광고, 자막광고, 시보광고, 중간 광고 등으로 나뉘는데, 각 유형별 특징 및 우리나라에서 허용하는 광고내용은 다음과 같다.

- 프로그램 광고(program commercial): 특정한 프로그램에 붙어 있는 광고시간을 사서 행하는 광고를 말하며, 우리나라에서는 '방송순서광고'라고도 한다. 프로그램 시작 전에 들어가는 광고를 전 CM, 프로그램이 끝나고 들어가는 광고를 후 CM라고 부른다.
- SB(station break)광고: 특정한 프로그램을 사는 것이 아니라 프로그램과 프로그램 사이의 중간 브레이크에 삽입하는 광고를 말하며, 흔히 '토막(스팟)' 광고라고도 한다.
- 자막광고(superimpose): 방송국 ID 고지나 프로그램 사전예고 시 자막 형태로 내보내는 광고를 말한다. 따라서 'ID광고' 또는 '이어서 광고'라고도 한다.
- 시보광고: 시간을 알리는 화면을 내보낼 때 들어가는 광고인데, 법적으로

규정되어 있는 것은 아니다.

광고시간은 초단위로 광고주에게 판매된다. 라디오의 경우 스팟이라고 부르는 30초 또는 60초의 광고시간이 주로 판매된다. 텔레비전에서는 30초 스팟이 표준이나 15초, 10초 스팟이 점점 보편화되고 있다. 또한 많은 방송사에서는 방영되는 프로그램의 묶음시간대(blocks of time)도 판매대상이 된다.

여기에서는 라디오 광고보다 텔레비전 광고 위주로 설명하고자 한다. 텔레비전 광고의 종류는 크게 다섯 가지로 분류할 수 있다.

첫 번째로 각각의 프로그램 전후에 방송되는 프로그램 광고가 있다. 예를 들어 MBC TV의 <뉴스데스크>를 방송하기 전에 먼저 광고(전 CM)를 내보내고 이어서 뉴스를 방송한 다음 또다시 광고(후 CM)를 내보낸다. <뉴스데스크>의 시작 전에는 상품명 또는 광고주 이름이 화면에 명기된다. 광고의 길이는 15초다. 두 번째로 프로그램과 프로그램 사이에 방송되는 토막(스팟)광고이다. 이 토막광고가 위에서 말한 'SB'이다. 이 토막광고의 길이는 30초이다. 세 번째로 방송 중 하단부분에 자막으로 광고메시지를 전달하는 자막광고가 있다. 자막광고의 길이는 10초이다. 네 번째로 시간을 알려주며 광고하는 시보광고가 있으며, 광고의 길이는 10초이다. 다섯 번째로 협찬광고가 있다. 구체적인 제한규정은 <표 7-4>를 참고하기 바란다.

텔레비전 광고요금은 시간대와 시청률의 높고 낮음에 따라 달라진다. 시급별 종류는 SA, A, B, C로 다양하며 토막요금도 SA, A, B, C로 나누어진다. MBC TV의 <뉴스데스크>에 프로그램 광고를 시행한다면, 광고는 밤 9시에 방영되기 때문에 15초 텔레비전 광고를 1회 노출할 경우 SA에 해당되며 이 광고료는 현재 1,257만 원이다. 1초당 83만 8,000원을 투입해서 광고주는 텔레비전에 자사의 광고메시지를 노출시킨 셈이다. 광고주가 KBS 2TV를 통해서 전국적인 30초 토막광고를 SA시간대에 시행할 경우 광고료는 1,030만 원이 든다. 광고주는 광고메시지를 목표고객에 노출시키기 위해 1초당 30만 9,000원을 들인 셈이다.

<표 7-4> 텔레비전 광고의 종류

종류	시간 유형(초)	제한	규정 내용
프로그램 광고 (방송순서 광고)	15초가 대부분 (5~60초까지 다양)	방송순서 시간의 10/100 이내 가능	스폰서 프로그램에 참여하여 전후에 행해지는 광고
토막광고	20초, 30초	시간마다 2회 이내, 매회 4건까지 가능	프로그램과 프로그램 사이에 방송되는 광고
시보광고	10초		방송시간을 고지할 때 제공형태로 하는 광고
자막광고	10초	매 시간 6회 이내, 1회 10초 이내, 자막의 크기는 화면의 1/4 이내	이어서(곧이어), ID(국명고지)인 두 가지 종류
협찬광고		공공기관 및 공공단체의 협찬에 한함 지방사는 기업협찬 허용	종료부분에 협찬주만 밝힘. 자막의 크기는 화면의 1/4 이내

자료: 박현수(2003).

이렇듯 광고가격을 결정하는 주요 요소는 하루 중 광고로 나갈 수 있는 스팟의 수와 판매된 스팟의 수에 의해 결정되는데, 이를 빈도카드(frequency card)라고 한다. 방송사는 광고시간의 수요와 공급조건으로 결정되는 '광고요율표(grid card)'를 사용하게 되었다. 광고가격은 시간대와 스팟의 길이, 스팟의 구매패턴 등에 따라 영향을 받는다. 시간대의 경우 가장 비싼 시간대는 출퇴근시간대이며, 스팟의 길이 면에서 스팟 길이가 길수록 가격이 비싸다. 스팟을 요율조건으로 구입하느냐 아니면 선매조건으로 구입하느냐에 따라서도 광고가격이 달라진다. 광고를 요율에 맞춰 구입한 광고주는 요구시간대에 스팟이 방영된다는 것이 보장된다. 반면에 선매조건 구매의 경우, 방송사가 더 비싼 광고요율로 지불하고자 하는 의사를 지닌 타 광고주에게 시간을 판매할 권한을 가진다.

(3) 광고 판매시스템

시간이라는 것은 소모품이다. 한번 지나가면 다시 광고주에게 판매할 수 없다. 이런 사실로 인해 광고판매부는 가능한 한 최대의 재정적 성과를 낳기 위해 광고목록(commercial inventory)을 잘 다루어야 한다. 이를 위한 첫 단계로서 광고판매부는 광고요율표가 수용자의 크기나 특징, 시장규모 그리고 경쟁조건 등을 고려하여 현실적이라는 사실을 확실히 해야 한다. 그러나 목록관리 역시 구매 가능한 매력적인 광고시간을 만들어내는 광고판매부의 판매정책(sales policies)이 우선되어야 한다.

우리나라의 경우 한국방송광고공사가 독점미디어렙(media rep)이기 때문에 방송사 자체적으로 광고시간과 판매요율을 결정하는 등의 판매정책을 세우기가 쉽지 않다. 한국방송광고공사는 1981년 1월 20일자로 「한국방송공사법」에 의하여 설립된 공익기관이다. 한국방송광고공사를 통하여 방송광고를 청약할 경우 두 가지 방법이 있다. 하나는 광고주가 한국방송광고공사에 직접 청약하는 방법으로 이를 '직거래'라고 하는데, 한국방송광고공사의 담당직원을 만나서 상담하면 방송광고를 청약할 수 있다. 또 다른 방법은 한국방송광고공사에 등록된 광고회사(광고대행사)를 통하여 방송광고를 대리청약할 수 있다. 이 두 가지 방법 중 하나를 선택하여 방송광고를 청약하면 된다. 방송광고를 청약하여 방송광고 소재를 텔레비전에 내보낼 경우, 이 방송광고 소재는 한국방송광고 자율심의기구의 심의를 반드시 통과해야 한다. 통과되지 않은 방송광고 소재는 텔레비전에 방영될 수 없다.

또한 한국방송광고공사는 방송광고를 판매하기 위해 두 가지 방법을 적용하고 있다. 즉, 정기물 판매는 광고회사나 광고대행사를 이용하지 않고 직접 거래를 하는 광고주를 대상으로 매달 신청을 받아서 3개월을 기본단위로 방송한다. 또 한 가지 방법은 업프론트(UP-FRONT) 방식인데, 매달 신청을 받아서 6개월 단위로 방송광고를 판매하는 것이며 특집 프로그램 같은 임시물을 수시로 신청받아서 판매한다.

광고주로부터 방송광고를 청약해달라고 요청을 받은 광고회사의 담당

광고기획자(AE)는 같은 광고회사에 소속된 매체기획자(media planner)와 협의를 하며 그 매체기획자는 한국방송광고공사의 영업담당자와 협의하여 방송광고를 청약한다. 광고회사의 매체기획자는 청약된 결과를 역순으로 광고기획자에게 통보하며 그 광고기획자가 광고주에게 통보하면 방송광고청약 상황은 끝난다. 이때 광고주에게 적합한 방송 프로그램을 제시하기 위해 광고주, 광고회사 및 한국방송광고공사 간에 어려운 협의가 진행된다. 한국방송공사와 광고회사 간에 합의된 방송광고가 노출되는 방송 프로그램을 광고주가 합의를 쉽게 해주지 않기 때문이다.

광고회사는 광고주를 위하여 소비 대중과의 마케팅 커뮤니케이션을 맡아해주는 전문기관이다. 전국광고와 지역광고의 대부분은 대도시에 위치한 광고회사가 주로 구매한다. 대부분의 방송사가 판매스태프를 전국에 상주시키는 것이 불가능하기 때문에 그들을 대상으로 광고시간을 판매할 '방송영업대행사(station representative company; Rep)'를 고용한다. 영업대행은 지역판매의 확장인 셈이고 보통 수수료제로 보상을 받는다. 수수료 비율은 광고대행사 수수료를 공제한 거래주문 총액의 8~15%까지 다양하다.

3) 케이블TV의 수익구조

(1) 수신료 배분구조

케이블TV의 경우 기본적인 수입원은 가입자의 수신료에 의존한다. 케이블TV 가입자가 지불하는 수신료는 사업자 간(SO, PP, NO) 배분을 통해서 나눠진다. 우리나라 케이블TV사업은 1995년부터 PP와 SO 양 사업자에 의한 8년간의 PP수신료 배분 과정 변화로 새로운 전기를 맞이했다.

케이블TV방송 개시 후 2001년까지 SO와 PP 계약은 기본 수신료 1만 5,000원을 PP 32.5%, SO 52.5%, NO 15%로 배분한다는 원칙으로 사업을 추진했다. SO와 PP 간의 수신료계약은 2000년까지 단체계약 형태를 유지했으나 2001년부터 일부 개별계약 형태를 거쳐 2002년부터는 완전 개별계약

형태로 변경되었다. 32.5%로 책정된 수신료의 PP 간 배분방법은 균등비율, 방송시간, 시청률, SO 의견이나 마케팅 기여도 등에 따라 연도별로 변화가 있다. 2001년 개별계약이 도입되기 전까지 SO와 PP의 수신료 배분기준은 연도별로 약간의 변화가 있기는 했지만 근본적으로 변하지 않았다. 1997년 까지 시청률에 따른 배분은 없었고, 2000년에도 균등배분비율과 방송시간에 의한 배분비율이 60%에 이를 만큼 초기의 불합리한 배분구조가 지속되었다.

케이블TV 도입 초기의 수신료 일괄배분정책은 시간이 지나면서 그 비효율성과 부작용을 드러냈고 이를 비판하는 주장이 설득력을 얻어가면서, 2000년 「방송법」을 통해 PP등록제가 2001년 시행되고 전 채널 의무전송규정이 삭제된다. 이를 통해 SO와 PP 간의 계약형태도 변화되었다.

SO와 PP의 프로그램 공급계약은 1995년부터 '가입자 수' 기준방식에서 1999년부터는 '가입자 수신료 청구' 기준으로 변경되었다. 이러한 변화는 티어링제도 도입에 따라 국민형, 보급형 등 다양한 채널묶음의 수신자와 수신료를 고려해야 하기 때문이다. 2000년부터 PP 간 프로그램 수신료 배분기준(균등배분 30%, 방송시간 40%, 시청률 30%)에는 SO의 의견도 10% 이상 반영키로 해 PP프로그램 등에 관한 SO의 평가도 프로그램 사용료 산출에 중요한 요인으로 작용하게 되었다.

<표 7-5>와 같이 PP 간 프로그램 수신료 배분기준의 변화과정을 연도별로 분석하면 케이블TV의 주요한 사업환경 변화를 알 수 있다(손창용·여현철, 2007: 367).

첫째, 수신료 배분기준이 양적 지표에서 질적 지표로 변화하고 있다는 것을 알 수 있다. 1995~1997년까지는 균등배분과 방송시간을 기준으로 배분한 반면, 1998년부터는 시청률 등 질적 요소를 반영하고 있다. 사업 초기에는 SO의 의무채널전송규정 및 사업자 간의 케이블TV산업 균형발전 측면에서 이렇게 했으나 1998년부터는 프로그램의 질적 요소뿐 아니라 가입자 유치를 위한 프로그램의 질적 요소를 반영한 것으로 분석된다.

둘째, 단체계약임에도 불구하고 공정한 배분을 위해 다양한 지표를 통해

<표 7-5> 연도별 SO·PP 수신료 배분기준 변화

구분	1995	1996	1997	1998	1999	2000	2001	2002
배분 기준	균등: 80% 방송시간: 20%	균등: 30% 방송시간: 70%	균등: 30% 방송시간: 70%	균등: 30% 방송시간: 50% 시청률: 20%	균등: 30% 방송시간: 40% 시청률: 30%	균등: 30% 방송시간: 30% 시청률: 30% SO 의견: 10%	균등: 20% 방송시간: 15% 시청률: 30% 본방 시간: 10% SO 마케팅 기여도: 10% AI지수: 5% 시청자 선호 도: 10%	개별 계약
배분 PP수	18	25	26	24	24	24	24+14	SO별

자료: 한국케이블TV방송협회, 케이블TV PP실무대표 워크숍(2001.9) 수정 보완.

배분하는 형태로 변화되었다. 1995년의 경우 균등배분과 방송시간의 두 가지 척도였지만 2001년의 경우 7가지 척도를 통해 최대한 공정한 배분을 유도하고 있다. 이러한 수신료 배분 결과는 2002년부터 자율계약 형태로 바뀌는 계기가 되었다.

셋째, 수신료 배분지표의 변화추이는 시청자의 의견과 PP 간 경쟁을 통해 프로그램의 질적 개선을 유도하는 방향으로 개선되었다. 특히 1998년부터의 시청률 배분은 시청자의 프로그램에 대한 질적 선호도를 반영했으며, SO 의견 등은 가입자 확보를 위한 PP 간 경쟁과 질적 개선을 유도해왔다.

2001년에는 기본채널 프로그램 공급에 따른 수신료 배분기준이 균등 20%, 방송시간 15%, 본방 시간 10%, 시청률 30%, AI지수(수용자 반응조사) 5%, 시청자 선호도 10%, SO에 대한 마케팅 기여도 10%였다.

PP별 배분비율은 온미디어 19.49%, CJ 계열 12.34%, SBS 8.52%였으며, 전체 수신료 중 MPP가 차지하는 비율은 57.95%나 되었다. 2000년의 경우

MPP가 차지했던 39.11%에서 18.84%가 증가한 것이다.

가입자 확대와 개별계약으로 수신료 시장규모는 계속 확대되었다. 2004년부터 시작한 디지털화 추진으로 디지털 가입자에 대해서는 기존 아날로그 요금체계가 아니라 디지털 요금방식으로 변경되면서 신규 디지털 가입자 증가에 따른 수신료는 계속 증가할 것으로 예상하고 있다.

2002년부터는 개별계약이 행해져 케이블TV시장은 본격적인 경쟁체제로 진입하고 있다. 가장 크게 달라진 것은 SO를 통해 모든 PP채널을 전송해온 관행이 사라지고 채널선택권을 행사하는 SO의 위상이 강화되고 있다는 것이다. 반면 경쟁력 없는 PP는 케이블TV시장에서 도태되어 새로운 사업전략이 필요하게 되었다.

(2) 광고수입

2002년 이후 지상파 방송3사의 광고수입은 1조 9,820억 원에서 하향세를 보이기 시작했고, SO와 PP는 2005년까지 점진적으로 증가했다. 2006년에는 지상파 방송에 비해 케이블TV의 광고 성장세가 두드러진 것으로 나타났다. 2006년 케이블TV 매체의 광고비는 전년 대비 30% 늘어난 6,500억 원 수준에 이른 것으로 추산된다. 이는 전년 대비 1.9% 상승해 2조 4,638억 원을 기록한 지상파TV와 라디오의 연간 광고 매출성장세를 상회한 것이다. 즉, 2006년 케이블TV 매체의 광고비는 6,500억 원으로 2005년보다 30% 성장했으며 지상파 방송 광고시장의 30% 이상 수준에 달한 것으로 추정된다.

우리나라는 PP 수익구조 측면에서 광고수입이 매출액의 많은 부분을 차지하고 있지만 적극적인 광고유치와 광고거래방식의 효율성에 의존하고 있지는 않다. PP는 수신료, 광고료, 기타 부대수익 등이 주 수입원인데, YTN 등 몇몇 PP를 제외하고는 많은 군소 PP들이 수신료 수입에 의존할 수밖에 없다. 따라서 순수 광고수입이 적은 군소 PP들은 인포머셜 광고에 의존하고 있어 케이블TV 모두가 홈쇼핑 채널이라는 부정적 이미지를 주고 있다.

등록제 이후 케이블TV 광고에 대한 인식이나 시장에 대한 문제점은 여전히 남아 있다. 먼저, 케이블TV PP의 방송광고 단가가 지나치게 낮다. 2003년 광고단가의 경우 KBS와 MBC의 SA시급(프라임타임대) 전국 광고요금이 950만 원대이고 수도권 지역을 가시청 범위로 하는 SBS의 SA시급이 280만 원인데 비해 케이블TV의 광고요금은 KBS나 MBC 광고요금의 12분의 1 또는 8분의 1에 불과하고, SBS에 비하면 4분의 1 또는 절반밖에 되지 않는다.

다음으로 케이블TV 광고시장의 부익부 빈익빈 현상이다. 케이블TV 광고 수주는 온미디어, CJ미디어(대기업 계열), YTN, MBN(뉴스/신문계열), KBS, MBC, SBS(지상파 방송 계열) 등 3개 집단이 대다수를 점유하고 있다. 등록제로 신규 PP가 급증했지만 개별 PP의 광고수주는 미비하며 더욱 어려워질 전망이다. 그리고 광고수주 확보에서 치열한 경쟁양상이 전개되고 있다. 개별 PP들의 광고수주 경쟁은 광고단가의 협상, 보너스 방송의 무분별한 제공, 시청률 경쟁심화, 프로그램의 선정성·폭력성 증가, 외국 케이블TV와의 제휴선 확보 경쟁으로 이어져 갈수록 심화되고 있다.

케이블TV업계는 주로 케이블 가입자로부터 나오는 수신료와 여러 가지 종류의 광고수입으로 구성된 이중적 재원에 의존한다. 그러므로 가입가구의 증대를 통한 수신료 수입의 확보 이외에 광고판매를 통한 수입확보도 케이블 TV 경영상의 중요한 영역이라고 할 수 있다.

케이블TV 광고의 특성은 첫째, 지상파 TV 광고가 불특정 다수를 대상으로 하는 반면 세분화된 표적 수용자를 대상으로 할 수 있다는 것이며, 둘째 광고단가가 지상파 방송에 비하여 훨씬 저렴하기 때문에 이용하기 쉽고, 셋째 지상파 방송에서는 높은 광고비 때문에 시행하기 어려운 인포머셜이나 프로그램(program length advertising) 등 다양한 광고형태와 기법을 선보일 수 있다는 것이다(김창현, 1994). 그러나 케이블TV 광고는 특히 케이블TV 가입률이 높지 않은 초기의 경우 시청자 도달범위가 협소하고 객관적인 시청률 조사가 용이하지 않기 때문에 광고료 책정이 어려우며, 지상파TV 광고가 높은 광고료를 감안하여 짧은 시간(15~30초) 내에 압축적이고도 인상적인 내용을 담기 때문에 재미가 있는 반면 케이블TV 광고는 그렇지 못할

<표 7-6> 케이블TV 광고와 지상파TV 광고의 비교

항목	케이블TV	지상파TV
타깃	세분화된 수용자	불특정 다수
마케팅 형태	마이크로 마케팅 직접마케팅(홈쇼핑채널)	매스 마케팅
광고 길이	융통성, 인포머셜 기능	제한적
광고 형태	다양	제한
광고 내용	메시지 중심	임팩트 중심
표현 전략	스토리텔링 기능	비주얼 쇼크(visual shock), 키워드 중심

자료: 한국광고단체연합회(1992).

수 있다는 단점이 있다. 광고량의 경우 지상파TV는 60분 프로그램의 경우 6분인 반면, 케이블TV는 10분으로 4분이나 더 많다. 중간광고까지 허용되기 때문에 시청자들의 채널 재핑이 더 많이 발생한다.

케이블TV업계는 이런 현상을 막고 광고의 주목도와 관여도를 높이기 위해 수많은 아이디어를 내놓고 있다(한국방송광고공사, 2008: 85~86). 대표적인 것이 CJ미디어의 BCT(Brand Connection Tool)와 온미디어의 MMS(Media Marketing Service)이다. 명칭만 다를 뿐 이러한 광고포맷은 기존의 15초와 30초 광고형태를 벗어나 소비자의 주목도를 높이기 위한 것으로서, 지상파 TV에서 제공하는 기존의 형태를 브랜드와 채널의 특성에 맞게 만든 변형광고들이다. 케이블TV 광고와 지상파 광고의 일반적인 비교는 <표 7-6>과 같다.

여기서는 마케팅 믹스 중 가격전략을 위주로 하여 케이블TV의 광고단가를 산출하는 방식을 중심으로 살펴보고자 한다(이준호, 1999: 148). 케이블TV의 경우 전문화되고 소수의 취향을 겨냥하여 운영되는 채널에서는 지상파 방송에서 대상으로 잡고 있는 불특정 다수의 시청자보다는 그 채널의 의도와 내용에 적합한 부류의 수용자들을 진정한 시청자집단이라고 생각할 수 있기 때문에 광고요금이 더 낮게 책정될 수밖에 없다는 점을 광고주 입장에서 강조할 수 있다.

이러한 입장에서 산출될 수 있는 케이블TV의 CPM 지수는 다음과 같다. 예를 들면 어떤 시간대에 20~40대 여성에게 소구하는 여성전문 케이블채널의 전체 시청자 수가 한 SO의 영업지역에서 모두 2,500명이고 광고비용은 1만 원이라고 정해졌을 때, 이 요금이 모든 도달 시청자에 대한 CPM이 4,000원이라는 기준에서 산정되었다면 광고주의 입장에서 불리한 것이다. 즉, 이 시청자들 중 40%만이 20~40대 사이의 여성이라고 할 때 이 채널에 적합한 표적 시청자는 1,000명으로 감소하여 CPM은 실제로 1만 원이 되고 실제 광고비용은 4만 원이 되는 것이다. 그러므로 광고주 입장에서는 표적 시청자에 대한 CPM이 4,000원이 되는 경우 광고요금이 4,000원이 되어야 한다는 생각을 할 수 있을 것이고, 또는 전체 시청자들에 대한 CPM을 낮추는 것이 합당하다고 주장할 수도 있을 것이다.

2. 미디어상품의 가격결정

가격은 제품을 소유하거나 사용하는 대가로 지불하는 화폐나 교환매체로 표시되는 가치이다. 상황에 따라 다르겠지만 문화상품도 공연이나 전시, 영화, 야구경기 등 서비스를 제공하는 데 드는 원가(cost)의 수준이 어느 정도 인지, 경쟁사(competitor)들은 얼마 정도의 가격을 설정하고 있는지, 소비자가 원하는 수요곡선은 어떠한지 등에 따라 적절한 가격을 결정하는 요소로 작용할 수 있다. 보통 케이블TV와 위성방송, IPTV 등 유료미디어상품은 수신료라는 소비자들이 화폐적 가치를 주고 시청하는 경우가 많은데, 이때 수신료는 상품을 선택할 때 중요한 결정요인이 된다. 미디어상품의 가격결 정은 일반적인 상품의 가격결정보다 탄력적이며, 시장상황에 따라 다양한 변수가 존재한다. 즉, 상품의 원가, 타 상품과의 가격경쟁력, 상품의 상업적·

예술적 가치, 상품 자체의 공공성이나 장르 등을 고려하는 가격전략이 필요하다.

1) 미디어상품의 가격 특성

(1) 미디어상품의 가치와 가격

미디어상품은 일반적인 상품과 달리 서비스적 측면이 강한 상품이다. 미디어상품의 가치는 소비자의 심리적 요인에 영향을 받는다. 즉, 미디어상품은 상업적 가치와 정신적 가치가 높은 서비스상품이다. 유료방송시장인 케이블 TV나 위성방송은 여러 개의 채널을 다양한 방식으로 묶어서 서로 다른 가격을 매기는 티어링(번들링)제도를 실시하여 소비자에게 가격차별화의 효과를 느끼게 한다. 유료방송들이 영화나 성인방송 등 프리미엄 서비스를 하여 추가 요금을 받거나 전화서비스와 인터넷 서비스를 추가하여 가격을 할인한 후 판매하는 것도 수요층 개발전략의 하나이다.

그러나 장기적인 측면에서 채널 수가 늘어나고 전송용량이나 기술이 발달할수록 채널 티어 수와 가격구분이 없어질 것으로 예상된다. 케이블TV도 디지털화에 따라 채널수신료에서 얻는 이익보다 인터넷 서비스 PPV 및 VOD 등 부가서비스에서 얻는 이익이 커질 것이다. 그에 따라 국민형, 보급형, 선택형, 기본형 채널의 개념이 약해지고, 묶음형 채널에 덧붙인 다양한 부가서비스 번들링(TPS, QPS)이 나타나게 되며 묶음채널의 가격도 떨어질 것으로 보인다.

(2) 미디어상품의 편익과 가격

미디어상품에도 일반적인 상품과 같이 편익이 존재한다. 예를 들어 공연이나 야구관람, 영화관람을 보기 좋은 자리에서 보는 것은 그만큼 편안하게 관람할 수 있는 편익을 주기 때문에 좋은 자리를 이용하는 비용을 지불해야 한다. 미디어상품들도 부가적인 혜택을 더 주는 서비스의 상품가격이 높은 것은 그만한 편리성의 차이가 있기 때문이다. 더욱이 케이블이나 위성방송의 HD 디지털방송은 고화질과 고품질, 부가서비스(PPV, 노래방, 날씨, 교통) 등 일반 SD급 방송이 제공하지 못하는 다양한 편의서비스를 제공하는 만큼 시청자들의 선호도가 훨씬 높아지고 있다.

(3) 미디어상품의 대체재와 가격

미디어상품을 '오락'(휴식 또는 즐거움)의 하나로 생각한다면 문학작품, 신문, 잡지, 영화, 텔레비전, 음악, 스포츠 관람 등 많은 대체재가 있다. 일반적으로 특정 문화상품의 가격을 높게 설정한다면 소비자는 높은 가격을 지불하지 않고 대체할 수 있는 다른 서비스를 구매하려고 할 것이다. 미디어상품에 대한 대체재가 풍부하다는 사실 때문에 미디어상품이 가격에 대해서 매우 탄력적일 것이라고 생각하기 쉽지만 실제로는 그렇지 않다. 미디어상품에 대한 기호는 후천적으로 개발되는 것이기 때문에 그것에 접할 기회가 많을수록 기호가 커진다. 후천적 경험과 심리적 요인으로 공연예술은 한 번 흥미를 갖기 시작하면 이들에 점차 사로잡혀 가격에 대해 무감각해지는 경향이 있다. 일부 마니아층들은 밥은 굶어도 보고 싶은 영화나 공연, 전시는 꼭 봐야 직성이 풀린다며 많은 돈을 들여서 티켓을 구매하는 경향을 보이고 있다. 이 경우 다른 대체 상품을 쉽게 찾기 어려우므로 수요는 비탄력적이 된다.

(4) 미디어상품의 공공성과 가격

미디어 행사의 목적을 공공성으로 하는 경우 제작원가 또는 행사의 가치와 상관없이 아주 저렴하게 또는 무료로 제공해야 한다. 그러나 아무리 정부 또는 지방자치단체의 지원을 받는 행사라도 제작원가보다 낮은 가격이 책정되면 결국 실패하고 만다.

공공행사의 경우 비용과 수익을 연계하여 고려하지 않는데, 공공극장은 공공성을 위해 시민을 위한 공연을 기획하여 입장권 가격을 저렴하게 책정함으로써 많은 관객을 확보하기도 한다. 예를 들어 EBS에서 청소년문화 특별활동으로 기획된 콘서트를 무료로 제공함으로써 청소년들에게 건전한 교양을 심고 다양한 음악 체험을 할 수 있는 기회를 제공하게 된다.

(5) 소비자의 성향과 가격

문화상품에 대한 소비자의 개인적 성향에 따라 가격변화에 반응하는 정도가 달라진다. 예를 들어 호동과 낙랑은 둘 다 주말에 영화를 관람하는 것을 즐긴다. 그러나 갑자기 영화관람료가 올랐을 때 주말에 영화 보기를 필수적으로 여기는 호동은 가격변화에 비탄력적으로 대응하여 소비패턴을 바꾸지 않지만, 주말 영화보기를 필수적으로 생각하지 않는 낙랑은 영화를 보는 대신에 가까운 비디오 대여점을 찾아 DVD를 빌려 보는 방식으로 소비패턴의 변화를 가져올 것이다.

이 밖에도 개인의 수입 정도에 따라 가격탄력성이 차이가 난다. 고소득인 사람과 저소득인 사람의 경우 같은 가격 변화에 대해 다른 영향을 받는다. 스카이라이프 이용요금이 1만 7,000원에서 2만 원으로 올랐을 때 고소득인 시청자는 비탄력적으로 반응하고, 저소득 시청자는 탄력적으로 반응하게 되는 것이 그 예이다. 저소득 시청자는 경우에 따라 가격이 좀 더 싼 케이블 TV 기본형으로 전환하거나 HD 디지털방송으로 바꿀 수도 있을 것이다.

2) 가격산정방법

가격산정방법은 특정한 기준에 따라 가격을 결정하는 기술적 과정에 대한 것으로 자사제품의 가격범위를 어느 정도로 정할 것인가에 관한 문제다. 기업이 가격을 산정하는 방법으로 원가가산법, 경쟁중심 가격산정법, 목표수익률기준 가격산정법, 소비자기대기준 가격산정법이 있다.

(1) 원가가산법

원가가산법은 제품원가에 일정 이익을 가산하여 가격을 결정하는 가장 기본적인 가격산정법이다. 여기서 원가는 기업의 이익을 산출하는 기준이 되는 것으로 제품 생산 및 운영에 들어가는 제반 비용을 말한다. 즉, 미디어기업에서 원가는 운영비, 콘텐츠 수급비용 및 유통망 수수료 등 변동비, 방송센터 운영 및 인건비를 의미하는 고정비 등을 포함한다.

공연상품의 경우 원가는 공연제작비용과 공연 시 발생하는 모든 비용을 말한다. 즉, 공연프로덕션 비용은 작가, 연출, 출연진의 사례비를 포함하여 무대비용(조명, 음향, 무대장치, 소품 등), 공연행정비 등 공연예산 편성 시에 들어가는 모든 비용이다. 그러나 공연입장권의 단위당 원가는 판매량에 의해 달라지며 판매량은 가격에 의해 달라지게 되어 단위당 원가가 얼마가 나올지는 사전에 파악하기 어렵다.

원가가산법은 가격결정이 매우 간단하고, 동종 산업 내 모든 기업들이 이러한 가격산정방법을 이용한다면 그들의 가격이 비슷하여 가격경쟁이 최소화될 수 있으며, 구매자와 판매자 모두에게 공정한 것으로 생각될 수 있는 장점이 있다.

(2) 경쟁중심 가격산정법

경쟁자를 고려한 가격산정은 자사제품의 생산에 소요되는 비용 측정이 어려운 경우나 시장에서 경쟁기업의 반응이 불확실한 경우에 사용될 수 있다. 이 방법은 가격산정이 경쟁자의 가격에 맞추어 이루어지는 것으로 대개 후발업체가 시장에 진입할 경우나 시장구조가 과점 성격을 가질 경우, 또는 시장에서 특별한 지위를 가지지 못한 중소기업이 선도기업의 가격에 따라 자사의 가격을 결정할 때에 주로 나타난다. 예를 들어 위성방송인 스카이라이프가 후발 주자로서 유료방송시장에 진입할 때 경쟁자인 케이블TV SO의 가격산정방법을 참고하여 약간 고가나 비슷한 가격을 설정하는 것이다.

경쟁중심 가격결정은 경쟁사의 상품가격 책정에 맞추어 자사의 상품가격을 책정하는 것이기 때문에 상품수요나 상품원가를 상대적으로 적게 고려하는 방법이다.

공연시장에서 몇몇 공연단체가 동일한 공연 장르의 작품을 공연하면 비슷한 공연입장권 가격을 형성한다. 그러나 동일한 공연시장 내에서 경쟁관계의 공연단체가 많이 존재할 경우 비슷한 공연입장권의 가격을 형성하기 힘들다. 한편, 공연시장에 동일한 공연 장르를 공연하는 신생 공연단체가 진입하게 되면 저가정책으로 시장진입을 시도할 것이다. 반면 단체의 인지도가 높거나 다른 단체보다 경쟁우위에 위치하기 위해 공연제작에서 중요한 초빙연출자나 배우, 또는 해외의 유명 공연단체를 초빙하여 공연입장권의 가격을 고가로 책정하는 마케팅 전략을 펼치는 경우도 있다.

따라서 경쟁중심 가격결정방법은 저가격정책, 고가격정책, 동일가격정책으로 구분해볼 수 있다. 후발 주자라면 보통 저가격정책을 통한 시장진입을 시도하고 반대로 상대적으로 인지도가 높다면 고가격정책으로, 그리고 소수의 단체가 시장을 지배는 상황이면 경쟁상품과 비슷한 가격을 책정할 수 있다.

(3) 목표수익률기준 가격산정법

이 방법은 기업이 목표수익률을 정하여 이를 기준으로 가격을 산정하는 방법이다. 미국의 GM에 의해 처음 사용된 목표수익률기준 가격결정법은 기업이 투자에 대한 일정목표수익률(ROI)을 정해놓고 이를 달성할 수 있도록 가격을 결정한다.

이 방법은 단순히 가격만을 산정하는 것이 아니라 예상판매량에 따라 가격이 달라진다는 특징이 있다. 따라서 원가가산법처럼 판매량에 영향을 미치는 수요의 탄력성과 경쟁자의 가격을 고려하지 못하는 제한점이 있다.

(4) 소비자기대기준 가격산정법

이 방법은 제품생산이나 원가, 목표수익률을 고려해서 가격을 결정하는 것이 아니라 소비자가 예상하는 가격대에 맞게 가격을 책정하는 것이다. 예를 들어 케이블TV 상품을 구매하는 소비자가 SO가 제공하는 HD 디지털 방송 중 HD 디지털 골드와 HD 디지털 실버 사이에 새로 판매될 'HD 디지털 블루'라는 상품을 광고를 통해서 알게 되었다. 소비자들은 대부분 그 신상품의 가격이 HD 디지털 골드 2만 4,700원과 HD 디지털 실버 2만 500원 사이쯤인 2만 2,000원에서 결정될 것이라고 예상한다. 케이블TV의 SO 입장에서는 만약 원가가산법에 의한 가격산정 결과 2만 2,000원보다 낮을 경우에도 가격을 2만 2,000원에 가깝게 결정하게 된다.

소비자기대 기준 가격산정법은 우리나라 기업들이 많이 사용하고 있다. 기업들은 소비자들을 대상으로 특정 제품에 대해 가격이 어느 정도일 것으로 보는지, 얼마나 지불할 용의가 있는지를 조사해서 가격산정의 자료로 삼는다. 따라서 이 방법은 소비자들이 상품에 대해 지불하고자 하는 가격을 파악하고 이를 바탕으로 가격을 책정하는 수요자 위주의 가격설정방식을 의미한다.

우리는 미디어상품의 가격설정의 원리로 원가가산법, 경쟁중심 가격산정법, 목표수익률기준 가격산정법 등 공급자 위주의 가격설정과 소비자기대기준 가격산정법인 수요자 위주의 가격설정방법을 살펴보았다. 하지만 미디어상품의 가격은 상품의 성격, 장소, 시기, 참가자들의 명성도, 소비자 개인적 성향 등 여러 변수가 고려되기 때문에 일반적인 가격설정전략을 채택하는데 무리가 따른다.

하지만 미디어상품도 수익향상을 위해서 다양한 할인가격정책을 채택하고 있다. 미디어상품의 경우 번들링(묶음가격)과 유인가격, 특별행사가격을 설정하거나 연령 혹은 시간을 기준으로 할인하고, 또는 할인, 할증, 초대권을 활용하는 차별화방법을 쓰기도 한다.

3. 케이블TV의 채널 티어링

1) 채널 티어링의 개념

채널 티어링은 케이블TV사업자가 프로그램을 소비자들에게 공급하는 방식이다. 여러 개의 채널을 다양한 방식으로 묶어서 묶음별로 서로 다른 가격을 매기는 것으로, 보통 티어링 혹은 번들링으로 불린다.

케이블TV에서 채널이나 서비스 묶음은 공급자, 소비자, 규제자 등 케이블TV시장의 문제가 집약적으로 작용하는 영역이다. 동일한 종류의 서비스들을 특정한 묶음으로 구성(tiering)하거나 서로 상이한 서비스를 조합하여 서로 다른 가격으로 차별화시키는 케이블TV의 번들링은 '가격'과 '상품'이라는 마케팅의 가장 핵심적인 요인이다.

케이블TV의 번들링 전략은 크게 두 가지 유형으로 구분할 수 있다.

첫째는 티어링제도라 부르는 케이블TV의 채널묶음이다. 케이블TV의 채널 티어링은 케이블TV에서 제공하는 다수의 채널을 몇 개의 꾸러미로 묶어 서로 다른 가격으로 소비자에게 제공하는 것을 말한다. 즉, 티어링제도는 케이블TV사업자가 인위적으로 채널을 여러 형태로 묶고 가입자에게 차등된 가격으로 제공하는 것이다. 공급자 측면에서 보면 일종의 부과요금을 단계적으로 늘려나가는 전략이며, 수용자 입장에서 보면 다양한 가격에 여러 종류의 상품을 선택할 수 있는 장점을 제공하는 채널판매방식이다.

둘째, 케이블TV 전송망을 통해 제공될 수 있는 서로 다른 종류의 서비스를 결합시켜 묶음을 만들고, 각 묶음별로 서로 다른 가격을 책정하는 패키징(packaging)이 있다. 일반적으로 케이블TV의 패키지 서비스와 티어링을 혼용하는 경우는 많지만 케이블TV의 패키지 서비스는 질적으로 서로 다른 두 개의 이종 서비스를 판매하는 것을 말한다. 케이블TV 프로그램 서비스와 인터넷, 전화서비스를 하나의 패키지로 묶어서 판매하는 경우가 대표적인 사례다. 패키지 판매는 티어링과 함께 케이블TV 마케팅의 핵심적인 요소

중의 하나이며, 티어링과 패키징은 매우 다양한 형태로 결합될 수 있다. 우리나라의 주요 SO들은 가격할인을 통해 케이블TV 서비스와 인터넷 서비스를 번들링 상품으로 판매하고 있다.

이를 종합하면 채널 티어링은 케이블TV사업자가 몇 가지 채널묶음을 통해서 차별화된 가격을 시청자에게 제시하는 가격차별화전략으로 볼 수 있으며, 소비자 입장에서 다양한 가격대의 상품 중 하나의 상품을 선택할 수 있는 가격 선택으로 규정할 수 있다. 또한 패키징은 서로 다른 종류의 서비스를 결합시켜 TPS나 QPS로 묶음별로 다른 가격에 판매하는 묶음가격 전략으로 이해할 수 있다.

실제 가격할인정책은 '양날의 칼'과 같은 전략이다. 신규 서비스가 도입되는 초기 시장에서는 가입자 유치를 위한 저가경쟁이 예상될 수 있다. 그런데 이미 유료방송시장에서 중계유선과 종합유선이 저가경쟁을 하여 가입자 수가 폭발적으로 증가했지만 낮은 ARPU를 끌어올리기는 것에 어려움이 많았다. 이런 점에서 TPS나 QPS와 같은 결합상품이나 가입자가 보고 싶은 채널만을 골라 서비스에 가입하는 '알라카르트'와 같은 맞춤형 상품 등은 현실적인 가격할인정책이 될 것이다.

2007년 한국케이블TV 방송협회가 조사한 티어링 가격대별 가입비율을 보면 6,000원 미만의 가입자가 24.9%, 6,000원~1만 원 미만이 60.8%, 1만 원~1만 5,000원 미만이 6.9%, 1만 5,000원 이상이 7.4%를 차지하고 있다. 케이블방송의 고질적인 문제점으로 지적되어온 아날로그 케이블TV의 요금은 2003년부터 MSO를 중심으로 단계적으로 인상됐다. 보급형 상품도 최근 1~2년 사이에 6000~8000원선까지 가격이 상승하여 정상화 궤도에 올랐다. 디지털 케이블방송의 경우 상품가격이 1만 5,000원~2만 5,000원의 고가이기 때문에 아날로그 상품과의 격차가 현저하다. 기존 아날로그 가입자들을 디지털방송 가입자로 끌어들이기 위해서는 둘 사이의 가격 격차를 줄여야 한다.

특히 서로 경쟁관계에 있는 디지털 케이블TV와 IPTV 간의 가격경쟁은 치열해질 전망이다. KT가 방송통신위원회에 제출한 이용약관에 따르면, 지상파 실시간 방송을 포함한 IPTV 기본형 모델은 1만 6,000원대라고 한다. 여기에 추가로 전화, 이동전화 등을 결합상품군으로 하는 TPS나 QPS를 구성할 경우 추가 할인혜택이 더해진다. 실제로 IPTV의 기본상품은 1만6,000원대 정도지만 초고속인터넷, 전화 등을 결합한 TPS 제품군으로 구성할 경우 고객들은 8,000원대 초반 가격으로 IPTV를 시청할 수 있다. 이에 따라 TPS, QPS의 경우 최소 3만~4만 원대에서 IPTV와 초고속인터넷, 인터넷전화 등을 이용할 수 있다는 계산이다.

한편 위성방송, 디지털 케이블TV, IPTV서비스의 가격은 대체로 월 8,000원에서 2만 원 사이에서 비슷하게 책정되어 있다. 인터넷 및 전화와 결합서비스를 제공하는 능력 면에서는 케이블TV와 IPTV가 우위에 서 있고, 위성방송이 불리한 입장에 있다. 케이블TV와 통신사업자가 TPS 서비스를 두고 본격적으로 경쟁하는 시점에는 케이블TV가 통신사업자보다 가격경쟁력이 클 것으로 판단된다.

2) 채널 티어링과 가입자

1998년 케이블TV 활성화 정책의 일환으로 SO의 채널선택권이 허용되고, 1999년 초부터 기존의 기본형 위주의 채널상품 이외에 국민형, 보급형, 선택형 등의 채널 상품을 구성·운영함으로써 단순한 모델이긴 하지만 티어링제도가 실시되었다. 이 시기가 티어링제도 도입기로 제한적인 시장원리가 적용되었다면, 2001년부터는 본격적인 티어링제도의 성장기라고 규정할 수 있다. 2001년까지 티어링제도는 수신료 단체협상으로 제한적인 시장원리가 적용되었으나, 2002년부터는 개별 수신료 배분으로 티어링제도가 새로운 전기를 맞게 되었다. 2001년도의 티어링제도 도입, 등록제 시행 등 케이블TV 사업환경이 변화하자 이용약관도 소비자 중심으로 개편되었다. 현재는 「방송법」 제77조 '유료방송의 약관승인'에 근거하여 실시하고 있다.

초기 티어링제도는 국민형, 보급형, 선택형, 기본형을 모델로 했으나 유형은 지역별 여건과 채널 선호도를 고려하여 SO에 따라 가격, 채널 구성, 명칭(예: 패밀리형, 알뜰형 등)이 다양하게 나타나고 있다.

1999년 11월까지 총 77개 SO 중 40개 이상의 SO에서 다양한 형태의 채널 티어링이 실시되었다. 티어링제도는 PP, SO 간 1999년도 기본채널 프로그램 공급계약서에 처음으로 도입되었다.

우리나라에서 채널 티어링은 가입자 입장에서는 채널선택권을 보장받고, 사업자 측면에서는 경쟁 사업자와 비교되는 가격 열세를 극복하고 신규 사업자 증대에 따른 수익성 확대를 목적으로 한다. 세부적인 티어링 도입효과는 가입자와 사업자 입장을 고려할 수 있다.

첫째, 규제완화를 들 수 있다. 케이블TV의 고정단일가격(1만 5,000원) 정책에 대한 수정을 통해 중저가의 케이블TV 수요층을 개발하여 케이블TV 보급을 촉진할 수 있었다.

둘째, SO 입장에서는 가격경쟁력을 확보할 수 있었다. 동일 지역 내 경쟁매체인 중계유선방송과 경쟁할 수 있었던 것이다. 유선방송 점유율이 전체의 70%로 가입자 시장이 포화상태였던 상태에서 저가의 중계유선 서비스에 대항하여 가격경쟁력을 확보할 수 있었다. 또한 최저 티어의 경우 컨버터의 설치 없이 운영할 수 있으므로 사업자로서는 비용을 절감하고 가격 저항으로 인해 해지의사를 가진 가입자를 중저가 티어로 전환·유도할 수 있으며 홈패스율의 활용도도 제고할 수 있었다.

셋째, PP 입장에서는 케이블TV시장 확대에 따른 광고시장 확대로 경영수지 개선효과를 볼 수 있고, 소비자의 입장에서는 서비스 가격 인하와 채널선택권의 확대 효과를 들 수 있다. 결과적으로 티어링은 기본채널을 어떤 형태로든 작은 묶음으로 가입자에게 판매하기 때문에 PP 간 치열한 경쟁이 불가피하게 되었으며 SO에 대응하기 위한 전략이 필요하게 되었다. PP들은 프로그램 마케팅에서 SO마케팅과 브랜드 마케팅으로 전환하는 계기가 되었다. 따라서 PP의 전략은 MPP를 형성하거나, 개별 PP의 경우 타 채널과의 전략적

<table>
<tr><td align="center"><표 7-7> SO와 위성 채널 패키지 가격 비교</td></tr>
</table>

상품명	SO 채널 패키지 가격		스카이라이프 채널 패키지 가격		
	월 시청료	상품내용	상품명	월 시청료	상품내용
묶음1 (의무형)	4,000원 이하	27개 TV채널 공공(3개), 홈쇼핑(5개), 지상파(5개) 지상파 녹화, 위성, 자체 채널, 지역정보채널, EPG, 뉴스 등	Sky Family	2만 원	
묶음2 (라이트)	8,000원 이하	51개 TV채널 묶음 1+24개 채널 영화, 교육, 게임, 증권, 다큐, 건강 등 다양한 장르별 채널 배정	Sky On+ (보급형)	1만 원	비디오 44개, 오디오 10개, Sky Touch 20개
묶음3 (플러스)	1만 2,000원 이하	65개 TV채널 묶음 2+14개 채널 스포츠, 게임, 연예정보, 패션 장르별 채널 추가	Sky Movie+ (경제형)	1만 4,000원	비디오 51개, 오디오 10개, Sky Touch 20개
			선택형 패키지	각 3,000원	Time & Sports와 Kids & Mom
기본형	1만 5,000원 이하	79개 TV채널 묶음 3+14개 채널 79개 전채 채널 만화, 영화, 음악, 바둑, 디지털 채널 등 인기장르 추가	Sky On (보급형)	1만 원	
유료 채널	7,800원	HBO, HBO+	프리미엄	6,000~ 7,800원	Midnight, 스파이스TV, Catch On/Catch On+
오디오 채널	실시 예정		Sky Sound	3,000원	30개 오디오채널

제휴가 불가피해져 채널 간 팩을 구성하는 사례도 나타났다.

또한 티어링제도 도입에 따라 가입자 증대효과도 나타났다. 은평케이블TV 는 티어링을 중계유선에 대응하기 위한 마케팅 전략의 일환으로 1999년부터 운영했다. 서서울·은평 SO의 티어링제도 도입으로 인한 가입자 증대효과는 자체 조사에서도 나타났다. 3개월간의 자체 조사에서 서서울은 16.1%, 은평은 7.5%로 증가했으며, 요금 부담으로 인한 해약자는 서서울 54%, 은평 56%로 감소한 것으로 조사됐다.

2002년 수신자 이용약관에 따르면 전국 SO의 채널 티어링상품은 최저 3,000원에서부터 최고 2만 4,800원에 이르기까지 최저 4개부터 8개의 티어링상품이 구성되어 있으며, PPV서비스의 운용 등으로 가입자의 취향에 맞게 다양한 선택이 가능해졌다(≪한국케이블TV 방송협회보≫, 2002년 8월, 2003년 5월). 최저상품의 가격은 대부분 4,000원이었고, 4,000원에서 1만 5,000원의 기본형 상품 사이에 2~5개의 채널 티어링상품을 구성하고 있다. 각 SO마다 채널 상품 운영형태는 매우 다양하나 일반적인 경향 중 하나가 최저가형 채널 상품에 추가적으로 영화채널팩, 스포츠채널팩, 음악채널팩 등을 조합하는 형태의 상품구성이다.

SO의 채널 티어링은 위성방송의 출현과 함께 위성방송 상품과도 경쟁을 하게 되었다. <표 7-7>은 SO와 스카이라이프와의 채널 패키지 가격을 도표화하여 비교한 것이다.

3) 티어링제도의 개선방안

채널 티어링으로 인한 가입자 증대효과는 케이블TV시장 전체에서 2006년까지 가시적으로 나타났다. 그러나 채널 티어링 도입으로 확대된 유료가입자 증가가 PP의 수익구조 개선에 직접적으로 영향을 미치지 못하고 있다. 저가 티어 판매에 의한 프로그램 사용료 수입의 감소 때문이다. 케이블TV시장 가입자 측면에서는 티어링제도가 상당한 성과를 거둔 정책으로 평가받을 수 있다. 그러나 2006년까지 티어링제도 정책에서 파생하는 케이블TV시장의 문제는 새로운 정책적 보완을 요구했다.

첫째, SO의 질적 하향과 시청자의 욕구에 적합한 채널상품의 다양성 부족 문제이다. 중계유선방송 또는 동일 지역 SO는 경쟁을 목적으로 하여 단순한 중계유선방송과 유사한 채널을 티어링제도라는 이름으로 제공하고 있다.

복수 SO지역에서의 SO와 SO 간 경쟁, SO와 중계유선방송의 경쟁으로 일부 PP채널과 지상파, 국내외 위성방송 등으로 구성된 저가형 채널은 SO의 질적 하향을 초래했다. 승인 SO의 등장으로 동일 지역 내 두 개의 SO가 존재하게 되어 가입자 확보를 위한 과열경쟁도 발생했다.

둘째, 티어링제도 도입이 PP의 수익성 개선과 영상산업 발전에 기여하지 못했다. SO 상품은 기본형 채널상품과 중계유선방송 수준의 채널상품 위주로 하여 철저히 SO 수익극대화 및 가입자 관리의 용이성을 목적으로 운영되고 있다. 대부분의 PP채널이 제외된 저가채널의 보급은 PP의 프로그램 수신료 수입원이 되지 못하고 있으며, 티어링 채널에 대한 수신료 배분 미체결로 PP의 신규 프로그램 확대를 위한 투자가 이루어지지 못했다. 이러한 문제는 결국 2005년부터 SO 재허가 시 주요 문제점으로 지적되었으며, 수신료의 일정비율 이상을 PP에게 의무적으로 배분하도록 강제하는 재허가 조건이 부여됨으로써 일부 개선되었다.

셋째, 상품별 채널 구성 및 이용요금이 비합리적이었다. 지역별, SO별로 서비스 내용 및 가격 차이가 발생했다. 또한 2001년까지 저가형 티어는 국민형, 가족형, 선택형, 보급형 등 용어도 다양하고 가격도 천차만별이라서 시청자에게 많은 혼란을 야기해왔다. 이러한 문제는 유선방송의 표준약관 제정으로 개선되었다.

넷째, 일부 SO가 티어링제도를 실시하면서 PP의 동의 없이 채널을 구성함으로써 프로그램 사용료 미지불로 갈등구조를 형성했다. 또한 채널등록제로 인한 PP 간 송출경쟁을 계기로 SO에서는 무료채널 중심의 송출로 인해 PP는 케이블TV시장 확대에도 불구하고 수익성을 개선시키지 못했다.

2004년부터 티어링제도는 안정기에 도달했다. 그러나 방송환경 변화에 따라 새로운 과제가 대두되고 있다. 「방송법」에서는 "케이블TV의 채널은 다양성이 구현되도록 구성되고 운영되어야 하며, 특정 분야에 편중되어서는 안 된다"라고 규정되어 있다. 따라서 케이블TV는 채널 간의 상호보완성이 유지되는 가운데 균형성과 다양성이 고려되어야 하지만 현재는 특정 채널이 집중편성·배치되어 논란이 발생했다. 특히 SO들은 수익성 확보가 가입자들의 요구라는 명분하에 홈쇼핑 채널을 지상파 방송에 근접배치하고 있다.

규제완화와 제도개선으로 인해 채널 티어링의 과제는 사업자의 몫으로 남게 되었다. 디지털시대를 맞이하여 티어링제도는 기술발전을 기반으로 소비자에게 최적의 혜택을 제공할 수 있는 '개별선택 프로그램' 방식으로의 전환이라는 새로운 과제가 등장했다.

4. 위성방송의 가격정책

1) 채널 구성 및 가격

위성방송을 통해서 수신자들은 백여 개의 채널에서 선명한 화질과 양질의 음질로 제공되는 다양한 방송콘텐츠를 안방에서 향유할 수 있게 되었다.

KDB 스카이라이프의 채널에는 오락, 스포츠·레저, 홈쇼핑 등 오락성과 수익성이 높은 장르가 많이 있다. 스카이라이프는 총 208개의 채널을 제공하고 있는데, 크게 기본채널과 프리미엄채널로 이루어져 있으며 기본채널인 Sky Family의 패키지 구성은 Sky Movie(비디오 51개, 오디오 10개, Sky Touch 20개), Sky On+(비디오 44개, 오디오 10개, Sky Touch 20개), Time & Sports(15개), Kids & Mom(13개), Sky Sound(디지털 오디오 15개)로 구성되어 있다. 프리미엄 채널(유료채널)은 Sky Choice(영화 20개 채널), Catch On/Catch On+(2개 채널), Kids TalkTalk(1개 채널), Sky HD(1개 채널), 스파이스TV(1개 채널), Midnight(1개 채널)로 구성된다. 유료영화채널인 'Sky Choice'는 한 편씩 볼 때마다 요금이 부과되는 PPV 방식이다. Sky Choice는 개국 당시 10개 채널에서 현재 20개 채널로 늘려 멀티플렉스 영화관처럼 운영하고 있다.

스카이라이프의 패키지별 만족도에 대해 2008년 하반기 AGB닐슨 미디어 리서치가 조사한 결과 Gold+(평점 3.18), Movie+(평점 3.03점), Kids & Mom

<표 7-8> 스카이라이프 스페셜 상품의 요금표

상품명	월 수신료			수신기 대금	설치비
SkyPlatinumHD	3년	정상가	60,200	무료	무료
		할인가	30,000		
SkyBlueHD+	3년	정상가	34,500	4,000	무료
		할인가	20,000		
SkyBlueHD	3년	정상가	27,000	4,000	무료
		할인가	17,000		
SkyGreenHD	3년	정상가	14,000	4,000	30,000
		할인가	12,000		
SkyGreen	3년	정상가	12,000	4,000	30,000
		할인가	10,000		
SkyEnglishworldHD	3년	정상가	14,000	4,000	30,000
		할인가	12,000		
SkyEnglishworld	3년	정상가	12,000	4,000	30,000
		할인가	12,000		

유료채널

구분	채널 수	가격	비고
Catch On	TV 2	7,800	수신기 가격 별도 (약정기간에 따라 가격 달라질 수 있음)
스파이스TV	TV 1	7,500	
Midnight	TV 1	6,500	
Kids TalkTalk	TV 1	5,000	

자료: 스카이라이프 홈페이지.

(평점 3.01점), Time & Sports(평점 2.93점) 순으로 나타났고, SKY On+의 만족도는 평점 2.89로 가장 낮았다(한국디지털위성방송. 2009).

위성방송의 서비스가격은 스페셜 상품과 기본상품, 프리미엄상품 등 세 가지 유형으로 구분되어 있다. 먼저 스페셜 상품인 SkyPlatinumHD는 3년 약정을 기준으로 월 수신료 3만 원에 수신기와 설치비를 무료로 하고 있다.

SkyBlueHD+는 3년 약정을 기준으로 월 수신료 2만 원에 4,000원의 수신기 대금을 받으며 설치비는 무료이다. SkyBlueHD는 HD급 22개 채널과 SD급 90개 채널로 구성된 메인상품으로 월 수신료 1만 7,000원에 수신기 대금 4,000원을 받고 설치비는 무료이다. SkyGreenHD는 HD급 16개 채널에 SD급 50개 채널을 공급하고 있으며, 월 수신료 1만 2,000원에 수신기 대금 4,000원과 설치비 3만 원을 추가로 받고 있다. SkyGreen은 월 수신료 1만 원에 수신기 대금 4,000원과 설치비 3만 원을 받고 있다. 이 밖에 SkyEnglishworldHD와 SkyEnglishworld는 월 수신료를 1만 2,000원씩을 받고 수신기 대금 4,000원과 설치비 3만 원을 추가로 받고 있다(<표 7-8> 참조).

기본상품인 Sky Family는 월 2만 원, Sky Movie+는 월 1만 4,000원, Sky On+는 월 1만 원, 선택형인 Time & Sports와 Kids & Mom은 각각 월 3,000원이다. 프리미엄 상품인 Sky HD는 월 1만 6,000원을 받고 있으며, 유료채널인 Sky Choice의 경우 영화 한 편당 1,800원, Catch On/Catch On+(2개 채널) 7,800원, 성인용 채널인 스파이스TV와 Midnight은 각각 7,500원, 6,000원대의 가격대를 보였다. 그리고 Kids TalkTalk은 5,000원 이다.

케이블TV와 마찬가지로 스카이라이프도 부가서비스 제공을 통해 사업 다각화에 나서고 있다. 'Sky Touch'란 이름의 양방향 서비스를 2003년 5월 부터 제공하고 있으며, 현재 게임, 유아교육, TV피자주문, TV뱅킹 등 35개의 서비스를 제공 중이다.

보통 위성방송 수신자들이 선택하는 수신료는 기본채널 1만 원선에서 프리미엄채널과 주문형 PPV서비스까지 고려하면 3만 원선까지 되며 현재 케이블TV 가입자의 월 기본수신료(4,000~1만 5,000원)보다는 비싼 편이다.

스카이라이프는 2008년부터 HD채널 확대와 24시간 HD채널 강화를 통해 'HD Leading 사업자'로서 포지셔닝하고 있다. HD서비스를 강화하기 전인 2008년 상반기 이전은 아날로그 케이블TV보다 가격 및 콘텐츠 경쟁력 이 떨어지는 상황에서 고가가입자를 공략하는 '상대적 고가전략'을 사용했다. 그러나 2008년 하반기부터 스카이라이프는 디지털 케이블TV에 맞서 가격과 콘텐츠 경쟁력을 확보하고 케이블TV에 맞서 '품질 우위의 고가전략'을 채택하고 있다. 즉, 저가경쟁구도 속에서 방향을 잡지 못하던 스카이라이프가 HD 중심의 고품질 고가정책으로 전환하면서 수익성 개선을 위한 해법을 찾고 있다는 평가를 받고 있다.

스카이라이프는 앞으로 HD를 중심으로 고품질 고가정책의 '명품 HD'전략을 표방해 2009년 HD채널 수를 기존 17채널에서 45개로 늘리고 24시간 HD채널로 상품차별화를 꾀하는 한편, HD 특화채널 개발로 킬러 콘텐츠를 확보해 HD MPP화를 목표로 삼고 있다.

2) 가격산정방법

위성방송은 수익의 원천을 서비스 가입자의 수신료에 두고 있다. 따라서 스카이라이프는 채널 구성면에서 기본채널 패키지, 프리미엄채널 패키지로 구분되어 있고, 서비스가격도 스페셜 상품과 기본상품, 프리미엄 상품 등으로 구분되어 시청자에게 선택의 폭을 최대한 넓혀주고 합리적인 가격대의 서비스에 가입할 수 있도록 유도하고 있다.

스카이라이프는 가격산정방법으로 경쟁 중심의 가격결정과 원가 중심의 가격결정방법을 사용하고 있다. 먼저 경쟁 중심의 가격결정은 후발 주자인 스카이라이프가 유료방송시장에 진입할 때 경쟁자인 케이블TV SO의 가격산정방법을 참고하여 가격을 설정하는 방법을 말한다. 경쟁 중심의 가격결정은 비용요소와 경쟁가격 설정지표를 고려한 관리회계를 이용한다. 즉, SAC (가입자당 유치비용)과 ARPU를 고려하는 것이다. SAC은 유치비나 설치비, 수신기 보조금 등 마케팅 비용을 의미하고, ARPU는 가입자 1인당 평균 매출액을 산정하는 것이다.

2008년 초까지만 해도 스카이라이프의 ARPU[1]는 9,000원선이었다. 스카이라이프의 설립 초기에는 ARPU가 1만 8,000원선에 달했지만 이후 케이블

TV SO와 RO 등 타 매체와 저가경쟁이 벌어지면서 2008년에는 그 절반인 9,000원선까지 떨어졌다. 그러나 2009년 HD 중심 전략으로 전환하자 HD 가입자 수가 급격히 늘어나면서 ARPU가 44%가량 증가한 1만 3,000원선까지 올라갔다. 이에 따라 스카이라이프의 스페셜 상품 및 기본상품, 프리미엄 상품 들의 가격대가 1만 원에서 3만 원 사이에서 책정되고 있다.

이에 반해 원가가산법은 제품원가에 일정 이익을 가산하여 가격을 결정하는 가장 기본적인 가격산정법이다. 여기서 원가는 기업의 이익을 산출하는 기준이 되는 것으로 제품 생산 및 운영에 들어가는 제반비용을 말한다. 즉, 스카이라이프의 경우 원가는 운영비, 변동비, 고정비 등을 포함하게 된다. 운영비는 스카이라이프의 방송시설 및 장비의 운영비용을 의미하며, 변동비는 PP콘텐츠 공급료 등 프로그램 수급비용과 유통망 수수료(가입자 모집 수수료) 등이 포함된다. 고정비는 방송센터의 운영 및 콜센터 운영비, 직원들의 인건비 등을 포함하고 있다. 스카이라이프는 2001년 12월부터 콜센터[2]를 운영하고 있는데, 2003년 7월까지 본사 직영으로 상담인력을 파견하는 형태였으나 2003년 8월부터 비용절감을 위해 고객센터 업무를 아웃소싱했다. 현재 콜센터는 4개의 위탁운영회사를 통해서 이뤄지며 450명의 상담인력이 현장영업과 고객서비스를 수행하고 있다. 이들 콜센터 직원들은 고객 불만처리 및 민원접수, 사고 신고를 하는 CRM 인력으로 분류된다. 이는 최종 가입자를 기반으로 네트워크를 구축하고 있는 방송서비스를 동시에 수행하는 사업자적 특성으로 인해 각종 A/S 및 민원 발생의 소지가 항상 존재하기 때문인 것으로 분석된다. 인바운드(in-bound, 먼저 전화가 걸려오는 경우)로 요청되는 내용 중 80%가 고객불만 등 민원에 관한 것이고, 나머지 20% 정도가

---

1) 국내 케이블사업자의 경우 6달러, 즉 7,800원선으로 스카이라이프보다 ARPU가 떨어지는 편이다. 참고로 미국의 경우 가입자당 평균 수익률은 38달러, 호주는 58달러 수준이다.

2) 콜센터는 주로 텔레마케팅 중심의 무점포 유통망 역할을 하며, 고객은 최초 접점인 콜센터(고객센터)를 스카이라이프의 얼굴로서 인식하게 된다.

<표 7-9> 유료방송의 경쟁력 결정 요소

요소	구성 내용
가격	월 수신료, 프리미엄 VOD가격, 인터넷(또는 전화)과 결합 시 할인폭, 채널당 가격, VOD 라이브러리의 품질 대비 가격
품질	선형채널의 구성, VOD 라이브러리, 고화질 서비스(HD급), 안정된 서비스(기술 측면), 채널 변경 시간, 고객서비스(전화응답 태도와 속도, 고장수리 속도)
마케팅	가입비용/셋톱박스 비용 등 전환비용 감소, 경품, 판매망 구축

신규 가입에 관한 문의인 것으로 나타났다. 이에 따라 스카이라프는 고객센터를 운영하여 고객을 세분화해서 고객 특성별로 해지율을 최대한 줄이는 방법을 사용하고 있다.

유료방송의 경쟁력을 결정하는 요소는 서비스의 가격과 품질보다 마케팅이 중요하다는 주장도 있다. 유료방송매체 간의 가격과 서비스가 차별화되지 않을 가능성이 크기 때문이다. 디지털 방송서비스의 가격은 2만 원 이상이 될 수 없고, 사업자 간의 가격경쟁은 다른 사업자가 퇴출될 정도까지 심하게 일어날 수 있다. 그리고 위성방송과 디지털 케이블TV 등 유료방송서비스의 품질 차이도 클 수 없다. 따라서 유료방송의 경쟁력은 마케팅이 가장 중요한 변수라는 것이다(<표 7-9> 참조).

이에 가입자 유치 시 가입비용/셋톱박스 비용에 대한 부담을 없게 해줄 필요가 있으며 고객밀착형 마케팅을 펼쳐야 한다. 유료방송사업자에서는 서비스 간 고객의 이전이 쉽게 일어날 수 있도록 전환비용을 보상해주는 물량 공세에 따라서 승부가 좌우될 수 있다. 그리고 공고한 판매망을 구축한 사업자가 가입자 유치와 전환방지에 유리할 것이다. 만약 특정 매체의 사업자가 과도한 경품(단말기 무료 지급, 가입축하 경품 등) 또는 결합서비스 할인 등을 통해서 고객을 유인할 경우에 유료방송시장의 수익성은 극도로 악화될 것이다.

3) 가입자 유치마케팅

스카이라이프는 최근 가입자 유치경쟁에 본격적으로 뛰어들었다. 가입자 유치전략으로 케이블TV에 대항하는 고유한 시장영역을 구축하고, 브랜드전략과 전국 영업망을 구축하는 유통전략, 가전제품사와 할인점과의 제휴 영업, 가입비용 할인 및 3개월 무료시청 등 서비스 할인전략 등을 내놓았다.

우선 스카이라이프는 고유한 시장영역을 구축하기 위해서 기존의 케이블 TV 중심의 유료방송시장 구도에서 위성방송 유료방송시장을 개척하고 있다. 또한 아날로그 유료방송에 맞서 디지털 유료방송시장을 선점하기 위한 HD 명품 전략을 수행하고 있으며, 저가의 케이블TV와 유선방송과 차별화를 위한 상대적 고가전략으로 새로운 시장영역을 개척하고 있다. 이와 함께 해외 위성방송 FTA(Free-to-Air, 무료채널수신기) 수신 및 난시청 FTA 수신시장의 강력한 대체 서비스로서 자리매김하고 있다.

위성방송 고유의 브랜드 론칭을 위해서 스카이라이프는 브랜드전략으로 '하늘에서 내려온 방송'이라는 인지도를 위성방송의 인지도와 조화시키면서 브랜드 인지도를 높여나가고 있다. 또한 서비스 브랜드인 '스카이라이프'를 필두로 패키지 브랜드를 'Sky'를 활용하여 패키지 상품명을 확장하는 전략을 채택하고 있다.

가입자 유치전략으로는 독자적인 전국 영업망 구축과 초고속 인터넷 영업점 및 각종 선로 설치점 등을 위탁영업점과 설치점으로 확보하는 것이다. 유통전략은 하나의 지역별 위탁점에 독점권한을 부여하여 '지역센터(regional center)'를 만들어 충성도를 높여나가고 있다.

특히, 고객확보 전술로서 전국 위탁점에 지역기반의 타깃 영업을 실시하고 있으며, 삼성전자와 LG전자 등과 제휴하여 가전회사 매장에서 공동판매활동을 전개하고 있다. 또한 할인점과 제휴하여 공동영업활동을 실시하고, 위성방송 독점지역인 독도와 마라도 등에 시연용 수신기(독도 경비대에 기증) 제공 등을 하여 섬지역 등에 위성방송 독점지역 영업을 확대하고 있다. 그리고 보조금 및 무료시청 등 각종 고객혜택을 부여하고, 요금 할인 및 수신기 보조, 설치비 보조, 경품 제공 등 다양한 고객 유치마케팅을 전개하고 있다.

판매촉진전략으로 스카이라이프는 개국 프로모션, 효 프로모션, 신혼 프로모션 등 다양한 프로모션 활동을 벌이고 있으며, PP와 공동 프로모션을 진행하고, 경품 이벤트 및 신규 채널 론칭 공지를 통해 자체 온에어 프로모션도 전개하고 있다. 스카이라이프는 홈페이지를 통해 공동구매, MGM(가입자 추천), 경품행사 등도 펼치고 있다.

5. 유료방송시장 가격경쟁의 문제점

우리나라는 유료방송서비스의 가격이 이미 상당히 낮은 수준으로 형성되어 있어서 유료방송사업자들의 경영이 어려운 실정이다. IPTV서비스가 추가되면 유료방송서비스의 가격이 현재 수준보다 낮아질 가능성이 크다. 그리고 결합상품을 구성하면서 유료방송서비스(또는 유선 전화)가 무료라는 홍보를 할 경우 유료방송시장의 수신료 수입이 낮아지면서 결과적으로는 제 살 깎아먹기가 될 가능성이 크다. 실제로 시장에서는 이미 가격경쟁이 부분적으로 일어나고 있다.

케이블TV방송사들이 결합상품을 구성하여 매우 낮은 가격으로 제공한 사례가 발견된다. 성남지역 단독 SO인 아름방송은 케이블TV와 인터넷 결합상품을 3년 약정할 경우에 월 1만 9,820원에 제공한다. 큐릭스는 TPS 서비스를 제공하면서 3년 약정할 경우 월 2만 6,840원~3만 800원을 받는다. 가장 고급형 사양으로 구성된 월 3만 800원을 받는 서비스에는 100메가/광랜, HD 60개 채널 티어 및 전화서비스(VoIP)가 포함되어 있다. 아름방송과 큐릭스가 디지털방송 서비스, 초고속 인터넷, 또는 VoIP를 결합하여 저가 공세에 나선 이유는 통신사업자의 결합서비스 제공에 따른 공세적 대응 전략이다. 한편 KT도 저가 공세를 한 사례가 발견되는데, 부산과 울산지역에서 신규 아파트 입주자를 대상으로 100메가급 인터넷 서비스를 3년간 약정하면 월 2만 5,500원의 가격에 제공하며, 메가TV 무료 이용, 셋톱박스 무료 이용, 스팀청소기 등의 사은품을 제공했다는 것이다.

결합상품을 제공하면서 일어나는 가격경쟁은 유료방송이나 전화서비스에서의 시장점유율 제고보다는 인터넷 접속서비스 시장에서의 시장점유율 확대에 초점을 두고 있다. 인터넷 접속서비스의 가격이 유료방송이나 전화서비스보다 비싸기 때문이다. 이 경우에 통신사업자들은 유료방송을 무료라고 홍보하면서 결합서비스를 유치하려고 하고, 케이블TV사업자들은 유선전화서비스가 무료라고 홍보하면서 결합서비스를 유치하려고 할 것이다. 이 경우에 유료방송시장과 유선전화시장이 동시에 붕괴되면서 KT와 케이블TV가 경영수지에서 곤란한 경우에 직면할 수 있다.

그리고 인터넷시장에서는 SO가 KT보다 저가로 서비스를 제공하고 있다. SO는 인터넷시장의 후발 주자로서 가입자를 확보하기 위해서는 가격을 낮출 수밖에 없는데, 서비스 초기에는 서비스의 질이 낮았기 때문에 낮은 가격을 받을 수밖에 없는 측면도 있다. 케이블TV의 경우 인터넷 서비스에 필요한 비용이 통신회사보다 적게 든다. 현재 SO가 행하는 인터넷 서비스의 질은 개선되었고 속도도 높아져서 통신회사와 경쟁할 수 있는 경쟁력을 갖추게 되었으며, 이에 KT도 ISP가격을 내리고 있는 실정이다.

유료방송사업자와 통신사업자가 유료방송시장과 유선전화시장에서 가격경쟁을 하지 않고 품질경쟁을 하면서 경쟁할 경우 관련시장에서는 서비스의 질이 좋아지면서 소비자의 후생이 증가할 수 있을 것이다. 상품의 질이 표준화된 경우에는 통상적으로 가격경쟁이 일어나지만, 유료방송의 경우 다양한 서비스의 개발이 가능하고 표준화되지 않은 서비스의 개발이 가능하므로 가격경쟁보다는 서비스 경쟁을 할 수 있는 여건에 놓여 있다. 따라서 케이블TV와 위성방송, IPTV 등 유료방송시장의 각 사업자들은 저가 위주의 가격경쟁을 펼치기보다는 결합서비스의 개발이나 콘텐츠의 차별화를 통해 서비스 경쟁을 벌일 수 있는 토대를 마련해야 할 것으로 보인다.

MEDIA MARKETING

제8장 콘텐츠 유통관리

1. 가치사슬상 콘텐츠의 유통

미디어 유통시장은 미디어의 종류에 따라서 지상파TV시장, 케이블TV시장, 위성방송시장, 홈비디오시장, 모바일시장 등으로 나눌 수 있다. 또한 1차 유통시장과 2차 유통시장으로 분류하기도 한다. 1차 유통시장은 프로그램 제작사와 방송사업자를 연결시키는 도매시장의 성격이며, 2차 유통시장은 프로그램 제작사나 방송사업자와 소비자를 연결시키는 시장이다. 여기에서는 제작부터 배급(도매), 서비스 제공(소매)까지 3단계의 미디어 가치사슬을 중심으로 콘텐츠의 흐름을 중점적으로 살펴보기로 한다.

1) 가치사슬 단계

가치사슬이란 고객에게 가치를 제공함에 있어서 부가가치 창출에 직·간접적으로 관련된 일련의 활동·기능·프로세스의 연계를 의미한다. 1985년 미국의 하버드대학 마이클 포터 교수에 의해 일반화된 가치사슬의 개념은 개별 기업 차원을 뛰어넘어 특정 산업이나 기업에 필요한 활동을 결합하는 방식을 이해하는 일반적인 틀로 활용되고 있다. 즉, 가치사슬은 그 산업에 속한 기업과 기업의 활동, 이들의 물적 및 서비스 흐름 등을 한눈에 쉽게 이해하는 데 지름길 역할을 한다고 볼 수 있다.

가치사슬에서 가장 중요한 핵심은 다른 경쟁사들보다 경쟁우위를 이뤄 가치를 높이는 것인데, 고부가가치산업 중에서 지식에 기반을 둔 사업을 하는 콘텐츠산업이 가치사슬체계를 적용하기에 가장 적합하다. 콘텐츠산업은 들어가는 원가(비용)는 적고 사람의 능력에 따라 그 가치가 차이가 많이 나기 때문에 사람의 능력이나 지식에 의한 무형자산을 통해 부가가치를 창출할 수 있다. 이를 얼마나 효율적으로 이용하는가에 따라 콘텐츠기업의 가치와 이윤에 많은 차이가 나타나게 될 것이다.

미디어산업의 가치사슬은 크게 세 단계로 나누어져 있다. 즉, 1단계는

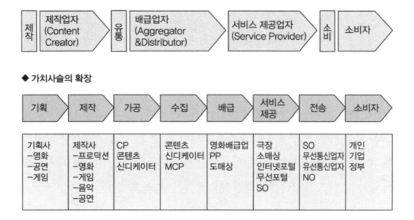

<그림 8-1> 콘텐츠산업의 가치사슬

제작(창작/기획 포함), 2단계는 배급(제1유통: 패키징, 배급, 도매), 3단계는 서비스 제공(제2유통: 소매, 서비스 제공, 전송)이다. 이 같은 3단계의 경로를 거쳐 최종 목표소비자(target audience)인 일반소비자, 기업, 정부에게 다양한 콘텐츠를 전달하게 된다. 이 가치사슬을 소비자에게 전달되기까지 좀 더 복잡하게 확장하면 기획, 제작, 가공, 수집, 배급, 서비스 제공, 전송 등으로 세분화하여 설명할 수 있다. 여기에서는 제작, 배급, 서비스 제공단계로 구성되는 가치사슬의 변화를 중심으로 <그림 8-1>과 같이 단순화하여 설명하고자 한다.

(1) 제작단계

콘텐츠 제작은 콘텐츠의 주요 분배경로를 감안한 상태에서 제작이 이뤄지는 단계로 독립제작사, 채널사용사업자, 영화제작사, 프로모션 매니저, 방송편성자, 신문편성국장, 출판간행자, 공연기획자, 연출가 등이 여기에 해당된다. 이들은 콘텐츠의 생성, 발굴, 평가, 콘셉트 및 탤런트를 개발하는 업무를 주로 담당하며, 이들에게는 요소시장 장악력과 기획력이 콘텐츠 제작의 핵심역량으로 부각된다. 콘텐츠 제작단계는 가장 위험성이 높고(high risk, high return), 상대적으로 플랫폼의 의존도가 낮다. 시장구조와 규모 측면에서 정형화된 규모가 존재하지 않으나 콘텐츠 배급(유통)이라는 단계와 결합되면 복합 콘텐츠 그룹으로 성장하는 진화된 경로를 보인다.

(2) 배급(유통)단계

콘텐츠 배급단계는 소비자에게 프로그램을 포함한 콘텐츠 또는 부가서비스를 제공하기 위하여 번들이나 브랜드를 묶는 단계이다. 이 단계는 지상파, 케이블TV, 위성방송 채널 방송사업자, 영화배급사, 공연배급사, 출판물도매상, 게임도매상, 음악도매상 등이 해당된다. 이들은 콘텐츠를 수집하여 각 플랫폼에 맞게 유통시키는 역할을 담당하며, 플랫폼에 대한 의존도가 높고, 사업모델은 주로 콘텐츠 제공 사업자, 혹은 플랫폼사업자와 수익분배모델을 기반으로 하고 있기 때문에 사업의 위험도는 낮게 인식된다.

가장 중요한 특징은 콘텐츠 라이브러리를 구축했을 때만 본격적인 유통영역에 진입할 수 있고 플랫폼에 접근할 수 있는 능력이 요구된다는 점이다. 콘텐츠의 가치가 다양한 유통창구를 경유하면서 발생한다는 점(시너지, 원소스 멀티유스)을 염두에 둔다면 콘텐츠의 배급영역은 콘텐츠 가치사슬의 꽃이다. 실제로 케이블TV에서 콘텐츠 배급창구인 SO의 영향력이 막강해졌으며, 영화배급사와 출판물도매상의 파워가 점차 높아지는 현실에서 배급업자의 역할은 실로 중요하다고 할 수 있다. 하지만 최근 온라인 유통 도입에 따른 유통체계의 혁신이 나타나면서 뉴미디어 콘텐츠시장으로 힘의 중심이 이동하는 추세이며, 온라인화에 따른 다양한 유통채널을 통한 수익모델이 활성화되고 있다.

(3) 서비스 제공단계

서비스 제공은 소비자에게 서비스를 제공하고 요금부과 및 수납 등의 업무를 수행하는 단계이다. 이 단계에는 극장과 소매상, 인터넷 포털, 무선 포털, 케이블 SO, 유·무선 통신사업자 등이 해당된다. 인터넷 서비스 제공자나 지역케이블 SO, 위성방송 제공업자 등은 소비자가 단말기에서 해독 가능한 형태로 콘텐츠를 변환해야 하고, 소비자들의 불만과 민원을 의무적으로 처리해야 한다. 이들은 직접 소비자에게 서비스를 제공하는 소매상으로서 높은 진입장벽과 관리 및 마케팅 능력이 요구되고, 소비자에게 어필할 수 있는 구전효과와 매장의 매력도가 중요시된다. 연극이나 무용, 전시, 공연 등 노동집약적 콘텐츠산업은 유통과 동시에 소비가 동시에 진행되기 때문에 배급과 서비스 제공단계를 동시에 진행한다고 볼 수 있다.

<그림 8-2>의 영화산업과 <그림 8-3>의 게임산업에서 볼 수 있듯이 콘텐츠산업 내 각 업종들의 가치사슬은 제작→배급→서비스 제공단계를 거친다는 점에서 공통점을 지닌 반면, 세부적으로는 업종별로 다른 양태를 보이는 것을 알 수 있다. 또한 가치사슬의 내용을 세부적으로 들어가면 업종별로 제작/생산이 이뤄지는 조직구조와 제품의 판매가 이뤄지는 유통채널이 모두 다른 것을 확인할 수 있는데, 이는 각 업종별로 서로 다른 조직 역량 및 마케팅 전략이 요구됨을 의미한다.

각 업종들의 가치사슬은 좀 더 복잡하게 확장하면 기획, 제작, 가공, 수집, 배급, 서비스 제공, 전송 등으로 세분화하여 설명할 수 있다.

먼저 영화나 공연, 게임 등은 감독이나 배우, 시나리오를 갖춘 콘텐츠 창작요소를 가지고 기획단계에서 콘텐츠 제작을 준비한다. 그런 다음 프로덕션, 영화사, 게임개발사, 공연기획사 등 제작사에서 콘텐츠의 제작이 이뤄지며, CP와 신디케이터가 콘텐츠를 가공·수집한 뒤 영화배급업자와 PP들이 콘텐츠를 배급하여 마지막 단계에 케이블 SO나 포털업체, 극장 등 적합한 플랫폼에 서비스를 제공하거나 전송하게 된다. 이 모델에 의하면 지상파 방송의 경우 콘텐츠 생산에서 전송까지 수직적 통합을 이루고 있으나, 향후에는 전송이 분리될 것으로 전망된다. 이 밖에 서비스 제공 및 전송부문에서도 케이블 SO, NO, 위성방송사업자 등이 활동하고 있는 것으로 파악된다.

<그림 8-2> 영화산업의 가치사슬 체계

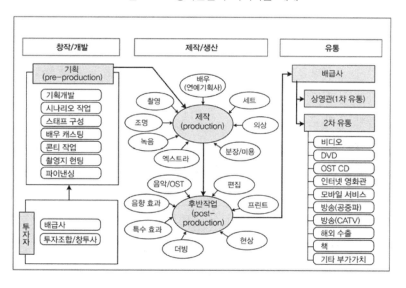

<그림 8-3> 게임산업의 가치사슬 체계

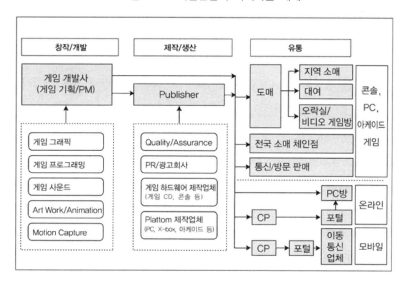

2) 가치사슬의 확장

1단계인 제작의 경우 작품을 제작하는 단계로서 기획, 제작, 후반작업으로 구성된다. 통신방송형 중에서 지상파 방송의 제작에는 독립프로덕션이나 방송사가 있고, 케이블방송의 제작에는 독립프로덕션, 영화사, 음악제작사, 케이블사 등이 존재한다.

통신방송형 중에서 인터넷은 CP(contents provider)가 제작의 역할을 담당한다. 현재 국내 디지털 콘텐츠시장의 CP는 크게 두 가지 축으로 구성되어 있다. 하나는 경쟁력 있는 콘텐츠를 생산하는 업체들이 직접 시장에 참여하는 경우다. 주로 방송, 게임 등의 원작 콘텐츠와 저작권을 소유한 업체들은 시장지배력이 강하고 사업규모 또한 크다. 다른 한편에는 원작 콘텐츠의 판권을 확보하거나 저작권료를 지불하고 이를 디지털 콘텐츠로 변환시켜 온라인에서 유통시키는 CP들이다. 영화, 음악, 만화 등 현재 시장이 활성화되어 있는 콘텐츠의 경우 대부분 벤처기업 등 소규모 기업에서 디지털 콘텐츠를 생산하고 있다. 현재 유·무선 인터넷 통합과 방송과 통신의 융합으로 인해 CP의 역할과 위상도 변화되고 있는 상황이다(최용배 외, 2005).

극장형의 경우 영화사나 공연기획사가 제작기능을 하고 있고, 휴대형의 경우 음반은 음악제작사, 게임은 게임제작사, 출판은 출판사 등이 가치사슬상 제작기업에 해당한다.

배급단계(제1유통)는 도매에 해당하는 것으로 제작된 콘텐츠를 모아서 소매상에게 제공한다. 지상파 방송의 경우 제1유통은 제작한 프로그램을 전국에 전송하는 지상파 방송사가 담당하고 있다. 케이블방송의 제1유통은 프로그램 공급업자인 케이블 PP로서, 이들 기업은 영화, 음악, 드라마, 스포츠, 교양 등의 프로그램을 구입하거나 직접 제작한 프로그램으로 채널을 구성하여 SO사업자에게 제공한다. 인터넷의 경우는 신디케이터와 인터넷 포털[1]

---

1) 인터넷 포털은 가치사슬상 '서비스 제공'의 역할을 주로 한다.

등이 콘텐츠를 모아 배급하는 역할을 한다. 극장형의 경우에서는 제작한 영화를 극장에 배급하는 배급사들이 여기에 속한다. 현재 우리나라 영화배급사 시장은 쇼박스와 CJ엔터테인먼트의 2강 체제로 되어 있다. 휴대형의 경우 음반도매상, 게임도매상, 서적도매상 등이 제1유통의 역할을 하고 있다.

서비스 제공(제2유통)단계는 제1유통에서 받은 콘텐츠를 최종 소비자에게 제공하고 서비스하는 기능을 담당한다. 통신방송형의 경우 제2유통에는 네트워크를 가진 사업자와 소비자에게 서비스를 제공하는 서비스 제공 사업자가 존재한다. 하지만 무선망을 확보하고 있는 SKT가 모바일 콘텐츠 포털 서비스도 동시에 하고 있듯이 하나의 업체가 이 둘의 기능을 동시에 담당하는 경우가 많다. 지상파 방송의 경우는 지상파 방송사가 시청자에게 방송 프로그램을 제공하는 반면, 케이블방송은 SO가 PP로부터 프로그램을 받아 시청자에게 제공한다. 극장형의 경우 극장주가 배급자로부터 영화 필름을 받아 관객에게 영화를 상영하는 2차 유통의 기능을 담당하고, 휴대형은 오프라인 상의 소매상들이 2차 유통인 소매유통기능을 담당한다.

이와 같이 콘텐츠 유통의 경우도 가치사슬의 유형에 따라 크게 다르다는 것을 알 수 있다. 즉, 통신방송형은 유선이나 무선망을 통해 콘텐츠가 전달되기 때문에 프로그램의 유통도 이들 망을 통해 전달되지만, 극장형은 극장을 통해 서비스가 제공되기 때문에 배급이라는 형태가 나타났고, 휴대형은 물건을 이동시켜 유통을 하므로 일반 제조상품과 마찬가지로 도매와 소매의 형식으로 유통된다. 이들 각 유형의 콘텐츠산업의 가치사슬은 <그림 8-4>에서 볼 수 있다.

콘텐츠산업 전체를 하나의 가치사슬로 표현했으나, 실제는 이보다 훨씬 복잡하다. 작품의 원가에 해당하는 각종 기기, 인력(감독, 배우 등) 등은 제작 이전 단계의 창작 요소로 분리할 수도 있으나 일반적으로 제작과 밀접하게 연관되어 있으므로 제작에 포함시키기도 한다. 또한 제작 이전의 기획단계가 제작단계와 별도로 분류될 수도 있다.

콘텐츠 제작단계는 콘텐츠의 원작을 제작하는 단계와 이들 원작을 구입하

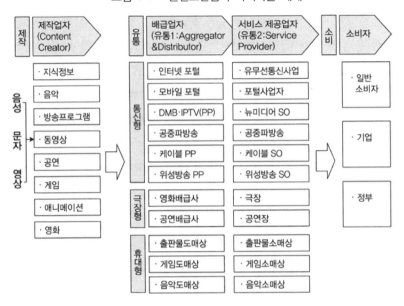

<그림 8-4> 콘텐츠산업의 가치사슬 체계

제작	제작업자 (Content Creator)		유통	배급업자 (유통1:Aggregator &Distributor)	서비스 제공업자 (유통2:Service Provider)	소비	소비자

음성 문자 영상	· 지식정보			통신형	· 인터넷 포털	· 유무선통신사업		· 일반 소비자
	· 음악				· 모바일 포털	· 포털사업자		
	· 방송프로그램				· DMB·IPTV(PP)	· 뉴미디어 SO		
	· 동영상				· 공중파방송	· 공중파방송		· 기업
	· 공연				· 케이블 PP	· 케이블 SO		
	· 게임				· 위성방송 PP	· 위성방송 SO		
	· 애니메이션			극장형	· 영화배급사	· 극장		· 정부
	· 영화				· 공연배급사	· 공연장		
				휴대형	· 출판물도매상	· 출판물소매상		
					· 게임도매상	· 게임소매상		
					· 음악도매상	· 음악소매상		

여 플랫폼에 적합한 콘텐츠로 가공하는 단계(재가공)로 구분할 수 있다. 콘텐츠 원작을 DMB, 모바일 콘텐츠 등 다양한 플랫폼에 맞게 가공하는 경우가 여기에 속할 수 있다. 실제로 지상파 방송은 DMB사업을 하면서 재가공 콘텐츠를 DMB라는 모바일 서비스에도 병행함으로써 유·무선 통합의 시너지 효과를 기대할 수 있다. 콘텐츠를 재가공할 경우 단순히 같은 콘텐츠를 지상파 방송채널과 DMB채널을 이용하여 제공하는 것이 아니라 각 채널의 특성에 맞게 재가공하여 제공하는 것이다. 기존 지상파의 콘텐츠를 재활용 또는 재가공하여 제공하면 기존의 풍부한 라이브러리를 활용할 수 있고, 프로그램의 장르 관습을 살리면서 해당 프로그램의 주요 장면을 분할하거나 재편집하여 활용할 수 있는 장점도 있다. 즉, 지상파 방송사들은 프로그램을 상품성 있는 단위로 분절하는 '콘텐츠 분할(contents segment)'을 통해서 매체 환경에 맞춘 다양한 창구로의 진출 가능성을 보여주고 있다.

이와 같이 가치사슬을 세분할 경우에는 제작단계에서 가공단계를 별도로 구분하기도 한다. 원작 콘텐츠의 가공은 원작자가 직접 하거나 1차 유통업체가 한다. 유통 1업체가 원작 콘텐츠를 가공하는 것은 한 업체가 가치사슬상 제작과 유통을 동시에 하는 경우이다.

유통 1에는 콘텐츠 신디케이터(contents syndicator)나 중개업자가 있다. 콘텐츠 신디케이터는 유·무선 인터넷에 존재하는 다양한 콘텐츠 공급자의 콘텐츠를 모아 콘텐츠를 필요로 하는 사이트나 서비스 업체에게 공급한다. 신디케이터의 역할은 단순한 콘텐츠 수집가(contents aggregator)에 국한된 것이 아니라 고객사의 요구에 맞게 다양한 플랫폼 형태와 스타일로 콘텐츠를 재가공하는 것이다.

마지막 단계인 유통 2의 경우 극장형이나 휴대형은 단순하지만 통신방송형은 좀 복잡하다. 통신방송형의 2차 유통은 콘텐츠 서비스를 통신사업자의 네트워크를 사용하여 소비자에게 제공하는 역할이다. 따라서 이 단계에는 소비자에게 서비스하는 기능과 이 서비스를 위해 네트워크를 운영하는 기능이 필요하다. 즉, 통신방송형의 경우 최종 소비자에게 콘텐츠를 제공하는 유통 기능뿐 아니라 콘텐츠를 전송하는 통신망 등의 네트워크 운영기능까지 포함되어 있다. 따라서 유통 2에는 네트워크 사업자와 콘텐츠 서비스 제공자가 존재한다. 가치사슬을 세분화하여 구분할 때에는 통신망을 제공하는 네트워크 사업을 별도로 구분하기도 한다. 지상파 방송의 경우에는 네트워크 사업자와 콘텐츠 서비스 제공 사업자가 대체로 동일하지만, 케이블 사업자의 경우 NO라는 네트워크 사업자,[2] 위성방송에서도 위성체를 운영하는 사업자 등이 별도로 존재한다. 모바일 사업의 경우도 대체로 네트워크 사업자와 콘텐츠 서비스 제공 사업자가 동일하지만, 무선인터넷 개방으로 인해 외부의 무선포털 사업자가 무선서비스 사업에 진입하기도 한다. 이는 네트워크 사업자와 콘텐츠 서비스 사업자가 별개로 존재하는 경우이다.

이와 같이 콘텐츠산업의 가치사슬 확장은 <그림 8-5>에서 볼 수 있다.

---

[2] 케이블방송의 NO와 SO 모두 네트워크 사업자라 할 수 있다. NO는 PP에서 SO까지의 네트워크를 소유하고, SO는 SO에서 가정까지의 네트워크를 운영하고 있다.

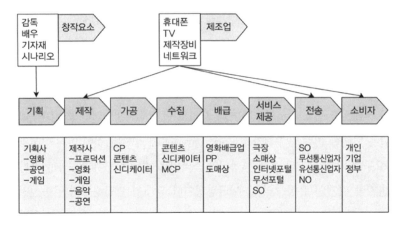

<그림 8-5> 콘텐츠산업의 가치사슬 확장

지금까지 설명한 바와 같이 과거에는 단순했던 가치사슬이 점차 복잡해지고 있다. 과거에는 제작과 유통을 동시에 행하는 기업이 많았다. 영화 메이저들은 제작에서 유통 1, 유통 2를 모두 계열화했으나 독점금지법에 의해 유통 2를 분리했다. 최근에는 기업 인터넷, 모바일 기술 도입으로 가치사슬이 분화되고 분절되는 현상이 나타나고 있다. 기획이 제작에서 분리되고, 가공 단계가 나타나고, 네트워크와 유통 2가 분리되고 있다. 또한 디지털의 발달로 인터넷을 통해 제작사가 직접 소비자에게 콘텐츠를 판매하면서 가치사슬상 유통 1단계가 사라지는 현상도 나타나고 있다. 이와 같이 가치사슬은 분화와 분절이 동시에 일어나고 있으며, 급변하는 가치사슬의 변화는 산업의 역동적인 변화를 잘 반영해준다.

3) 디지털화에 따른 가치사슬의 변화

인터넷이나 모바일, DMB 등 새로운 유통채널이 등장하면서 가치사슬의 단계가 분화되거나 재결합되고, 가치사슬 내의 업체 구조도 변화하고 있다. 먼저 디지털화의 진전에 따라 유통형태가 휴대형 및 극장형에서 통신방송형

<표 8-1> 국내 통신회사의 콘텐츠 및 방송사업 진입현황

	업체	방법	내용
SK	YBM서울	60% 지분 인수	SKT의 음악서비스인 멜론 등에 필요한 음원 확보
	연예매니지먼트 IHQ	34.9% 지분 확보	싸이더스, 엔트리브소프트(게임 개발), 아이필름(영화 제작), 캐슬인더스카이 (드라마 제작)
	TU미디어	SKT 29.6% 참여	위성DMB 사업
	YTN미디어	51.4% 지분 인수	케이블TV 및 위성방송
	청어람	IHQ를 통해 지분 30% 인수	영화사(<괴물> 제작)
KT	싸이더스 FNH	51% 지분 인수	영화콘텐츠 사업
	KT		IPTV사업 추진
	스카이라이프	29.8% 지분 대주주	위성방송부문 진입
	오렌지나인	19.68% 인수	방송제작사(<주몽>, <황진이> 등 제작)

자료: 고정민(2006).

으로 변화하고 있다. 디지털기술이 발달하고 통신망이 대용량화되면서 극장형 및 휴대형의 오프라인 유통이 온라인 유통으로 변화했다. 이에 따라 소매점이나 극장이 온라인으로 변화하여 서비스 제공에 변혁이 계속되고 있다. 과거 지하철 역사나 골목길에서 자주 볼 수 있었던 휴대형의 소매유통인 음반가게를 보기 어렵고, 대신 인터넷이나 모바일에서 다운로드를 받아 음악을 감상하는 것이 일반화되었다. 마찬가지로 디지털 시네마 등이 도입되면서 극장형까지도 일부 통신방송형으로 이동하고 있고, 불법으로든 합법적으로든 영화를 인터넷으로 다운로드받아 보는 경우도 증가하고 있다.

또한 통신사업자들이 콘텐츠 경쟁력을 높이기 위해 콘텐츠 분야에 직접 혹은 간접적으로 진입하고 있다. KT는 2005년 9월 자회사 KTF와 함께 280억 원을 출자해 국내 1위 영화제작사인 싸이더스 FNH의 지분 51%를 사들여 1대 주주가 되었다. 2008년 말 실시간 IPTV인 '쿡 TV'를 상용화한 KT는 자회사를 통해 차별화된 콘텐츠 확보에 나서고 있다. 싸이더스 FNH는

<스토리 오브 와인>, <죽이고 싶은 남자>, <오프라인>, <저스트 키딩> 등 양방향 영화를 만들어 쿡 TV에 서비스했다. KT는 영화 등 콘텐츠 제작으로 수익을 올리고 있는데, 2008년에 800만 관객을 동원한 흥행작 <과속 스캔들>에 투자해 300% 수익률을 거둔 것이 대표적이다.

통신업계 라이벌인 SKT는 2005년 2월 엔터테인먼트 업체인 IHQ를 인수했다. 이어 2006년 8월 자회사가 된 IHQ를 통해 45억 원을 주고 한국영화사상 최고 흥행기록을 세운 <괴물>의 제작사 '청어람'을 인수(지분 30%)했다. 이처럼 IHQ, 서울음반 등이 SKT에, 오렌지라인, 싸이더스가 KT로 인수합병되는 등 최근 SKT, KT 등이 콘텐츠 부문에 진입하고 있다. 이처럼 통신회사의 콘텐츠 부문으로의 진입은 통신회사 입장에서는 가치사슬상 수직 및 수평 계열화로 해석할 수 있다. 즉, 통신회사들은 그동안 서비스 제공업자에 속해 있었는데, 이들이 제작과 배급업자로 진입하는 수직계열화, 그리고 이들이 통신형에 속해 있었으나 영화배급에 참여하는 등 극장형으로 진입하는 수평계열화로 해석할 수 있다. 이동통신 서비스업체의 '멜론' 서비스, 마스터CP, CP 등 통신회사의 배급 및 제작부문 진입은 수직계열화라 할 수 있고, KT의 스카이라이프 지분 참여 및 싸이더스 지분 참여, SKT의 'TU미디어' 설립 등 통신기업들의 제작과 배급의 진입은 수평계열화로 볼 수 있다.

통신업체들이 수직·수평계열화하는 이유는 콘텐츠를 다양하게 활용하기 위한 것이다. 자사가 만든 하나의 영상물을 인터넷, 모바일, 방송 등에 유통(원소스 멀티유스)시켜 수익을 높일 수 있는 이점이 있고, 제작과 유통을 모두 소유함으로써 두 부문 간의 시너지도 극대화할 수 있기 때문이다. 그러나 공익성과 공공성이 요구되는 통신업체들이 초기에 막대한 설비투자를 이유로 정부에 요구하여 높은 통신요금을 책정한 뒤 설비투자자금 회수가 이미 완료되었는데도 요금을 내리지 않고 벌어들인 돈으로 영화사나 엔터테인먼트 업체를 인수하여 사업확장에 나서고 있다. 이 같은 현상에 대해 전문가들은 콘텐츠의 획일화와 자본종속을 야기할 위험이 높다며 우려를 표명하고 있다.

디지털화로 인해 유통부문의 파워는 약해지고 제작의 파워가 증가하고 있다. 역사적으로 콘텐츠산업 초기에는 제작 대 유통의 파워게임에서 제작이 우세했다. 실제로 영화제작사인 디즈니는 1997년 ESPN, 2001년 ABC방송, 폭스TV 등을 잇달아 인수하면서 콘텐츠 유통채널을 확장하기도 했다. 국내 지상파 방송사들도 다른 나라에 비해 콘텐츠 제작부문의 비중이 높은 편이어서 케이블TV와 위성방송 등 다양한 창구를 통한 콘텐츠 유통과 판매에 열을 올리고 있다.

그러나 최근 유통창구의 증가로 파워의 무게중심이 유통에서 제작으로 변화하고 있다. 가치사슬상 유통이 다양화되면서 소비자는 콘텐츠의 선택폭을 넓히고 시청 시기의 조절이 가능해졌기 때문이다. 콘텐츠 소유자가 광고 및 가입자를 통해 수익을 확대하고 소비자를 확보할 수 있는 많은 유통채널이 탄생했다. 즉, 과거에 비해 새로운 제작물을 활용할 수 있는 유통창구가 증가하고 있다. 새로운 영상 유통창구가 나타나면서 유통업자들의 교섭력이 약해지고, 힘의 무게중심은 콘텐츠 제공업자로 이동하고 있다.

디지털기술의 발달로 유통창구가 다양화되면서 유통보다 제작이 파워의 우위에 서게 되자, 통신회사(KT, SKT)들은 이러한 파워 이동에 대응하기 위해 가치사슬상 콘텐츠의 제작부문에 진출한 것이다. 통신회사들은 제작부문의 회사들을 인수함으로써 파워가 더욱 강해지는 제작부문에 미리 진출하겠다는 전략이다.

따라서 장기적으로는 다시 유통의 힘이 강해질 가능성도 충분하다. 유통부문에는 미디어 대기업(KT, SKT, CJ)들이 포진하고 있어, 다른 유통채널을 인수하거나 통합하여 다시 파워를 가질 수 있고, 제작까지를 통합하여 수직계열화를 통한 지배력이 강해질 수 있기 때문이다.

2. 콘텐츠 수급관리

1) 영상물 시장구조

영상 콘텐츠 역시 시장을 통해 거래되므로 그 규모와 형태가 어떠한가에 따라 유통성과에 직접적인 영향을 미친다고 볼 수 있다. 영상물이 어떠한 과정을 통해서 유통되는지, 즉 라이프사이클을 알기 위해서는 유통단계별 시장구조를 살펴보는 작업이 필요하다. 여기서 유통단계를 살펴보기 전에 우리나라 영상 콘텐츠시장의 구조를 파악하는 것이 중요하다.

우리나라 방송사는 자체 내에서 프로그램을 제작했기 때문에 시장이 형성될 수 없었고, 프로그램 판권은 자연히 방송사에 귀속되었다. 지상파 방송사들이 제작을 수직통합(vertical integration)함으로써 프로그램 판권을 스스로 확보했으며, 외주제작의 경우도 방영권과 판권을 동시에 확보하는 것이 관행이었다. 그러나 지상파 방송사의 외주제작비율이 30%대를 넘어서면서 외주제작사의 입김이 강하게 작용하여 저작권은 물론 부가사업 권한까지 외주제작사에 넘어가는 사례가 나타나고 있다. 특히 MBC의 <태왕사신기>의 경우 외주제작사인 '김종학 프로덕션'이 저작권을 갖고 해외판매나 포맷사업, 타이틀 사업 등 부가사업 권한을 진행했다.

이처럼 제작비를 적게 지급하는 대신 저작권 대부분을 양도하는 방식은 2008년 글로벌 금융위기 이후 방송사의 경영난에 따라 등장한 새로운 모델이다. 2009년 3월 종영한 KBS 드라마인 <꽃보다 남자>의 경우 제작사인 그룹에이트가 저작권을 더 많이 가지는 대신 KBS로부터 회당 4,000만 원의 제작비만 지원받았다. 광고연동계약에 따라 2009년 1월 5일 7,000만 원만을 지급받았다. MBC 측은 2009년 상반기 드라마 <2009 외인구단>을 제작하면서 제작사 측에 회당 5,000~6,000만 원의 제작비를 지급했으며 저작권에 대한 대부분의 권리는 제작사가 가지는 것으로 합의했다(≪PD저널≫, 제604호, 2009년 4월 22일~28일자).

저작권을 양도하는 KBS, MBC와 달리 SBS는 협찬을 제작비 부담을 줄이는 대안으로 삼았다. SBS 외주제작팀 관계자는 "2008년 가을부터 경제위기로 인해 방송사 역시 경영난을 겪다 보니 협찬을 받아 제작하는 프로그램을 많이 하게 된다"며 "기존에 방송된 프로그램 중에서도 전면 또는 부분적으로 협찬을 받아 제작한 프로그램들이 있지만 신설 두 프로그램은 전적으로 경영난의 영향이 클 것"이라고 밝혔다.

콘텐츠 판권 소유자로서 방송사의 진가는 1995년 케이블방송 도입과 함께 본격적인 방송시장이 형성되면서 서서히 발휘되기 시작했고, 1990년대 말부터 불기 시작한 한류바람으로 방송사의 프로그램 수출도 본격적으로 시작되었다. 이에 따라 1995년을 기점으로 우리나라 방송시장 구조가 지상파TV시장, 케이블TV시장, 지역민방시장, 해외판매시장 등으로 다단계 유통구조를 갖추게 되었다. 특히 1990년대 말부터는 한류열풍으로 지상파 방송사들이 강력한 드라마 콘텐츠를 무기로 중국과 일본, 동남아 시장에 진출하여 부가수익을 창출하기 시작했다. 이러한 유통시스템의 다각화로 다량의 콘텐츠를 확보하고 있는 지상파 방송이 가장 강력한 프로그램 공급자로서 등장하게 되었다.

반면, 미국에서는 지상파TV의 경우 네트워크 프라임 타임 마켓과 오프 네트워크(신디케이션) 마켓으로 구분되어 콘텐츠가 유통된다는 점이 우리나라와 근본적으로 다르다. 1970년부터 1993년까지 미국 지상파 네트워크들은 주로 뉴스 등 보도 프로그램 제작에 집중했으며, 주요 장르인 시리즈와 영화는 메이저 스튜디오들이 공급해왔다. 하지만 1996년 「커뮤니케이션법(Communication Act)」 제정 이후 네트워크 방송사(유통창구)와 메이저 스튜디오(콘텐츠 공급자) 간 수직통합이 본격적으로 이뤄지고 있다. 네트워크 방송사는 전국의 가맹국들에 프로그램을 공급하는 방송회사로서 10개 또는 그 이상의 주에 적어도 25개의 가맹 텔레비전을 대상으로 주당 15시간의 정기 프로그램을 제공하는 회사를 의미한다. 제작과 방송(유통)의 수직적 통합은 1986년에 탄생한 FOX와 WB(Time Warner), UPN(Paramount) 등의 성공적

<표 8-2> 한국과 미국의 방송시장 구조

(구분 시점: 한국 1995년/미국 1993년)

	이전		이후		전망
	시장구조	판권 소유자	시장구조	판권 소유자	
한 국	- 단일시장	- 지상파 방송사	- 다단계시장 1. 케이블TV 2. 지역민방 3. 해외판매	- 지상파 방송사 - 외주제작사	유통시스템 다 각화로 향후 다 량의 콘텐츠를 확보하게 될 지 상파 방송이 가 장 강력한 프로 그램 공급자가 될 전망
미 국	- 다단계시장 1. network primetime market (네트워킹) 2. off-network market (신디케이션)	- 메이저 스튜디오 - 독립제작사	- 다단계시장 1. network primetime market (네트워킹) 2. off-network market (신디케이션)	- 메이저 스튜디오 - 네트워크 - 독립제작사	인수합병을 통 한 수직통합 및 수평통합의 실 현으로 지상파와 케이블의 독과 점, 위성의 독점 현상(다이렉트 TV가 거의 독점 적 위치 확보)이 가속화될 전망

자료: ≪방송 21≫, 2001년 9월호, 21쪽.

인 출현을 촉발시키는 계기를 마련했다.

한국과 미국의 방송시장 구조는 <표 8-2>에서 비교할 수 있다.

2) 콘텐츠 유통경로의 다원화

방송의 디지털화와 통신의 광대역화를 바탕으로 통신과 방송의 기술적인 융합이 가속화되어 통신과 방송 모두의 기술적인 특성을 겸비한 새로운 서비스가 나타나고 있다. 미디어 네트워크 발전으로 TV포털, 인터넷 방송, IPTV, DMB 등 다양한 신규 플랫폼이 등장하며, 이를 통해 콘텐츠의 유통경로가 다변화됨으로써 미디어 콘텐츠의 유비쿼터스화가 가속화되고 있다. 즉, 미디어 콘텐츠는 다양화·다변화하는 이용자의 필요와 욕구를 언제 어디서나 충족시킬 수 있는 방식으로 확대되었으며, 디지털화에 따른 전송채널 수 증가에 따라 그 채널을 채울 수 있는 콘텐츠 수요의 증가로 이어지고 있다.

새로운 기술의 등장은 항상 기존의 유통시장에 변화를 가져왔다. VCR의 출현으로 영화산업이 변화했고, MP3 기술로 음반시장이 변화하고 있다. 최근에는 DVD 판매창구, VOD서비스, 인터넷 등 새로운 시장이 출현하여 전체 시장에 변화가 오고 있다. 새로운 유통창구가 등장하면 기존 유통방식에도 변화가 오지만 이를 소비하는 소비자의 관람형태도 변하기 마련이다.

디지털화를 통한 콘텐츠 제작 및 수용의 변화를 요약하면 다음과 같다. 우선 디지털 멀티미디어기술과 플랫폼의 통합 경향을 들 수 있다. 컨버전스 서비스의 발전은 디지털기술의 발전에 의한 것으로서 영상, 음향 등 다양한 종류의 콘텐츠를 하나의 플랫폼을 통해 접할 수 있게 한다. 즉, 방송의 후속 창구로서 IPTV, DMB, 인터넷 등이 자리를 잡게 되면 방송콘텐츠가 변화할 것으로 예상된다. 미래형 방송콘텐츠는 쌍방향적이고 개인화된 참여형태의 포맷이 될 것으로 전망된다.

현재 미디어시장의 변화는 IPTV와 DMB 등 신규 매체의 추가, 온라인 및 모바일 유통의 확대 등 콘텐츠 유통경로의 다원화를 중심으로 진행되고 있다. 먼저 2007년 말 IPTV법안이 통과됨에 따라 KT와 SK텔레콤 등 통신기업들이 IPTV시장의 선점을 위해 좋은 콘텐츠 확보를 위한 집중적인 투자와 합종연횡을 하여 콘텐츠 가격 상승이 예상되고 있다.

온라인 영화와 동영상 서비스의 활성화로 인해 온라인 유통도 확대될 것으로 보인다. 우리나라의 경우 온라인을 통한 불법 영화 유통이 성행하는 상황에서 씨네웰컴과 씨네로, 쿨무비 등 사업자들이 인터넷으로 영화 VOD 서비스를 제공하고 있으며, 이동통신사업자들도 음악과 동영상 서비스를 모바일 단말기를 통해 유통을 확대하고 있다.

국내 지상파 방송사는 KBS 인터넷, iMBC, SBSi 등의 계열사를 통해 VOD서비스를 제공하며 수입증대를 위한 다양한 유통창구로 활용하고 있다. 이들 방송3사는 유통창구의 다변화와 온라인사업의 수익 증대를 위해서

<표 8-3> 국내 주요 방송사의 뉴미디어 유통전략

방송사	자사 인터넷 사이트	3자 인터넷 사이트	모바일
KBS1 KBS2	무료·유료 VOD 서비스 제공	네이버 뉴스서비스를 중단한 이후 프로그램을 인터넷업체에 공급하지 않고 있음	모빌리언스와 함께 mKBS 휴대전화 VOD서비스 제공
MBC	건당 500~1,000원의 유료 VOD 서비스 제공	일부 인기 드라마의 경우에 몇 회에 한하여 하루가 지난 프로그램을 다음, 네이버에 제공. 곰TV에서 500~1,000원에 제공	2008년 7월 목표로 무선 포털 구축 계획
SBS	건당 500~1,000원의 유료 VOD 서비스 제공	무료 VOD업체 티비(TVee)에서 드라마 60편과 예능프로그램 무료 방영	모바일 포털 서비스 iSBSm에서 TV 및 라디오 콘텐츠, 뉴스정보 제공

다양한 유통창구를 개척하고 있다. 특히, 자사의 인터넷 홈페이지가 아닌 제3자의 인터넷 사이트나 모바일 등을 통해 유통을 시도하면서 프로그램의 창구를 늘려나가고 자사의 콘텐츠의 인지도를 높여나가고 있다. <표 8-3> 은 국내 지상파 방송사의 뉴미디어 유통전략을 정리한 것이다.

또한 지상파 방송사는 IPTV와 디지털 케이블TV의 VOD용 프로그램을 거의 비슷한 가격으로 제공하고 있다. 방송 후 12시간에서 1주일 이내밖에 안 된 프로그램의 경우 PPV의 형태로 제공하면서 편당 500원의 이용료를 받고 있다. 지상파 계열 포털(iMBC, SBSi)에서 다시보기로 올린 매출은 방송 후 24시간 이내에 대부분 발생한다. 지상파 계열 포털회사는 홀드백을 12시간이 아니라 24시간으로 연장해달라고 요구하고 있지만 본사는 전체 차원에서 수입을 극대화해야 한다며 받아들이지 않고 있다. 하나TV의 VOD서비스로부터 방송된 지 1주일 내의 프로그램을 시청할 경우 MBC가 받는 프로그램 이용료는 월 3억 원 정도 된다. 지상파 방송 프로그램을 VOD로 시청하려면 지상파 계열 포털이나 IPTV를 이용하는데, 과거에는 대부분 지상파 계열 포털을 이용했으나 최근에는 IPTV를 이용하는 사례가 증가하고 있다.

이처럼 장기적으로 보면 새로운 창구가 나올 경우 시장이 확대될 소지가 많다. 그 이유는 첫째, 한 제품에 대한 소비자들의 수요가 증가하면 그 시장이 확대된다. 마찬가지로 영화에 대한 소비자들의 수요가 증가한다면 영화 수익의 총액은 커질 수밖에 없을 것이다. 창구에 따라 배분비율이 달라질지도 모르지만 소비자의 수요가 증가한다면 창구에 관계없이 총액 규모는 커질 것이다. 둘째, 새로운 포맷 등이 등장하면서 기존 영화와 다른 형태의 영화들이 등장하여 시장을 확대시키고, 영화와 관련된 다양한 상품이 나타나 영화와 관련된 총시장이 커질 수 있을 것이다. 즉, DMB 영화가 나오면 기존 영화와는 다른 형태의 영화이기 때문에 DMB 영화를 시청하는 사람이 나타날 것이고, 이는 영화시장 확대를 가져올 것이다. DMB 시청자들이 극장에서 영화를 시청하지 않는다면 전체 시장이 변화하지 않겠지만 DMB 영화와 극장용 영화는 다르기 때문에 동시에 볼 가능성이 높다는 것이다.

DMB와 같은 새로운 미디어가 등장하면서 창구의 순서에 변화가 나타나고 홀드백 기간도 짧아지는 등 창구체제가 크게 변화하고 있다. 따라서 여기에서는 비디오와 DVD를 2차 창구라고 했으나 실제로는 VOD, 인터넷 유통 등이 등장하면서 DVD라는 2차 창구는 계속 밀려서 3차, 4차 창구로 변화하고 있다. 우리나라 영화의 창구화도 극장 → 비디오/DVD → 유료 케이블, 위성 → 지상파 → 무료 케이블 채널 순으로 이루어져 왔지만, 2000년 이후에는 인터넷과 VOD 창구, DMB와 IPTV 등에서도 영화콘텐츠가 일부 유통되고 있다.

TV 프로그램은 과거에는 2차 이용이 적은 분야였다. 그러나 최근 국내 드라마의 경우 지상파 방송 이후에 케이블방송, DMB, 인터넷을 통한 매출 등이 크게 확대되어, 지상파의 수익은 정체되는 반면, 후속 시장에서의 수익이 크게 증가하고 있다. 실제로 지상파의 이익률은 정체하거나 감소하는 반면 인터넷 판매, 케이블방송 등에서의 매출과 이익은 크게 증가하고 있다. 더구나 최근에는 DMB, IPTV 등이 상용화되면서 다양한 미디어가 탄생하여 방송 프로그램의 원소스 멀티유스가 확대되고 있다. 유통 차원에서 지상파의 영상콘텐츠가 DMB나 IPTV, UCC 등 후속시장에 공급 수단이 될 수 있으며,

특히 뉴미디어 특성에 맞는 새로운 형식의 콘텐츠 개발은 유통창구의 변화와 콘텐츠시장의 확대를 가져오는 계기를 만들고 있다.

IPTV, 위성·지상파DMB, 와이브로 등 신규 서비스의 등장은 기존 방송용 콘텐츠 유통시장의 지각변동을 가져오고 있고, 유통시장의 지각변동뿐 아니라 콘텐츠시장의 힘의 중심을 콘텐츠 제작 및 소유 진영으로 이동시키고 있다. 최근 콘텐츠시장에 대한 업계의 관심이 집중되고 대기업을 중심으로 콘텐츠 확보를 위한 경쟁이 심화되는 점은 이러한 추세를 반영하고 있다.

결국 DMB, 와이브로, IPTV 등 다양한 매체들이 유통채널의 확장을 가져옴으로써 지상파 방송콘텐츠의 독과점에서 벗어나게 하여 콘텐츠의 병목현상[3])을 해소할 수 있을 것이다.

3. 한류와 방송콘텐츠의 유통

1) 창구효과

문화산업은 일반적으로 산업연관효과(전·후방효과)가 다른 산업에 비해 매우 큰 것으로 알려져 있다. 이를 문화산업에서는 '창구효과'라고 하는데, 이 용어를 처음 사용하기 시작한 사람은 오웬(B. M. Owen)과 윌드만(S. S. Wildman)이다. 창구화(windowing)란 하나의 프로그램을 여러 다양한 채널을 통해 다양한 시간대에 방영하는 것을 의미한다(Owen and Wildman, 1992). 창구화는 영화나 드라마와 같이 시간이 지남에 따라 가치가 하락하지만 비교적 생명주기가 긴 창작물의 경우 적합한 전략이라고 할 수 있다.

창구효과란 한 가지의 영상물이 서로 다른 미디어에 이용되어 부가가치를

---

3) 콘텐츠 병목현상은 콘텐츠가 일정한 장소에 집중되는 것을 말하며, 제작단계에서의 콘텐츠 병목과 유통단계에서의 네트워크 병목현상의 두 가지로 나눠볼 수 있다.

<그림 8-6> 캐릭터 상품이 창구효과에 따라 다양한 장르로 활용되는 사례

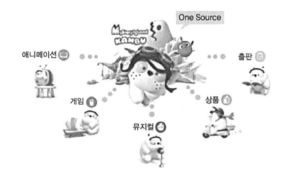

창출하는 것이라고도 말할 수 있다(정인숙, 2006). 물론 방송 프로그램은 여러 번 방영될수록 그 효용이 떨어지기 마련인데, 이러한 특성 때문에 가장 효율적인 유통전략을 짜는 것이 중요하다고 할 수 있다. 유통 관점에서 '창구'는 매우 중요한 용어로, 어떤 하나의 콘텐츠가 제시되는 유리창으로서 상영되는 공간을 의미한다. 창 앞에 많은 관객을 모이게 하고 콘텐츠 관람의 대가로 돈을 내게 한다. 즉, 콘텐츠가 계속 반복 상영되더라도 창문마다 관객들은 돈을 지급하며 공급자는 콘텐츠 활용가치를 극대화시켜 제2, 제3의 콘텐츠로 재생산하는 일련의 활동을 중시한다. 영상상품의 생산과 유통에서 창구효과는 범위의 경제를 실현시킬 수 있는 유일한 전략이다. 즉, 창구효과란 하나의 콘텐츠를 제작하면 단계별 유통과정을 통해 새로운 수요가 계속적으로 창출되어 추가적인 이익이 발생되는 것을 의미한다(김휴종, 1999). 콘텐츠를 순차적으로 다단계의 매체(창구)를 통해 유통시키는 것은 경제학에서 말하는 가격차별화를 이용한 수익 극대화방식에 해당한다.

　콘텐츠의 재활용 차원에서 창구효과는 원소스 멀티유스나 시너지(synergy), 브랜드 확장(brand extension), 다단계 촉진(cross-promotion), 상업적 인터텍스트(commercial intertext), 인터텍스튜얼리티(intertextuality), 오락 슈퍼텍스트(entertainment supertexts), 승수효과(multiplier effect) 등과 같이 다양한 개념으로 이해되고 있다(Murray, 2005: 418). 즉, 원소스 멀티유스도 창구효과와 같은 개념으로서, 쉽게 말하면 하나의 소스를 서로 다른 장르로 다단계 유통시켜 시너지 효과를 극대화하고자 하는 전략이다. 디지털 융합에 따라 방송콘텐츠를 유통시킬 플랫폼이 다양하게 형성된 환경에서는 하나의 상품을 여러 연관시장에 단계적으로 배급하는 창구효과 전략인 원소스 멀티유스가 각별한 주목을 받고 있다. 디지털방송시장에서 원소스 멀티유스는 중요한 전략적 개념으로 인지되고 있는데, 외국에서는 원소스 멀티유스(OSMU) 대신에 'COPE(Create Once Publish Everywhere)'라는 용어를 많이 사용한다. COPE는 한 소비자가 하나의 콘텐츠를 다양한 매체를 통해 소비하게 되는 것을 의미하며, 다채널 다플랫폼의 디지털방송 환경에서 중요한 전략으로 간주된다. 시청자가 특정 콘텐츠를 지상파, 케이블, DTV, DMB, 와이브로, WiFi 등을 통해 이용할 수 있다는 것이다.

원소스 멀티유스와 COPE의 개념은 하나의 원천 콘텐츠가 게임, 만화, 영화, 캐릭터, 소설, 음반 등 여러 가지 2차 문화상품으로 파급되어 원소스의 흥행이 2차 상품의 수익으로까지 다양하게 이어지면서 수익을 창출하는 것을 의미한다. 멀티유스는 막대한 제작비와 철저한 기획을 바탕으로 대규모 인원과 시간을 필요로 하지만 창구화는 단순히 복제비용만 부담하면 된다. 디지털 콘텐츠의 경제적 특성은 원소스 멀티유스가 가능하다는 점이다. 대부분의 문화상품(영화, 음반, 도서)의 경우 생산 초기에는 비용이 많이 들지만, 일단 생산되어 성공하면 한계비용이 거의 0에 가까운 상태에서 재판매가 가능하다. 하나의 문화상품이 문화산업의 일개 영역에서 창조된 후 부분적인 기술적 변화를 거쳐 문화산업 영역 내부, 혹은 다른 산업의 상품으로서 활용이 지속되면 그 가치가 증대되는 것이다.

원소스 멀티유스와 COPE 개념을 토대로 한 지상파 방송사의 원윈전략은 방송 프로그램을 기획·제작하고 다양한 주체와의 전략적 제휴를 통해 유기적으로 협조하여 원소스 멀티유스를 활성화시키는 것이다. 즉, 경쟁력 있는 콘텐츠를 제작하여 영화배급사, 연예기획사, 음반사 등과 협력해 원소스 멀티유스를 적극적으로 활성화시키고, 데이터(data) CP, 유통업체, 금융기관,

<표 8-4> 한국과 미국의 창구화 순서

	창구	극장	비디오, DVD	비행기 판권	VOD, Pay per View	유료 케이블	지상파	무료 케이블
한국	기간 (개월)	0~3	극장 종영 후 0.5~4	극장 종영 후 2~3	극장 종영 후 1~5	비디오 출시 후 3~8	비디오 출시 후 3~8	지상파 첫 방영 후 1~3
	비중	75%	9%	11%(수출 8% 포함)			3%	2%
미국	창구	극장	비행기, 호텔 유료채널	비디오, DVD	VOD, Pay per View	유료 케이블	지상파	지방방송에 대한 신디케이션
	기간 (개월)	0~3	2~4	4~6	6~9	12~15	18~24	36~42
	비중	25%	1%	56%	2.5%	10%	3%	2.5%

자료: Forrester Research(1997.1); 최용배 외(2005: 10)을 재구성함.

광고업체와도 협력하여 데이터 방송구축을 통해 콘텐츠의 활용을 더욱 활발하게 이끌어줄 수 있는 환경을 조성해야 하는 것이다. 또한 지상파 방송사는 유기적인 관계 속에서 'COPE전략'을 추진하여 경쟁력 있는 콘텐츠의 이용을 가속화시켜야 한다(최창섭, 200: 41~42).

창구란 하나의 프로그램을 서로 다른 시기에 다른 배급채널을 통하여 배포하는 배급방식이라고 말할 수도 있다. 우리나라와 미국 영화의 창구화 순서는 <표 8-4>와 같이 다르게 나타나고 있다. 우리나라 영화의 경우 극장→ 비디오/DVD→ 비행기 판권→ VOD/Pay per View → 유료케이블 → 지상파TV→ 무료케이블 등 순차적으로 배급되고 있다. 반면, 미국은 극장→ 비행기, 호텔 유료채널 → 비디오/DVD → VOD/ Pay per View → 유료케이블→ 지상파TV→ 지방방송 신디케이션 순으로 정해진다(최용배 외, 2005).

창구화 체계와 각 매체별 유통기간 질서가 체계적으로 정립된 미국은 비교적 홀드백(부가판권 유예기간) 기간이 간단명료하고 잘 지켜지고 있는데 비해 우리나라는 인터넷과 DMB와 IPTV, 와이브로 등 뉴미디어가 등장하면서 창구화 순서가 잘 지켜지지 않고 홀드백 기간도 짧아지는 등 창구체제가 크게 변화하고 있다.

2) 지상파 방송사의 콘텐츠 창구방식

창구화는 영화산업에서 흔히 볼 수 있는 현상이지만, 국내 방송시장에서는 비교적 역사가 짧다. 영화산업에서의 실증적 연구들은 비교적 활발하게 발표되어왔으나(유세경·정윤경, 2002; 정윤경, 2003; 황성연, 2006 등), 방송분야에서는 많은 논문이 축적되어 있지 않은 상황이다.

국내 텔레비전 산업은 1990년대 말까지만 해도 지상파 3사의 시장지배력이 매우 컸기 때문에 프로그램을 다른 창구로 유통시킬 필요도, 마땅히 유통시킬 만한 창구도 존재하지 않았다. 방송 프로그램의 창구화 현상에 관심을 갖기 시작한 것은 케이블TV, 위성방송 등 신규 매체가 등장하여 실질적으로 지상파 콘텐츠가 다른 미디어에 유통될 수 있게 된 1990년대 중반 이후였다(박소라, 2007: 12). 이와 같이 방송시장에서 창구화될 수 있는 환경이 조성된 것은 케이블TV 및 민영방송이 허용된 1995년 이후로 비교적 최근의 일이다. 특히 1990년대 중반부터 불붙기 시작한 한류열풍을 타고 우리나라 방송콘텐츠가 본격적으로 수출되면서 방송사들도 글로벌 시장개척과 창구화에 대한 관심을 갖기 시작했다.

해외시장을 하나의 후속시장으로 본다면 국내 프로그램의 해외유통에 대한 연구도 넓은 의미에서 창구화에 관련된 것이라고 할 수 있다. 그러나 대부분 한류라는 문화현상에 초점을 맞추고 있고, 그 가운데 일부가 영상물 유통의 이론적 맥락에서 연구된 것이다(정윤경, 2003).

국내 지상파 프로그램의 경우 영화와 달리 첫 유통창구 이후는 배급 순서가 분명하지 않고 거의 동시다발적으로 이뤄지는 특징을 보인다(김동규, 2002; 김익성, 2006; 정윤경, 2002). 이문행·이현숙(2005)도 한국의 방송 창구화는 영화와 달리 동시다발적인 유통을 특성으로 한다는 점을 지적하고 있다. 콘텐츠의 직접적인 유통뿐 아니라 OST 등 부가적인 사업영역도 드라마

종료 이전에 시작된다는 것이다. 또 하나의 특성은 지역방송의 경우 케이블과 역(逆)유통이 일어나고 있는 점인데, 이는 산업규모 크기가 비슷하기 때문인 것으로 분석된다. 방송 프로그램은 가장 효율적인 유통전략을 수립하는 것이 중요한데, 창구효과를 고려한 프로그램 편성전략의 기본원칙은 매체별 프로그램의 가격책정을 시간적인 차이를 고려해 어떻게 차별화할 것인가를 결정하는 일이다(주영호, 2006).

지상파 방송 프로그램의 유통전략에 대한 연구는 이상옥(2006)과 박소라 (2007)의 연구가 대표적이다. 먼저 이상옥은 국내 지상파 방송사 드라마의 창구주기가 여러 매체로 유통되는 데 1주일 정도 걸리는 현상에 대하여 지상파 방송사와 특수관계에 있는 인터넷 기업과 자회사에 대한 배려가 작용하기 때문인 것으로 풀이하고 있다. 그는 시청편의성이 큰 순서대로 배치하고 가격을 비례해서 높이는 방식이었던 창구 메커니즘의 재구성이 필요하다고 주장했다. 이상옥은 MBC 드라마의 창구 사례를 분석했다. MBC 의 경우 현재 드라마를 다단계유통시키는 후속 창구로 iMBC를 통한 인터넷 다시보기(VOD), MBC 드라마넷을 통한 케이블 PP 방영, 준(June)과 핌(Fimm)을 이용한 3G VOD서비스, 인터넷 포털을 통한 VOD, DVD 유통, MBC 드라마넷이 아닌 타 PP(아리랑TV 등)를 통한 방식 등 크게 6개의 창구가 존재한다고 했다(이상옥, 2006: 84~86).

후속 창구 중에서 가장 빠른 것은 iMBC를 통해 제공되는 인터넷 VOD로서 본방 종료 후 30분(홀드백은 30분)이면 iMBC의 홈페이지를 통해 서비스가 개시된다. 두 번째 빠른 창구는 준과 핌을 통해 제공되는 3G VOD서비스인데, 방영개시 시점은 본방 방영 다음날 정오가 되므로 홀드백은 만 하루가 되지 않는다. 여기서 DMB를 하나의 창구로 볼 때 준과 핌이 성격이 비슷한 모바일 콘텐츠를 제공한다는 측면에서 비슷한 창구에 위치한다고 볼 수 있다. 다음으로는 다음이나 파란(Paran) 등의 인터넷 포털에 드라마가 제공되어 VOD로 서비스되는데, 홀드백은 24시간으로 하고 있다. MBC 드라마넷은 2006년부터 본방 종료 후 1주일이 지나면 MBC 드라마를 방영하고 있다.

<표 8-5> 드라마의 창구화 순서와 관람 비용

	1차 창구	2차 창구	3차 창구	4차 창구	5차 창구	6차 창구
유통형태	지상파	계열 인터넷VOD	준(June)/ 핌(Fimm)	타사 인터넷VOD	계열 PP	DVD
홀드백 기간		30분 이내	1일	1일	1주일	30일
관람비용 (원)		500~1,000	900~1,300			12,000

그 다음 창구는 DVD 판매가 해당되는데, 드라마별로 차이는 있으나 빠른 드라마는 종영 이후 한 달 남짓이면 DVD로 출시된다. 여기까지가 드라마의 첫 번째 다단계 유통사이클에 해당된다고 할 수 있다. 그리고 MBC 계열이 아닌 타 PP나 기타 매체에 판매된다. 대표적인 예로 국내외로 방송되는 아리랑 TV가 있는데, 대개 3년 이상 지난 드라마가 판매되고 있다. 지상파 방송콘텐츠의 창구화 순서는 <표 8-5>와 같이 배열할 수 있다.

박소라(2007)는 2005년에서 2006년 사이에 지상파에서 방송되었던 127편의 드라마의 창구화 특성과 성과를 분석한 결과, 국내 지상파 방송사들의 창구화 전략은 리스크를 분산하는 기제로서 활용되며, 동시에 시청자 규모를 극대화할 수 있는 방안임을 밝혀냈다. 분석대상 드라마가 어느 시점에 유통되는지를 살펴본 결과, 지상파 본방 이후 다른 미디어로 유통되기까지 걸리는 기간은 대체로 짧고 비슷한 분포를 보였다. 케이블 채널로는 1~7일 이내 88%가 유통되었고, VOD의 경우 MBC, SBS는 방송 후 1시간 내에, KBS의 경우 12시 이전 방송분은 오후 4시까지 그 이후에 방송된 프로그램은 다음날 정오 전에 게시되었다. 하나TV의 경우 일괄적으로 12시간의 홀드백 기간을 적용하고 있었다. 이런 홀드백 기간의 적용은 지상파 방송사들의 창구화 전략이 시간차 전략과 다른 것임을 알 수 있었다.

현재 우리나라 지상파 방송사들의 창구화 전략은 리스크 분배 가능성을 보이고 있다. 초방 시장에서 성공한 지상파 프로그램의 성과가 케이블과

VOD 성과로 이어지지는 않았다. 지상파에서 성과가 상대적으로 낮았던 프로그램이 다시 케이블이나 VOD시장에서 성과를 올렸다는 것은 리스크 분배의 가능성을 보여주는 사례이다.

결국 우리나라 드라마의 창구화 전략은 지상파의 시청률 극대화를 목표로 한 창구화로 볼 수 있다. 드라마는 연속시청의 특성이 있으므로 회차가 진행 될수록 수용자층이 누적(build-up)되는 특성이 있다. 이런 맥락에서 케이블 재방송채널, 인터넷 VOD, IPTV, P2P 시장까지 본방송의 시청률을 극대화 하는 데 기여하는 것으로 추정할 수 있다.

3) 한류와 방송콘텐츠의 해외유통

우리나라 방송사업에 유통의 개념이 도입된 것은 1995년 케이블TV가 시작되면서부터이다. PP를 중심으로 제작사가 다원화되고 채널이 대폭적으 로 증가하면서 신규 수요와 함께 재방송 등 프로그램의 2차 활용 필요성이 높아져 프로그램 유통의 인식을 높이는 계기가 되었다. 또한 지상파 방송사들 이 프로그램 물량을 확대하여 새로운 유통시장을 확보하기 위해서 해외시장 에 눈을 돌리면서 1990년 말 한류의 바람이 불기 시작했다. 우리나라 드라마 와 대중음악이 중국과 동남아, 홍콩, 일본 등으로 수출되기 시작하면서 문화 교류가 활발히 진행되기 시작했다.

문화상품의 국제교류도 EU나 아세안자유무역협정(AFTA)처럼 경제블록 과 밀접한 관계가 있으며 지리적 근접성과 문화적 유사성이 문화상품의 교류에 영향을 끼치는 중요한 요소로 작용한다.

이러한 현상은 동남아를 넘어 유럽과 중동까지 진출한 한류열풍에서도 쉽게 찾아볼 수 있다(박재복, 2005: 78~82). 한류열풍의 여러 요인을 분석해보 면 기본적으로 한국 특유의 문화적 역동성에 기반을 둔 품질 경쟁력이나 소구력이 중요한 요인이지만, 다른 한편으로 수천 년 역사 속에서 깊이 뿌리 내린 아시아적 가치를 바탕으로 한 문화적 유사성과 연대의식, 그리고 지리적 근접성이 또 하나의 주요한 요인이라고 보인다. 또한 최근까지 맹위를 떨치던 서구문화에 대한 식상함이 또 다른 지지축으로 작동하면서 결과적으로 우리의 문화상품이 우리보다 수십 배에 달하는 제작비를 투입한 할리우드 작품을 누르고 한류열풍을 만드는 데 성공했다고 볼 수 있다.

방송콘텐츠 수출에서 킬러 콘텐츠 역할을 수행해낸 대표적인 작품으로는 KBS의 <가을동화>, <겨울연가>, MBC의 <사랑이 뭐길래>, <별은 내가슴에>, <이브의 모든 것>, <인어아가씨>, <대장금>, <태왕사신기>, SBS의 <불꽃>, <올인> 등을 꼽을 수 있다. 이러한 작품들은 드라마 한 편의 수출액이 최소 100만 달러에서 최대 1,000만 달러를 넘어설 수 있다는 가능성을 보여주었다는 점에서도 상당한 의미가 있다. 또한 드라마 장르에서도 제작비의 60% 이상을 해외수출에서 보전할 수 있는 시대가 열렸음을 구체적으로 보여주었다. 여기서 우리는 해외시장 참여를 통해 확대재생산 모델을 창출할 수 있다는 가능성을 확인했고, 대형 프로젝트 드라마의 제작 움직임이 활발하다는 소식도 별로 낯설지 않게 되었다.

해외시장에서 우리의 방송콘텐츠가 성공을 거두고 있는 만큼 드라마를 비롯한 문화상품의 수출을 통해 창출되는 경제적·비경제적 효과에 대한 체계적인 연구분석 작업이 시급하다. 최근 한 연구기관의 조사에 따르면, <겨울연가>를 통한 관광수익 창출 규모가 5,000억 원을 육박하고 한류를 통한 일반 상품의 수출 촉진효과는 연간 27조 원에 이르는 것으로 나타났다. 2005년 한국관광공사가 발표한 「한류 관광 마케팅 파급효과 분석 및 발전방향」이라는 보고서에 따르면 2004년 일본, 중국, 대만에서 우리나라를 찾은 관광객 중 27.4%인 71만여 명이 한류관광객이며, 이들로 인한 관광수입이 7억 8,000만 달러에 이르는 것으로 나타났다. 나라별로 살펴보면 일본은 연간 관광객의 20.1%인 41만 8,210명이 한류관광객이며 중국은 59.9%(14만 7,576명), 대만은 53.5%(14만 5,240명)로 집계되고 있다. <겨울연가>의 촬영지인 남이섬과 용평스키장을 둘러보는 관광상품이 인기리에 판매되고 있으며 일본 관광객만을 대상으로 한 우표가 발행되기도 했다. '욘사마'

<그림 8-7> MBC 월화드
라마 <에덴의 동쪽>의 포
스터

배용준이 한류열풍으로 벌어들인 수입이 우리나라 국내 총생산량(GDP)의
0.1%를 차지한다고 하니 이제 경제적인 관점에서도 그 효과를 짐작하고
남을 것이다.

드라마와 영화와 같은 스톡(stock) 콘텐츠[4]들도 한류바람을 주도하고 있다.
스톡 콘텐츠는 드라마, 영화, 교육 프로그램 또는 다큐멘터리 등으로서 방송
시간에 구애되지 않는다. 특히 스톡 콘텐츠는 특정한 방송시간을 정해놓지
않고 반복해서 방송해도 시청자들을 끌어들일 수 있다는 특성이 있다. 드라마
와 영화, 교육프로그램, 다큐멘터리 등 반복해서 이용될 수 있는 프로그램은
창구효과가 강하게 나타난다.

최근 한류 붐에 힘입어 드라마 수출이 증가하면서 국내 방송사들은 부가상
품 개발에 신경을 쓰고 있다. 이전까지는 국내 제작사나 방송사들의 경우
적은 액수이지만 꾸준히 수익을 올려줄 수 있는 머천다이징(MD) 상품에
크게 신경을 쓰지 않았다. 하지만 한국 드라마의 활로를 모색하기 위해서
부가수익을 올릴 수 있는 머천다이징 상품 개발에 관심을 기울이고 있다(≪이

---

4) 방송콘텐츠는 뉴스와 같은 생방송 위주의 플로(flow) 콘텐츠와 스톡(stock) 콘텐츠
그리고 그 중간에 위치하는 버라이어티(variety) 콘텐츠로 나뉜다.

데일리≫, 2008년 12월 9일자).

　클래식 음악과 이를 연주하는 오케스트라를 소재로 했던 MBC <베토벤 바이러스>의 경우 공식 클래식 컴필레이션 앨범을 발매했는데, 클래식 음반 시장을 평정했다는 말이 나올 정도로 인기를 끌었다. MBC 월화드라마 <에덴의 동쪽>은 인기가수들이 대거 참여한 OST가 날개 돋친 듯 팔려 제작사에 적지 않은 수익을 안겨줘 '잘 만든 OST'의 가치를 반증하기도 했다. 그뿐만 아니라 <궁>은 당초 10대를 타깃 시청 연령층으로 정하고 MD상품을 기획하다 드라마가 인기를 끌면서 시청 연령층이 20~30대로 높아진 점을 착안해 극중 등장한 곰인형 세트를 100만 원대에 한정 판매하는 등의 MD전략으로 수익을 올리기도 했다. 특히, 이영애라는 한류 스타를 탄생시킨 드라마 <대장금>의 경우 중국, 대만 등 해외에 수출되고, 애니메이션과 뮤지컬 등으로 만들어졌으며 심지어 드라마에 나온 한국 음식을 세계에 알리는 촉매제가 되기도 했다. 즉, 드라마 수출이라는 1차 수익 이외에 한국 음식이라는 2차 수익원까지 창출하기도 했다.

　그동안 드라마를 해외에 수출할 때 MD 관련 판권까지 함께 판매하는 경우도 많았지만 최근 들어서 MD와 드라마 방영 및 DVD 등 2차적 판권을 나눠 계약하는 일이 늘고 있다는 것은 긍정적인 변화다. 그러나 본격적인 한류의 시작을 알렸던 <겨울연가> 이후 해외에서 MD상품으로 대박을 낸 일이 드물다는 것은 시사하는 바가 크다.

4) 드라마의 원소스 멀티유스 활용 사례들

(1) <프라하의 연인>

　SBS 드라마 <프라하의 연인>은 올리브나인에서 총 18부작으로 제작하여 2005년 9월 24일부터 11월 20일까지 방영되었다. 3회까지 해외로케 촬영을 했고, 그 이후에는 전라북도 부안에서 촬영했다. 시청률은 첫 회 20%에서 점진적으로 상승하여 마지막 18회 때 31%의 자체 최고 시청률을

<표 8-6> <프라하의 연인>의 원소스 멀티유스를 통한 수익

| 해외 판권 | 음원 | | DVD | 책 | 의류/액세서리/선물용품 | | |
	OST	벨소리 컬러링			오프라인	온라인	오프라인 +온라인
SBS 프로덕션	올리브 나인	SKT, KTF	올리브 나인	반디 출판사	현대 백화점	d&shop CJ몰	오즈랜드
10억 원 (일본)	14억 원	5억 원	1억 5,000~ 2억 원	2,700만 원	4억~ 5억 원	2억 원	1,000만 원
판권 외 수익: 총 38억 원 이상(SBS프로덕션+올리브나인)							

주: 2006년 10월 현재.
자료: 박선희(2006).

기록했고, 평균 시청률은 26.4%로 비교적 높았다.

<프라하의 연인>은 사전에 기획된 원소스 멀티유스의 사례이다.[5] 제작사 올리브나인은 국내 방송제작 프로덕션 중 유일하게 원소스 멀티유스 전략기획본부이자 자회사인 올리브나인 크리에이티브를 가지고 있어, 원소스 멀티유스 사전기획을 철저히 할 수 있었다. 또한 이 회사는 제작 전 부안군과의 테마파크 건립계획 계약 등도 추진함으로써 원소스 멀티유스의 전진기지의 역할을 했다.

<프라하의 연인>은 스토리의 완성도가 다소 떨어지는 작품으로 평가되었지만, 2005년 드라마 중에서 성공적인 원소스 멀티유스 전략을 추진한 드라마로 평가된다. 먼저 <프라하의 연인>의 음반 및 DVD 국내 유통을 담당한 팬텀엔터테인먼트는 OST음반을 5만 장 판매했고, DVD는 1,500~2,000장 정도 판매했다. 이외에도 컬러링과 벨소리 등의 온라인 매출액은 총 5억 원에 이르고 있다. 또한 부안군 줄포면 우포리 생태공원의 갈대숲과 별장 및 부안의 관광명소는 드라마가 방영된 후 4만여 명의 관광객이 다녀가

---

[5] "올리브나인, 크리에이티브 설립", ≪머니투데이≫, 2005년 11월 29일자; "프라하의 연인 부안 오픈세트, 관광 명소로 개발한다", ≪뉴스엔≫, 2005년 11월 29일자.

는 등 영상관광특수를 누렸다.

드라마에 등장했던 의류, 액세서리 등의 잡화는 오프라인과 온라인에서
모두 인기리에 판매되었다. 오프라인에서는 현대백화점의 미아점, 목동점,
신촌점, 중동점, 부산의 다섯 지점에서 '프라하의 연인 상품전'을 개최하여
4억~5억 원의 매출을 올렸고, 온라인상에서는 2억 원의 매출을 올렸다.
인터넷 옥션에서는 <프라하의 연인> 스타일의 제품이 하루에만 2,000여
벌 이상 판매되기도 했다.[6]

(2) <대장금>

<대장금>은 TV드라마로 시작하여 2005년 170만 달러의 수출실적을
기록했고, 누적 수출실적만 해도 500만 달러를 넘었다. 아시아 20여 개국(중
국, 일본, 베트남, 필리핀, 태국, 인도네시아 등)과 유럽, 미국 등에도 수출되었으
며, 특히 2004년에는 대만 드라마 시청률 1위를 차지했으며, 2005년 초
홍콩 TVB 방영 시 47%라는 시청률을 기록하기도 했다. 또한 드라마에
이어 소설, 게임(절대미각), 만화애니메이션 <장금이의 꿈>, 뮤지컬 등 다양
한 콘텐츠를 생산·보급했다. 최근에는 예술의 전당 오페라하우스에서 뮤지컬
로 제작·발표하기도 했다. 각 매스컴에서는 특히 중국에서 최고의 인기드라
마로 손꼽히는 만큼 뮤지컬 한류를 선도할 것으로 기대한다고 밝혔다.

<대장금>의 성공요인은 첫째, 콘텐츠의 테마에 폭력이나 성적 문란함
대신 사랑과 우정, 가족관계 등 동양적인 인간친화적 분위기가 연출되었고,
둘째, 극동아시아 지역의 전통문화와 의상, 음식 등의 다양한 정보를 제공함
으로써 수용자들의 관심을 끌 수 있었다. 특히 기존 한류 드라마의 인기가
아시아권에 국한되었던 반면, <대장금>은 이란·터키·짐바브웨·프랑스 등
중동과 아프리카·유럽 지역에도 진출해 전 세계적인 한류열풍을 몰고 왔다.

---

6) "프라하의 연인 패션따라잡기 — 재희, 상현이 입으면 나도 입는다", ≪뉴스엔≫, 2005
   년 10월 25일자.

<표 8-7> 드라마 <대장금>의 수익구조

구분	TV광고	국내판매	VOD	테마파크	머천다이즈	해외수출	소계
매출액(억)	249	2.3	9.7	25	4.2	100.5	390.7
비중(%)	64	1	2	6	1	26	100
방영 성과	\- MBC 총 54부작 방영(직접제작비: 편당 1.3억 원, 총 70억 원) \- 순이익 321억 원(총수익 391억 원/제작비 70억 원) \- 제작비 대비 558% 수익률 기록 \- 대만 GTV(케이블) 방영 최고시청률 1위 기록(6.22%, 2004. 5~8) \- 일본 NHK 방영 최고시청률 20%(2005. 10~2006. 10)						

<대장금>은 현재까지 전 세계 60여 개 나라에서 방영되어 약 3조 원의 경제효과를 창출했다. <대장금>은 '스타'를 앞세운 드라마가 아니라 음식이라는 독특한 소재를 탄탄한 스토리텔링으로 재구성했다는 점에서 높은 점수를 받았다. 국내에서도 이미 캐릭터, 뮤지컬, 애니메이션 등 다양한 장르로 재탄생될 만큼 콘텐츠의 경쟁력이 입증되었다. 또한 <대장금>의 여주인공 이영애를 모델로 기용한 LG전자는 지난 2006년 브랜드 및 제품 이미지 상승으로 동남아 가전제품 시장점유율 1위를 차지하기도 했다. <대장금>을 바탕으로 한 테마파크, 여행상품 등의 파생적 상품들은 총 51억 원이 넘는 부가수익을 거둬들였고, 국내에서는 모바일 게임으로 개발되는 등 원소스 멀티유스 마케팅이 점점 활발해지고 있다.

그런가 하면 드라마 <대장금>이 애니메이션으로 옷을 갈아입으며 새로운 문화콘텐츠로의 변신을 꾀하고 있다. <장금이의 꿈>이라는 제목의 30분물 26부작 TV 애니메이션은 MBC와 손오공, 희원엔터테인먼트가 공동투자·제작한 작품으로서 2005년 10월 말부터 MBC에서 방영되었다. 이 작품은 국내를 비롯하여 홍콩, 중국에서 폭발적인 인기를 얻었고, 최근 일본에서도 인기리에 방송되었던 <대장금>의 시장성을 기반으로 하고 있다. <장금이의 꿈>은 탄탄한 드라마의 줄거리와 등장인물의 뚜렷한 이미지를 바탕으로 보다 효과적으로 아이들에게 접근할 수 있고 해외시장에서도 호응을 얻어낼 수 있는 애니메이션으로 주인공 장금의 소녀시절 이야기를 다뤘다. 장금과

한상궁, 민정호 등 등장인물은 드라마와 같지만, 장금이 궁궐 수라간에 들어가 수련을 받으며 겪는 이야기로 드라마에서 볼 수 없었던 내용이다.

드라마 <대장금>이 애니메이션과 인형제작, 요리게임, 뮤지컬 등으로 만들어지면서 부가수익을 창출했다.

(3) <태왕사신기>

MBC의 <태왕사신기>는 제작비 430억 원이 투입된 블록버스터 드라마이다. 총 24부작으로 고구려 광개토대왕의 일대기를 그린 <태왕사신기>는 배용준, 최민수, 문소리 등 화려한 출연진과 영화 <반지의 제왕>을 뛰어넘는 특수효과로 국내외 시청자들에게 큰 관심을 끌었다. 또한 기존 드라마가 회당 1억 5,000만 원에서 2억 원 정도의 제작비로 만들어진 것을 감안하면 <태왕사신기>는 회당 18억 원의 제작비를 투입할 정도로 기존 드라마와 비교해 질적 향상을 이뤄냈다. 스펙터클한 전쟁신, 국내성을 비롯해 웅장하고 화려한 고구려의 궁성, 컴퓨터 그래픽(CG)을 영화 수준으로 끌어올린 것, 5.1채널 사운드를 이용해 음향에 신경을 쓴 것도 이 드라마의 돋보이는 점이다. <태왕사신기>는 정복군주 이미지가 강한 광개토대왕(배용준 분)을 용맹, 카리스마와 함께 부드러움을 겸비한 것으로 설정해 사랑에 흔들리고 전쟁보다는 적을 감복시켜 부하로 끌어들이는 인물로 묘사하여 일반인의 선입견을 깨며 시청자들을 TV 앞으로 끌어모았다.

이를 토대로 <태왕사신기>는 일본에서 NHK를 통한 지상파 및 위성 채널 방영, 극장상영을 확정한 것을 비롯하여 다시 한류에 불을 지피고 있다. NHK가 일본 내 방영권을 구매한 <태왕사신기>는 2007년 3월 예고편 DVD를 일본시장에 선보여 오리콘 DVD 차트에서 정상을 차지했으며, 2개월도 안 되어 30억 원의 매출을 기록했다. <태왕사신기>의 경우 일본에서 발간된 메이킹 북의 볼륨 1과 볼륨 2가 드라마의 현지 방영에 맞춰 인기를 끌었고, 『베르사이유의 장미』로 유명한 이케다 리요코가 『만화 태왕사신기』를 출판하기도 했다. 또한 2007년 12월 초 전체 24부작을 12부작으로 나눠

<표 8-8> 드라마 <태왕사신기>의 수익구조

구분	출판	DVD	머천다이즈	OST	극장	방송권	소계
한국	2.2억 원	2008년 상반기 출시	준비 중	2.8억 원	-	41억 원 (MBC 광고수입은 96억 원)	46억 원
일본	32억 원	50억 원	108억 원	10억 원 이상	100억 원	10억 원 (NHK)	200억 원
방영성과	- MBC 총 24부작 방영(직접제작비: 총 430억 원) - 부가가치: 현금매출액 246억 원 - 향후 450억 원에서 최대 800억 원까지						

극장상영에 들어갔으며, 공식 사진첩과 스페셜 DVD세트, OST 판매도 호조를 보였다. 히사이시 조가 참여한 OST 앨범이 2만 장정도 판매되었으며, 특히 드라마 주제곡인 동방신기의 「천년연가」, 신예 준서가 부른 「허락」은 MP3 다운로드와 벨소리 차트에서 높은 인기를 얻었다. <태왕사신기>의 OST는 우리나라에서만 3억 원 정도 매출실적을 기록했으며, 일본에서도 폭발적인 인기를 얻어 10억 원 정도가 판매된 것으로 나타났다.

<태왕사신기>는 한국과 일본에서 다양한 부가 창구를 통해서 246억 원의 현금 매출액을 올렸다. 향후 <태왕사신기>는 방영권 및 DVD 등의 판매로 최소 450억 원에서 최대 800억 원의 매출을 기록할 수 있을 것으로 보인다.

MEDIA MARKETING

제9장 프로모션 관리

MEDIA

1. 프로모션의 정의

마케팅 믹스의 네 번째 변수인 프로모션은 모든 기업의 마케팅 전략에서 필수적인 요소다. 프로모션은 사업과 시장을 연결해주는 실질적인 연결통로의 역할을 한다. 이 장에서는 먼저 프로모션의 개념과 수단, 기능에 대해 살펴본 후 지상파 방송3사를 중심으로 프로모션 활동에 대해 살펴볼 것이다.

마케팅, 광고, 프로모션은 일반적으로 혼동되어 사용되는 경우가 많다. 그러나 이들 사이의 관계를 보면 이러한 혼동을 막아준다. 광고는 실질적으로 프로모션의 한 도구이며, 프로모션은 마케팅 믹스의 한 변수이다. 또한 마케팅 믹스는 전체 마케팅 모델의 한 부분이다.

수용자의 미디어 이용이 전통적인 신문이나 방송으로부터 인터넷과 같은 다른 매체의 활용으로 전환하는 추세에서 시청자의 주목(attention)을 얻기 위한 방송기업의 프로모션 활동은 필수적이다. 프로모션은 채널 브랜드 커뮤니케이션을 수행하는 실질적인 활동으로 채널 브랜드 인지 및 개별 프로그램의 일차적 시장진출을 돕는다. 일반적으로 지상파 방송들은 프로모션이란 용어를 사용하는 반면 유료방송 매체인 케이블TV산업은 마케팅이라는 용어를 사용하고 있다(Ferguson, Eastman and Klein, 2002).

프로모션은 공식적인 기업 메시지와 이미지를 전달하는 첫 번째 도구다. 기업은 조직 전반의 의사소통에 직접적인 통제가 가능하며 기업의 이미지와 내용을 어떻게 관리할 것인가를 결정할 수 있다.

미디어기업은 특정의 고객뿐 아니라 일반 대중에게까지 이미지를 전달할 수 있다. 그들의 이미지는 타인의 의견, 비평가들의 평가, 경험, 촉진활동 등에 의해 형성된 소비자들의 인식으로 만들어진다. 비록 기업은 다른 마케팅 믹스 변수로 만들어진 메시지에 의해 형성된 소비자의 인식을 통제하기는 어려워도 대중의 인식에 영향을 줄 수는 있다.

또한 프로모션은 특정 기업에 대한 지각이나 태도, 인식, 의식을 변화시키는 수단으로 자사의 상품을 소비자에게 교육시키는 역할을 담당한다. 또한 프로모션 활동을 통해 무관심을 관심으로, 부정적인 인식을 긍정적으로 바꿈으로써 소비자의 태도를 변화시킬 수 있다.

프로모션의 주요 목적은 표적고객을 대상으로 정보를 전달, 설득, 교육하여 자사가 기대하는 방법이나 행동을 하도록 이끌어내는 것을 의미한다. 프로모션의 목표는 세 가지로 볼 수 있는데 정보의 전달, 설득, 소비자의 교육이다.

첫째, 정보(information)의 전달은 고객이 제품을 소비할 것인지의 여부를 결정하기 위해 필요한 해당 날짜, 장소, 기간, 시간, 티켓구매, 가격, 가입방법 등의 정보를 전달하는 것을 말한다. 적극적인 미디어 소비자로서 상품의 정보를 계속적으로 탐색하는 소비자에 대해서는 별다른 프로모션이 없이 이 정보전달 자체만으로도 구매(선택)를 이끌 수 있다.

둘째, 설득(persuasion)은 잠재고객에게 미디어상품 소비를 유도하는 부가적인 혜택을 제공하는 것이다. 프로그램(콘텐츠)의 질이나 독특함, 출연진의 명성과 실력, 티켓가격의 차별화, 관람 장소의 편리함 등을 강조하여 참여동기를 불러일으킨다.

셋째, 교육(education)은 대부분의 고객들은 시간이 지나면서 해당 미디어상품에 대해 배우게 되는데, 더 많은 고객을 유도하기 위해서 해당 상품에 대한 이해, 판단, 즐거움을 통해 고객이 제품을 소비하고 싶도록 자극해야 한다는 것이다. 올바른 미디어 교육과 체험 기회를 확대하여 보다 쉽게 미디어와 접촉할 수 있도록 해야 한다. 학교에서 실시하는 미디어 비평 프로그램이나 언론학교, 영상미디어센터 등은 이러한 대표적인 사례다.

프로모션은 일반적으로 광고, 인적판매, PR, 판매촉진이라는 네 가지 주요한 수단이 사용된다. 이 장에서는 미디어기업과 밀접한 관련이 있는 PR, PPL, 판매촉진, 온에어·오프에어 프로모션 등을 중심으로 살펴보기로 한다.

2. PR

보통 PR(Public Relation)은 '홍보'라는 용어로 많이 사용되는데, 실제로 PR은 홍보보다 더 광범위한 목표를 가진다. 홍보는 보통 공중에게 어떤 메시지를 알리는 행위를 말하는 반면, PR은 메시지를 알리는 것 외에도 다양한 공중들 사이에서 개인이나 조직에 대한 긍정적 이미지, 즉 호의 (goodwill)를 형성시키고 유지하는 활동을 의미한다.

PR에서 공중은 미디어기업의 고객, 내부 구성원, 경쟁자와 입법자를 포함하여 어떤 형태로든 기업에 관여하는 집단 또는 개인을 의미한다. PR의 공중은 외부공중(external public)과 내부공중(internal public)으로 구분된다. 외부공중은 조직 밖의 공중으로서 조직의 일부는 아니지만 조직과 관련을 맺고 있으며 조직에 영향을 미칠 수 있는 집단이다. 미디어기업의 외부공중으로는 정부, 재계, 업계를 비롯해서 교육기관, 시민단체, 지역사회 등이 포함된다. 내부공중은 조직이나 기업이 가장 긴밀한 관계를 맺고 있는 집단으로서 경영진, 내부구성원, 투자자 등과 같이 조직의 실체를 공유하는 사람 또는 단체를 말한다.

따라서 미디어기업의 PR활동은 방송사 임원이나 판촉 종사자, 기업 경영인 사이의 개인적 접촉에 초점을 맞춰야 한다. 때문에 많은 방송사가 종업원에게 관련 단체나 전문조직 또는 지역활동에 참여하는 것을 강조하는 것이다. 또한 연설회 등의 자리를 마련하여 기업의 광고 관련 인사를 초청한 뒤 방송사의 광고효율성에 관한 설명회를 갖는 것도 좋은 방법이다.

PR은 기업의 마케팅 믹스 중 촉진에 포함되어 마케팅의 하위요소로서 역할하고 있지만 기업 전체의 이미지를 고양하는 중요한 수단이다. PR이나 마케팅 모두 기업의 입장에서 중요한 요소이므로 기업에 대한 공중의 호의적 관계형성과 특정 브랜드의 매출증대를 그대로 반영하면서 촉진 도구로서 PR을 이해하는 것은 'MPR(Marketing Public Relation)'[1]이라는 개념을 통해 가능해진다.

일반적으로 광의의 개념으로서의 PR을 '기업 PR(CPR)'이라고 하고, 소비자에 초점을 맞춰 마케팅활동을 지원할 목적으로 수행되는 PR을 'MPR'이라고 한다. MPR이 처음 등장한 것은 1980년대이고, 1980년대와 1990년대를 거치는 빠른 환경변화 속에서 마케팅과 PR은 전략적 결합을 계속하여 오늘날 중요한 마케팅 믹스의 하나로 자리를 잡고 있다(이수범, 2005: 45~49).

MPR에서 채택할 수 있는 수단은 퍼블리시티, 이벤트, 구두PR, 사보나 견학, 팬클럽, 동호회 등 다양하다. 미디어 마케팅에서 사용되는 MPR의 유형은 아래와 같다.

1) 퍼블리시티

퍼블리시티(publicity)란 기업(개인)이 언론에 보도자료를 보냈을 때 그것이 뉴스가치가 있다고 판단되어 언론에서 뉴스나 기사로 보도되는 것을 말한다. 즉, 다른 매체의 지면이나 시간을 할애해서 행해지는 프로모션의 일종이다. 퍼블리시티는 언론에 의해 알려지기 때문에 광고나 다른 마케팅 커뮤니케이션 수단보다 신뢰성이 높은 것이 특징이다.

특히 프레스 정킷(press junket)은 영화와 관련한 것으로, 해외촬영이나 특수촬영 시에 각 매체 담당기자를 초대하여 촬영현장이나 작업현장을 공개하고 기사화되도록 하는 것이다. 일반적으로 대작 영화를 개봉할 때 미국의 배급사들은 전 세계의 기자들을 불러 영화를 미리 보여주고 주연배우나 감독과 인터뷰를 할 수 있는 프레스 정킷을 개최한다. 프레스 정킷은 대개 미국 국경을 넘어서 해외에서도 흥행이 순조로우리라 기대되는 영화들이 주 대상이다. 이 같은 방식은 기자를 동원해 특정 영화사가 배급하려는 영화에 대한

---

1) MPR은 톰 해리스(Tom Harris)가 그의 저서인 *The Markerer's Guide to Public Relations*에서 마케팅 목표를 달성하기 위한 일련의 활동을 마케팅 PR이라고 정의하면서 사용되기 시작했다.

홍보를 노린다는 점에서 현지 영화기자들에 대해 할리우드 영화사가 활용하고 있는 고도의 홍보전략의 일환이다.

프레스 정킷처럼 기자들을 동원해 홍보를 노리는 것은 기자간담회나 쇼케이스도 비슷하다. 기자간담회는 감독, 프로듀서, 연출가, 주요 연출진, 제작자 대표, 배우 등 작품에서 비중 있는 관계자들이 직접 나서서 작품을 설명하는 자리다. 그러므로 간담회의 주인공은 뉴스의 포커스가 조명될 수 있는 인물에 맞춰져야 한다. 드라마의 경우 주연급 배우, 조연 배우들, 연출가 등이 스포트라이트를 받으며 연극이나 뮤지컬은 연출가나 주요 출연진, 제작자가 간담회의 주인공이다. 장르나 간담회에 참여하는 관계자들의 일정에 따라 다를 수 있지만 대개 첫 공연일(방영일) 기준으로 2주 전에 간담회를 개최하는 것이 바람직하다. 기자간담회에서는 최종 보도자료를 제공하고 작품을 설명하며 인터뷰에 응할 주인공의 자세한 프로필을 준비해야 한다. 현장에서 인물사진을 촬영하여 배포할 수 있다면 참석한 언론사의 환영을 받을 수 있다.

방송사들은 인지도가 높은 앵커에 대한 마케팅을 강화하고 있다. KBS <9시 뉴스>의 정세진, MBC <뉴스데스크>의 김주하와 그 뒤를 이은 박혜진, SBS <8시 뉴스>의 김소원 등이 앵커로 발탁되었을 때 해당 방송사는 기자간담회를 자처하기도 했다. MBC의 경우 2005년 엄기영·김주하 앵커에 대한 시청자 간담회를 열어 직접 대화와 온라인 대화를 통해 각종 궁금증을 해소하는 계기를 마련했다.

쇼케이스(showcase)는 기자간담회와 유사하지만, 음반과 영화를 직접 시연하면서 홍보한다는 점에서 기자간담회와 성격이 다르다. 쇼케이스는 어떤 물건을 시험하는 것을 의미한다. 음반과 영화를 대입하여 말하자면, 음반 혹은 영화가 많은 사람들에게 어떻게 보이거나 들릴지 미리 판단해보는 것을 말한다. 즉, 음반과 영화를 쇼케이스라는 파티를 통해서 프로모션하는 것이다. 웬만한 영화들은 쇼케이스 파티를 통해 기존의 제작보고회, 팬미팅과 차별화되는 홍보 마케팅을 하고 있다. 음반시장의 불황이 지속되면서 음반 쇼케이스 파티는 홍대를 중심으로 하는 힙합가수들의 파티를 제외하고 그리 많이 열리지 않았지만, 가수들이 자신들의 신곡 홍보수단으로 2000년 대 이후 쇼케이스를 널리 활용하고 있다.

쇼케이스 파티의 목적은 간단하다. 바로 입소문 마케팅을 통한 홍보이다. 즉, 파티에서 음악과 영상을 살짝 접한 사람들이 여기저기 소문을 내고 다니기를 바라는 것이다. 특히 최근에는 쇼케이스 때 초대손님을 초청하거나 커플 이벤트를 개최하는 등 깜짝이벤트를 곁들여 관객들을 즐겁게 해주고 있다.

따라서 파티 게스트들이 음반이나 영화에 대해 긍정적인 느낌을 받을 수 있도록 유도하는 것이 마케터의 임무이다. 최근에는 영화, 음반뿐 아니라 출판되는 책도 쇼케이스 형식으로 홍보하려는 움직임이 있다.

2) 스페셜 이벤트

이벤트(event)는 사전적 의미로 사건, 소동, 시합, 큰 경기 등을 뜻한다. 크게 보아 '발생되는 어떤 좋은 일'이라는 의미가 되며 생일이나 결혼식, 시상식, 선발대회, 스포츠 경기 등을 말하기도 한다.

마케팅 용어로서 이벤트는 판매촉진을 위한 특별행사라는 개념으로 사용되어왔다. 즉, 기업들은 그들의 표적 소비자에게 이벤트를 제공함으로써 다양한 효과(판매촉진이나 PR효과)를 얻을 수 있고, 소비자들은 기업의 이벤트에 참여함으로써 경품 등의 혜택을 받거나 그 기업의 제품에 대한 정보를 얻고 기업에 대해 호감을 갖게 된다. 미디어기업의 초기 시장에 진출 시 강력한 구전효과를 불러일으키고자 할 때는 시청자(관객)의 관심을 끌기 위한 특별한 이벤트를 실시함으로써 구전을 유도할 수 있다. 예를 들어 영화제나 시상식(연기대상, 가요대상), 지역 이벤트, 콘서트, 거리축제, 시연회, 스타물품 경매 등 다양하게 있다.

(1) 영화제
영화제 하면 흔히 많은 나라가 참가하는 국제영화제를 가리키지만, 한

<그림 9-1> 제13회 부산국제
영화제 개막식 장면

나라가 수출진흥과 문화교류를 위해 자국 영화를 외국에서 상영하는 모임을
가리키는 경우도 있다. 국제영화제의 역사는 1932년 이탈리아의 베니스에서
개최된 것이 효시이며, 제2차 세계대전 중 한때 중단되었다가 전후에 베니스,
프랑스의 칸 등지에서 재개되었고, 이어 베를린, 모스크바 등 세계 여러
곳에서 잇달아 개최되어 해마다 성황을 이룬다.

국제영화제는 영화예술의 국제 콩쿠르 성격을 가지지만, 다수의 영화를
상영함으로써 영화무역의 장을 제공하는 견본시장의 성격도 가지며, 영화인
의 교류, 합작의 촉진, 연구회의 개최 등 다양한 용도로 기능한다. 즉, 기획단
계에 있는 신선한 콘텐츠 정보와 신작 정보, 투자 정보, 제작사나 배급사
및 퍼블리셔의 최근 동향 정보, 구매사들이 찾고 있는 콘텐츠에 관한 정보
등 다양한 정보를 수집할 수 있다.

현재 세계 도처에서 열리는 영화제만 해도 연간 100여 개가 넘으며, 국내
에서도 부산국제영화제, 전주국제영화제, 부천국제판타스틱영화제 등이 개
최된다. 영화 제작사 입장에서는 유수의 영화제에 참여하거나 수상한다는
것 자체가 이미 언론의 관심을 받기 때문에 퍼블리시티의 효과를 노릴 수
있다. 또한 국내에서 개최되는 영화제는 관객을 직접 영화제라는 이벤트에
참여시키기 때문에 관객 유치라는 효과와 함께 영화제에 참여했던 관객들의
입소문 효과도 노릴 수 있다.

(2) 시상식

영화제 외에 다양한 시상식도 이벤트에 포함된다. 국내에서는 방송콘텐츠의 경우 방송마다 연기대상, 연예대상, 가요대상과 같은 여러 부문의 시상식이 연말에 열려 방송되고 있다. 영화의 경우도 '대종상 시상식'을 비롯해 유력 언론사에서 실시하는 시상식들이 있다. 그리고 연극과 뮤지컬의 경우 한국뮤지컬대상 시상식 등 각종 시상식이 열리고 있다.

TV, 영화, 공연, 출판은 관심산업(attention industries)에 해당하는 분야로 고객(소비자)의 관심을 붙잡기 위해 시상식을 이용한다. 이렇게 관심에 대한 요구가 증대됨에 따라 거의 모든 미디어회사 경영자들은 관객을 확보하기 위해 다른 미디어를 활용해야 하는 상황에 이르렀다. 이 같은 이유로 지상파 방송사가 대종상 시상식이나 뮤지컬대상 시상식, 각종 영화제를 중계방송하는 것이다.

(3) 시사회

영화를 제작하고 편집하는 과정에서 표적관객층의 반응을 얻어내는 일은 매우 중요하다. 이를 위해 효과적으로 사용되는 방법이 '테스트 스크리닝(test screening)'이다. 전형적인 테스크 스크리닝의 방법은 무료관람권을 영화관 앞에서 무작위로 나눠주어 아직 완성되지 않은 영화를 볼 수 있게 하는 것이다. 영화를 본 관객은 영화의 캐릭터나 플롯, 장면 등에 대해 여러 가지 상세한 질문을 담은 설문지에 답해야 한다. 테스트 스크리닝은 일반인을 무작위로 영화를 보게 한다는 점에서 기자나 영화관계자, 조기수용자 위주의 시사회와 차이가 있다. 우리나라에서는 이 방법이 그리 흔하게 사용되지 않으며, 어떤 영화에는 큰 부담감을 주는 방법이기도 하다(안길상 외, 2008: 172~173).

독특하고 기발한 이벤트 시사회도 등장하는데, 영화 <마린보이> 측은 일반시사회에서 주연배우 김강우, 박시연 등과 나란히 영화를 볼 수 있는 기회를 마련하여 관객들에게 좋은 반응을 얻었다. 공연 시사회의 경우 '프레스 콜'이라는 카메라 촬영만 허용되는 기자시사회가 있으며, 뮤지컬 시사회

<그림 9-2> 영화 <과속스캔들>의 제작보고회 장면(왼쪽부터 차태현, 박보영, 왕석현)

는 저작권 문제로 외부노출에 대한 한계 때문에 하이라이트만 공개하기도 한다. 방송사는 방송 프로그램과 회사의 정책이나 편성개편, 기술개발 실적 등을 효율적으로 홍보하기 위해 일간지 방송담당 기자를 제작현장에 초청하는 행사를 한다. 프로그램 시사회의 경우 지상파 방송사들이 미니시리즈나 특별기획 드라마 등을 사전에 제작해 시청자들에게 선보이면서 방송 전 시청자들의 반응을 살펴보기도 한다. 보통 시사회는 방송사 회의실이나 호텔에서 담당 PD등 제작진과 주요 출연진들을 참가시킨 가운데 스크린 상영을 하고 출연진을 소개하는 방식으로 진행된다.

(4) 지역 이벤트

최근 들어 여러 이벤트 방법 중에서 지역 이벤트가 급속한 성장을 보이고 있다. 지역 이벤트는 지역주민들과 함께 자신들의 지역을 재인식하고, 지역의 이익기회를 창출하며, 지역 외부 사람들에게 자신들의 지역을 홍보하여 이미지를 제고하려는 목적으로 시행되고 있다. 또한 사회구조가 급격히 변화하고 지역주민의 가치관이 다양해짐에 따라 문화행정, 여가행정, 쾌적한 행정의 요구에 부응하기 위해 지역 이벤트를 실시하기도 한다.

특히 지방자치가 실시된 이후 지역 이벤트는 각 지방자치단체의 핵심 행정이 되었다. 지방자치단체가 이벤트를 전략적으로 이용하기 위해서는 지역주민과 일체가 되어 그 지역의 행정과 주민의 공통 목표를 달성하고 이를 위한 지역 정체성의 인식과 활성화를 위한 노력이 선행되어야 한다. 국내에서는 미디어와 관련된 대표적인 지역 이벤트로 해당 지역에서 열리는 영화제 등을 들 수 있으며, 부산국제영화제와 전주국제영화제 등이 대표적이다.

부산국제영화제는 지방자치시대에 걸맞게 영상문화의 중앙집중에서 벗어나 한국 영화의 발상지인 부산을 문화예술의 고장으로 발전시키고자 기획된 영화제다. 1996년 제1회를 시작으로 2009년 제14회를 맞이한 부산국제영화제는 14년이라는 짧은 역사에도 불구하고 아시아 영화인의 연대를 실현했다는 평가를 받고 있다.

전주국제영화제는 자유, 독립, 소통을 슬로건으로 하여 영화미학이나 영상기술 면에서 주류 영화와 다른 세계영화계의 대안적 흐름이나 디지털 영화에 관심을 기울이기 위한 목적으로 지난 2000에 처음 개최되었다. 2009년 10회를 맞는 전주국제영화제는 개막작 <슛! 슛! 슛! 2009>를 비롯해 세계 42개국 200편의 영화가 전주시 고사동 영화의 거리 극장가 등 15개 상영관에서 상영되었다. 특히 프리미엄 상영과 배급을 목적으로 하는 '디지털 삼인삼색'은 단편 디지털 영화 제작을 위한 프로젝트로 전주국제영화제 측에서 선정한 3명의 감독에게 5,000만 원의 제작비를 지원하여 각각 30분 분량의 디지털 영화를 제작하도록 하고 있다. 이렇게 대안으로 떠오르는 디지털 영화와 독립영화를 소개하면서 전주국제영화제는 대안영화제, 디지털영화제라는 특성을 포지셔닝하는 데 성공했다고 볼 수 있다.

(5) 기타 이벤트

영화나 드라마의 경우 다양한 이벤트성 활동들이 많은데, 콘서트, 퀴즈대회, UCC공모전, 거리축제, 시연회, 스타물품 경매 등 다양하다. 2009년 KBS 인기드라마 <꽃보다 남자>는 극중 인물인 F4(이민호, 김현중, 김범,

김준)를 활용한 꽃남 마케팅으로 시청자를 끌어모았다. 자체 홈페이지를 통해서 꽃남 티셔츠 받기 이벤트, 꽃보다 HAPTIC POP퀴즈, 장기자랑과 스틸영상을 올리면 선물을 주는 'F4 프렌즈', 패러디 UCC작품을 공모하는 '도전 UCC작품전', <꽃보다 남자> 출연진의 캘린더 한정판을 주는 '꽃남 완소캘린더' 외에도 F4 따라잡기, 베스트 명장면, 감동의 응원전 등 다양한 이벤트를 진행했다. 또한 드라마에 출연하는 배우들은 각종 광고에 등장하여 그들의 인기를 실감할 수 있었다.

<꽃보다 남자>를 활용한 모바일 마케팅도 활발히 진행되었다. LG텔레콤 모바일인터넷 '오즈'에서도 <꽃보다 남자>가 인기 검색어와 급상승 검색어로 떠올랐다. LG텔레콤은 <꽃보다 남자> 출연진을 광고모델로 한 '꽃보다 틴링' 광고를 방영하며 광고 모델인 이민호, 김범, 구혜선의 특별한 선물 이벤트를 틴링 홈페이지에서 진행했다(《전자신문》, 2009년 3월 19일자).

또한 주연배우와 닮은꼴 찾기 이벤트도 진행되어 주목을 끌었다. 권상우와 윤아, 한은정이 출연하는 MBC 새 수목드라마 <신데렐라맨>이 '권상우 닮은꼴 찾기' 이벤트를 벌였다. '상우야, 보고 연락해줘'라는 이름의 이 이벤트는 극중 오대산(권상우 분)이 우연히 자신과 똑같이 생긴 재벌 3세 이준희를 만나게 된다는 설정에서 출발해 실제로 권상우와 닮은 사람을 찾아보자는 취지로 기획되었다. 닮은꼴 찾기 이벤트에서 최종 합격한 한 사람도 한 화면에 오대산과 이준희가 같이 나오는 특수촬영 장면에서 권상우와 함께 <신데렐라맨>에 출연하는 기회를 갖게 되는 행운까지 얻었다. 이러한 이벤트는 개최되는 행사를 통해 직접적으로 사람들의 이목을 집중시켜 뉴스로 채택되려는 전술이라고 할 수 있다.

뮤지컬 <아이다>는 '10만 관객 돌파 이벤트', 그리고 유명 호텔 및 레스토랑과 연계한 '티켓패키지 판매 이벤트'를 실시했다. 그리고 <난타>는 공연 중 실제로 관객이 참여할 수 있는 이벤트를 실시함으로써 관객의 긍정적 체험을 극대화시킬 수 있었다.

따라서 이벤트는 살아서 움직이는 사람을 포착하는 감각, 즉 예술을 하는 마음과 논리적 분석을 필요로 하는 과학적 자세가 요구되는 살아 있는 커뮤니케이션 미디어라는 점을 인식해야 한다.

3) 입소문 마케팅

구전이란 특정 제품이나 서비스에 관하여 소비자들 간에 개인적인 직간접 경험에 대해 긍정적 혹은 부정적인 정보를 비공식적으로 교환하는 자발적인 의사소통 행위 또는 과정을 말한다. 구전은 자발적으로 일어나는 인간 고유의 본능적 현상으로 발신주체가 같은 소비자이기 때문에 커뮤니케이션 시 피드백과 추가설명이 가능하고, 사회적으로도 지지와 격려를 받을 수 있기 때문에 신뢰도가 높아 설득효과가 높다(이두희, 2003: 359).

특히 구전이 인터넷상에서 새로운 커뮤니케이션 요소로서 각광을 받는 것은 소비자가 게시판이나 채팅, 이메일, 메신저, 커뮤니티, 블로그 등의 다양한 수단을 통해 자신의 의사를 적극적으로 표명할 수 있는 장점이 있기 때문이다. 그렇기 때문에 인터넷상의 구전은 그 파급효과나 속도의 측면에서 기존의 오프라인보다 훨씬 강력하고 빠르다.

영화나 TV 드라마도 특정 계층을 통해서 입을 타고 번져 나가는 것이 중요하다. 이런 이유 때문에 영화사나 방송사들은 시사회나 프로그램 시사회를 열어 사전에 제작한 영화나 드라마 등을 관객(시청자)에게 선보이면서 사전에 수용자들의 반응을 살펴본다.

이 같은 입소문 마케팅의 핵심은 일단 '구전단'을 사로잡는 일이다. 인맥을 많이 확보하고 있고 정보유통의 중심에 있는 사람들을 우리 편으로 끌어들여야 한다는 것이다. 연령이나 직업대로 보면 20대 후반에서 40대 초반까지의 여성층이 구전단 역할을 하는 데 가장 적합하다. 학교자모회와 아파트 부녀회, 동창회, 남편과 자식 등 한 명의 여성을 중심으로 엄청난 인적 네트워크가 형성되었기 때문이다.

최근 아줌마 시청자와 관객을 공략한 드라마, 예능 프로그램, 뮤지컬, 연극 등이 잇따라 등장해 인기몰이를 하고 있다. MBC 예능프로 <일요일 일요일 밤에>의 코너인 '오늘밤만 재워줘'는 이경실, 김지선 등 아줌마들을 전면에 내세워 좋은 반응을 얻고 있고, 뮤지컬 <걸스나잇>, MBC 드라마 <내조의 여왕>, SBS 드라마 <아내의 유혹> 등도 주부 시청자들의 눈길을 사로잡았다. 이런 아줌마 열풍은 30~50대 여성들이 문화 소비의 주 계층으로 떠올랐기 때문이다. 따라서 각 방송사들은 아줌마 시청자들의 마음을 사로잡기 위해서 각종 드라마와 예능 프로그램들을 30~50대 여성들의 입맛에 맞게 제작하고 있다.

4) 스타 마케팅

스타 마케팅이란 스타의 대중적 인기를 상품, 서비스, 이벤트, 사회봉사 활동 등에 연계한 마케팅 전략이다. 스타가 팬들에게 행사하는 카리스마, 즉 상업적 잠재력을 활용하는 전략이라고 할 수 있다. 스타 마케팅의 영역은 상품 판매나 서비스는 물론 불우이웃돕기 등 사회봉사활동, 정치인의 선거, 기업의 이미지 전략 등 많은 분야로 확대되고 있다(허행량, 2002: 32).

스타 마케팅은 스타가 출연하는 상품·서비스·사회봉사활동이 홍보되면서 동시에 스타 자신도 함께 홍보가 되는 두 가지 효과를 가져온다. 영화에 출연하는 스타는 영화를 홍보하기도 하지만 다른 한편으로 스타 자신 역시 더 큰 스타덤의 반열에 올라서기도 한다.

이런 스타 마케팅에 편승한 한류열풍은 스타가 직접 외화를 벌어들이는 수출상품이면서 스타 마케팅을 통해 다른 상품의 판매량을 증가시키고 국가 이미지를 제고한다는 사실을 보여주고 있다. 미디어상품의 유통은 단순한 상품 유통에 그치지 않고 트로이 목마처럼 그 속에 담겨져 있는 스타의 유통의 가져온다. 한류는 '미디어상품 → 출연 스타의 인기 급증 → 한류' 순서로 발생한 것이다. 즉, 장동건, 이영애, 권상우, 송일국 등 우리나라의 유명배우들이 미디어상품인 드라마에 출연함으로써 중국과 베트남 등에서 인기를 얻으면서 자연스럽게 한류열풍이 뒤따른 것이다.

영화나 드라마에서 스타는 흥행을 좌우한다. 스타는 미디어상품의 상표 겸 보증수표다. 스타는 그 자체가 상품이면서 상품을 차별화해주는 수단이 된다. '스타=상품'이란 등식은 스타의 유일무이한 이미지가 시장에서 거래될 수 있는 상품이라는 의미다. 이렇기 때문에 영화나 드라마에 흥행보증수표인 일급스타를 주인공으로 캐스팅되고, 상품차별화의 도구로서 일급스타들이 미디어에서 노출되고 기용되는 것이다.

일류 영화사의 경우 흥행보증수표인 한석규, 송강호, 정우성과 같은 슈퍼스타를 캐스팅하려고 한다. 이들을 캐스팅하면 영화의 흥행 가능성이 더욱 높아질 것이다. 미디어상품의 소비자 크기는 미디어상품을 전달하는 채널, 미디어상품 속의 스타, 미디어상품이 전달하고자 하는 메시지라는 세 변수의 합작품이다. 스타의 인기, 채널의 인기, 메시지의 인기가 화학반응을 일으켜 소비자 크기를 결정하는 것이다. 미디어는 소비자를 극대화하기 위해 일류 채널, 일류 스타, 일류 메시지 간의 결합을 선호한다.

연예 스타들의 번들링은 기획사가 솔로 가수보다 그룹을 선호하는 이유에서도 찾을 수 있다. 슈퍼주니어와 동방신기, 소녀시대, 빅뱅처럼 그룹을 선호하는 추세는 번들링과 밀접한 관계가 있다. 즉, 그룹의 경우 멤버들이 갖는 독특한 장점을 결합해 새로운 화학작용인 시너지 효과를 발휘할 수 있다. 또한 그룹은 그룹의 멤버가 늘어날수록 해체될 위험이 높아지고 수익을 배분해야 하기 때문에 가수 개인으로서는 해가 되지만, 기획사로서는 그룹을 마음대로 관리할 수 있는 장점이 있다. 여러 명의 가수나 연예인이 출연하는 쇼 프로그램들도 스타 번들링의 좋은 사례다. 대표적인 예가 MBC의 <무한도전>인데 유재석과 노홍철, 정준하, 박명수 등 6명의 스타를 공동 주연으로 출연시켜 좌충우돌하면서 매주 새로운 과제를 해결하는 모습을 보여준다.

출판업계는 불황탈출 전략으로 스타 마케팅을 활용한다. 스타들이 만든 책들이 인기를 끌면서 호황을 누리고 있다. 인기그룹 빅뱅이 쓴 에세이집 『세상에 너를 소리쳐』는 출간 2개월 만에 30만 부를 돌파했다. 서바이벌

방식의 탄생비화를 담은 총 11편의 <다큐 빅뱅>이 M.net을 통해 소개되면서 열화 같은 팬들의 성원에 힘입어 출간된『세상에 너를 소리쳐』는 빅뱅의 도전과 희망, 용기의 메시지를 담고 있다. 또한 그룹 에픽하이의 타블로가 쓴『당신의 조각들(달)』은 16만 5,000부가 팔린 베스트셀러다. 국내 인기에 힘입어 한국어판 출간 후 추가 제작된 영문판도 2만 부나 팔려나갔다. 타블로가 스탠퍼드 대학원 영문과를 나온 인재인 만큼 그의 소설은 작품성이 뛰어나다는 평가를 받았다.

이 밖에 간판 아나운서를 내세워 프로그램을 띄우는 '아나운서 마케팅'도 스타 마케팅의 하나의 사례로 볼 수 있다. 공영방송인 KBS는 몇몇 아나운서를 오락 프로그램에 출연시킨 뒤 반응이 의외로 좋아 아나운서 스타 마케팅을 본격화했다. 강수정과 노현정이 그 대표적이었다. 이들의 언어와 태도는 뉴스 등 다른 프로그램을 진행할 때와 달랐고, 이런 변신에 흥미를 느낀 네티즌들은 그들을 일약 스타로 만들었다. 이들은 각각 프리랜서 선언과 재벌 3세와의 결혼으로 2006년 각각 방송사를 떠났다(김정섭, 2007: 72).

이렇듯 오락 프로그램 출연을 통한 아나운서 스타 마케팅 효과는 양날의 칼이다. KBS는 당초 제작비를 절감한다는 목적으로 자사 아나운서들을 진행자로 기용했지만 엉뚱하게도 10대 네티즌들을 중심으로 인터넷에서 신드롬을 불러일으키면서 제작자인 PD들이 너나없이 캐스팅하는 진풍경이 벌어졌다. 망가진 아나운서, 절제성을 벗어나는 아나운서의 모습에 네티즌들이 흥미를 느낀 것이다.

그러나 방송3사가 시청률 경쟁 측면에서 카드로 내민 아나운서 스타 마케팅은 지나치게 상업적으로 결합되면서 적잖은 부작용을 낳고 있다. 미스월드 대회 출전과 수영복 사진으로 자신이 원치 않는 곤욕을 치르거나 방송사의 사전 허락 없이 남성잡지의 의도에 휘말려 파격적인 화보를 촬영하여 논란이 된 경우도 있었다. 또한 지상파 출신의 한 프리랜서 아나운서는 자신이 번역한 책이 베스트셀러가 되었지만 대리번역 논란이 불거져 결국 각종 프로그램에서 진행자 자리를 사퇴하고 인세 8,000만 원도 사회에 환원하는 소동을 빗기도 했다.

5) 펀 마케팅

최근 사람들의 관심을 모으는 영화들을 가만히 들여다보면, 재미 혹은 웃음
이라는 요소가 빠지지 않는다. 필요에 의한 관람이 아닌 즐거움을 위한 관람,
한마디로 '펀(fun) 관람'이 새로운 영화관람코드로 부상하고 있는 것이다. 이렇
게 재미를 추구하는 성향은 영화관람뿐 아니라 사회·문화적으로도 두드러지고
있는데, 최근 들어 사회적 코드로 '펀'이 부상한 이유는 다음과 같다.

첫째, 변화하는 사회풍토 때문이다. 언제부터인가 칙칙하고 무겁고 심각한
것을 회피하는 대신, 가볍고 오락적인 것을 추구하는 성향이 짙어지고 있다.
물론 이런 경향은 젊은 신세대 층에서 두드러지지만 이들을 보고 겪으면서
기성세대들도 조금씩 변하고 있는 것이 현실이다. 가벼움을 부끄러워하지
않고, 즐거움과 재미, 웃음을 권하는 사회분위기가 형성되고 있다.

둘째, 인터넷 사용도 펀에 대한 관심을 높이고, 펀 소비의 확산에 일조하고
있다. 만약 인터넷이 없었다면 영화관람평이 그렇게 많은 사람들에게 순식간
에 알려지기는 어려웠을 것이다. 재미있는 이슈나 영화가 하루아침에 뉴스가
되는 세상은 인터넷이 있었기 때문에 펀 바이러스의 빠른 확산을 통해 가능했
을 것이다.

이렇게 펀 추구 성향이 높아지면서 사람이든 제품이든 '재미있음'이 최고
의 인기요인이 되는 사회가 되고 있다. 이러한 경향은 최근 '퍼놀로지
(funology)'라는 신조어와 새로운 트렌드를 만들어내기도 했다. 퍼놀로지는
재미(fun)와 기술(technology)의 합성어로 휴대전화나 X박스, 닌텐도 게임기
등과 같은 디지털기술이 놀이활동과 매개될 때 얻을 수 있는 재미를 의미한
다. 디지털시대 미디어기업에서는 인터넷이나 모바일 기술을 통해서 소비자
들에게 재미를 제공하고자 다양한 노력을 기울이고 있다. 비록 사회 일각에서
는 가벼움과 재미의 지나침에 대한 경계가 남아 있지만, 악의 없는 재미로

모두가 유쾌해질 수 있다면 그야말로 즐거운 일이 아닐 수 없을 것이다. 이러한 묘미 때문에 펀 트렌드는 당분간 지속될 것으로 전망되는데, 펀 소비에는 '펀 마케팅'이 안성맞춤이라 할 수 있다. 펀에 대한 관심과 펀 소비가 증가하는 트렌드에 대응하여 영화사들도 영화마케팅에 펀 마케팅을 적극 활용하고 있다(김현정·박영은 외, 2005: 136~137).

6) 예고편 제작

영화 예고편은 영어로 '트레일러(trailer)'라고 하는데, 영화를 타깃 관객에게 알리는 가장 효율적인 수단이다. 드라마에서도 후속드라마에 대한 예고편으로 1분 정도의 '티저 예고편'을 제작하여 전편 드라마의 최종회 때 방송하거나 홈페이지에 VOD서비스로 제공한다.

예고편은 특정 영화나 드라마의 일부분과의 실제 상호작용이며 사전 홍보의 성격으로 간주된다. 예고편은 사전 경험을 할 수 있는 시용(trial)의 성격을 가지고 있으므로 잠재 시청자들을 설득할 목적으로 방송사에 의해 준비된다. 특히 예고편은 혁신자나 조기수용자들의 영화 선택에 광고 다음으로 영향력을 미치는 것으로 나타났다(이종철, 2004). 예고편 제작은 잠재 영화관객을 설득하기 위해 영화마케팅에서 사용하는 기법으로 영화 고(高)관여자(heavy user)는 예고편에 빈번히 노출되므로 이를 통해 영화 선택정보를 획득할 수 있다.

1921년 처음 등장한 트레일러는 원래 '다른 차에 끌리는 차'라는 단어의 뜻 그대로 본영화 상영 뒤에 붙던 것이었다. 그러다가 1968년부터 현대적인 트레일러들이 제작되기 시작했으며, 이제 트레일러가 아니라 '트랙터(tractor, 견인차)'라 불러도 좋을 만큼 영화 히트의 견인차가 됐다. 미국에서는 <스타워즈>의 트레일러를 보기 위해 영화관에 관객이 몰렸던 것처럼 트레일러의 상영 그 자체가 하나의 거대한 이벤트가 되기도 한다.

할리우드에서 트레일러는 본영화만큼이나 신중하게 테스트되고 다듬어진다. 트레일러의 제작비는 평균 50만 달러이지만, <스파이더맨>의 트레일러는 200만 달러까지 치솟았다. 대작 영화일 경우 영화사들이 3~5개의 제작사에 동시에 트레일러 제작을 맡긴 뒤 엑기스만 골라 다시 편집하는 '프랑켄슈타인 트레일러'를 만들기도 한다.

또한 최근에는 게임에 익숙한 젊은 관객들을 유혹하기 위해 정적인 예술영화까지도 액션영화처럼 장면전환이 빠른 트레일러를 만들기도 한다. 실제 영화와 다른 트레일러로 미끼를 던지는 '베이트 앤드 스위치(bait and switch)' 전략이다. <스노우 독>의 트레일러는 실제 영화와 달리 말하는 개가 등장하며, 독립영화 <인 더 베드룸>의 트레일러도 다이내믹한 편집과 세심하게 선택한 몇몇 장면들을 활용해 드라마 장르인 이 영화를 스릴러 영화처럼 보이게 만들었다.

7) 사보

사보는 보통 하우스 오건(house organ)으로 불리면서 기업 커뮤니케이션의 가장 오래된 매체로 여겨져 왔다. 사보란 조직체의 간행물을 의미하므로 기업체뿐 아니라 정부기관, 각종 협회, 군대, 사회복지단체, 언론기관, 학교 등이 발간하는 모든 정기간행물을 포함하는 개념이다. 미국 광고사전에서는 사보를 '기업체나 공공단체가 경영자와 구성원과의 관계를 강화하고 고객이나 의견선도자에게 정보를 전할 목적으로 발간하는 인쇄물'로 정의하고 있다 (이의용, 1990: 24). 방송콘텐츠는 주로 해당 방송사의 사보를 통해 그 내용이 전달되는 경우가 많다. 방송사는 정기적으로 사보를 제작·배포하고, 브로슈어나 웹진 형태로 회사를 적극 소개하기도 한다. 그 외에 다른 케이블TV기업들도 사보를 발간하기도 하지만, 주로 대중들에게 전달되는 팸플릿의 형태를 많이 띤다. 영화의 경우 팸플릿에 영화제작 정보, 내용, 감상 포인트, 주요 뒷이야기, 주요 장면 등을 싣는다.

8) 견학

많은 기업들은 제품을 생산하는 생산현장을 일반인들이 견학할 수 있도록 공장을 공개하기도 한다. 소비자들이 직접 공장을 견학하기 전에는 그 공장에서 생산하는 제품이 자신과 전혀 관계가 없으나 견학 이후 이러한 경험은 그 제품과 자신을 관련짓는 중요한 계기가 된다. 기업들은 일반 소비자, 투자자, 애널리스트, 해외 딜러나 바이어, 또는 기자들을 대상으로 견학 프로그램을 운영하기도 한다. 최근에는 인터넷 관련 기술의 발전으로 사이버 공간에서 기업을 둘러보는 사이버 견학실을 운영하는 기업들도 많이 있다.

영화나 드라마 촬영을 위해 제작된 세트장도 MPR의 수단으로서 유용하게 사용될 수 있다. 현재 경기도 남양주 종합촬영소에는 <공동경비구역 JSA>, <취화선>, <다모>, <토지>, <해신>, <스캔들>, <가문의 영광>, <다모> 등을 찍었던 세트가 있는데, 매일 많은 관람객이 방문하고 있다.

2000년 이후 지상파 방송3사들이 주요 드라마를 제작하면서 지방자치단체의 돈을 세트장 건립 등 제작비로 끌어다 쓰고, 지방자치단체도 지역홍보를 위해서 세트장 건립을 지원하는 경우가 늘고 있다. MBC <주몽>은 전남 나주시로부터 무려 80억 원의 세트제작비를 지원받았고, SBS <연개소문>은 경북 문경시로부터 60억 원, MBC 드라마 <신돈>은 경기도 용인시에서 57억 원, KBS 드라마 <서울 1945>는 경남 합천군에서 55억 원을 지원받았다(김정섭, 2007: 42). 그러나 마구잡이식 세트 건립으로 일부 관광지의 환경파괴가 가속화되고, 지방자치단체 간 무분별한 경쟁을 악용한 방송사들의 횡포에 애꿎게 주민들만 피해를 입는 등 부작용도 노출되고 있다.

9) 팬클럽, 동호회

인기 연예인이나 스포츠 스타뿐 아니라 특정 제품, 인기 드라마, 영화, 연극, 뮤지컬 등에 대해서도 이를 좋아하는 사람들이 모여 팬클럽이나 동호회를 결성한다. 이러한 팬클럽이나 동호회는 마니아들이 인터넷 카페 등을 통해 자연발생적으로 모여서 조직되는 경우가 많다. 그러나 최근에는 마니아의 가치를 아는 기업이나 인기인들이 이들의 조직에 적극 참여하기도 한다. 특히 미디어기업들은 팬클럽이나 동호회의 도움이 필요하다. 이 열광적인 팬들은 특정 콘텐츠로 인해 긍정적인 체험을 경험했고, 이들의 이러한 긍정적인 경험은 타인들에게 입소문으로 전달되기 때문이다.

팬클럽이나 동호회는 그들이 좋아하는 콘텐츠와 인기인에 대한 정보를 서로 교환할 뿐 아니라 적극적으로 개입하여 다양한 이벤트를 주도하고 홍보활동도 펼친다. 심지어 일부의 경우 팬들의 의견을 모니터링하여 제작에 반영하기도 한다. <미안하다, 사랑한다>, <파리의 연인>, <장밋빛 인생> 등과 같은 드라마들은 시청자들로부터 내용을 변경해달라는 요구가 인터넷 사이트와 시청자 게시판에 빗발치기도 했다. 일부 드라마들은 시청자들의 요구를 받아들여 기획의도와 다르게 드라마를 전개하기도 했다. 또한 방송국 프로그램 게시판 또한 시청자 의견 게시판을 비롯하여 시청자가 뽑은 드라마 속 명대사 게시판(일명 'ㅇㅇ 어록'), 각 드라마 성격에 맞는 이벤트 게시판 등을 통해 시청자들의 참여를 적극 유도하고 있다.

과거 영화배우나 탤런트들의 전유물처럼 여겨졌던 팬클럽은 뮤지컬시장이 급성장하면서 뮤지컬 배우들에게도 자연스러운 것처럼 되었다. <헤드윅>의 주인공인 조승우 외에도 '남바다' 남경주, '쿨' 이건명, '주전자' 주원성과 전수경 등 뮤지컬 스타의 팬클럽 활동도 활발하다. 2만 명이 넘는 뮤지컬 <헤드윅>의 팬클럽 '헤드헤즈'들은 팬클럽의 활동범위를 넓혀 <헤드윅> 시사회와 자체 모임, 트리뷰트 밴드 활동을 활발히 진행하면서 뮤지컬을 향한 끝없는 관심을 애정을 보이고 있다.

10) PR의 기능

PR과 마케팅의 관계를 논하자면, 마케팅이 상품이나 서비스를 판매하는 것이라면 PR은 기업을 판매하는 것이라고 할 수 있다. 마케팅은 고객만족을 지향하지만 PR은 고객을 포함하여 지역사회의 주민·주주·언론·정부·거래처·일반 대중 등 관계되는 모든 공중을 만족시키기 위한 활동이다. 마케팅은 상업적인 촉진 그 자체에 목적이 있지만, PR은 여러 공중들로부터 호의적인 이미지를 획득하는 것이 목적이다. PR은 관련 공중의 조직에 대한 이해를 넓히고 이미지를 개선하기 위해 벌이는 의도적인 노력이자 활동이다. PR은 여론과 함께 움직이기 때문에 성공적인 PR은 호의적인 여론을 가져온다. 성공적인 PR전략을 통해 전달된 긍정적인 이미지는 시청률 향상, 광고수입의 증대, 생산성 증대, 신뢰도의 증진, 조직분열 예방 등을 가져오는 효과를 낳는다. PR의 중요한 기능은 다음과 같다.

① 상품과 서비스의 판매증진

수용자가 프로그램을 선택하고, 광고주가 광고시간을 구매하는 데 도움을 준다.

② 조직규범의 창출과 생산성의 증대

PR은 종업원들 사이에 내적 동기를 유발시키고 애사심을 일으키며 신규인력을 채용하는 데 도움을 준다.

③ 경영진에게 조기경보시스템 제공

다양한 공중과의 상호작용을 통해서 사회적·정치적 변화를 감지하고 그에 대처할 수 있게 해준다.

④ 조직에 새로운 기회 제공

대내외의 다양한 공중관계를 통해서 새로운 아이디어를 개발하고, 새로운 시장을 개척하여 문제를 해결할 수 있는 새로운 방법을 탐색할 수도 있게 된다.

⑤ 외부로부터의 공격에 대한 방어기제

PR은 조직이 공격에 직면하게 되었을 때 현재의 상태를 지킬 수 있는 방어기제 역할을 한다. 방송국을 운영하다보면 예기치 않은 문제에 당면하게 되는데 지속적인 PR활동은 그러한 상황에 직면했을 때 문제가 해결되는 시점까지 조직의 토대가 흔들리지 않게 지켜주는 효과를 나타낼 수 있다.

⑥ 조직분열의 예방

PR은 대외적인 커뮤니케이션 능력도 제고시키지만, 조직 내부에서 발생하는 문제에 대해서도 관심과 대안을 가질 수 있게 해준다.

⑦ 이중 기준선의 제공

방송매체는 경제적 성공과 함께 공중에 대한 책임이라는 이중의 책임을 갖고 있다. 결국 성공적인 PR은 수용자의 요구와 시장원리 사이에서 균형을 유지할 수 있게 해줄 것이다.

3. PPL

1) PPL의 정의 및 성장배경

PPL은 원래 영화를 제작할 때 영화 내에서 사용할 소품을 각 장면에 맞추어 적절한 장소에 배치하는 것을 의미한다. 따라서 영화가 만들어진 이후부터 PPL은 계속 사용되어왔던 개념이다. 그러나 영화 속에 등장했던 제품이나 특정 브랜드에 대해 소비자가 반응을 나타내고, 그에 따라 시장에서 각 제품의 매출도 영향을 받게 되자 하나의 마케팅 수단으로 이용되기 시작했다.

이런 PPL을 학문적으로 정의하려는 시도 역시 꾸준히 진행되어왔다. 스테

르츠(Steorts)는 PPL을 영화, TV, 쇼, 뮤직비디오 등에 제품의 브랜드명이나 포장, 로고, 트레이드마크 등이 포함된 것이라고 했다. 발라서브라마니안(Balasubramanian)은 여기에 PPL을 유료광고로 이용한다는 마케팅적 관점과 시각 외의 자극도 포함한다는 확장된 의미에서, 영화 및 TV프로그램에 제품을 계획적이고 조심성 있게 배치하여 수용자에게 영향을 미치는 유료의 메시지로 정의했다. 베이커와 크로퍼드(Baker and Crawford)는 광고주로부터 제작비 일부를 보상받는 대가로 TV 혹은 영화에 상업적인 제품이나 서비스를 포함시키는 것이라고 정의했다(김충현, 2003: 10). 즉, PPL기법은 영화나 드라마 등에 제품을 끼워 넣어 브랜드를 인지시키는 간접광고의 형태로 자리 잡고 있는 것이다. 현재 PPL이라는 개념은 초기의 단순한 제품 배치를 넘어서 하나의 마케팅 수단을 의미하는 것으로 확장되었다. 마케팅 수단으로서의 PPL은 주로 영화에서 제작비의 일부나 주요 소품을 제공해주는 대가로 영화 내에서 기업명이나 브랜드를 노출시키는 것을 말한다.

미국의 경우 1970년대부터 영화제작사와 기업들이 PPL을 마케팅 프로그램으로 인식하기 시작했으며, 이를 보다 효율적으로 시행하기 위해 PPL 전문 대행사들이 등장하기도 했다. 이후 영화에서 꾸준히 PPL의 사용이 증가되어오다가 영화 <ET>에 이르러 많은 마케팅 담당자들이 PPL의 효과에 높은 관심을 기울이게 되었다.

PPL의 고전으로 불리는 영화 <ET>에서 주인공 엘리엇이 ET를 유인하기 위해 사용한 리스(Reese's Pieces)사의 엠앤엠(m&m) 초콜릿이 영화에 등장한 이후 이 초콜릿의 판매량이 영화개봉 전과 비교하여 개봉 후 1개월 만에 65% 이상 증가했다는 사실은 PPL이 단순한 이미지 제고 차원을 넘어 매출에도 긍정적인 영향을 끼친 대표적인 사례라 할 수 있다.

PPL이 성장할 수 있었던 가장 큰 이유는 무엇보다 높은 마케팅 효과를 원하는 기업의 목적에 부합했기 때문이다. 브랜드의 증가와 매체환경의 변화로 인해 소비자가 접하는 광고의 양은 기하급수적으로 증가했으나, 그에 따라 광고에 대한 부정적인 인식도 늘어나고 티보(Tivo) 등 여러 기기의 발달로 광고 회피도 증가했다. 따라서 과거 전통적인 방식의 광고기법으로는 변화된 소비자의 이목을 끌기가 매우 어려워졌다.

반면 PPL은 무엇보다 광고라는 인식을 주지 않으면서도 충분한 브랜드 노출 및 그 이상의 효과를 거둘 수 있다는 장점이 있다. PPL의 효과를 분석한 대부분의 연구에서는 PPL이 브랜드 회상에 긍정적인 영향을 미치는 것으로 나타났다. 즉각적인 회상을 측정했다든지 영화의 전체가 아닌 일부만을 보여주었다는 단점이 있기는 하지만, 볼머스(Vollmers)와 미제르스키(Mizerski)의 연구에서는 PPL이 된 제품의 브랜드 회상률이 95.8%로 매우 높게 나타났다. 미국의 AFP(Associated Film Promotion)도 영화 PPL의 효과에 대해 조사한 바 있는데, <록키 3>를 관람한 관객 1,600명과 관람 후 3~5일 사이에 전화 인터뷰를 한 결과, 응답자의 60%가 주인공이 먹는 제너럴 밀스사의 휘티스 시리얼을 회상한 것으로 나타났다. PPL은 이러한 브랜드 회상뿐 아니라 직접적인 매출향상에도 긍정적인 영향을 미치는 것으로 나타났다.

하지만 PPL이 과도하게 사용될 경우 수용자에게 거부감을 일으키거나 예술성에 손상을 준다는 단점도 있다. 영화나 드라마의 콘텐츠와 간접광고로서 자연스럽게 어울리지 못하면 PPL은 오히려 수용자와 관객의 거부감을 일으켜서 영화와 PPL상품 모두에게 악영향을 끼칠 수 있다.

다음으로 영화예술의 순수성 저해 문제를 들 수 있다. 마이클 제이콥슨(Michael F. Jacobson)은 영화 속에 상품을 삽입하는 것이 예술로서의 영화의 지위에 대해 심각한 손상을 가져올 수 있다고 주장했다. 즉, 광고주의 과도한 개입은 원래의 텍스트에 손상을 가져오고 경제적 이윤 창출에만 초점을 맞추게 될 가능성이 존재하기 때문이다.

2) 국내 PPL 적용사례

국내 영화에서는 1991년 개봉한 <결혼이야기>에서 삼성전자가 가전제품을 제공하여 노출시키고 영화 티켓 5만 장을 구입한 것이 본격적인 PPL의 시작으로 알려져 있다(김창아, 2003: 24). 그 이후 1999년 삼성영상사업단이 투자하고, 한국의 첫 블록버스터라 불리는 영화 <쉬리>에 삼성물산, 삼성전자, 포카리스웨트, LG 칼텍스 정유, 동서식품 등 30개가 넘는 PPL이 등장하여 높은 효과를 거두자 PPL에 대한 기업의 관심이 높아졌다. 수많은 제품이 등장했던 영화 <쉬리>에서 SK텔레콤은 주인공 한석규가 휴대전화에 남겨진 김윤진의 음성 메시지를 확인할 때 흘러나온 'SK텔레콤 소리샘입니다'라는 음성노출을 통해 제작비 지원액인 3,000만 원 이상의 효과를 거두었다는 평가를 받았다.

비록 국내에서 본격적으로 PPL이 시작된 것은 불과 몇 년밖에 지나지 않았으나, 최근에는 대부분의 영화에서 PPL이 사용되고 있다. 국내에서 가장 성공적인 PPL을 수행한 사례는 <공동경비구역 JSA>에서 북한병사 역으로 출연한 송강호가 오리온 초코파이를 먹는 장면을 등장시켜 실제 초코파이 매출이 5~10%가량 증가된 것이다. 또한 현대정유가 적극적으로 지원한 <주유소 습격사건>은 가장 모범적인 사례로 손꼽히는데, 현대는 경기도 분당의 직영주유소를 촬영 당시 무대로 제공하고 약 5,000만 원가량을 협찬했다. 이 영화의 총상영시간 120분 중에서 60분이나 주유소가 집중 부각되었고, 회사 로고가 선명하게 노출된 시간만도 40분을 넘어 산술적으로 10억 4,000만 원에 달하는 광고효과를 보았다.

영화 <접속>에서도 주인공이 채팅할 때 컴퓨터 화면상에 유니텔 로고를 삽입하여 영화흥행 이후 해당 기업은 신규 가입자가 30% 이상 상승하는 효과를 보아 큰 이익을 남겼다. 또한 <친절한 금자씨>에서 주인공 이영애가 화장하는 장면에 등장하는 아이오페 제품이 관객의 눈길을 끌면서 화장품회사 측에서 많은 홍보효과를 얻었다. 그 이외에도 <좋은 사람 있으면 소개시켜줘>에서 결혼정보회사인 듀오, <가문의 영광>에서 현대카드, <올드보이>에서 네이트온, <가문의 위기>에서 신라명과와 HP, <주먹이 운다>에서 에버라스트, <미스터 주부퀴즈왕>에서 페리카나와 레고 등 일일이 열거하기 어려울 정도로 PPL이 보편화되고 있다.

<표 9-1> 국내 영화 PPL 사례

영화	브랜드	PPL 방법
<결혼이야기>	삼성전자	주인공 집의 가전제품
<은행나무침대>	하이트맥주	지나가던 자동차 위에 대형 로고 노출
<접속>	유니텔	영화 속 주요 소재
	39쇼핑	여주인공의 직장
<쉬리>	SK텔레콤	주요 메시지로 등장
	포카리스웨트, 베니건스	주요 배경 등장
<주유소 습격사건>	오일뱅크	영화 속 주 배경
	세콤, BC카드, 펩시콜라	대사 등장
<텔미썸씽>	클럽모나코	주인공의 주요 의상
<나도 아내가 있었으면 좋겠다>	한미은행	주인공의 직장
<달마야 놀자>	현대택배	브랜드 노출
<예스터데이>	LG텔레콤 카이	대사 및 제품노출
	타이레놀	주인공이 잦은 두통으로 복용
<해적 디스코왕 되다>	서울우유	주요 인물의 애용 음료
<좋은 사람 있으면 소개시켜줘>	듀오	주요 소재 및 주인공의 직장
<가문의 영광>	현대카드	벤처기업의 협약장면 및 결제장면
<엽기적인 그녀>	라이코스코리아	이메일 교환 및 간판
<올드보이>	네이트온	주인공의 채팅장면
<주먹이 운다>	에버라스트	주인공의 복싱장면 후원사로 등장
<너는 내 운명>	산소주	등장인물의 음주장면에서 등장
<가문의 위기>	HP	차량외장 래핑
	신라명과	케익 사는 장소
<미스터 주부퀴즈왕>	페리카나	주인공 CF장면
	레고	딸 장난감
<친절한 금자씨>	아이오페	주인공의 화장장면

자료: 김창아(2003: 24) 참조.

이처럼 PPL의 가장 효과적인 방법은 영화나 드라마의 주제가 부각되거나 반전을 이루는 중요한 포인트에서 제품이 등장할 때이다. 만약 영화 전체의 구조 속에 녹일 수 없을 경우 제품이 아이콘이 될 정도로 비중을 높여주어야 한다. <탑건>에서 톰 크루즈가 늘 끼고 다니던 레이밴 선글라스, <백투더 퓨처>의 나이키, <캐스트 어웨이>에 등장하는 페덱스, <007시리즈>의 BMW, <포레스트 검프>의 애플컴퓨터 매킨토시 정도는 되어야 효과적인 PPL이라고 할 수 있다(김홍탁, 2002: 123).

반면, 협찬사의 지나친 브랜드 노출로 인해 PPL이 실패한 사례도 나타났다. PPL마케팅을 할 때는 프로그램 선정에 신중을 기해야 한다. 잘 되면 대박이고 못 되면 쪽박이라는 말이 여지없이 들어맞기 때문이다. 예를 들어 SBS 드라마 <루루공주>의 경우 화려한 캐스팅과 유명작가의 작품이라는 프리미엄이 있었는데도, 지나친 PPL 및 개연성 없는 스토리 전개로 큰 실패를 겪었다. 특히 웅진코웨이의 비데인 '룰루'를 떠올리게 하는 '루루'란 제목이 보여주듯 시청자들은 기획단계부터 의도성이 엿보인다고 판단했다. 결국, 방송 초반부터 간접광고가 심하다는 지적을 받았던 SBS 드라마 <루루공주>는 중징계를 받았다. 방송위원회가 <루루공주>에 대해 「방송심의에 관한 규정」 제47조 (간접광고)를 적용해 '시청자에 대한 사과'를 의결한 것이다.

그런가 하면 2009년 최고의 히트 드라마 <꽃보다 남자>도 과도한 PPL로 시청자들의 비난을 받았다. KBS 2TV 월화드라마 <꽃보다 남자>는 드라마 속에 제작지원 업체의 휴대전화와 라면, 죽, 피자 등과 관련한 장면을 집중적으로 배치했다. 극중 남자 주인공 구준표(이민호)가 라면을 끓여먹고, 부셔먹고, 마트에서 구매하는 장면이 줄거리와 상관없이 5분가량 전파를 탔으며, 제작지원을 맡고 있는 삼성전자 애니콜 측은 F4(이민호, 김현중, 김범, 김준)를 광고 모델로 기용하고, 방송에서 휴대전화 론칭쇼를 노출하는 등 출연진들이 아예 드라마 속의 휴대전화 모델로 변질되었다(≪한국일보≫, 2009년 3월 12일자).

따라서 처음부터 작품의 시나리오나 프로그램 성격에 대한 치밀한 검토 후에 PPL 여부를 결정해야 한다. PPL이 시나리오 작성단계부터 검토되어 영화흥행이 예견되는 상황에서 제품이 확실히 부각될 가능성이 있다고 판단되면 광고주가 PPL에 투자하는 것도 좋은 방법이 될 수 있다. 한편 흥행에 성공한 영화나 드라마는 영화 상영이나 드라마 방영이 끝난 후 얼마 지나지 않아 쉽게 잊히기 때문에 단순한 PPL 노출만으로 한계가 있다. 제품이나 브랜드가 노출될 시점에 그 효과를 극대화시키기 위해서는 다른 마케팅활동과 연계시켜야 한다. 즉, PPL과 기타 마케팅활동이 통합 마케팅 커뮤니케이션 차원에서 이루어져야 한다. 특히 통합 마케팅 커뮤니케이션의 효과를 높이기 위해서는 다양한 마케팅 수단과 채널들의 전략적 역할을 점검하고 이를 토대로 명료하고 일괄적인 브랜드 이미지를 심어줄 수 있도록 해야 한다.

3) 새로운 형식의 PPL 등장

과거 영화에만 국한되었던 PPL이 최근 들어서는 국내 TV드라마에서 더욱 활발히 이루어지고 있다. 영화와 달리 TV드라마는 소비자가 거의 비용을 들이지 않고 접하는 매체이기 때문에 영화보다 더 많은 노출을 보장받을 수 있고, 대부분의 드라마가 한 번만 방송하는 것이 아니라 시리즈물로 여러 회에 걸쳐 방영되기 때문에 더 효과적이다.

그러나 드라마의 경우 전파가 공공자산이라는 근거에 의해 방송심의규정에 따라 간접광고로 인정되어 일정 수준의 규제를 받는다는 문제가 있다. 「방송심의에 관한 규정」 제47조(간접광고)에 의하면 "방송은 특정 상품이나 기업, 영업장소 또는 공연 등에 관한 사항을 구체적으로 소개하거나 의도적으로 부각시켜 광고효과를 주어서는 안 된다"고 명시되어 있다.

하지만 규제주체인 방송위원회의 처벌이 다소 형식적(시청자 사과나 정정)이며 간접광고 규범이 물리적인 압력, 즉 법적인 제재까지 미치지 않기 때문에 PPL은 암묵적으로 사용되고 있다.

최근 방송 드라마의 외주제작비율이 점차 확대되어 외주제작사와 지상파 방송 자회사를 통한 PPL이 이루어지면서 방송 PPL시장은 영화계보다 더 활발히 진행되고 있다. 방송위원회가 2000년대에 들어 방송사를 제외한 외주제작사에게만 PPL을 공식적으로 허가한 것은 방송사의 자체 제작 프로그램에 비해 상대적으로 적은 제작비로 제작해야 하는 외주제작사들의 현실을 반영한 것이다. 현재 대부분의 드라마가 외주제작이라는 이름으로 방송전파를 타기 때문에 이런 PPL기법이 제작비 문제의 해결을 위한 차선책으로 자주 활용되고 있다. 시청률이 프로그램 평가의 일반적인 기준으로 존재하는 방송업계의 현실에서 외주제작사는 시청률이 높은 프로그램을 만들어야 하며, 프로그램 질을 높이기 위해서는 더 많은 제작비가 마련되어야 한다. 이는 곧 협찬비 등의 명목으로 PPL이 이뤄질 수밖에 없는 상황을 가져온다.

PPL의 장점을 인식한 광고주와 제작사가 점차 증가하면서 PPL은 이제 기존의 영화나 드라마뿐 아니라 연극과 뮤지컬, 뮤직비디오, 인터넷에서까지 활용되고 있다. 실제로 뮤지컬 <더 플레이>에서는 웅진약품 등 10여 개 회사의 제품이 PPL로 작품 내에 삽입되었으며, <UFO>라는 작품에서는 LG텔레콤 로고가 새겨진 스크린이 무대 정면 중앙에 위치해 있고, SK주유소가 실제 모습 그대로 무대 위에 재현되는 등 보다 직접적이고 노골적인 PPL이 사용되었다. 온라인 게임에서도 건물과 같은 그래픽에 실제 브랜드 네임을 노출시켜 PPL을 활용하고 있다. 이와 함께 이미 완성된 드라마에 컴퓨터 그래픽 작업을 통해서 브랜드나 제품을 노출시키는 새로운 PPL기법인 버추얼 PPL광고도 활용되고 있다. 이러한 형식의 광고는 브랜드 노출에 대한 규제를 극복함은 물론 방송지역에 따른 맞춤형 제작이 가능해 노출 효율성을 높일 수 있는 장점을 가지고 있다. 실제로 휴대전화 업체인 팬택계열은 SBS에서 방송되었던 드라마 <프라하의 연인>, <마이걸>을 통한 버추얼 PPL광고를 2006년 8월 홍콩과 인도네시아의 케이블TV와 지상파 방송을 통해서 실시했다.

4. 판매촉진

판매촉진(sales promotion)은 기업이 판매원, 유통업자 또는 최종 소비자에게 추가가치 또는 인센티브를 제공하는 촉진활동이다. 판매촉진은 판매보조품, 동기부여용 아이템, 부가상품의 세 부분으로 나누어 살펴볼 수 있다.

첫째, 간단한 로고 또는 미디어상품과 관련된 메시지들이 작은 물품(볼펜, 연필, 메모지)에 인쇄되어 있는 판매보조품은 보통 무료로 나누어준다. 이러한 '세일즈 키트'는 가장 기본적이면서도 효과적인 판촉도구로 판촉사원이나 방송사원, 광고대행사에서 사용하는 촉진수단이다. 세일즈 키트는 방송시장과 방송사에 관한 정보를 담고 있으며 수용자(시청자) 판촉을 위해서 유용하게 사용된다.

둘째, 동기부여용 아이템은 구매를 촉진시키기 위한 역할이다. 예를 들어 할인쿠폰, 콘테스트(contest), 선물, '하나를 사면 나머지 하나는 공짜'와 같은 특별 이벤트가 여기에 해당된다.

셋째, 부가상품은 판매촉진의 다른 형태라고 할 수 있는데, 미디어기업에는 별도의 수입을 제공해주는 주요 제품이다. 티셔츠, 음반, 포스터, 머그잔, 달력 등이 대표적인 예라고 할 수 있다. 부가상품을 판매하는 주요 목적은 독립적인 수입을 늘리기 위한 경우가 대부분이다. 하지만 방송사나 대규모 공연장은 해당 기관의 이미지 관리를 위한 보조수단으로 부가상품을 활용하기도 한다. 우리나라 주요 방송사들도 기념품 매장을 열어 시청자들의 견학이나 탐방코스로 활용하고 있는데, 로고를 사용한 재떨이, 머그잔, 열쇠고리와 수첩, 시계 등 선물이나 기념품을 마련하여 고객들에게 내놓아 방송사의 이미지 제고를 위해 노력하고 있다.

1) 판매촉진의 전략

판매촉진은 그 대상에 따라 소비자 판매촉진과 중간상 판매촉진으로 나눌 수 있는데, 소비자 판매촉진은 풀전략(pull strategy)이라 하고 중간상 판매촉진은 푸시전략(push strategy)이라 한다(이명천·김요한, 2006: 439~440).

소비자를 대상으로 하는 판매촉진은 기업이 최종 소비자에게 직접 추가가치나 인센티브를 줌으로써 소비자들이 직접 제품을 찾게 만든다. 따라서 소매점과 같은 유통업자들은 소비자들이 많이 찾는 제품을 갖다 놓아야 이득을 얻기 때문에 해당 제품의 제조업자에게 제품을 요청하게 된다. 즉, 제품의 유통경로에서 제품을 끌어당기게 되기 때문에 풀전략이라 한다. 예를 들어 상대적으로 가격이 비싼 뮤지컬의 경우 소비자에게 티켓 가격을 할인해 주면 기존의 뮤지컬 팬 외에 이전에 한 번도 구매하지 않았던 사람들도 공연장을 찾게 되어 유통업자인 공연자 측은 이익을 얻기 위해 계속 연장공연을 할 것이다.

반면 중간상 대상 판매촉진은 소매점 등의 유통업자에게 추가가치나 인센티브를 주는 것으로 최종 소비자가 직접적인 혜택을 받는 것은 아니다. 그러나 유통업자는 해당 기업이 경쟁기업보다 더 많은 가치를 주기 때문에 그 기업의 제품을 자신의 점포 진열대에 더 많이 갖다 놓는다. 예를 들어 케이블TV업계의 중간상에 해당되는 SO에 프로그램을 공급하는 특정 PP가 수신료 배분비율을 높여주거나 론칭비용을 추가로 준다면 SO 입장에서는 다른 PP보다 더 좋은 조건을 제시하기 때문에 채널 티어링(번들링)할 때 더 많은 이익을 준다. 이처럼 중간상 판매촉진은 유통업자가 경쟁사 제품을 밀어내고 자사의 제품을 더 많이 갖다 놓게 하는 전략이므로 푸시전략이라 한다.

기업들은 일반적으로 제품을 생산하여 소비자들에게 판매할 때 이 두 가지 유형의 전략을 모두 사용한다. 즉, 기업은 광고나 소비자 판매촉진을 통해 소비자에게 직접 제품을 더 구매하도록 유도하고, 중간상 판매촉진을 통해서 소매점포의 제품 진열대에 경쟁사의 제품보다 자사제품을 더 많이 더 유리한 위치에 진열시켜 판매가능성을 높이고 있다.

2) 판매촉진의 유형

판매촉진은 앞에서 잠깐 살펴본 바와 같이 판매보조품, 동기부여용 아이템 또는 프로그램, 부가상품의 세 부분으로 나누어 살펴볼 수 있다.

여기에서는 판매촉진의 유형을 좀 더 세분화하여 아래와 같이 구체적으로 살펴보기로 한다.

(1) 가격할인

가격할인은 콘텐츠 상품을 비롯해 다양한 제품 및 서비스군에서 가장 손쉽게 가장 효과적으로 사용할 수 있는 판촉수단이다. 제조업자들은 특정 기간 동안 제품의 가격을 할인함으로써 중간상 및 소비자들이 그 기간 동안 제품을 구매하도록 유인한다.

가격할인은 특히 제품의 가격이 너무 비싸 구매를 꺼리거나 한 번도 사용해보지 않아서 구매 여부를 고민하는 소비자들의 욕구를 자극하는 역할을 한다. 제품을 사용해보지 않았던 소비자들에게 제품 시용 기회를 제공하여 구매 후 만족할 경우 지속적인 구매를 유도할 수 있다. 가격할인 방법으로는 특정 기간, 특정 물량 이상 구입하면 청구서에 할인가격을 적어 보내는 '청구서를 이용한 공제'와 판촉기간 중 구입단위당 할인가격을 정하고 팔린 만큼 공제하는 '빌블랙(Bill Back)' 방법이 있다.

현재 많은 문화콘텐츠 상품들도 가격할인을 통해 소비자의 구매 욕구를 자극하고 있다. 특히 영화나 연극, 뮤지컬 등은 여러 카드사와의 공동마케팅을 통해 구매가격을 할인해주고 있는데, 제작사나 배급사는 관객 수를 증가시키고 카드사는 신규 고객 유치 및 기존 고객의 충성도 증가효과를 거둘 수 있다.

(2) 샘플

마케팅 도구로서 샘플은 제조업자들이 자신이 생산한 제품을 시장에 소개할 목적으로 잠재 소비자에게 무료로 제공하는 소량의 제품을 말한다. 고객들은 공짜를 좋아해 덥석 그것을 받아들이지만, 나중에 샘플을 받은 부담 때문에 결국 그 샘플의 원 제품을 사게 되는 것이다.

하지만 샘플은 모든 판매촉진 중에서 가장 비용이 많이 드는 방법이다. 샘플은 무료 시용을 통한 소비자의 습관적인 구매를 기대하기 때문에 특히 신제품에 적합한 판촉수단이다. 그러나 반드시 광고나 언론보도를 통해 샘플 제공 사실을 알려주어야 하고, 크기가 작고 구매빈도가 높은 제품에 한해서 실시해야 효과적이라는 단점도 있다.

(3) 쿠폰

쿠폰은 판촉의 대명사이다. 배달 음식점이나 미용실에서 10회 이용 시 무료 서비스 1회 제공 등의 형식으로 가장 널리 사용되는 방식이다. 쿠폰의 특징은 다음과 같다.

첫째, 쿠폰은 소비자를 대상으로 하기 때문에 소비자에게 직접 혜택이 돌아간다는 점이다. 둘째, 소비자들은 자신들에게 혜택이 돌아오는 것(할인쿠폰의 경우 할인된 가격만큼의 혜택이 돌아오는 것)을 한시적인 혜택으로 생각한다. 셋째, 소매점으로 제품 출하량을 늘릴 수 있는 장점이 있다. 넷째, 제품의 시용을 이끌어낼 수 있고, 다른 브랜드를 이용하는 사람들을 자사 브랜드 이용자로 바꿀 수도 있다.

출판사들은 공연사들과의 공동마케팅 차원에서 책을 구매하고 뮤지컬 공연까지 구매하도록 책 속에 할인쿠폰을 끼워 넣기도 한다. 할인쿠폰전략은 영화, 연극 공연 및 자녀들과의 체험학습, 놀이공원 등 문화콘텐츠 관련 행사에서 자주 사용된다. 가족 뮤지컬 <뽀로로와 비밀의 방>은 가정의 달을 맞아 라운지 회원을 대상으로 20~30%의 할인혜택을 주었으며, CGV의 프리미엄 영화관 '골드 클래스'와 '시네 드 쉐프'는 회원들에게 최대 20% 할인에 무이자 3개월의 할인 서비스를 제공하여 반복구매를 유도했다.

(4) 프리미엄

프리미엄은 인센티브와 동일하게 사용되는 개념으로 가시적인 보상을 제안함으로써 소비자, 판매원, 종업원, 유통업자가 구매 또는 어떤 행위를 일으키도록 유발하는 판촉수단을 말한다. 예를 들어 프리미엄은 특정 구매에 대해 상품이나 서비스를 무료로 제공하는 것으로, 처음 공연하는 공연의 관람 시 선착순으로 티셔츠를 제공하는 경우를 말한다. 프리미엄은 광고의 특별한 형태로서 무료 선물이나 해당 제품을 구매할 수 있는 할인쿠폰과 병행하여 활용되며, 자사의 로고가 새겨진 컵, 펜, 마우스 패드, 가방과 같은 상품의 형태로도 제공된다.

뮤지컬 <노트르담 드 파리>의 티켓 예매처 중 하나인 네이버는 4인 가족권 티켓 예매 시 가격할인과 함께 2만 원 상당의 영어교재 DVD를 제공했는데, 소비자 입장에서는 영어교재가 부가적인 가치, 즉 프리미엄이라고 할 수 있다.

(5) 경연대회와 경품

현대는 이른바 '경품의 시대'라고 할 만큼 휴대전화나 상품권, 컴퓨터, 승용차, 아파트까지 경품으로 나오고 있다. 경품은 기업이 가장 손쉽게 사용할 수 있는 프로모션의 하나로서 판매를 촉진하고 인지도를 제고시키는 데 효과적이라고 할 수 있다.

경품에는 참가자들이 능력에 따라 포상을 받는 콘테스트와 참가자들의 이름이 당첨되면 포상을 받는 추첨(sweepstakes)이 있다. 즉, 추첨은 참가자의 능력과 관계없이 이른바 운에 의해 뽑히는 경품이고, 콘테스트는 참가자의 능력에 따라 순위를 매기고 그에 맞는 상품을 주는 것이다.

영화의 경우 다양한 유형의 콘테스트를 사용할 수 있다. 이를테면 <프렌치 키스>의 경우 키스 대회를, <맥주가 애인보다 좋은 7가지 이유>에서는 신인배우 공모를 실시했다.

2009년에 개봉한 영화 <천사와 악마>는 영화 속 비밀결사대 '일루미타'

가 숨겨놓은 네 가지 상징을 완성하면 추첨을 통해서 4박 5일의 로마여행 패키지 상품을 제공하는 행사를 실시하여 관객들의 관심을 유도했다. 또한 지구의 날을 맞아 환경 다큐멘터리 <살기 위하여>를 관람한 모든 관객을 대상으로 환경관련 서적 2권을 무료로 제공하기도 했다.

(6) 환불/리베이트

환불은 소비자가 제품을 구매하거나 서비스를 이용했을 때 일정액을 돌려 주거나 할인쿠폰을 발행해주는 것을 말한다. 환불은 보상이 따른다는 점에서 할인쿠폰과 유사하지만, 다음과 같은 차이가 있다.

첫째, 환불은 구매를 했다거나 서비스를 이용했다는 구매증명이 필요하다. 이는 보통 영수증이 많이 이용되는데, 그 외에도 제품 포장에 인쇄된 로고를 구매증명의 추가부분으로 붙이는 방법, 별도의 환불신청서를 인쇄하여 포장 지에 붙이는 방법이 있다.

둘째, 영수증이나 환불신청서 등의 구매증명을 우편으로 제조회사로 보내 야 한다는 점이다. 환불을 받기 위해 소비자는 자신의 이름과 주소, 그리고 제품명을 기재하는데, 이는 회사의 입장에서 정확한 정보를 수집할 수 있는 방법이므로 소비자 데이터베이스 구축에 도움이 된다.

실제로 멀티플렉스 CGV의 환불 서비스의 경우 이동통신사 카드와 신용카 드를 이용한 가격할인, 멤버십 포인트 적립 외에 'OK캐쉬백', 'CJ몰 적립금' 등을 통해 구매금액의 일부를 환불해주고 있다.

(7) 브랜드숍

브랜드숍은 NBC 스토어, CNN 스토어, MTV, ABC방송 스튜디오, 소니 스토어(SONY store) 및 원더랜드(Wonderland), 월트 디즈니(Walt Disney), 워너 브라더스(Wanerbros)처럼 방송사나 영화사들이 운영하는 브랜드 매장을 의미 한다. 이들 브랜드숍은 장삿속으로 이름을 새겨 넣은 티셔츠와 열쇠고리 등의 조잡하고 잡다한 기념품들만 판다고 하여 많은 사람들이 부정적인 평가를 내리기도 하지만, 개별 방송사들은 브랜드로서 방송사를 키우고자 하는 의식 자체 때문에 임대료를 계산하면 마이너스를 감수하더라도 브랜드숍 자체를 열어 즐거운 체험을 제공하는 매장으로서의 역할을 강조하고 있다.

우리나라 주요 방송사들도 시청자들의 견학이나 탐방코스로 기념품 매장을 열어 선물이나 기념품을 마련하고 있지만, 로고를 사용한 열쇠고리와 수첩, 시계 등 조악한 상품을 내놓아 방송사의 이미지를 떨어뜨리고 있다. MBC 일산센터 기념품 매장이나 SBS 브랜드 매장들도 미국이나 일본의 기념품 매장과 비교해볼 때 아이템 선정이나 품질관리가 우선되고, 매장 인테리어까지 신경을 써야 할 것으로 보인다(≪MBC 미술인협회보≫, 2008년 10월 15일자).

브랜드숍은 소비자의 감성이나 경험을 자극함으로써 방송사의 브랜드 정체성을 각인시키고, 고객들에게 제품의 브랜드 체험을 전달하여 고객과의 장기적인 관계 구축에 이바지한다는 점에서 중요한 역할을 하고 있다. 따라서 방송사들의 브랜드숍도 고객들이 즐거운 체험을 만드는 매장이자 고객의 감성과 경험을 자극하여 브랜드를 체험하는 장소가 될 수 있을 것이다.

방송사의 브랜드숍 운영은 나름대로 일반 시청자, 바로 최종 고객에게 다가가려는 노력과 자신들의 히트 프로그램을, 방송사라는 전체 브랜드와 연결시켜서 방송사 브랜드 자체의 활력을 유지하게 하는 시스템을 갖추고 있다. 그런 노력이 결국은 개별 프로그램에 더욱 힘을 실어주면서 새로운 사업 기회까지 제공하고, 다시 방송사 전체 브랜드를 강화하는 선순환의 고리를 만들게 되는 것이다.

5. 온에어·오프에어 프로모션

방송기업의 수용자 프로모션은 매체에 따라 크게 온에어와 오프에어 프로모션으로 구분된다.

온에어 프로모션은 자사의 방송시간을 이용하는 가장 중요한 커뮤니케이션 도구로서 각종 이미지 스팟과 스테이션 ID 등이 주로 사용된다. 또한 오프에어 프로모션은 자사 방송시간 이외에 다른 매체를 통해 수행하는 프로모션으로 신문이나 잡지, 인터넷 등을 통한 매체광고가 주를 이룬다. 이 밖에 미디어기업 내 다른 매체를 활용하는 크로스 프로모션과 홈페이지를 홍보창구로 활용하는 온라인 프로모션 등이 있다. 아래에서는 온에어와 오프에어 프로모션을 중심으로 살펴보기로 한다.

1) 온에어 프로모션

방송사의 채널 브랜드 구축은 물론 브랜드 관리의 상당 부분은 자체 채널과 방송시간을 이용한 온에어 프로모션에 의해 수행된다. 일반적으로 방송사가 행하는 프로모션의 목적은 채널과 프로그램을 시청자에게 알리고, 설득하고, 상기시키려고 하는 세 가지를 들 수 있다. 이를 통해 궁극적으로 새로운 시청자 수를 늘리고 기존 시청자들의 충성도를 높이려는 것이다. 온에어 프로모션은 혼잡한 방송채널 속에서 시청자들의 채널 선택에 대한 오리엔테이션과 필터 역할을 담당할 뿐 아니라 원활한 템포와 구성으로 프로그램과 프로그램 사이에 채널의 연속성을 부여하고, 시청자의 채널 변경을 억제하는 기능을 수행한다.

온에어 프로모션에서 가장 중요한 영역은 개별 프로그램의 인지와 시청률을 위한 프로그램 프로모션(tune-in promotion)이다. 프로그램 프로모션에는 트레일러 형식으로 개별 프로모션에 예고하는 프로모(promo), 생방송으로 진행자가 프로그램 시작 전에 프로그램을 상기시키는 티저(teaser), 끝나는 프로그램의 자막을 분할하여 다른 프로그램을 예고하는 화면분할 (split-screen)방식이나 보이스 오버(voice over), 프로그램 표나 자막 예고 등의 형태가 있다. 온에어 프로모션에서는 무엇보다도 채널의 위치와 이미지를 강조하는 각종 이미지 스팟과 채널 ID 등이 주요하게 사용된다. 온에어 프로모션은 라디오에서의 콜사인이나 로고, 음악 등의 고지에서부터, TV 방송을 위한 다양한 스테이션 ID 등을 비롯한 판촉용 스팟을 방송하는 것을 의미한다.

특히 채널의 성격을 구분 짓는 스테이션 ID에는 여러 가지 조형적 요소가 미학적으로 표현된다. 이것은 자사의 로고나 심벌, 캐릭터, 컬러 등에 채널 아이덴티티를 창조적으로 담아 영상화한 것이다.

채널 수가 늘고 시청자의 분할 점거가 심해지면서 시청자의 관심을 끌기 위한 경쟁이 심화되자 각 방송사에서 온에어 프로모션에 대한 관심이 증가되었다. 온에어 프로모션에 대한 관심은 방송국의 인력구조 변화 및 프로모션 관리체계의 위치 강화 또는 편성까지 그 범위가 확장되고 있다. 텔레비전 방송사가 수행사는 브랜드 관리작업에는 장기적인 브랜드 구축정책과 단기적인 프로모션 결정과정이 중심을 이룬다. 방송사가 제공하는 오락과 정보 프로그램은 매시간 소비되는 경험재이므로 개별 프로그램의 유형 및 방송시기에 따라 단기적인 효과를 거둘 수 있는 세부적인 프로모션 전략이 필요하기 때문이다.

2) 온라인 프로모션

방송사의 홈페이지는 채널에 대한 프로그램 편성, 하이라이트 등의 정보 제공 및 채널 소개 등의 홍보 창구로 활용되고 있다. 그러나 최근에는 미디어가 포털이나 웹으로 이동하고 채널의 영상자원이 강력한 콘텐츠로 호환되면서 새로운 미디어로 각광을 받고 있다. 특히 쌍방향 통신이 가능한 웹의 특성은 미디어 발전과 확대의 잠재력으로 평가받고 있으며 온라인 프로모션의 중요성도 날로 높아지고 있다.

실제로 인터넷 방송국은 방문객이 자주 찾아와서 시간을 보낼 가치가 있는 다양한 콘텐츠를 제공할 필요가 있고, 콘텐츠의 내용을 자주 업데이트하는 데 신경을 쓸 필요가 있다. 예를 들어 주요 매체의 온라인 신문에 보도자료를 작성해 전자우편이나 일반우편으로 송부하는 것도 좋은 방법이다.

3) 오프에어 프로모션

오프에어 프로모션은 신문이나 잡지 등에 채널 관련 기사, 인터뷰 등을 게재하는 퍼블리시티 활동이나 타 매체의 지면이나 시간을 대가를 지불하고 구매하는 빌보드 광고 및 인쇄광고, TV광고, 스티커 등 가입자 확대를 위한 다양한 판촉 등을 포괄하는 프로모션 활동이다. 예를 들어 무의탁 노인을 대상으로 케이블TV 무료설치 행사를 할 경우 일반 신문이나 인터넷 매체를 통해서 홍보한다면 케이블TV의 이미지 제고와 미디어의 공적 책임을 구현하는 데 큰 도움을 줄 수 있을 것이다.

다양한 오프에어 프로모션 중 하나는 이벤트로서, 사이버 공간에서 최대의 프로모션으로 꼽힌다. 그중 가장 대중화된 사이버 이벤트가 퀴즈와 경품이다. 사이트에 대한 접속률을 올릴 만한 이벤트는 개최될 필요가 있다. 요즈음 인터넷 사이트 관련 각종 대회가 개최되고 있는데, 만약 경연대회를 개최했다면 마치 스포츠 중계나 뉴스속보를 내보내듯이 매일 사이트상에 이를 팝업으로 알리고, 동시에 이메일이나 뉴스레터로 알림으로써 마케팅 효과를 강화할 필요가 있다. 개최하는 경연대회는 진행방식을 최대한 단순화시키고, 사람들의 참여를 유도할 수 있도록 흥미를 유발해야 한다. 인터넷 방송의 사이트 판촉에는 사람들의 구전효과가 매우 효과적이다. 이를 위해서 무료 CD 샘플이나 영화초대권, 문화행사 관람권, 서적할인권이나 무료정보를 제공하여 사이트를 방문토록 하는 다양한 판촉전략이 유용하다.

4) 크로스 프로모션

프로모션에는 이 밖에도 미디어기업 내 다른 매체를 이용하는 크로스 프로모션, 머천다이징 상품, 온라인을 통한 프로모션 등이 있다(박주연, 2005:

171). 크로스 프로모션은 같은 미디어기업 내의 다른 매체나 채널을 이용하여 프로모션을 수행한다. 즉, 단일한 콘텐츠를 신문과 인터넷, 케이블, DMB 등에 동시에 공급하는 전략을 말한다. 예를 들어, 조선일보사의 <Our Asia> 라는 다큐멘터리를 인터넷과 케이블, DMB에 동시에 공급하여 미디어에 창구효과를 극대화시키는 것이다.

영국의 대표적인 미디어인 BSkyB는 위성방송 가입자 규모 측면에서 미국의 다이렉트(Direct) TV, 에코스타(Echostar)의 뒤를 이어 세계 3위에 올라 있다. BSkyB의 기본 마케팅 전략은 다양한 전략적 제휴와 조인트벤처 사업을 통한 교차 프로모션으로 집중되고 있다. 특히, 그 대표적인 방식 중 하나는 디지털 라디오 사업에 대한 진출이다. 영국 ≪파이낸셜 타임스≫(2001년 3월 9일자)에 따르면 BSkyB는 라디오 퍼스트(Radio First)의 지분을 20% 획득했으며, 이는 스카이 디지털에 방송되는 조건으로 이루어진 교환거래였다고 한다. 위성방송 가입자의 대부분이 오디오 서비스를 이용하기 위해 셋톱박스를 사용하는 현실을 고려하여 본격적인 디지털 라디오와 다채널 텔레비전의 교차 프로모션을 위해 디지털 뉴스 네트워크(Digital News Network)의 지분 20%를 인수하기도 했다.

가입자 위주의 유료방송이라는 특성과 가입자에게 투입되는 마케팅 비용이 과하다는 점 때문에 위성방송사업은 케이블TV 등과 같은 네트워크 사업체에 비해 위험도가 높은 편이다. 따라서 위성방송사업이 생존할 수 있는 유일한 방안은 다른 미디어와의 전략적 제휴를 통해 안정된 가입자 구조를 유지하는 것으로 요약할 수 있다.

한편 게임회사와 케이블TV, 지상파 방송사의 연합은 점차 늘어나고 있다. 과거에는 영화나 TV프로그램의 타이틀을 이용해 개발한 게임 소프트웨어 판매를 촉진하려고 했지만, 이제는 그 반대 현상이 일어나고 있다. 즉, 영화나 TV시리즈가 인기 있는 게임의 타이틀을 따서 소비자층을 넓히려고 하는 경우가 생기는 것이다.

따라서 영화, TV, 스포츠, 라디오, 출판 장르에 이르는 모든 엔터테인먼트

상품이 소비자의 다양한 기호에 따라 나눠지면서 틈새타깃시장이 존재한다고 할 수 있다. 이러한 경향은 크로스 미디어 마케팅에 커다란 발전을 가져왔다.

5) 판매촉진

인터넷 방송국은 어떤 시청자(네티즌)들에게 어떤 방송사로 인식될 것인가에 대해 콘셉트와 비전을 구체화시키는 채널 아이덴티티를 정한 후, 이를 각 프로그램을 비롯한 인터넷 방송 전체에 일관되게 적용·유지시키는 것이 중요하다. 특히 통합 마케팅 커뮤니케이션 전략의 수립은 프로모션(판매촉진) 전략을 통하여 강력한 브랜드 파워를 만들 수 있는 근거를 제공한다. 이러한 과정은 <그림 9-3>에서 살펴볼 수 있다.

2000년대에 들어서면서 국내 케이블TV산업은 온미디어, CJ미디어, KBS, MBC, SBS 계열의 대형 MPP에 의해 주도되고 있다. 이에 따라 온미디어와 CJ미디어의 본사나 계열 PP의 OAP팀 및 홍보팀을 중심으로 로고나 캠페인이나 스테이션 ID, 각종 프로모션이 전략적으로 제작되고 있다. 케이블TV업계에서도 브랜드 파워 제고 차원에서 '통합 마케팅 커뮤니케이션'이 적용되고 있다. 이전에는 개별적으로 사용되던 마케팅 커뮤니케이션 도구들이 일관된 전략 아래 총체적으로 결합·시행될 때 가장 효과를 거두는 것으로 나타남에 따라 통합 마케팅 커뮤니케이션이 주요 마케팅 전략으로 부각되는 것이다. 시청률이나 시청점유율 확대가 방송사 간 경쟁의 핵심이 되는 상황에서 유료매체인 케이블TV산업에서도 통합 홍보마케팅의 적용이 강력한 브랜드 구축을 위한 필수 요소가 되고 있다.

방송사가 강력한 브랜드를 구축·관리해나갈 경우에는 고객의 충성도 및 높은 수익을 보장받을 수 있으며, 경쟁사들의 공격으로부터도 흔들리지 않아 어느 정도 안정적으로 위치를 유지할 수 있다. 강력한 브랜드 자산을 지닌 텔레비전 채널은 시장성과가 안정적이고 예측가능하다고 할 수 있는 것이다. 즉, 이들은 시청률도 높지만 시청률의 변동도 적다. 방송사가 새로운 사업분

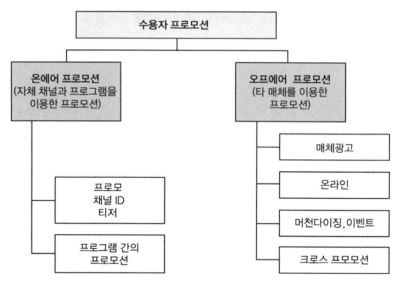

<그림 9-3> 프로모션의 영역

수용자 프로모션

온에어 프로모션
(자체 채널과 프로그램을
이용한 프로모션)

오프에어 프로모션
(타 매체를 이용한
프로모션)

프로모
채널 ID
티저

프로그램 간의
프로모션

매체광고

온라인

머천다이징, 이벤트

크로스 프로모션

자료: 박주연(2005: 170).

야에 진출하거나 인터넷과 쌍방향 TV 서비스 등의 부가서비스를 도입할
때 모 기업의 브랜드를 확장하는 것은 일반적인 사례로서 강력한 브랜드는
기업의 사업다각화를 위한 브랜드 확장에 힘을 발휘한다(박주연, 2005: 169).

앞서 언급한 바와 같이 다채널시대에 방송사 간 경쟁이 치열해지면서
채널 브랜드의 중요성은 다각적인 측면에서 현실적으로 부각되고 있다. 우리
나라 방송산업에서 SBS 개국과 케이블TV라는 배급채널의 등장은 시장에서
경쟁자 수를 증가시키고 시장구조 변화에 따른 브랜드 관리 중요성을 인식하
게 했다. 이런 인식을 바탕으로 특정 채널들은 통합적인 채널 브랜드 관리를
통해 강력한 브랜드 충성도(선호도)를 확보할 수 있었다.

6. 지상파 방송사의 PR활동

최근까지 우리나라 지상파 방송은 수신자의 부담을 최소화해서 제공되는 공공재로서 독점적 지위를 보장받아왔다. 그러나 지상파 방송사의 재정구조가 광고비에 의존하면서 시청률을 의식하지 않을 수 없었고, 이는 제작비의 상승과 방송사 간 과열경쟁을 낳았다. 또한 방송과 통신의 융합화가 가속화되면서 미디어 간 경계와 질서가 무너지고, 통신업체의 방송산업 진출, 방송사의 신문산업 진출, 외국방송자본의 개방 요구 등이 나타나고 있다(장하용·남철우, 2006).

이와 같이 급변하는 미디어 환경에서 지상파 방송은 미디어 사업자와 광고 및 수용자 확보를 위한 경쟁에 돌입하게 되었다. 지상파 방송사들도 방송 프로그램의 경쟁력 강화뿐 아니라 방송사의 이미지 관리, 신뢰도 제고 등의 프로모션에 관심을 기울이고 있다. 지상파 방송들은 매년 홍보예산을 늘리고 있으며, 홍보 전문 인력을 전진 배치하여 마케팅의 개념을 홍보에 접목시키고 있다. 특히 프로그램의 공급과 수요의 균형이 무너져 공급초과현상이 발생하면서 수용자 중심의 마케팅활동이 활발하게 전개되고 있다. 지상파 방송사들은 PR활동을 통해 차별화된 채널 이미지 수립을 핵심과제로 삼고 있으며, 시청률과 광고판매를 홍보와 연계시키는 전략을 사용하고 있다.

방송사의 홍보에서 목표 공중은 시청자, 공급자, 경쟁사, 규제단체 등 네 집단으로 구성된다. 시청자는 방송사가 생산하는 프로그램의 소비자로 방송사의 가장 중요한 목표 공중이며, 공급자는 프로그램 제작을 위한 인력, 장비, 공간 등을 제공하는 사업자이다. 광고주는 프로그램 주문자의 개념으로 이해할 수 있는데 여기에는 프로그램 스폰서, 프로그램 제작 대행사 등이 포함된다. 그리고 경쟁사는 경쟁관계에 있는 동종사업자로 위성방송, 케이블 TV 등 다양한 방송사를 의미한다. 마지막으로 규제단체는 방송사의 존립과 기능을 위한 법적 토대를 담당하는 단체로서 입법부, 사법부, 행정부, 시민단체, 종교단체, 정당, 노조, 방송통신위원회 등이 속한다.

따라서 이 장에서는 지상파 방송사들의 PR활동을 중심으로 시청자를 포함하여 정부, 지역사회의 주민, 시민단체, 광고주, 일반대중 등의 활동에 대해서 살펴보기로 한다.

1) KBS

(1) 홍보목표와 정책

KBS는 사내외는 물론 국내외 대중매체를 통해 공영방송으로서의 주요 정책과 프로그램을 공격적으로 홍보하여 선진 공영방송 이미지 구축, 회사정책 집중 홍보, 뉴밀레니엄 국제협력전략 등과 같은 홍보 사업의 목표를 갖고 있다.

KBS는 대(對)정부관계 측면에서 일반적으로 방송국 운영에 중대한 영향을 미치는 사안이 발생할 경우 전사(全社)적 차원에서 여러 부서가 함께 정책을 수립하며, 홍보실 내부에서는 어떠한 대 정부관계 정책을 수립하는 것이 아니라 어떤 기안을 내거나 협조하는 수준에 머무르고 있다.

대사원관계에서 KBS는 2002년부터 연수원 연수과정에 '홍보관리 직무연수'를 개설하여 홍보 관련 부서의 직원을 상대로 공영방송 홍보에 대한 마인드 확산을 꾀하고 있으며, 20~30대 시청자를 위한 편성, PR, 광고전략 수입, 뉴스를 중심축으로 하는 이미지 개선 전략추진 등을 주요 과제로 삼고 있다. 내부 홍보 강화를 위해 직원 전용 게시판을 설치·운영하고 활발한 사내 커뮤니케이션을 위해서 사내 인터넷(인트라넷)망을 적극 활용하여 회사의 현안과 이슈가 되는 주요 사안의 발생 즉시 전 사원이 공유할 수 있도록 했다. 이 밖에 ≪KBS 사보≫를 사이버 홍보실 내 PDF파일로 올려 사내 커뮤니케이션의 구심체로서 진취적인 사원정신 함양은 물론 경영자의 정책과 의지를 사원에게 정확하게 전달되도록 하고 있다.

KBS는 대공중관계 정책의 일환으로 시청 확대 방안을 추진하고 있다. 주요 핵심시설을 선정하여 홍보부 직원을 전담자로 지정하고 전담 홍보체제를 구축했다. 또한 기간매체의 전국적 홍보를 강화하기 위해 국도 및 고속도 로변에 'KBS 라디오 주파수 표지판'의 설치·운영을 지속적으로 추진하고 있으며, 드라마 홍보 포스터나 리플릿도 제작·배포하고 있다. 또한 KBS는 인터넷 KBS 홈페이지에 다양한 프로그램 자료를 게재하여 KBS 프로그램 홍보가 활발해지도록 하고 있으며, 사이버 홍보실을 운영하여 주요 행사와 공지사항, 보도자료 등을 공지하는 등 대시청자 서비스를 강화하고 있다.

(2) 홍보조직

2009년 현재 홍보실은 31명의 직원으로 구성되어 있다. 홍보팀은 시청자 서비스를 위한 시청자센터 내에 시청자 서비스팀, 시청자사업팀, 방송문화연 구소, KBS홀 팀과 함께 소속되어 있다. KBS는 내부적으로 홍보역량 강화와 집중홍보체제를 구축하기 위해 '홍보종합기획'안을 마련하여 사업을 지속적 으로 추진하고 있다. 한편 홍보 전문요원을 모집하고 있으며 특집 홍보 인쇄 물을 제작하여 홍보 대상층을 차별화해 배포한다. 이와 더불어 회사 전 사원 을 대상으로 홍보 마인드를 확산시키기 위해 홍보상을 제정했고 현장감 있는 정책 홍보의 기반이 되는 '홍보위원회'를 구성했다. 또한 선진 공영방송 으로서의 이미지를 제고하기 위해 최초 외주제작 홍보영상물인 <KBS 비전 2000>을 제작하기도 했다. 그리고 프로그램 개혁과 공영성 강화 등 회사의 주요 정책과 현안사항을 집중 홍보하기 위해 다각적인 홍보 방법을 활용하여 회사 이미지 제고에 앞장서고 있다.

(3) 홍보활동

공영방송의 역할인식을 확산시키고자 보도자료를 매일 배포하여 공영방송 정책을 공격적으로 홍보하고 있다. 프로그램을 소개하는 보도자료를 신문사 에 제공하며, 프로그램이나 행사 등의 촬영사진을 언론사에 제공하기도 한다.

KBS는 시청자의 동영상 UCC 참여를 유도하거나 프로그램 방청권 신청이 벤트, 프로그램 소재 공모, 프로그램 참가신청, 퀴즈이벤트 등 다양한 이벤트를 통해 시청자를 유인하고 있다. 또한 2009년 외환위기를 극복한 저력을 거울삼아 글로벌 경제위기를 극복하자는 취지에서 '우리는 대한민국이니까요'라는 공공 캠페인을 벌이고 있다. KBS는 인터넷 홈페이지를 이용하여 자체 프로그램을 집중 홍보하는 체제를 구축했다. VOD서비스나 예고편 미리보기 서비스를 통하여 일반 공중에게 프로그램을 적극적으로 소개하고 있다.

또한 사이버 시대에 맞게 인터넷 KBS 홈페이지에 '사이버 홍보실'을 운영하고 있으며, 잡지인 ≪KBS 저널≫은 시청자 서비스 차원에서 KBS 주요 프로그램이나 정책, 기타 행사 등을 소개하는 유일한 인쇄매체로서 역할을 하고 있다. 또한 『KBS 연감』은 방대한 양의 자료 및 KBS 역사를 정리하여 기록·보존하고 있으며, 방송관련 기관 및 단체에 배포하여 활용하도록 하고 있다.

2) MBC

(1) 홍보목표와 정책

MBC는 글로벌 미디어 그룹으로서 한류의 근원지와 드라마 왕국이라는 방송사 이미지를 심는 데 주력한다. MBC는 신뢰도와 호감도 측면에서 시청자에게 사랑받는 방송사이자 친구 같은 친근감을 가진 공영방송의 이미지를 부각시키는 것에 주력하고 있다.

대정부관계 측면에서 MBC는 방송국 운영에 중대한 영향을 미치는 사안이 발생할 경우, 기획조정실을 비롯한 여러 부서에서 함께 정책을 수립한다. 즉, 홍보시청자부 자체에서는 대정부 정책을 수립하지 않고 단지 홍보시청자부가 맡을 수 있는 부분에 대해서 협조하는 수준이다.

MBC는 대사원관계에 인터넷과 사내방송을 적극 활용하고 사보 ≪문화방송≫ 등 인쇄매체를 통해 사내 커뮤니케이션을 증대시키고자 노력하고 있다. 특히 ≪문화방송≫은 사원들에게 정보를 제공하고 회사 구성원으로서 일체감을 조성하는 장을 마련하는 매체로서 자리 잡아가고 있다.

또한 대공중관계 측면에서 MBC는 캠페인 주요 기획을 수립하여 시청자에게 전달하고 있으며, 2009년에는 '경제위기 극복 및 국민정서 회복'이라는 국가적 의제로 확대하여 '사람이 희망입니다' 캠페인을 실시하고 있다. 2009 MBC 희망캠페인 '사람이 희망입니다'는 IMF 시절 악조건 속에서도 실직자 20여 명을 채용했던 충북지역 중소기업인 에버다임의 휴먼스토리가 소개하기도 했다. 20여 명의 사연 주인공들이 직접 출연했으며, 실제 진천 에버다임 본사에서 촬영이 진행되었다. 40초 분량의 영상에는 외환위기 당시에 비해 10배의 수출성장을 이룬 현재의 회사 모습이 보이며, 어려울 때 일수록 사람이 희망이라는 메시지를 담고 있다. 편성국 등에서 공익 캠페인을 시행할 경우 홍보시청자부는 신문이나 잡지와 같은 인쇄매체에 그 사실 자체를 전달, 기사화하는 역할을 담당한다.

MBC는 KBS와 마찬가지로 대 광고주 관계에서 구체적인 정책과 활동이 전혀 수립되어 있지 않다.

(2) 홍보조직

1980년 초반부터 홍보실로 독립 운영되기 시작했다. MBC는 2000년 사장과 전무 직속으로 산하에 홍보심의국을 두고 홍보심의국 아래 홍보부, 심의부, 시청자부, 국제협력부 4개 부서를 별도로 구성하고 있다. 그러나 2009년 조직개편에 따라 심의평가부와 홍보부, 기획홍보팀 등 3개 부서가 편성국 내 홍보시청자부로 통합되었다. 현재 홍보시청자부의 조직 구성원은 일부 계약직을 포함하여 모두 44명으로 구성되어 있다.

2000년의 경우 연간 홍보심의국의 총예산은 40억 4,970만 원이다. 이 중에서도 홍보부 예산이 가장 높은 비중을 차지하는데 그 예산액은 28억 2,286만 원이다.

(3) 홍보활동

홍보시청자부는 프로그램 홍보의 대시청자 이벤트화를 실시한다는 목표 아래 다음과 같은 사업을 계획하고 있다. 홍보시청자부는 프로그램 관련

행사 대상을 시청자 및 시청자단체로 확대하여 시사회를 추진하고 있다. 그리고 자사를 알리는 잡지인 ≪MBC가이드≫를 발간하여 배포했으나 2005년부터 발간을 중단하고 인터넷 홍보 강화에 치중하고 있다. 홈페이지에 별도의 코너를 마련하여 프로그램을 홍보하거나 CI 소개와 견학, 오픈세트장 등의 방문에 대한 안내를 하는 등 인터넷 홍보를 적극 활용하고 있다.

홍보시청자부는 주간, 일간 보도자료를 제공하는 한편 방송 프로그램과 본사 정책이나 편성 개편, 기술개발 실적 등을 효율적으로 홍보하기 위해 일간지 방송담당 기자를 제작현장에 초청하는 행사를 주관하기도 한다.

보통 시청자 시사회는 드라마를 대상으로 홍보하는 사례가 많지만 MBC는 이례적으로 다큐멘터리 <북극의 눈물>을 2009년 2월 11일 미로스페이스 극장에서 시청자 30여 명을 초청하여 스크린 시사회를 개최했다. <북극의 눈물> 시사회에는 연출가인 허태정, 조준묵 PD가 패널로 참여해 300일간 북극에서 느낀 지구온난화의 심각성과 혹독한 환경에서의 촬영 뒷이야기를 전달하여 참석자들의 호평을 받기도 했다.

또한 2005년 엄기영, 김주하 앵커와 함께하는 시청자 간담회를 열어 직접 만나서 하는 대화와 온라인 대화를 통해 각종 궁금증을 해소하는 계기를 마련했다. 특히, MBC는 2007년 6월 '드라마 홍보랩핑 열차'를 운행하여 '드라마 속으로'라는 문구를 새겨 넣은 랩핑광고를 선보이기도 했다.

시청자 행사인 '제작현장 탐방' 코너는 시청자가 프로그램을 제작하는 연출가와 만나 프로그램 제작에 관해 이해하도록 돕고, 시청자의 목소리를 직접 듣고 수용하고 있다. 본사 견학은 제작시설물 견학 위주로 진행되며 오전 10시부터 오후 4시까지 하루 네 번 운영된다. MBC는 2008년 12월부터 일산 드림센터 내 체험스튜디오 '와'를 운영하여 하루 평균 100여 명의 시청자가 방송시설물을 체험할 수 있도록 하고 있다. 한편 체험스튜디오 '와' 바로 옆에 브랜드숍을 설치하여 MBC의 로고를 활용한 열쇠고리와 시계 등을 진열하고, 간판 프로그램인 <무한도전> 티셔츠를 판매하고 있다. 또한 경기도 양주의 문화동산에는 <대장금>과 <상도> 등의 오픈세트장이 그대로 보존되어 있어 한류에 관심이 높은 외국인 관광객을 유인하고 있다. 이처럼 시청자를 위한 이벤트로 MBC는 방송센터와 드림센터, 문화동산 제작단지, 프로그램 촬영장소를 견학하도록 하고 있다. 또한 MBC는 프로그램이나 인물 및 행사 등을 촬영하여 배포하고 있다.

MBC는 출판홍보 차원에서 프로그램 제작 시 외부 협찬을 받아 출판물을 제작·배포한다. <사랑의 스튜디오>, <별이 빛나는 밤에>와 같은 프로그램은 제작진 혹은 외주제작사가 자체적으로 외부 협찬을 받아 프로그램 관련 출판물을 제작·배포했다. 이 외에도 회사 소개 브로슈어를 제작하여 각 단체에 배포한다. 또 업무수첩 및 취재수첩을 만들어 본사와 관계사에 제작·배포한다.

이 밖에 MBC는 프로그램 홍보를 위해 옥내외 광고물을 제작·관리하거나 일간지 및 방송전문지에 광고를 게재하고 있다.

3) SBS

(1) 홍보목표와 정책

SBS는 효율적인 경영과 디지털화 측면에서는 높은 평가를 받지만, 방송의 공공성과 공익성 확보에서 미진한 면이 많아 이를 우선과제로 추진해야 한다는 요구를 받고 있다. 이에 따라 홍보목표는 특별히 정해놓은 것은 없지만 프로그램 경쟁력 강화를 통한 수익 증대와 이미지 제고를 위한 전략적 홍보, 디지털시대 환경 변화에 맞는 미래지향적인 홍보, 인터넷을 통한 사이버 홍보의 강화 등을 기본 정책으로 내놓고 있다.

SBS는 홍보전략에 대해 SBS 홍보는 프로그램 경쟁력, 수익증대, 이미지 제고를 위한 전략적 홍보를 구축하기 위해 적극적인 홍보를 표방한다고 밝힌 바 있다. 또한 사전에 홍보전략을 수립하여 광고팀에 내용을 통보하고 프로그램 전반에 대한 정보공유로 업무 성과를 극대화시킬 것을 주문하고 있다(SBS홍보팀, 2001: 5).

(2) 홍보조직

1991년 1월에 설립되면서 사장 산하 편성본부 소속으로 운영되기 시작하여 현재는 편성본부 내의 홍보팀으로 자리매김하고 있다. 편성본부는 홍보팀을 비롯한 기획예산팀, 편성팀, 광고팀이 있다. 홍보팀은 모두 14명으로 부장, 차장 이하 매체홍보 5명, 출판홍보 3명, 사진부 3명과 계약직 사원으로 구성되어 있다. 사안에 따라 가변적이지만 대략 연간 10억 원 내외의 예산을 집행하고 있는데, 주로 인건비와 출판비용으로 사용되고 있다.

(3) 홍보활동

대정부관계 면에서 SBS는 방송위원회나 학계에서 방송사의 운영 등에 관한 간담회, 토론회 등이 있을 경우 회사의 목소리를 내면서 자연스럽게 정부 기관과 관계된 홍보전략을 펴고 있다. 홍보팀 이외에도 사안에 따라 심의팀이나 광고팀 등에서 이와 같은 역할을 담당하고 있다. 하지만 SBS는 공익재단인 '서암학술장학재단'과 'SBS 문화재단' 등을 운영하면서 생색내기 홍보에 치중한다는 비판을 받고 있다. 이들 재단을 통하여 유력 언론학 교수 등의 저술을 지원하고 해외연수를 보내주는 등 사업상 필요한 사람들을 엮는다는 인상을 주기 때문이다. 또한 SBS 문화재단의 장학생을 만들고 'SBS'나 '윤세영 회장' 이름이 들어간 각종 상을 남발하거나 석좌교수를 양산하고 있다는 비판을 받기도 했다.

SBS는 구체적인 사원관계 홍보정책은 없으며, 주로 SBS 사보나 사내 랜(LAN)을 통해 대사원 커뮤니케이션 활동을 하고 있다.

또한 홍보부에서 공공캠페인을 담당하지 않고 있다. 회사 전체적인 차원에서 공공캠페인을 시행할 경우, 홍보부는 단지 신문이나 잡지와 같은 인쇄매체에 그 내용을 전달하여 기사화하는 역할을 담당하고 있을 뿐이다. 2008년에는 우주인 주관방송사로서 우주인 훈련과정을 담은 다큐멘터리를 만들고 서울 디지털 포럼을 개최하기도 했다.

그러나 SBS도 MBC나 KBS처럼 대광고주 관계에서는 구체적인 정책과

<표 9-2> 방송사별 프로모션 활동 비교

	KBS	MBC	SBS
조직	시청자센터 내 홍보팀 운영	편성국 내 홍보시청자부 운영	편성본부 소속의 홍보팀 운영
언론	언론사에 프로그램 홍보물 제공	프로그램 시사회 및 제작 설명회, 프로그램 제작현장에 언론인 초청, 보도 자료 제작 및 배포	언론사 프로그램 홍보물 제공
스폰서, 이벤트 및 캠페인 홍보	각종 세미나 및 학회 후원, KBS인터넷 홈페이지, 홍보용 차량스티커 제작, 프로그램 집중홍보 체제 구축	각종 세미나 후원, 사진 촬영, 견학	각종 세미나 후원, 참관, 견학, 사진촬영, 현상실 운영
출판 홍보	청소년 대상으로 KBS홍보 브로슈어 제작·배포, ≪KBS 저널≫, 『KBS연감』 제작·배포, 업무수첩, 취재수첩 제작·배포	≪MBC가이드≫ (2005년 폐간), DVD 문화방송 연감, 회사 소개 브로슈어	≪SBS매거진≫(2005년 폐간) → SBS now 사보로 대체, 사사 발간, 기타 출판물
광고 홍보	매체광고, 각종 옥내외 광고매체광고, 홍보판 설치, 도로표지판 광고	매체광고, 홍보판 설치, 각종 옥내외 광고	매체광고, 옥내외 광고

활동이 전혀 수립되어 있지 않다.

회사의 전체 이벤트나 공공캠페인은 홍보팀이 아니라 인터넷 자회사인 SBSi의 문화사업팀에서 주관하고 있다. SBS는 디지털방송사로서 2004년 '컨버전스', 2005년 '유비쿼터스' 2006년 'Being Intelligent', 2007년 'Media Big Bang', 2008년 '상상력'을 주제로 디지털시대의 현재와 미래를 전망하는 서울디지털 포럼을 해마다 개최하고 있다. 그리고 2000년부터 한국슈퍼모델대회를 꾸준히 개최하고 있으며 SBS 포크 페스티벌, 전국 컴퓨터/인터넷 경진대회, 사이버 트레이딩대회, 서울 세계불꽃축제 등 다양한 이벤트를 진행하고 있다. 또한 방송학회 등 방송유관단체와 토론회 등을 개최하는 데 스폰서 역할을 하고 있으며, 그 결과물을 『미디어 경제와 문화』라는 소책자 형태로 내는 데에도 지원하고 있다.

SBS 역시 미니시리즈나 기획 드라마 등을 사전에 제작하여 시청자들에게 미리 선보이면서 방송 전 시청자들의 반응을 살펴본다. 호동왕자와 낙랑공주의 설화를 바탕으로 한 대하사극 <자명고>의 경우 2009년 3월 2일 서울 소공동 롯데호텔 크리스탈 볼룸에서 제작발표회를 열고 시사회 영상을 시청자에게 시연하기도 했다.

SBS는 2005년부터 기존 매월 발간했던 ≪SBS 매거진≫을 폐지하고, 홈페이지에 'SBS now 사보'를 월별로 게시하며 인터넷 홍보를 강화하고 있다.

SBS의 경우 다른 방송국 홍보실과는 달리 자사 홍보나 특정 프로그램 홍보와 관련한 옥외광고, 공공장소(버스 등 각종 교통수단 포함) 광고 등을 홍보실에서 직접 책임지고 시행하고 있다. 특히 프로그램이나 행사 홍보를 목적으로 옥외광고를 적극적으로 실시하고 있으며, 2001년 새로운 CI 작업을 통해 이미지 제고에 나서고 있다.

MEDIA MARKETING

제10장 미디어 마케팅의 과제와 전망

1. 미디어 마케팅의 과제

미디어 마케팅이 당면하게 될 향후과제는 다음 몇 가지로 정리·요약할 수 있다.

첫째, 방송콘텐츠나 영화를 배급하고 마케팅활동을 하는 분야는 단기간에 노하우를 축적하는 것이 힘든 전문영역이기 때문에 마케팅 전문가를 시급히 양성해야 한다. 마케팅이나 배급업무 담당자들은 특정 콘텐츠의 상품가치와 매출을 극대화하기 위해 제작 일선에 있는 연출자들보다 더 정확하게 작품성을 분석한 뒤 시장의 잠재수요를 찾아 궁극적으로 거래를 성사시켜야 하는 부담을 늘 안고 있다. 이런 점에서 앞으로 문화경쟁이 격화될수록 제작뿐 아니라 배급부문 전략인력의 역량도 결정적 승패요인으로 작용할 것으로 예상된다. 그러나 유감스럽게도 한류열풍을 등에 업고, 배급과 유통부문에도 일시적인 인기에 영합하여 탁상공론이나 주먹구구식으로 한류의 현장을 쉽게 재단하고 흐트러뜨리는 사이비 전문가들이 등장하여 시장의 질서를 왜곡하는 등 심각한 거품을 만들어 한류의 앞날이 걱정스럽게 한다. 무엇보다 마케팅 전략에서 이기기 위해서는 충분한 현장경험을 쌓아 종합적이고 입체적인 시야로 시장의 판도를 조망할 수 있는 전문 인력이 반드시 필요하다.

둘째, 미디어산업의 발전에서 가장 중요한 것은 '창의적 전문 인력 양성'에 달려 있다. 영화나 방송, 애니메이션의 경우 시나리오 개발과 창작인력 양성에 보다 초점을 맞춰야 할 것이다. 즉, 시나리오 공모전, 영화나 방송 쪽 인력의 연계방안 모색, 인문사회적 교양교육을 바탕으로 한 스토리텔링교육, 전문 인력 양성 후 현장 투입 등 다양한 지원방식이 모색될 필요가 있다. 특히 영화나 애니메이션, 드라마의 경우 캐릭터와 스토리가 성공요인이 될 수 있다. 결국 미디어산업의 경쟁력 강화를 위해서는 독창적인 캐릭터가 등장하는 시나리오를 만드는 것이 무엇보다 중요하다. 그러기 위해서는 상상력과 아이디어를 개발해내는 능력을 갖춘 전문 인력의 양성이 요구되며, 앞서 언급했듯이 포장능력과 판매능력을 갖춘 전문 마케터의 양성도 시급하다.

셋째, 콘텐츠의 국제경쟁력을 확보하기 위한 노력이 요구된다. 국제무대에서 살아남을 수 있는 경쟁력의 핵심은 결국 콘텐츠 품질의 확보 여부이고, 품질경쟁력의 기본은 탄탄한 스토리 및 연기자와 연출자의 능력에 귀결된다. 미디어산업의 특성상 몇몇 소수의 작품이 시장을 석권한다는 사실을 십분 이해하고 지금부터라도 '킬러 콘텐츠'를 개발해야 한다. 뛰어난 연기자를 발굴해내는 것은 물론 탄탄한 시나리오를 갖춘 역량 있는 작가와 영상언어를 풀어가는 감각을 갖춘 연출자를 배출하는 데 주력해야 할 것이다.

넷째, 문화의 세기라는 21세기에 본격적으로 진입하면서 방송콘텐츠의 해외 마케팅 측면에도 새로운 수출모델과 마케팅 전략이 요구되고 있다. 방송콘텐츠와 영화의 해외수출이 시작된 지 10년이 지난 이제는 양적인 성장에서 질적인 성장으로 전략을 수정해야 할 시점이다. 가수 보아를 국내시장이 아닌 해외에서 먼저 스타의 반열에 올려놓아 성공한 SM엔터테인먼트의 준비된 마케팅 전략은 의미심장한 메시지를 던져주고 있다. 우리가 생산한 콘텐츠를 지구촌 각지의 수용자에게 공급할 수 있는 미디어전략을 수립해야 한다. 이를 위해 미국이나 유럽 미디어 재벌의 국제무대 진출 사례와 이웃의 홍콩과 일본, 싱가포르 등에 있는 선진 미디어기업들이 인접국에 진출한 사례를 벤치마킹하고, 외국의 유수의 미디어기업과의 제휴에 적극 참여해야 할 것이다.

다섯째, 현재는 잠시 주춤하고 있는 한류의 혁신과 시장개척이 필요한 시점이다. 한류의 원천인 드라마, 영화, 음악, 도서, 게임, 관광 등이 중국과 동남아 시장에서 유행을 타다가 2004년을 기점으로 주춤하고 있다. 앞으로 주어진 과제는 한류의 원천을 어떻게 혁신하고 발전시키느냐에 있다. 또한 새로운 한류시장의 개척도 요구된다. 문화의 하류흐름(trickle-down)의 논리에 따르면 한류는 유교문화권에서 주로 인기를 끌고 있다. 특히 경제적으로 열위에 있는 중국과 동남아 등 아시아권에 한류가 침투하고 있다. 앞으로 오리엔탈리즘이라는 이름으로 서양문화권에 침투하는 것이 문화마케터에게 주어진 과제이다. <난타>, <점프>, <비보이를 사랑한 발레리나>의 성공 사례는 작은 시작이다. 서양문화권에 소구할 수 있는 문화콘텐츠가 지속적으로 개발되어야 할 것이다.

여섯째, 디지털화와 매체의 융합 및 통합이 급속도로 이루어지면서 마케팅 측면에서도 배급창구의 일원화 등 후속 조치를 취해야 한다는 과제가 던져졌다. 그런데 유감스럽게도 마케팅 현장은 시대적 흐름과 어울리지 않게 지역별, 권리범위별로 마케팅조직이 분산되어 있어서 보이지 않는 손실이 엄청난 것으로 파악된다. 특히 일본이나 홍콩, 중국 등 아시아 대부분의 지역에서는 방송권과 DVD의 복제 배포권, 출판, 인터넷 기반의 VOD, 머천다이징, 라이선싱 사업이 복합적으로 얽혀 있는 상황이다. 따라서 방송콘텐츠 배급창구의 일원화와 전문 인력의 전진배치라는 기조하에 마케팅조직의 재편과 업무조정이 시급히 이뤄져야 할 것으로 보인다.

결론적으로 미디어기업은 이야기가 담긴 콘텐츠를 제작해내는 능력과 이를 매체에 특성에 맞춰 소비자에게 제공할 수 있는 능력을 가져야 한다. 덴마크 출신의 미래학자 롤프 옌센(Rolf Jensen)은 그의 저서 『드림 소사이어티(Dream Society)』에서 21세기는 감성에 바탕을 둔 꿈을 대상으로 하는 시장이 정보를 기반으로 하는 시장보다 커질 것이라고 주장했다. 그는 소비자가 상품 자체보다 상품에 담긴 이야기를 중요하게 생각하면서 구매결정을 하게 된다고 설명했다. 따라서 미디어상품을 구매하는 소비자들은 '이야기'를 중요한 요소로 보고 있으며, 그만큼 창의성 있는 스토리텔링(storytelling)에 대한 욕구가 강하다는 것을 알 수 있다. 스토리텔링은 '이야기하기' 즉 이야기에 참여하는 현재성·현장성을 강조한 말이다. 미디어산업에서 스토리텔링은 디지털 매체를 기반으로 하는 이야기 장르를 의미한다. 매체의 차이에 따라 이야기 방식을 달리하지 않으면 하나의 소재가 여러 장르에서 성공을 거두기 힘들고 손해를 보기 십상인 것이다. 때문에 미디어산업의 다매체 활용에서 가장 중요한 것은 시나리오를 매체 장르에 맞게 각색하는 방법을 모색하는 일이라고 할 수 있다. 따라서 원래의 장르와 활용될 장르의 매체 특성을 명확히 파악해두고 창의력 있는 시나리오 작가가 있을 때 원소스 멀티유스의 활용은 성공한다고 할 수 있다. 미디어산업에서 성공의 지름길은 이야기를 만들어내는 '스토리텔링'과 '창의성'에 달려 있는 것이다.

2. 미디어 마케팅의 발전방안

방송·통신기술의 발달과 파급속도는 엄청나다. 라디오가 5,000만 명의 사람에게 도달하는 데 38년이 걸린 반면, 같은 수의 사용자 확보에 도달하는 데 텔레비전은 13년, PC는 16년이 걸렸다. 그러나 인터넷은 겨우 4년이 걸렸을 뿐이다(Lathen, 1999). 기술의 발달속도가 빨라질수록 서로 다른 미디어의 진화에 사용되었던 다양한 아이디어가 더 빨리 공유되면서 미디어들은 기술적 차원에서 발전해왔다. 이런 기술발달로 최근에는 미디어의 디지털화와 유비쿼터스화, 컨버전스화 등으로 대표되는 경향이 자리를 잡고 있다.

디지털시대, 방송·통신 융합은 이용자들에게 새롭고 다양한 콘텐츠를 접할 수 있는 기회를 넓혀주고, 사업자들에게는 규제완화와 함께 시장진입의 기회를 제공한다. 방송·통신 융합으로 인한 구조개편은 그동안 매체 중심이었던 방송을 콘텐츠와 네트워크 그리고 플랫폼사업자 중심으로 재편할 전망이다.

미래형 방송콘텐츠는 시청자(user)의 눈높이를 맞추고 만족감을 주는 방향으로 진화할 것이다. IPTV와 DMB 등 뉴미디어들도 기존 콘텐츠의 연장선상에서가 아닌 전혀 새로운 콘텐츠로 '다른 그 무엇(something new)'을 제공할 필요가 있다. 즉, 차별화된 콘텐츠로 시청자에게 새로운 재미와 정보를 제공해야 할 것이다. 시청자를 대상으로 한 콘셉트는 '새로운 콘텐츠, 새로운 문화'이며 나아가 일생생활의 동반자로서 '라이프 파트너(life partner)'라는 개념까지 확대되어야 한다.

또한 다매체·다채널시대가 도래하면서 지상파 방송시장의 점유율이 하락하는 가운데, DMB, IPTV, 와이브로 등 신규 디지털방송매체가 크게 성장할 것으로 예상된다. 동시에 방송·통신 융합에 따라 통신회사와 방송회사의 주도권 경쟁이 더욱 치열해질 전망이다.

디지털화를 통한 콘텐츠 제작 및 수용의 변화를 요약하면 다음과 같다. 우선 디지털 멀티미디어기술과 플랫폼의 통합 경향을 들 수 있다. 컨버전스 서비스의 발전은 디지털기술의 발전에 의한 것으로서 영상, 음향 등 다양한 종류의 콘텐츠를 하나의 플랫폼을 통해 접할 수 있게 한다. 즉, 방송의 후속 창구로서 IPTV, DMB, 인터넷 등이 자리를 잡게 되면 방송콘텐츠가 변화할 것으로 예상된다. 미래형 방송콘텐츠는 쌍방향적이고 개인화된 참여형태의 포맷이 될 것으로 전망된다. 다수의 융합서비스들은 지상파, 케이블, 위성 등 다양한 네트워크에 제공될 수 있다. IPTV, DMB 등 뉴미디어들은 기존의 지상파와 케이블, 위성과 경쟁하기 위해서 리서치회사를 이용하여 시청률과 만족도 조사를 하고 이를 데이터베이스로 구축하여 과학적이고 체계적인 수용자 관리에 나섬으로써 미디어시장에서 위치를 확보하려고 할 것이다.

이와 함께 디지털기술은 모든 미디어의 상호작용을 가능하게 함으로써 수용자 중심의 콘텐츠 개발을 유도한다. 앞으로 디지털 대화형 쌍방향 TV는 영상, 음성, 문자 등의 정보를 수용자의 요구에 따라 제공할 것이다. 이와 함께 다수의 불특정 대중을 중심으로 한 서비스에서 점차 개인 중심의 서비스로 중심이 옮겨가고 있으며, 하나의 매체를 통해 모든 미디어의 서비스를 제공할 수 있는 '원 스톱 토털 서비스(one stop total service)'가 가능해지고 있다.

이처럼 방송과 통신의 융합환경이 조성되면서 매체와 서비스 간 경쟁이 치열해져 가입자 유치를 위한 방송콘텐츠의 중요성이 높아질 것으로 보인다. 이에 따라 방송콘텐츠 활성화 방안에 대해서 몇 가지 제시하고자 한다.

첫째, 차별화된 콘텐츠 발굴과 콘텐츠 공급자의 육성 및 지원이 요구된다. 질 높은 콘텐츠를 개발하여 방송한다면 기존 방송과 차별화된 서비스의 제공이 가능해져 소비자의 복지증진에 기여할 것으로 예상된다. 방송프로덕션과 독립제작사뿐 아니라 게임, 모바일 콘텐츠 등 다양한 콘텐츠 개발업체를 합류시켜 콘텐츠의 질을 다양화하고 소비자층도 확대시켜야 한다.

둘째, 콘텐츠산업의 자생력을 키우기 위해서 콘텐츠 공급업자의 시장진출을 적극 도와줄 필요가 있다. 방송콘텐츠의 공급원인 CP에 대한 지원보다 다양하고 창의적인 콘텐츠를 생산해낼 수 있는 체계를 마련해야 한다. 기존의 방송육성정책은 PP와 독립제작사에 대한 기금지원 방식으로 일관되어 있다. 그러나 이러한 기금은 제작비로 시너지 효과를 높이기보다는 인건비와 운영비로 충당되어 효율성을 높이기 어려웠다. 콘텐츠 공급자인 CP로부터 정부나 공공기관이 콘텐츠를 사들여 활용한다는 수요 중심의 기조로 전환해야 할 때이다.

셋째, 콘텐츠 사업은 '창조산업(creative industry)'이기 때문에 전문 인력을 양성해야 한다. 미디어와 콘텐츠의 특성을 고려한 스토리텔링을 분석·개발하고, 적용 분야의 전문 인력을 양성하며, 방송콘텐츠를 상업화할 수 있는 마케터를 집중 육성해야 할 것이다. 미래의 전문 인력 양성을 위해 대학생을 대상으로 한 창작공모전을 체계화하여 우수한 기획 및 창작인재를 발굴하고, 산업현장의 핵심인력으로 활동할 수 있는 역량강화사업을 추진해야 할 것이다. 따라서 방송사업자와 대학, 프로덕션 등이 공동기획·협력하여 제작하는 산업협동시스템이 구축되어야 한다. 이와 함께 방송콘텐츠가 다른 미디어 플랫폼에서 유통될 수 있도록 'OSMU공동기획위원회'를 만들어 공동기획과 투자, 제작 등이 이루어져야 할 것으로 보인다.

넷째, 뉴미디어에 대한 규제완화와 지원정책이 요구된다. 콘텐츠의 품질 향상 및 뉴미디어에 적합한 콘텐츠 개발을 위한 뉴미디어의 규제완화가 절실하다. 또한 뉴미디어에 대한 방송 프로그램의 심의제도를 개선할 필요가 있다. DMB와 IPTV, 인터넷 등 방송·통합매체를 규제하거나 지원할 근거가 되는 법규가 미비한 실정이며 방송환경에 맞는 편성규제의 완화가 요구된다. 현재 방송·통신의 디지털기술 발전에 의해서 개별 산업의 경계가 불분명해지고 하나의 산업으로 통합되는 추세에 있다. 세계의 많은 국가가 방송·통신 융합서비스에 대한 제도 정립을 신속하게 진행하는 상황에서 우리나라도 2008년 방송·통신 통합기구인 방송통신위원회가 설립되었다. 이 같은 시대적 흐름에 따라 방송통신위원회는 미디어관련법을 개정하여 신문·방송의 겸영 허용과 대기업의 미디어산업 진출을 허용하는 등 미디어관련 규제를 대폭 완화하는 방안을 적극 추진하고 있다.

다섯째, 글로벌시대에 우리나라 방송사들이 경쟁력을 갖추기 위해서는 브랜드력을 가지고 있어야 한다. 타임워너와 비아콤과 같은 세계적인 미디어 그룹은 영화와 방송, 케이블, 음악 등을 하나로 수직통합하려는 경향을 두드러지게 나타내고 있다. 우리나라도 케이블TV의 경우 MPP와 MSO, MPS 등 수직적·수평적 통합구조가 형성되어 있고, 지상파 방송사들도 사업다각화 차원에서 케이블TV에 MPP로 브랜드를 확장하고 있다. 또한 미디어 관련법 통과와 한미 자유무역협정 비준에 따라서 우리 방송사들도 외국 미디어기업과 합종연횡에 의해 거대 미디어기업으로 변모하여 보다 강력한 브랜드 파워를 내세워 시청자를 끌어들일 것으로 보인다. 따라서 지상파 방송3사를 포함하여 케이블TV와 위성방송 등 한국 방송사들도 브랜드 파워 제고를 위한 미디어전략이 절실한 시점이다.

여섯째, 미디어기업의 조직문화 개선과 구성원의 인식전환이 필요하다. 그동안 방송3사는 채널을 독점하는 상황에서 광고수입과 시청료를 주요 재원으로 하여 운영해왔다. 자연히 지상파 방송사들은 '방송도 산업이다'라는 인식 없이 현실에 안주하면서 무사안일하게 사업을 수행해왔다. 이런 상황에서 경영자와 조직구성원 역시 기존의 방송구조에 갇혀 보수적인 사고방식에 빠져 있었다. 이러다 보니 방송사들은 미디어 마케팅의 도입이나 활용 없이 근시안적 경영으로 일관해왔다. 이런 근시안적 안목을 탈피하기 위해서는 경영자의 명확한 사업목표 수립과 구성원들의 인식 전환 등 조직문화의 개선이 필요하며, 조직 구성원들도 방송사의 경쟁력을 확보하기 위해서 미디어 마케팅에 대한 적극적인 수용자세와 기존의 TV문화와 관행을 깨는 노력이 필요하다.

일곱째, 미디어상품은 한 나라의 정체성 및 이미지 제고와 관련된 콘텐츠 산업인 만큼 일방적 교류보다는 쌍방교류를 원칙으로 하는 마케팅활동을 전개해야 한다. 우리나라의 드라마와 영화 수출은 경제적 이해만을 지나치게 강조하여 문화교류의 관점이 없다는 약점을 가지고 있다. 최근 한류에서도 우리나라 콘텐츠만의 일방적 수출로 인해 아시아 등 다른 문화권에서 거부반응, 즉 혐한류, 반한류 정서가 나타나고 있다. 한류는 서로 다른 문화권 사이의 교류를 통해 양측 주체가 더욱 다양하고 향상된 문화환경과 문화적 권리를 향유할 수 있는 과정이어야 한다. 하지만 한국의 일방적인 문화수출은 경제적 이해만을 강조하여 다른 문화와의 교류를 막고, 오히려 문화장벽을 더 높이 쌓고 있다. 앞으로는 해당 국가에 문화전시공간을 만들어주고 해당 국가의 스포츠에 스폰서를 할 수도 있어야 한다.

국내 문화산업시장은 세계시장의 2% 미만에 지나지 않기 때문에 실질적인 돌파구는 해외시장 개척, 즉 수출에서 찾아야 한다. 그런데 문화산업 교역에서도 문화장벽이라는 것이 존재하므로 수출에도 한계가 있다. 휴대전화는 미국 소비자들에게 자연스럽게 수용되지만, 한국영화가 미국에서 쉽게 통용될 수 없는 이유가 바로 문화장벽 때문이다. 그러나 문화상품 중에도 문화장벽의 차이가 난다는 점을 이용하여 게임, 애니메이션, 모바일 콘텐츠 등 문화장벽이 낮은 곳을 집중적으로 공략하면 충분히 승산이 있다. 또한 지역적으로 유교문화가 뿌리박혀 있는 동아시아 지역은 우리와 문화정서가 비슷해 우선적으로 진출할 수 있는 거점이 될 수 있고, 이는 이미 동아시아에 형성된 한류에서 입증된 바 있다. 따라서 한류가 생명력을 갖고 이어지기 위해서는 '상호교류'와 '공동의 문화연대 구축'이라는 기조를 유지해야 할 것이다. 일방적으로 '우리문화 밀어내기'에만 치중하거나 상대방을 공격의 대상으로 인식하게 되면 이에 대한 반작용이 일어나 문화산업의 해외진출을 막아서는 장애물로 작용할 것이다. 전략적으로 우리나라는 다문화를 존중하되 정체성을 잃지 않도록 문화교류를 정책적으로 추진해야 한다. 세계시장에서 보다 큰 이익을 창출하기 위해서 당장의 작은 이익 챙기기에 급급하여 소탐대실하는 근시안적 시각에서 벗어나 10년 후나 100년 후를 내다보는 장기적 안목을 키워나가야 할 것이다.

결국 미디어기업은 고객을 즐겁게 하는 상품과 서비스의 제공을 위해서 창의성 및 감성, 상상력이 풍부한 인재를 양성해야 하고, 조직의 모든 활동을 미디어 마케팅을 중심으로 펼치면서 도덕적·환경적 차원의 책임을 고객에게 진다는 것을 보여주어야 할 것이다.

3. 맺음말

콘텐츠를 주 무기로 한 미디어산업은 문화산업의 핵심이다. 즉, 미디어산업과 문화산업은 인간의 창의성을 바탕으로 보다 나은 삶을 추구하려 한다는 점에서 공통점이 있고 불가분의 관계를 맺고 있다. 미디어산업이란 사회구성원인 인간에 의해 획득된 모든 능력과 습관을 의미화하고 상품화하여 생산하고 소비하는 산업으로서, 인간의 창의력에 바탕을 둔다. 특히 정보통신기술의 발달로 미디어산업도 디지털화, 유비쿼터스화, 컨버전스화 등으로 급속히 발전하고 있으며, 경제적인 부가가치를 창출하면서 그 나라의 정체성을 부각시키는 하나의 수단으로써 영향력을 발휘하고 있다. 디지털 콘텐츠산업의 규모가 급격하게 성장하는 것은 미디어산업 전체에 점차 콘텐츠 영역의 중요성이 높아지고 있다는 것을 의미한다.

최근 선진국들은 경제성장의 동력으로서 콘텐츠의 중요성을 인식하고 국가전략산업으로 지정하여 집중육성하고 있다. 영국의 경우 창작산업이 갖는 경제적 효과 때문에 1980년대 이후 문화정책에서 점점 중요한 위치를 잡아왔다. 1990년대 말부터는 디지털 콘텐츠산업에 대한 높은 기대감으로 디지털이 풍부한 영국이라는 비전을 국가건설전략으로 추진했다. 2000년에는 '영국 디지털 콘텐츠 성장전략(UK Digital Content: Action Plan for Growth)'을 발표하여 이 부분을 핵심산업으로 설정하고 정부 차원에서 전략적·집중적인 육성정책을 수립하는 한편, 기업들도 글로벌 경쟁력 강화를 위해 디지털 콘텐츠를 중심으로 전략적 제휴 등을 활발히 진행하고 있다.

일본은 세계 제2의 문화산업 강국으로서 민간부문을 중심으로 문화산업을 육성하고 있다. 최근 콘텐츠 해외유통, 지적재산권 보호, 우수인재 양성 등을 위해 정부 역할을 확대하는 추세이지만, 전반적으로 공공·민간 파트너 십 모델의 성격을 갖는다. 즉, 중앙정부의 행정적인 역할 및 지방자치단체의 자율적인 문화예술정책과 더불어 각 기업들의 민간부문 지원으로 문화예술 진흥을 도모하고 있다.

이처럼 각국의 문화정책, 콘텐츠정책, 미디어산업정책은 디지털 콘텐츠를 중심으로 이루어지고 있다. 아날로그 패러다임에서는 미디어산업의 가치가 플랫폼으로 집중되면서 플랫폼이 콘텐츠를 지배하는 형태였지만, 디지털 패러다임에서는 플랫폼에 치우쳐 있던 미디어산업의 가치가 콘텐츠로 집중되는 콘텐츠에 의한 플랫폼 지배현상이 나타나게 될 것이라는 전망이 우세하기 때문이다. 따라서 앞으로의 방송·통신 융합은 콘텐츠 중심으로 이루어질 것으로 전망된다.

그러나 새로운 패러다임의 창출은 기존의 패러다임 사고방식에서는 불가능하다. 디지털시대라는 새로운 패러다임을 위해서는 결국 기존 패러다임의 '창조적 파괴'가 이뤄져야 한다. 따라서 현 시점에서는 관련 정책 및 정부의 역할에 대한 인식의 전환이 이뤄져야 한다.

디지털산업에서 미디어정책에 대한 정부의 역할을 명확히 규정하는 것은 상당히 복잡하지만 산업과 소비자 모두에게 유용하고 미디어 간 경쟁이 유효한 방향으로 정립되어야 할 것이다. 특히 공익과 사적 수익성이 균형잡힐 수 있는 공공정책의 수립이 시급하다. 일반적으로 정부는 경제적 복지를 포함해서 국가적 이해관계 문제에 관해서도 수행해야 할 역할이 있다. 또한 시장경제하에서 정부는 시장실패에 대한 책임도 있다. 그동안의 정부정책을 살펴보면, 네트워크를 중심으로 하는 정책이 추구되어 콘텐츠에 대한 중요성은 선언적 구호에 지나지 않는 한계가 있었다.

그러나 앞으로의 국가 정책은 콘텐츠산업과 단말기산업, 네트워크산업 등 가능한 모든 산업이 발전할 수 있도록 유기적으로 통합되어야 한다. 특히 향후 핵심산업이 콘텐츠산업임을 인식하고 있는 상황에서는 더 이상의 불균형적인 정책 수립과 시행은 지양되어야 할 것이다. 정책시스템이 보다 유기적으로 수립되고 운영되어야 융합시대, 디지털시대에 효과적인 결과물을 얻을 수 있다.

미디어산업은 진입장벽이 허물어지면서 '경쟁'과 '집중'의 패러다임으로 바뀌고 있다. 또한 미디어산업의 가치가 콘텐츠로 집중되는 콘텐츠에 의한 플랫폼 지배현상이 나타나게 되었다. 방송시장은 기본적으로 독과점 구조를 유지하는 국가개입산업이다. 경쟁은 소비자와 사업자 이익을 훼손할 수 있는 가능성이 높다. 따라서 공공재로서의 방송서비스에 대해 사회적으로 최적의 생산·배급구조를 갖추는 것이 경쟁을 허용하는 것보다 효율적일 수 있다.

그러나 케이블TV나 위성방송 등과 같은 새로운 유료방송서비스가 발전하면서 기존의 지상파 방송시장의 시장점유율이 하락하고 있다. 방송시장의 범위가 확대되어 경쟁의 구조가 과거와 다른 모습으로 변화된 것이다. 이러한 상황에서 지상파 방송사업자들은 생존을 위해 수직적·수평적 통합을 통해 시장을 집중시키는 전략을 활용한다. 수직적 통합은 지상파 방송을 중심으로 케이블PP의 진출, 인터넷 사업확장에 의한 플랫폼 창구의 단일화 등이 있다. 특히 콘텐츠분야에서는 채널 설립을 확대하면서 패키지 판매형태로 상품을 판매하는 방식을 활용한다. 결과적으로 여러 미디어시장이 수직적·수평적으로 교차하면서 사업자 경쟁이 복잡한 양상을 드러내고 있다. 규제 완화에 따라 시장 간 진입장벽이 허물어지는 상황이 가속화되면 기존의 단일시장(예를 들어 지상파시장, 케이블TV 시장)에서 경쟁과 집중의 형태가 변화될 것이다.

네트워크·플랫폼 역시 아날로그 패러다임에서는 콘텐츠의 기능과 형태에 의한 개별적이고 독립적인 형태로 존재했으나, 디지털 패러다임에서는 플랫폼 간의 중첩과 이로 인한 경쟁이 발생하게 되었다(한국방송광고공사, 2006c: 33). 미래의 콘텐츠 유통은 복수의 광대역 플랫폼에서 동일 콘텐츠가 동시다발적으로 전달되는 형태가 될 것이며, 이로부터 콘텐츠 영역의 플랫폼 영역

지배가 발생할 수 있다.

2000년대 이후에는 방송과 통신의 융합 문제가 가장 큰 화두가 되었다. 앞으로는 방송망이나 통신망의 구분 없이 어떤 망을 통해서도 방송 프로그램과 인터넷, 데이터베이스 등을 동시에 전송하는 것이 가능해질 것이다. 실제로 방송과 통신이 융합된 서비스로 DMB와 IPTV 등과 같은 방송·통신 융합형 서비스가 출시되기 시작했다. 또한 통신업자들이 방송사업에 진출하고, 방송사업자들이 통신사업에 진출하는 크로스 미디어전략에 의해 이들 사업자는 서로를 도와 미디어시장을 개척해나가는 윈윈전략을 추구하기 시작했다. 케이블TV와 지상파TV의 경우 과거에는 동일한 시청자를 대상으로 직접적인 경쟁을 벌인다고 생각했기 때문에 지상파 방송에 케이블TV의 광고를 내보내는 일이 없었다. 그러나 이런 반감은 대부분 사라지고, 미국의 경우 케이블TV방송사들이 지상파TV의 방송광고시간을 널리 사용하고 방송끼리 서로 광고를 교환하는 행위도 빈번해지고 있다.

이처럼 미디어 마케팅 행위는 다매체·다채널시대에 있어 필수불가결한 요소가 되었다. 앞으로 미디어기업들은 시청률이나 시청자 행위 분석, 가입자 분석, 시청패턴 분석 등을 통해서 미디어 마케팅 분야를 더욱 다양화·과학화할 것으로 보인다. 시청자의 미디어 선호경향 역시 변화하는 사회상에 맞춰 다양화·전문화하기 때문에 미디어기업도 가만히 앉아서 시청자가 자사의 제품을 구매해주기를 기다리는 것이 아니라 다양한 마케팅 믹스(마케팅 기법)를 구사해야 한다. 시청자의 특별한 행동에 대한 연구가 제공하는 정보는 마케팅 담당자가 기업의 미션을 지원하는 데 도움을 줄 수 있다. 이러한 정보의 유용성 때문에 이 연구는 지속적으로 실행되어야 한다. 미디어 마케팅 분야의 미래에 대한 연구는 반드시 필요하다. 미디어 마케팅은 전통적인 마케팅이 가지고 있는 모델의 발전에 의해 다른 과학으로 진화된 것이 아니라 지식의 특수한 부분(서비스 마케팅에서 미디어분야)에서 여전히 요구되는 전통적인 콘셉트를 차용한 것이다. 이상적인 마케팅 담당자는 미디어제품을 이해하고 설명할 수 있을 뿐 아니라 한정된 예산을 통해 위험을 조절하고 마케팅의 기적을 이루어낼 수 있다.

이제 미디어기업은 정부나 공익의 논리에 의해 유지되는 것이 아니라 현명한 소비자인 시청자에 의해 유지되는 '시장의 시대'로 변화하고 있다. 이에 공영방송을 제외한 미디어기업들은 시장의 논리에 따라 시청자 만족을 통해 자사의 이익을 극대화하는 전략을 펼치고 있다. 미디어산업도 소비자의 욕구 충족을 통해 이윤극대화를 꾀한다는 기업의 속성이 철저히 반영된다는 것을 반증하는 것이다. 결국 마이클 포터가 주장했듯이 경쟁전략에서 우위를 확보하고 차별화된 콘텐츠를 소비자에게 제공하는 미디어기업만이 21세기 치열한 환경변화 속에서 생존할 수 있을 것이다.

참고문헌

1. 국내문헌

강준만. 1998. 『TV를 위한 변명』. 개마고원.

_____. 1999. 『이미지와의 전쟁』. 개마고원.

_____. 2000. 『대중문화의 겉과 속』. 인물과 사상사.

_____. 2001a. 『세계의 대중매체 1』. 인물과 사상사.

_____. 2001b. 『세계의 대중매체 3』. 인물과 사상사.

강승구·장일. 2009. 『영화보다 재미있는 영화마케팅』. 한국방송통신대학교출판부.

강태영. 1998. 「텔레비전 뉴스의 신화 만들기」. ≪신문과 방송≫.

고정민. 2006. 8. 「통신기업의 콘텐츠산업 진입: 의미와 전망」. 삼성경제연구소.

_____. 2007a. 『문화콘텐츠 경영전략』. 커뮤니케이션북스.

_____. 2007b. 「콘텐츠산업 발전역사와 통신기업의 콘텐츠 진입」. ≪디지털 미디어 트랜드≫, 통권 9호.

고종원. 2001. 『미디어기업의 가치평가법』. LG상남언론재단.

구문모·임상오·김재준. 2000. 『문화 산업의 발전방안』. 을유문화사.

권상준. 1997. 「케이블TV와 위성방송을 중심으로 한 뉴미디어 방송의 산업화 전망 및 대응전략에 관한 연구」. 연세대학교 석사학위논문.

권익현·임병훈·안광호. 2000. 『마케팅-관리적 접근』. 경문사,

권태환 외 공저. 1999. 『정보사회의 이해』. 미래 M&A.

권호영, 2003. 『PP의 경영전략』. 한국방송영상산업진흥원 연구보고서. 커뮤니케이션북스.

_____. 2008.1.15. 「미디어 융합의 현황」. ≪KBI 포커스≫.

권호영·김영수. 2008.2. 「IPTV의 등장으로 인한 유료방송시장의 변화」. 한국방송영상산업진흥원.

김건. 2006 『디지털시대의 영화산업』. 삼성경제연구소.

김경태. 2000. 『엔터테인먼트산업』. 하나경제연구소.

김규. 1996. 『방송 미디어』. 나남출판.

김기서. 1998. 『고객세분화 마케팅』. 고원.

김기태. 1997. 『영화흥행을 위한 마케팅』. 삶과 꿈.

김대호. 2000. 디지털시대의 방송정책. 커뮤니케이션북스.

김동규. 2002. 「한국TV 방송프로그램의 유통메커니즘 연구」. ≪한국방송학보≫, 통권 제 16-4호.

김민주 외. 2005. 『컬덕시대의 문화마케팅』. 서울문화재단.

김범종. 1998. 『마케팅 원리이해와 실무적용』. 대경.

김세웅. 1996.6. 「프로그램 마케팅 제대로 알고 한다」. ≪뉴미디어저널≫.

김승수. 1997. 「수용자 주체의 이론과 실천」. ≪한국언론학보≫.

_____. 1999. 『한국 언론산업론』. 나남출판.

_____. 2001. 『매체 경제학』. 나남출판.

김영미. 2002. 「방송의 채널 아이덴티티에 관한 연구」. 홍익대 광고홍보대학원 석사학위 논문.

김영욱. 2003. 「방송 채널의 브랜드자산 평가방법 연구」. ≪한국광고학보≫, 봄.

김영임·최현철. 2000. 『미디어와 사회』. 한국방송통신대학교 출판부.

김영주. 2004. 『디지털시대 미디어기업의 경영전략』. 한울아카데미.

김영찬. 2002. 「변화하는 미디어 전경과 MTV」. ≪커뮤니케이션연구≫, 10권 1호.

김영환. 2007. 『미디어 삼국지』. 삼성경제연구소.

김용섭. 1999. 『인터넷방송』. 현암사.

_____. 2000. 『인터넷 방송 비즈니스』. 영진Biz.com.

김우룡. 1999. 『현대 방송학』. 나남출판.

김우룡·정인숙. 1995. 『현대 매스미디어의 이해』. 나남출판.

김우룡·정인숙. 2000. 『방송경영론』. 한국방송대학교출판부.

김우용. 1998. 『CATV원론』. 나남출판.

김위찬·르네 마보안. 2005. 『블루오션 전략』. 교보문고.

김유경. 2000. 「브랜드 개성의 유형과 영향요인에 관한 연구: 제품특성과 소비자 요인을 중심으로」. ≪광고연구≫, 제49호.

_____. 2007. 「국가브랜드 개성의 차원에 관한 연구」. ≪광고연구≫, 제75호.

김익성. 2006. 「텔레비전 드라마의 창구별 성과간의 상호영향에 관한 연구」. 연세대학교 언론 홍보대학원 석사학위 논문.

김재영. 2007. 『BRAND and BRANDING』. 비앤엠북스.

김정섭. 2007. 『한국방송 엔터테인먼트산업 리포트』. 커뮤니케이션북스.

김정현·김자경. 2004. 「소비자 관점에서 국내 텔레비전 채널의 브랜드 자산측정」. ≪광고연구≫, 통권 제63호(여름).

김창아. 2003. 「영화 속 PPL 마케팅 매력과 효과」. ≪제일기획사보≫, 3월호.

김창현. 1994. 「광고매체로서의 케이블TV」. ≪광고연구≫, 가을. 한국방송광고공사.

김충현. 2003. 「제품배치와 브랜드 배치의 효과와 문제점」. ≪제일기획사보≫, 3월호.

김학천·김방질. 2000. 『현대미디어의 이해』. 건국대학교 출판부.

김현정·박영은 외. 2005. 「한국 영화관객의 관람구매 결정요인과 마케팅 방안 연구」. 영화진
　　흥위원회.

김형석. 1999. 『영화마케팅 비즈니스』. 지문사.

＿＿＿. 2000. 『디지털 미디어와 사회』. 나남출판.

김호석·김동규. 1998. 「한국케이블 TV산업의 재구조화에 관한 연구」. ≪한국방송학보≫,
　　11호. 한국방송학회.

김홍탁. 2002. 「잠재의식에 침투제품 각인시키는 광고기법 PPL」. ≪방송21≫, 6월호.

김휴종. 1999. 「문화산업 윈도우 효과의 이론과 실증」. ≪문화정책논집≫, 11.

김희경·박주연. 2009. 「국내 미디어기업의 CRM 구축 및 적용전략 비교연구」. ≪한국언론정
　　보학보≫, 45호(봄).

김희주 외. 2000. 『비지니스 서비스산업의 발전전략』. 을유문화사.

다카야마 스스무. 2001. 『할리우드 거대미디어의 세계전략』. 곽해선 옮김. 중심.

도준호·김병준·조지원·박지희. 2000.12. 「인터넷상에서의 컨텐츠 비즈니스 유형변화에 관
　　한 연구」. 정보통신정책연구원.

래빈·웨크만(John M. Lavine and Daniel B. Wackman). 1995. 『매스미디어 경영론』. 김재범·
　　한균태 옮김. 나남출판.

래이시, 스티븐 외(Stephen Lacy et al.). 2000. 『미디어 경영』. 한균태·김재범 옮김. 한울아카
　　데미.

리버만·에스게이트(Al Lieberman and Patricia Esgate). 2003. 『엔터테인먼트 마케팅 혁명』.
　　조윤장 옮김. 아침이슬.

리스·트라우트(Al Ries and Jack Trout). 1988. 『포지셔닝』(원제: Positioning the battle
　　for your mind). 김영준 옮김. 김영사.

리스·리스(Al Ries and Laura Ries). 2000. 『알리스의 인터넷 브랜딩 11가지 불변의 법칙』.
　　오성호 옮김. 김영사.

MARP(연세대 상대 마케팅연구회). 1998. 『단숨에 배우는 마케팅』. 새로운 사람들.

문숙재·여윤경. 2005. 『소비 트렌드와 마케팅』. 신정.

바커, 크리스(Chris Barker). 2001. 『글로벌 텔레비전』. 하종원·주은우 옮김. 민음사.

박기성. 1998. 『민영방송경영론』. 커뮤니케이션북스.

박선희. 2006. 「드라마 <프라하의 연인>의 OSMU」. 방송위원회.

박소라. 2007. 「지상파 방송 프로그램 유통전략의 특성에 관한 연구」. ≪방송과 커뮤니케이
　　션≫, 2월호.

박영석. 1992.4. 「시청자 지향적 방송마케팅의 도입」. ≪방송문화≫. 한국방송협회.

박재복. 2005. 『한류 - 글로벌시대의 문화경쟁력』. 삼성경제연구소.

박재항. 2002. 『모든 것은 브랜드로 통한다』. 사회평론.

박정의. 2000. 『언론사 홍보-현황과 과제』. 한국언론재단.

박주연. 2004. 「독일 방송 기업의 채널 브랜드 관리에 관한 연구」. ≪한국언론학보≫, 48권.

_____. 2005. 「TV채널의 브랜드 커뮤니케이션 연구: 독일 5대 방송의 온에어 프로모션 분석을 중심으로」. ≪광고학연구≫, 제16권 3호.

박찬수. 2000. 『마케팅 원리』. 법문사.

박현수. 2003. 『광고매체기획론』. 나남출판.

박홍수·하영철. 2000. 『신제품 마케팅』. 학현사.

방송문화진흥회. 1990. 『방송대사전』. 나남출판.

_____. 1996. 『영상시대의 방송소프트웨어』. 한울아카데미.

_____. 1999. 『방송문화 총람』. 한울아카데미.

_____. 2001. 『영상시대의 방송소프트웨어』. 한울아카데미.

방송위원회. 2000.12. 「2000년 방송편성 쿼터정책 연구」.

_____. 2001.8. 「방송환경 변화에 따른 방송·통신법제 연구」.

_____. 2005. 「2005년 방송산업 실태조사 보고서」.

_____. 2006. 「2006년 방송산업 실태조사 보고서」.

_____. 2007a. 「2007년 TV시청형태 연구」.

_____. 2007b. 「2007년 방송산업 실태조사 보고서」.

방송통신연구원. 2008.2. 「미디어환경변화와 모바일콘텐츠 활성화 방안」.

배상원. 2004. 「PP의 채널로고가 채널 선택에 미치는 영향 연구」. 한국외국어대학교 정책과학대학원 석사학위 논문.

배성현. 1999. 「케이블TV산업의 시장세분화에 관한 연구」. 고려대학교 경영대학원 석사학위논문.

보겔, 헤롤드(Harold L. Vogel). 2002. 『엔터테인먼트산업의 경제학』. 현대원 옮김. 한국방송영상산업진흥원.

비머·슈크(C. Britt Beemer and Robert L. Shook). 2000. 『떠오르는 트렌드, 사라지는 트렌드』. 정준희 옮김. 청림출판.

사이버문화연구소. 2001. 『cyber is…』. 역사넷.

삼성경제연구소. ≪SERI 경제포커스≫, 제236호.

_____. 「2008년 한국경제 회고」. ≪CEO Information≫, 제686호.

서병직. 1987. 「한국케이블 TV도입초기의 경영전략」. 서강대학교 경영대학원 석사학위논문.

서용구. 2006. 『보이지 않는 기업 성장엔진: 디자인-브랜드-명성』. 삼성경제연구소.

성동규·라도삼. 1999. 『인터넷과 커뮤니케이션』. 한울아카데미.

성동규·황성연·임성원. 2007. 『모바일 커뮤니케이션』. 세계사.

손대현 편. 2004. 『문화를 비즈니스로 승화시킨 엔터테인먼트 산업』. 김영사.

손일권. 2003. 『브랜드 아이덴티티』. 경영정신.

손창용·여현철. 2007. 『한국케이블TV 산업론』. 커뮤니케이션북스.

슐츠, 에릭(Eric Schulz). 2000. 『마케팅게임에서 승리하라』. 이창식 옮김. 넥서스.

시마 노부히코. 2008. 『돈버는 감성』. 이왕돈·송진명 옮김. 젠북.

신철호 외. 2005. 『브랜드 경영』. 서울경제경영.

심성욱·김도형·황장선. 2008. 「공중파 방송의 채널 브랜드 개성과 시청자의 자아 이미지 일치정도가 채널 브랜드 자산에 미치는 영향」. ≪광고학연구≫, 제19권 1호.

아라이 노리코·후쿠다 토시히코·야마카와 사토루. 2009. 『콘텐츠 마케팅』. 이호영 옮김. 시간의 물레.

안광호. 2007. 『브랜드의 힘을 읽는다』. 더난출판사.

안광호·김상용·김주영. 2001. 『인터넷 마케팅원론』. 법문사.

안길상 외. 2008. 『문화마케팅』. 한경사.

안병선. 2000. 『21세기 황금시장 문화시장』. 매일경제신문사.

양윤. 2008. 『소비자 심리학』. 학지사.

양종회·권숙인·김우식. 2003. 『영국의 문화산업체계』. 지식마당.

영화진흥위원회. 2007. 「영화관객 성향조사」.

SBS 서울디지털포럼사무국 IT기자클럽 엮음. 2006. 『Being Intelligent』. 미래의 창.

오상봉·김휘석. 2000. 『한국산업의 지식경쟁력 강화방안』. 을유문화사.

오세조·박충환. 2000. 『마케팅』. 박영사.

오웬·비비·매닝(Bruce M. Owen, Jack H. Beebe and Willard G. Manning). 1996. 『텔레비전 경제학』. 최양수 옮김. 나남출판.

웨일랜드·콜(Robert E. Wayland and Paul M. Cole). 1998. 『관계가치경영-'가치사슬'』. 신영석 옮김. 세종서적.

유세경·정윤경. 2002. 「영화 창구로서의 인터넷영화 사이트 특성과 기능에 관한 연구」. ≪방송연구≫, 21권.

유재천. 1998. 「새정부의 방송정책 방향과 과제」. ≪방송정보≫, 43권.

유진룡. 2009. 『엔터테인먼트산업의 이해-미래의 행복을 디자인한다』. 넥서스.

윤석민. 1999. 『다채널 TV론』. 커뮤니케이션북스.

_____. 2007. 『커뮤니케이션의 이해』. 커뮤니케이션북스.

윤홍근. 2002. 『방송마케팅』. 다인미디어.

_____. 2005. 『채널 브랜드 전략』. 커뮤니케이션북스.

_____. 2006. 『DMB킬러콘텐츠』. 커뮤니케이션북스.

윤홍근·장규수·김평수. 2007. 『문화콘텐츠 산업론』. 커뮤니케이션북스.

이남기. 2006. 『텔레비전을 만드는 사람들』. 커뮤니케이션북스.

이동현. 2006. 『경영의 교양을 읽는다』. 더난출판사.

이두희. 1998. 『한국의 마케팅 사례 Ⅲ』. 박영사.

_____. 2003. 『통합적 인터넷 마케팅』. 박영사.

이만제. 2006. 「DMB 도입초기 이용형태와 편성분석」. 한국방송영상산업진흥원.

이명천·김요한. 2006. 『문화콘텐츠 마케팅』. 커뮤니케이션북스.

이문행. 2008.「지상파 계열 MPP의 브랜드 포트폴리오 유형에 관한 연구」. ≪한국언론정보학보≫, 통권 42호.

이문행·이현숙. 2005. 「국내 지상파 방송 드라마 창구화 차이에 관한 연구」. ≪한국언론정보학보≫, 통권 34호.

이상민·신현암·최순화. 2000. 「인터넷 시대의 고객관계관리(CRM)」. ≪CEO Information≫, 262호. 삼성경제연구소.

이상식. 2000. 「국내 티어링 제도의 문제점과 개선방안」. ≪언론정보학연구≫, 2.

이상식·김관규. 2001. 「케이블TV의 채널 레퍼토리에 관한 연구: 다양성과 분극화를 중심으로」. ≪한국언론학보≫, 45권.

이상옥. 2006. 「지상파 방송사의 콘텐츠 유통전략 개선방안에 대한 연구」. ≪방송과 커뮤니케이션≫, 1월호.

이성호. 2009.2.3. 「IT컨버전스의 진화」. ≪SERI 경제포커스≫. 삼성경제연구소.

이수범. 2005. 『영화 마케팅PR론』. 나남출판.

이스트먼, 수잔 타일러(Susan Tyler Eastman). 1998. 『TV케이블 편성론 상·하』. 전환성 옮김. 나남출판.

이스트먼·퍼거슨·클레인(Susan Tyler Eastman, Douglas A. Ferguson and Robert A. Klein). 2004. 『방송·케이블·인터넷 마케팅과 프로모션』. 김대호·류춘열 옮김. 한울아카데미.

이유재. 2001. 『서비스 마케팅』, 제2판. 학현사.

이은미. 1995. 「케이블TV 가입자와 비가입자의 특성: 판별분석」. 한국방송학회.

이의용. 1990. 「한국기업사보의 실태에 관한 연구」. 중앙대학교 신문방송대학원 석사학위논문.

이인찬·김도연·고동희. 1999. 「케이블TV산업 연구」. 정보통신정책연구원 연구보고서.

이종철. 2004. 「관객의 영화선택 지각에 영향을 미치는 마케팅 변수에 관한 연구」. ≪영화연구≫, 23호.

이준웅. 1998. 「KBS 스테이션 이미지 제고방안」. ≪방송문화연구≫.

이준웅·김은미·심미선. 2003. 「시청자 프로그램 품질 평가가 채널 브랜드 자산에 미치는 영향」. ≪방송연구≫, 22권.

이준호. 1999. 2005. 『미디어환경 변화와 케이블TV』. 커뮤니케이션북스.

인터넷마케팅 연구회. 2000. 『인터넷광고』. 중앙 M&B.

임은모. 1999. 『멀티미디어 콘텐츠 마케팅론』. 진한도서.

임정수. 2003. 「인터넷 이용패턴에 대한 연구: 채널 레퍼토리 형성과 수용자 집중 현상을 중심으로」. ≪한국언론학보≫, 제47권 제2호.

_____. 2007a. 「동영상 UCC 비즈니스 모델 모색」. ≪디지털 미디어 트랜드≫, 통권9호.

_____. 2007b. 『영상미디어산업의 이해』. 한울아카데미.

임채숙·임양택. 2007. 『브랜드 경영 이론』. 국제북스.

임철수. 2007. 「기술과 감서의 융합, CT의 미래」. 한국과학기술정보연구원(KISTI).

장병희·김영기·이선희. 2008. 「지상파 네트워크의 수평적 브랜드 확장에 관한 연구」. ≪한국 언론학회≫, 제52권 제1호.

장하용·남철우. 2006. 「한국 방송사 홍보담당자의 PR 활동 현황과 개선방안에 관한 연구: 조직의 운영과 직업 만족도를 중심으로」. ≪홍보학 연구≫, 제10-1호.

장형휴. 2007. 「성공적 CRM 구축 및 운영을 위한 선/후행 요인에 관한 학제적 연구」. 한국경영과학회 하계학술대회 발표문. 제9회 경영관련학회.

전석호. 1991. 『유선텔레비전의 수용』. 나남출판.

_____. 2000. 『정보사회론』. 나남출판.

전인수·배일현. 2004. 「4P 스키마를 넘어서: 새로운 스키마」. ≪마케팅연구≫, 제18권-3호.

정보통신정책연구원. 2000.9. ≪정보통신산업동향≫.

정선영. 1999. 「웹캐스팅 현황과 마케팅 전략에 관한 연구」. 중앙대학교 신방대학원 석사학 위논문.

정순일·장한성. 2000. 『한국 TV 40년의 발자취』. 한울아카데미.

정용호. 1989. 「한국 TV산업의 시장구조, 행위 및 성과에 관한 연구」. 서강대 언론문화연구소

정윤경. 2002. 「국제 다큐멘터리 제작 및 유통 경향」. ≪방송동향과 분석≫, 통권 152호.

_____. 2003. 「매체 공존 시대의 영상콘텐츠 유통과 소비」. ≪프로그램·텍스트≫, 제9호.

_____. 2007.3. 「콘텐츠 제작 및 유통활성화를 위한 정책적 지원방안」. 한국방송학회.

정인숙. 1999. 『방송산업과 정책의 이해』. 커뮤니케이션북스.

_____. 2006. 「지상파 재전송 정책의 변화 방향과 정책 목표에 대한 평가연구」. ≪한국언론 학보≫, 제50권-2호.

정준영. 2002. 『텔레비전 보기-시청에서 비평으로』. 책세상.

정회경·김지운. 1999. 『미디어 경제학의 이해』. 나남출판.

조은기. 1997. 「케이블 TV의 경제적 특성과 규제에 관한 연구」. 한국방송학보.

조인희. 2008. 『엔터테인먼트 매니지먼트 실무론』. 비앤엠북스.

조정하. 2001. 「시청자주권시대의 시청자 평가프로그램과 제도」. ≪방송 21≫, 5월호.

주영호. 2006. 「뉴미디어 환경에서 프로그램 선택모델 변화에 관한 연구」. ≪동서언론≫, 제10집.

주진형·황지연. 2006. 「컨버전스와 문화산업 트렌드」. ≪정보통신정책≫, 18권 6호.

차배근. 1981. 『커뮤니케이션학 개론』. 세영사.

채서일. 1984. 「마케팅 근시」. ≪서강하버드≫, 7~9월호.

_____. 1987. 「소비자측면에서의 제품시장 영역 규정」. ≪서강하버드≫, 10~12월.

_____. 1995. 『마케팅』. 학현사.

_____. 2005. 『사회과학조사방법론 제3판』. 비앤엠북스.

최양수 외. 2005. 『한국의 문화변동과 미디어』. 민음사.

최양수·장성아. 1998. 「케이블 텔레비전 시청자의 채널 레퍼토리 분석」. ≪한국방송학보≫, 10.

최연구. 2006. 『문화콘텐츠란 무엇인가』. 살림.

최용배 외. 2005. 「온라인 영화시장의 유통현황과 수익구조 개선을 위한 연구」. 영화인회의.

최창섭. 2007. 『새로운 세상을 위한 디지털 패러다임』. 진한 M&B.

최혜실. 2006. 『문화콘텐츠, 스토리텔링을 만나다』. 삼성경제연구소.

콘텐츠 비지니스 연구소. 2000. 『콘텐츠 비즈니스 아는 만큼 돈이 보인다』. 조선일보사.

콜버트·낸텔·빌로듀·리치(Francois Colbert. Jacques Nantel. Suzanne Bilodeau and J. Dennis Rich). 2005. 『문화예술마케팅』. 박옥진·김소영 옮김. 태학사.

큉 샌클만, 루시(Lucy Küng-Shankleman). 2001. 『BBC와 CNN, 미디어 조직의 경영』. 박인규 옮김. 커뮤니케이션북스.

크레이너, 스튜어트(Stuart Crainer). 2001a. 『75가지 위대한 결정』. 송일 옮김. 더난출판사.

_____. 2001b. 『경영의 세기』. 송일 옮김. 더난출판사.

터너, 마르시아(Marcia L. Turner). 2001. 『마케팅의 귀재들』. 송현옥·최우현 옮김. 좋은책만들기.

턴게이트, 마크(Mark Tungate). 2007. 『세계를 지배하는 미디어 브랜드』. 강형심 옮김. 프리윌.

포터, 마이클(Michael E. Porter). 2001. 『마이클 포터의 경쟁론』. 김경묵·김연성 옮김. 세종연구원.

프링글·스타·맥카빗(Peter Pringle, Michael F. Starr and William McCavitt). 1995. 『방송경영론』. 이관열 옮김. 한울아카데미.

하원규·최문기. 2008. 『Super IT Korea 2020』. 전자신문사.

한광호·한상만·전성률. 1999. 『전략적 브랜드관리』. 학현사.

한국게임산업개발원. 2006. 『2006게임산업백서』

한국광고단체연합회. 1992. 「케이블TV 광고 활용방안 연구」.

한국디지털위성방송. 2009.3.10. 「SkyLife 시청률 및 만족도 종합분석」.

한국문화경제학회. 2001. 『문화경제학 만나기』. 김영사.

한국문화콘텐츠진흥원. 2006.9.7. 「디지털콘텐츠 인프라구축과 해외시장 진출전략」.

한국방송개발원. 1994a. 「방송용 프로그램유통시장 구조분석 연구」.

_____. 1994b.8. 「2000년 방송환경의 변화와 한국방송정책」.

_____. 1998.12. 「라디오방송 저널리즘의 현황과 가능성」.

한국방송공사. 1987. 『한국방송 60년사』.

한국방송광고공사. 2006a. 「융합환경하에서의 방송산업 시장획정방법 및 규제개선에 관한 연구」.

_____. 2006b.12. 「디지털 융합시대 미디어산업 및 정책 패러다임 전환 종합연구」.

_____. 2006c.12. 「디지털시대 콘텐츠산업의 발전전략 연구」.

_____. 2007.9. 「디지털 다매체시대에 방송콘텐츠의 제작 및 유통에 관한 연구」.

_____. 2008. 「디지털시대 맞는 케이블TV의 현재와 미래」. ≪광고정보≫.

한국방송영상산업진흥원. 2006.6. 「디지털 컨버전스와 방송콘텐츠의 미래」.

_____. 2006.8.10. 「미디어 융합과 디지털 콘텐츠 진흥정책」.

한국방송진흥원. 2000.12. 『국내 인터넷방송콘텐츠 연구』.

한국방송통신대학교 방송정보학과 편. 2001. 『매스미디어 탐구』. 한국방송통신대학교 출판부.

한국방송학회. 1997. 『방송편성론』. 나남출판.

_____. 1998. 『한국방송 70년의 평가와 전망』. 커뮤니케이션북스.

한국방송협회. 2001. ≪방송문화≫, 3월호.

한국언론재단. 2000. 『뉴미디어 사업현황과 경영전략』. 커뮤니케이션북스.

한국언론학회. 2006. 『디지털시대의 미디어 이용』. 커뮤니케이션북스.

한국케이블TV방송협회. 2001.9. 「케이블TV PP실무대표 워크숍」.

_____. 2005. 『케이블TV 10년사』.

한균태. 1997.12.12. 「방송의 디지털화와 공영방송의 신경영전략」. 한국방송학회.

한종범·이재호·이현규. 2008. 『방송론』. DIMA출판부.

한진만. 1995. 『한국 텔레비전 방송 연구』. 나남출판.

한태인. 2002. 「국내현실 일원화된 통계전담기구가 필요하다」. ≪뉴미디어저널≫, 77권.

허행량. 2002. 『스타 마케팅』. 매일경제신문사.

홍기선 외. 1998. 『현대방송의 이해』. 나남출판.

홍호표. 2000. 『정보사회의 미디어산업』. 나남출판.

황성연. 2006. 「케이블의 다양성은 실현되지 않은가?」. ≪여의도저널≫, 통권 제10호.

황현탁. 1999. 『한국 영상산업론』. 나남출판.

2. 외국문헌

Aaker, D. A. 1991. *Managing Brand Equity*. New York: Free Press.

_____. 1996. *Building strong Brand*. New York: Free Press.

Aaker, D. A. and Erich Joachimsthaler. 2000. *Brand Leadership: The Next Level of the Brand Revolution*. Free Press.

Aaker, D. A. and K. L. Keller. 1990. "Consumer evaluation of brand extension." *Journal of Marketing*.

Aaker, L. J. and S. Fournier. 1995. "A Brand as a character, a partner, a person: Three Perspectives on the Question of Brand Personality." *Advances in Consumer Research*.

Aaker, L. J. 1997. "Dimension of Brand Personality." *Journal of Marketing Research*. Vol. 34, pp. 347~356.

Accenture. 2008. "Television in Transition: Evolving consumption habits in broadcast media worldwide." [on-line] Available.

Alan, B. et al. 2006. *Handbook of media management and economics.*

Batra, R., Donald R. Lehmann and Dipinder Singh. 1993. "The Brand Personality Component of Brand Goodwill: Some Antecedents and Consequences." in David Aaker and Alexander Biel(eds.) *Brand Equity and Advertising*. Hillside. NJ: Lawrence Erlbaum Association.

Batra, R. and M. L. Ray. 1985. "How Advertising works at contact." in L. F. Alwitt and A. A. Mitchell(eds.). *Psychological process and Advertising effects: Theory & Research & Application*. Hillsdale. NJ: Lawrence Erlbaum Association. pp. 13~44.

Bellamy, R. V and P. J. Traudt. 2000. "Television branding as promotion." in S. T. Eastman(ed.). *Research in Media Promotion*. NJ: Lawrence Erlbaum Associate. pp. 127~159

Biel, A. 1993. "Converting Image into Equity." In David A. Aaker & Alexander Biel(eds.). *Brand Equity and Advertising*. Hillsadale. NJ: Erldaum Association.

Chan-Olmsted, S. and Kim, Y. 2002. "Perception of branding among television station managers: An exploratory analysis." *Journal of Broadcasting and Electronic Media*. 45(1), pp. 75~91.

Chang, B. 2005. "Factors affecting evaluation of cable network brand extension: Focusing on parent network, fit, consumer characteristics and viewing habits." Unpublished doctoral dissertation. University of Florida.

Cohen, D. 1981. *Consumer behavior.* Random House.

Cunningham, W. H and Isabella C. M. Cunningham. 1987. *Marketing: a managerial approach*. South-Western Educational Publishing.

DCMS. 2001. "2001 Annual report."

Dickson, P. R. and J. L. Ginter. 1987. "Marketing segmentation, product differentiation and Marketing Strategy." *Journal of Marketing*, April.

Dolich, Ira J. 1969. "Congruence Relationships Between self-image and Product Brands." *Journal of Marketing Research*, vol. 6(February), pp. 80~85.

Ferguson, D. A., S. T. Eastman and R. A. Klein. 2002. *Promotion and marketing for broadcasting, cable and web*. Boston: Focal Press.

Fiske, J. 1990. *Introduction communication studies*. New York: Methuen & Co. Ltd.

Fournier, S. 1995. "A Consumer-Brand Relationship Framework for Strategy Brand Management." unpublished doctoral dissertation. University of Florida.

_____. 1998. "Consumer and Their Brands: Developing Relationship Theory in Consumer

Research." *Journal of Consumer Research*, 24, pp. 343~374.

Gilmore, George W. 1989. *Animism*. Boston: Marshall Company.

Hirschman, E. C. and M. E. Holbrook. 1982. "Hedonic comsumption: Emerging concepts, methods and proposition." *Journal of Marketing*, 46.

Hoeffler and Keller. 2003. "The marketing advantages of strong brands". *Journal of Brand Management*, 10, pp. 211~131.

John, Loken and Joiner, 1998. "The negative impact of extensions: Can flagship products be diluted?". *Journal of Marketing*, 62, pp. 19~33.

Kapferer, Jean-Noel. *Strategic Brand management*. Kogan page.

Katz. 1996. "And deliver us from segmentaton." Annals of the American Academy of Political and Social Science.

Keller, K. L. 1993.1. "Conceptualizing, measuring, and managing customer-based equity." *Journal of Marketing*, pp. 1~10.

_____. 1998. *Strategic Brand Management*. Prentice Hall.

Kim, J and J. S. Lim. 1989. "The dimensionality and measurement of familiarity construct." *AMA Educacators Proceedings*.

Kotler, P. 1997. *Marketing Management*. Upper Saddle River. NJ: Prentice Hall.

Leuthesser, Kohli and Suri. 2003. "A framework for using co-branding to leverage a brand." *Journal of Brand Management*, 11, pp. 35~47.

Levitt, T. 1975. "Marketing Myopia." *Harvard Business Review*, July-August.

_____. 1975. "Marketing myopia." *Harvard Business Review*, September-October.

Martinez and Pina. 2003. "The negative impact of extensions on parent brand image." *Journal of Product and Brand Management*, 12, pp. 432~448.

McQuarrie, E. F. and J. M. Munson. 1987. "The Zaichkowsky personal product involvement inventory: Modification and extension." in M. Wallendor and P. Anderson(eds.). *Advances in Consumer Research*, Vol. 14. Provo. UT: Association for Consumer Research. pp. 34~40.

_____. 1992. "A revised product involvement inventory Improved usability and validity." *Advances in Consumer Research*, 19, pp. 108~115.

Murray, Simone. 2005. "Brand loyalties: rethinking content within global corporate media." *Media Culture & Society*, Vol. 27(30). SAGE Publication.

Napoli. 2003. *Audience economics: Media institutions and the audience marketplace*. New York: Columbia University Press.

Nielsen Media Reseaech. 2004. *Television audience report*. New York: Auther.

Owen, B. M and S. Wildman. 1992. *Video Economics*. Harvard University Press.

Plummer, J. T. 1985. "How Personality Makes a Difference." *Journal of Advertising Research*, 24(6), pp. 27~31.

_____. 1985. *Brand Personality: A Strategic Concept for Multinational Advertising in Marketing Educators' Conference*. NY: Young & Rubicam.

Poter, M. 1979. "How competitive force shape strategy." *Harvard Business Review*.

Pricewaterhouse Coopers. "Global Entertainment and Media Outlook: 2006~2010."

Rik, R. 1996. *Brand Management: A Theoretical and Practical Approach*. Prentice Hall. pp. 31~41.

Rukstad, Michael and David Collis. 2001. "The Walt Disney: The Entertainment King." *Harvard Business School*, July 25.

Schmitt, Berend. 2000. *Experiential Marketing: How to get customers to sense, feel, think, act, and relate to your company and brands*. Free Press.

Scott, M. D. 2000. *Brand Asset Management*. Jossey-Bass. Inc.

Shapiro, R. and H. Varian. 1999. *Information Rules*. Cambridge. MA: Harvard Univ press.

Stanton, W. J. and C. Futrell. 1987. *Fundamentals of Marketing*. McGraw-Hill.

Todreas, T. M. 1999. *Value creation and branding in television's digital age*. Connecticut: Quorum Books.

Trout, J and A. Ries. 1972. "The positioning era cometh." *Advertising Age*.

Upshaw, L. B. 1995. *Building Brand Identity: A Strategy for Success in a Hostile Marketplace*. John Wiley & Sons. Inc.

Rukstad, Michael G. and David Collis. 2001. "The Walt Disney: The Entertainment King." *Harvard Business School*, July 25.

Webster, J. G. 2005. "Beneath the veneer of fragmentation: Television audience polarization in a multichannel world." *Journal of communication*, 36(3).

_____. 2007. "A Marketplace of attention." Unpublished Mimeograph. University of Northwestern.

Yoo, B. H and N. Donthu. 2001. "Developing and validating a multidimensional Consumer-based equity scale." *Journal of Business Research*, 52. pp. 1~14.

Zaichkowsky, J. L. 1985. "Familiarity: product use. involvement. or expertise?." in R. J. Lutz. *Advances in Consumer Research*, pp. 296~299.

_____. 1985. "Measuring the involvement construct." *Journal of Consumer Research*, 12.

3. 기타

KBS 2004/2005 연차보고서

MBC 브로슈어. 2005

SBS 브로슈어. 2004, SBS 홍보팀. 2001. 「홍보매뉴얼」

≪뉴스엔≫. 2005년 10월 25일자. "프라하의 연인 패션따라잡기 ― 재희, 상현이 입으면 나도 입는다"; 2005년 11월 29일자. "프라하의 연인 부안 오픈세트, 관광 명소로 개발한다"

≪동아일보≫. 2007년 4월 17일자

≪디지털타임스≫. 2008년 7월 8일자; 2008년 10월 16일자

≪머니투데이≫. 2005년 11월 29일. "올리브나인, 크리에이티브 설립"

≪미디어 오늘≫. 2009년 5월 6일자

≪미디어 월드와이드≫. 2005년 6월호

≪방송 21≫. 2001년 9월호

≪서울신문≫. 2004년 12월 30일자; 2007년 4월 3일자

≪스타뉴스≫. 2007년 5월 7일자

≪시사IN≫. 2009년 3월 21일자

≪신문과 방송≫. 2007년 5월호; 2009년 2월호

≪연합뉴스≫. 2007년 2월 16일자

≪위클리동아≫, 2009년 5월 23일자

≪이데일리≫. 2008년 12월 9일자

≪전자신문≫. 2009년 3월 19일자

≪케이블 애드≫. 2008년 겨울호

≪케이블TV≫. 2004년 1월 15일자

≪한국일보≫. 2006년 10월 30일자; 2009년 3월 12일자

≪한국케이블TV 방송협회보≫. 2002년 8월; 2003년 5월

≪헤럴드경제≫. 2009년 3월 29일자

≪MBC 미술인협회보≫. 2008년 10월 15일자

≪MBC 사보≫. 2005년 6월호

≪PD저널≫. 604호. 2009년 4월 22일~4월 28일자.

319, 331~332, 345, 351

저자소개

윤홍근 CBS 경제부 기자
경희대학교 문리대 지리학과 졸업
고려대학교 경영대학원 졸업(경영학 석사)
전북대학교 대학원 신문방송학과 졸업(언론학 석사)
한국외국어대학교 문화콘텐츠학과 졸업(문화콘텐츠학 박사)
CBS 사회부, DMB부, 국세부, 편집부, 영상뉴스부 기사 역임

주요 저서 및 논문: 『방송마케팅』(2002), 『채널 브랜드전략』(2005), 『DMB 킬러 콘텐츠』(2006), 『문화콘텐츠 산업론』(2007, 공저), 「소매점 포지셔닝에 있어서 소비자 지각형성에 관한 연구」(1991), 「케이블TV 채널 개성척도에 관한 연구」(2002), 「DMB콘텐츠의 창구화에 관한 연구」(2007), 「문화산업 영역과 접근시각에 관한 연구」(2008), 「채널 브랜드 개성유형과 영향요인에 관한 연구」(2009)

한울아카데미 1160

미디어 마케팅

ⓒ 윤홍근, 2009

지은이 | 윤홍근
펴낸이 | 김종수
펴낸곳 | 도서출판 한울

편집책임 | 김경아
편집 | 염정원
표지디자인 | 김현철

초판 1쇄 인쇄 | 2009년 8월 11일
초판 1쇄 발행 | 2009년 9월 3일

주소 | 413-832 파주시 교하읍 문발리 507-2(본사)
        121-801 서울시 마포구 공덕동 105-90 서울빌딩 3층(서울 사무소)
전화 | 영업 02-326-0095, 편집 02-336-6183
팩스 | 02-333-7543
홈페이지 | www.hanulbooks.co.kr
등록 | 1980년 3월 13일, 제406-2003-051호

Printed in Korea.
ISBN (양장) 978-89-460-5160-7   93070
      (반양장) 978-89-460-4120-2   93070

* 이 도서는 강의를 위한 학생판 교재를 따로 준비했습니다.
  강의 교재로 사용하실 때는 본사로 연락해주십시오.
* 책값은 겉표지에 있습니다.